Ausbildungsbuch

Verwaltung von Mietwohnungen

Mietrecht im Detail
inklusive Instandhaltung, Modernisierung
u.v.a.
mit vielen Beispielen,
Prüfungsfragen, Übungen und Lösungen

von
Reinhold Pachowsky

Geprüfte BildungsQualität

2. aktualisierte Auflage 2018
1. Auflage 2016

Amazon-Ausgabe (US-Format)

www.dlpverlag.de

Inhalte:

Wesentliche Inhaltsthemen sind u.a.:

* Das Mietrecht im Detail, inklusive
- Mietbegrenzungen
- Kappungsgrenzen
- Mietpreisbremse
- Ortsübliche Vergleichsmiete und Mietspiegel
* Betriebskosten und Umlage
* Vermietung und Mietvertrag im Detail, inklusive
- fachliche Mietpreisgestaltung
- Umlage der Betriebskosten
- Vermietungsablauf
- Werbung neuer Mieter nach Zielgruppen
- Aufnahme von Mieterhöhungen
* Sämtliche Kündigungsvarianten
* Abwicklung eines gekündigten Mietverhältnisses
* Mängel und Mietminderung
* Einbauten und Einrichtungen
* Technische Planung und Maßnahmen
- Instandhaltung, Instandsetzung
- Gebäudetechnik
- Instandhaltungsphasen
- Gebäudelebenszyklus
- Modernisierungen und Umlage 11%
- Altersmoderner Umbau
* Pflege der Außenlagen
- Bestandsaufnahme
- Maßnahmen
* Rechnungswesen, Rendite, Wirtschaftlichkeit
- Berechnung der kostendeckenden Miete
* Mahnwesen, Insolvenz, Umgang mit dem Kunden
- Checklisten für die Praxis

Einführung

Die meisten Wohnung in Deutschland sind vermietet, kurz: Mietwohnungen. Die Eigentümerstruktur und die Zielstellung sind unterschiedlich. Es gibt

* den privaten Eigentümer mit Selbstverwaltung
* den/die selbstständigen Verwalter/-in, oft rechtlich als Verwalter-Firma
* vormals gemeinnützige und noch immer nicht gewinnorientierte Wohnungsbaugesellschaften und –genossenschaften und
* Immobilienunternehmen, die zum Teil an der Börse notiert sind.

Für alle gilt einheitlich das komplexe Wohnraum-Mietrecht und bei der Verwaltung von Gewerbeobjekten das Vertragsrecht. Es wird in diesem Buch ganzheitlich für die **berufsmäßige Verwaltung** behandelt, also für die erforderliche Sachbearbeitung, d.h. die Ausführung der Verwaltertätigkeit als Angestellte/r oder als selbstständige/r Verwalterin.

Die genannte unterschiedliche Eigentümer-Struktur mit ihren unterschiedlichen Anforderungen soll und wird dieses Ausbildungsbuch zusammenführen und zwar über das Mietrecht im BGB (Bürgerlichen Gesetzbuch), das für alle gilt. Einbezogen wird auch der frühere Soziale Wohnungsbau, jedoch nicht als

Schwerpunkt, weil dort in Bezug auf die Miethöhe, Mietenkalkulation usw. andere Vorschriften bestehen, welche hier nicht besprochen werden. Aber ansonsten gilt das BGB auch hier.

Der Inhalt dieses Ausbildungsbuchs beruht auf dem vormals *staatlich* geprüften Fernlehrgang zum/zur *„Haus- und Grundstücks-Fachverwalter/-in (IMI)"* des renommierten IMI Immobilien Instituts, das mit diesem Lehrgang den damals (ab 1994) ersten und somit ältesten *staatlich* geprüften Verwalterlehrgang in Deutschland sehr erfolgreich herausgegeben hat. Dieses Buch beruht auf diesen bewährten und anerkannten Grundlagen. Diese wurden für diese Auflage überarbeitet und aktualisiert.

Mit der Tätigkeit als „Mietverwalter/-in" steht man „mitten im Leben" vieler Menschen, denn das Privatleben vollzieht sich nun einmal weitgehend innerhalb der berühmten „vier Wände", die man „Wohnung" nennt. Somit sind auch die Ansichten und Meinungen unterschiedlich. Somit ist es auch nicht überraschend, das das Mietrecht unterschiedlich interpretiert wird. Dass es also zu einem Sachverhalt in einer anderen Literatur unterschiedliche Aussagen gibt oder wenn Sie zu einem gleichen oder ähnlichen Sachverhalt völlig unterschiedliche Gerichtsurteile lesen (denn Richter sind hier auch entweder Mieter oder Eigentümer, es gibt nichts anderes) und Sie sich fragen werden: Was ist nun richtig? Der Autor steht jedenfalls auf der

Eigentümerseite und Sie ebenfalls, jedenfalls beruflich.

Ziel und Zweck dieses Ausbildungsbuchs ist, eine in sich geschlossene und stimmige Interpretation des Mietrechts als Gesamtes zu geben, die Ihnen vor allem eine *Orientierung* durch die vielen Paragrafen geben wird. Sie sollten somit eigentlich in der Lage sein, hier evtl. nicht behandelte Fragen und Probleme des Zusammenlebens oder Spezialitäten einer Wohnanlage richtig einordnen zu können.

Insgesamt geht es um die *Hauptpflichten* der Verwaltung: Mietrecht, Instandhaltung, Modernisierung, Finanzen, Betriebs- und Heizkosten, sowie um das gewerbliche Mietrecht bei der Vermietung von Gewerbeobjekten.

Somit hat dieses Buch folgende Struktur:

Grundsätze des Wohnraummietrechts im BGB

Mietrecht und Vermietung	Mietrecht und Mieterhöhung	Mietrecht und Kündigung

Mietrecht und Verwaltung:

↓

Hauptpflicht:

Instandhaltung und Instandsetzung

Pflege, Wartung, Haustechnik,usw.

Pflege der Außenanlagen
↓
Hauptpflicht: Finanzen
Rechnungslegung
Wirtschaftsplan
kostendeckende Miete
↓
Gewerbevermietung
↓
Mahnwesen und
Umgang mit dem Mieter-Kunden

Natürlich sind auch die wesentlichen Nebenpflichten beschrieben und es gibt viele praktische Hinweise aus der Erfahrung des Autors.

In den Lektionen finden Sie immer wieder *Prüfungsfragen und Übungen,* die Sie bearbeiten sollten, um zu sehen, ob Sie das jeweilige Thema beherrschen. Lösungen bzw. Vorschläge dazu finden Sie am Ende des Buchs.

* Gesetzliche Erlaubnis- und Qualifizierungspflicht

Der Gesetzgeber hat mit Wirkung ab August 2018 die Gewerbeordnung dahingehend geändert, dass jetzt Wohnungsverwalter „Gewerbetreibende" sind und einer **Erlaubnis** nach § 34 c Gewerbeordnung bedürfen. Ferner muss eine Haftpflichtversicherung vorgelegt werden und es besteht eine Qualifizierungspflicht. Mehr dazu in Lektion 10.

Lerntipps

Es liegt natürlich an Ihnen, wie tief Sie in die Materie dieses Buchs einsteigen möchten. Sofern Sie die Themen ernst nehmen und die Materie wirklich erlernen möchten, kommen Sie um ein „richtiges" Lernen, das zugleich anstrengend ist, nicht herum. Damit es gelingt, empfehle ich Ihnen, einige Grundregeln des Lernens anzuwenden und zwar:

* Einen *gemütlichen* Lernplatz einrichten
* Zur für Sie richtigen Zeit lernen (morgens, mittags, abends)
* Wichtiges laut lesen
* Wichtiges selbst aufschreiben z.B. in einen Notizblock oder in eine Textdatei oder
* Legen Sie Ihr *eigenes* **Verwalter-Lexikon an!**
* Produktive Pausen zum Überdenken des Stoffes machen
* Sich eine Belohnung für das Lernen gönnen.

Am Ende des Buchs werden Sie über ein Fachwissen verfügen, das Sie in die Lage versetzt, Mietwohnungen berufsmäßig, „ordnungsgemäß und fachgerecht" verwalten zu können.

Ich wünsche Ihnen ein erfolgreiches Studium!

Reinhold Pachowsky

Lektion 1

Immobilien-
Grundsätze

Lektion 1
Immobilien-Grundsätze

Einführung

Die Verwaltung von Mietwohnungen erfordert eine genaue Kenntnis des Mietrechts, denn der Gesetzgeber schreibt schon seit rd. 60 Jahren genaue Details vor - und dies wird wohl auch noch weiter so bleiben wie zum Beispiel in jüngster Zeit die umstrittene „Mietpreisbremse", denn Wohnungen sind ein „sensibles Gut", das jeden Menschen betrifft. Davon später mehr.

Die Verwaltung ist hier der „verlängerte Arm" eines Eigentümers, den man oft auch Investor nennt und der aus der genannten Eigentümerposition heraus bestimmte Ziele umsetzen möchte. Es ist deshalb in diesem Buch immer vom Eigentümer oder Vermieter die Rede. Und die Verwaltung soll stellvertretend seine Aufgaben und Pflichten übernehmen.

Übrigens: Es heißt in diesem Buch immer „der Verwalter" in der männlichen Form. Gemeint ist dies jedoch als *Berufsbezeichnung.* Alle Frauen sind darin selbstverständlich herzlich eingeschlossen.

Zum Einstieg geht es zunächst um Grundsätzliches bei Immobilien, welches für das Verständnis wichtig ist, zum Beispiel:

* Der Immobilien-Lebenszyklus in 2 Phasen

Jede Immobilie besteht aus zwei Phasen:

Phase 1:
* Die Entwicklungs- und Bauzeit bis zum Bezug
Diese ist relativ kurz (meistens ein bis drei Jahre) und umfasst diejenige Zeit, bis ein Neubau geplant und errichtet ist. Sie ist ein *eigenständiger* Bereich.

Danach folgt die langfristige

Phase 2:
* Bestands- und Verwaltungszeit
mit einer Zeitdauer von rund 100 Jahren, in der die in der Phase 1 erstellten Gebäude verwaltet werden müssen. Diese Zeit ist der Kern dieses Buchs.

Ganzheitlich und grundsätzlich gesehen gibt es folgende Immobilien-Grundsätze.

1. Immobilien-Grundsätze

Die nachfolgenden sechs Grundsätze sind für den Einstieg in ein wirkliches, berufsmäßiges Verständnis von Immobilien von besonderer Bedeutung.

Grundsatz 1:
Eine Immobilie ist das teuerste Produkt eines Menschen!

Es ist in der Regel viel teuerer als ein Auto, selbst ein Luxusauto erreicht erst den Preis einer bequemen Wohnung in einer Großstadt und nach oben in den Millionenbereich ist ohnehin alles offen, wie z.B. eine Villa für 50 Millionen.

Nicht jeder Mensch kann sich deshalb ein solches Produkt zum Eigentum leisten! Deshalb sind die meisten Wohnungen auch Mietwohnungen, also vermietete Wohnungen. Und von Anderen (private Eigentümer oder Unternehmen, siehe Einführung) wird Wohnraum zur Verfügung gestellt. Aufgabe der Verwaltung ist also, ein teueres, wertvolles Vermögen zu verwalten und dafür eine hohe Verantwortung zu tragen. Dies funktioniert nur mit einer qualifizierten Ausbildung.

Phase 1: Grundsätze 2 - 5

Grundsatz 2:
Eine genaue Prüfung ist erforderlich

Es geht also um sehr hohe Vermögenswerte und deshalb sind Sorgfalt und Genauigkeit von größter Bedeutung. Immobilien sollten immer genau geprüft werden und auch Sie sollten, bevor Sie als Verwaltung ein Verwaltungsangebot abgeben, eine genaue Prüfung vornehmen (in Verbindung mit dem nächsten Grundsatz). In der Fachsprache heißt diese Prüfung: Due Dilligence zur Identifizierung von Kostenrisiken. Sie ist besonders für Käufer wichtig.

Und für die Verwaltung bedeuten Kosten stets einen hohen Verwaltungsaufwand, der auch ein hohes Fehlerrisiko in sich trägt.

Grundsatz 3:
Eine persönliche Besichtigung ist unumgänglich!

Es ist deshalb sehr wichtig, dass man generell, *bevor* man als Käufer wie auch als Verwaltung neue Mietobjekte übernimmt, die jeweilige Anlage (fachlich: das Objekt) ausführlich und gründlich besichtigt und prüft. So, wie man bei einem Autokauf auch das Auto genau besichtigt und ggf. eine Probefahrt vornimmt, sollte man erst recht vor Verwaltungsübernahme als Dienstleister eine oder mehrere genaue Besichtigung(en) vornehmen.

Es kann nämlich durchaus sein, dass man sich mit diesem neuen Objekt nur Stress einhandelt - es spricht der erfahrene Verwalter! Für eine Besichtigung folgt später eine Checkliste, die Sie zur Hand nehmen können.

Auch als angestellter Verwalter m/w wird empfohlen, so bald als möglich eine Besichtigung *aller* verwalteten Objekte vorzunehmen. Bitten Sie Ihren Arbeitgeber um eine solche „Besichtigungstour" für Ihren Zuständigkeitsbereich, damit Sie alle Objekte persönlich kennen.

Grundsatz 4:
Der Preis für Immobilien ist nicht festgelegt.

Wenn man sich eine Immobilie genau angesehen hat, weiß man noch nichts über einen angemessenen Preis. Und diese Preisermittlung ist oft ein sehr schwieriges Unterfangen.
Ebenso ist der Preis bzw. die Verwaltergebühr für die „Dienstleistung Verwaltung" nicht festgelegt. Gehen Sie jedenfalls bei einer Verwaltung im Normalfall davon aus, dass Sie stets ein insgesamt „gewaltiges Immobilienvermögen" anvertraut bekommen, eine große Verantwortung tragen und Ihnen dafür im Grundsatz eine „angemessene" Vergütung zusteht.

Grundsatz 5:
Die Lage der Immobilie sollte für die jeweilige Nutzung bestens geeignet sein.

Und nun kommt ein Grundsatz, der eigentlich am Anfang stehen sollte und nur für Immobilien gilt: *Die Lage* einer Immobilie, genauer gesagt: Die Lage und die dazu gehörige Nutzung sind für Immobilien die „Nummer 1" der fachlichen Beurteilung.

Für Wohnungen ist die „Wohnlage" wichtig, für gewerblich oder beruflich genutzte Läden/Büros etc. ist die „Geschäftslage" wichtig. Zwar ist „Ihre Wohnanlage" längst gebaut und damit steht auch die Lage längst fest, aber sie kann dennoch zu ungeahnten Problemen führen oder auch große Vorteile haben. Bei der vorgenannten „Besichtigungstour“ sollten Sie deshalb sehr genau auf die Lage der Objekte achten.

Phase 2:

Grundsatz 6:
Immobilien brauchen ein Management

In diesem Grundsatz ist die Verwaltungstätigkeit fest verankert. Jedes Gebäude, selbst ein leeres Grundstück braucht ein Management, also eine Verwaltung. Um jede Immobilie „muss man sich kümmern“, sonst verkommt sie und damit verfällt auch der Wert. Das Management hat also den Auftrag, diesen Verfall durch entsprechende Instandhaltung, Pflege und Betreuung zu verhindern, um weiterhin das Vermögen zu erhalten und ggf. zu steigern.

Es gibt somit sechs Grundsätze, die für Immobilie wichtig sind. Aber das ist noch nicht alles. Immobilien zu kaufen ist ein komplexer Vorgang, der allerdings nun schon länger vorbei ist, aber immer auch Auswirkungen auf diese Phase 2 der Verwaltung hat.

Es gibt eine Reihe von privaten Käufern, die die Grundregeln von Immobilien nicht kennen, deshalb auch nicht beachten und, oft noch schnell vor

Jahresende, „irgendeine“ Immobilie erwerben, ohne diese genau besichtigt bzw. geprüft zu haben. Und die Reue und Ernüchterung folgt bald auf dem Fuße und nun soll es „die Verwaltung richten“, d.h. die Verwaltung soll Fehler beim Kauf nun nachträglich wieder in Ordnung bringen. Ein solches Verlangen ist natürlich rechtlich nicht möglich, um nicht zu sagen: „unverschämt“, wenn nämlich ein solcher Käufer mit seinem Ärger die Verwaltung dressiert. Andererseits sollte natürlich eine Verwaltung bemüht sein, die Interessen des Eigentümers im Rahmen der gesetzlichen Vorschriften zügig umzusetzen.

Übung:

1. Nennen Sie bitte - möglichst auswendig - die sechs wichtigen Grundsätze über Immobilien.

Grundsatz 1 ...
Grundsatz 2 ...
Grundsatz 3 ...
Grundsatz 4 ...
Grundsatz 5 ...
Grundsatz 6 ...

2. Immobilienprodukte

Um die Verwaltung aus Grundsatz 6 noch genauer einordnen zu können, sollte man auch die möglichen und grundsätzlichen Immobilienprodukte kennen.

Es gibt folgende:

1 Die Neubau-Eigentumswohnung
2 Die bestehende ältere Eigentumswohnung
3 Die Gewerbeimmobilie
4 Das Miets- bzw. Mehrfamilienhauses
5 Das Einfamilien- oder Zweifamilienhaus
6 Unbebaute Grundstücke (Bau-, Naturgrundstücke)

Für jedes Produkt gelten im Detail unterschiedliche Gegebenheiten:

2.1 Die Neubau-Eigentumswohnung

Die Eigentumswohnung ist die sehr oft gekaufte Neubau-Immobilie und bei Vermietung wird sie rechtlich zur Mietwohnung. Beim Erwerb gibt es zwei Möglichkeiten:

- Bauherr einer Neubau-Eigentumswohnung
Der Bauherr wird als „Unternehmer" angesehen und trägt somit auch das Risiko des Bauens. Je nach Konjunktur und politischer Situation werden ihm möglicherweise vom Staat steuerliche Abschreibungen oder Zuschüsse gewährt.

Dafür bestehen allerdings auch noch andere Risiken, nicht nur in Bezug auf den Initiator. Es sitzen nämlich alle Bauherrn „in einem Boot". Alle Beteiligten können in finanzielle Schwierigkeiten geraten und damit das Bauprojekt insgesamt gefährden. Sind mehrere Bauherren am Projekt beteiligt, handelt es sich rechtlich um eine Bauherrengemeinschaft im Sinne eines geschlossenen Immobilienfonds.

In diesem Fall verwaltet man auch einen *Immobilienfonds,* dessen rechtliche Basis ein Bauherrenvertrag ist. Die Eigentümerfunktion ist hier auf mehrere Gesellschafter (Beteiligungen) aufgeteilt. Die einzelnen Einheiten müssen vermietet werden, damit steuerlich ein Mietertrag - evtl. in Verbindung mit einem steuerlichen Verlust - entsteht. Somit ist diese Konstruktion eine (weitere) Variante der eingangs genannten Mietverwaltung.

- Käufer einer konkreten Neubau-Eigentums-wohnung

Ein „Käufer ab Plan" trägt ebenso auch ein gewisses Risiko, allerdings ist er in Deutschland durch gesetzlich vorgeschriebenen Ratenzahlungen entsprechend des Baufortschritts einigermaßen gut abgesichert. Sofern es sich um einen erfahrenen Bauträger handelt, dürfte das Risiko überschaubar sein.

Der Kaufpreis der Wohnung wird also nicht vorab oder in einer Summe bezahlt, sondern über die Bank in bis zu insgesamt 7 - 8 Raten vom Grundstückskauf bis zur Übergabe.

Ab diesem Zeitpunkt der Übergabe beginnt die Vermietung und Verwaltung. Sie wird in der Praxis oft als Service zur Wohnungseigentumsverwaltung (siehe extra Ausbildungsbuch *) angeboten.

*) Ausbildungsbuch "Verwaltung von Eigentumswohnungen" nach dem Wohnungseigentumsgesetz

2.2 Die bestehende ältere Eigentumswohnung

Eine andere Möglichkeit ist der Kauf einer bestehenden und somit gebrauchten Eigentumswohnung. Diese Immobilie wird in rechtlicher Hinsicht gekauft „wie besichtigt und gesehen", auch wenn sie der Käufer nicht besichtigt haben sollte.
Ist das Objekt vermietet, wird bei einer bestehenden Immobilie in rechtlicher Hinsicht auch der Mieter übernommen. Der gesetzliche Grundsatz in Deutschland lautet: *Kauf bricht nicht Miete,* d.h. der bestehende Mietvertrag braucht nicht umgeschrieben oder neu erstellt zu werden, sondern er geht aufgrund des Kaufvertrages auf den Käufer über. Der Mieter bezahlt dann die bisherige Miete an den neuen Eigentümer und damit ist für ihn die Sache erledigt.
Für eine Verwaltung ist die ältere Eigentumswohnung der häufigste Fall und die Aufgaben und Pflichten sind im erwähnten Wohnungseigentumsgesetz konkret vorgeschrieben. Deshalb ist die Verwaltung von Eigentums-

wohnungen ein eigener Bereich, weil das genannte Gesetz konkrete (andere) Verwalterpflichten enthält.

In diesem Buch geht es um die vermietete Eigentumswohnung, die hier bei uns zur „normalen Mietwohnung“ wird.

2.3 Die Gewerbeimmobilie

Statt zum Wohnen kann eine Immobilie auch gewerblich genutzt sein, zum Beispiel als Büro, Laden, Praxis usw. Die Vermietung von gewerblichen Einheiten ist jedoch ein Gebiet, das gute Kenntnisse der Verhältnisse in der örtlichen Wirtschaft erfordert. Oder anders gesagt: Kern einer erfolgreichen Vermietung ist eine florierende lokale Wirtschaft.
Jedes Gewerbe unterliegt außerdem umfangreichen gesetzlichen Anforderungen in Bezug auf Sicherheit, Belüftung, Brandschutz, Toiletten usw. und diese müssen innerhalb der Gewerbeeinheit erfüllbar sein.

Ändert sich zum Beispiel bei einem Mieterwechsel auch die Branche, können aufwendige Umbauarbeiten erforderlich werden.

2.4 Das Mietshaus bzw. Mehrfamilienhaus

Ein Mehrfamilienhaus kann ebenso wie die Eigentumswohnung neu gebaut oder gebraucht gekauft worden sein. Denkbar ist zum Beispiel auch, dass mehrere Kapitalanleger gemeinsam ein Mehrfamilienhaus bauen bzw. bauen lassen. In diesem Fall sind alle Beteiligte echte Bauherrn, eigentlich ein kleiner, geschlossener Immobilienfonds (wie oben erwähnt). Als Verwalter verwaltet man hier das komplette Haus mit Grundstück plus ggf. die Bauherrengemeinschaft mit dazu.

2.5 Das Einfamilienhaus

Das Einfamilienhaus in den verschiedenen Varianten (alleinstehendes Haus, Bungalow, Reihenhaus usw.) ist ideal für die Selbstnutzung als Familie geeignet. Hier bieten Bauträger und Architekten eine Vielfalt an Häusern und Varianten an. Ein- und Zweifamilienhäuser werden üblicherweise vom Eigentümer selbst verwaltet.

2.6 Unbebaute Grundstücke

Unbebaute Grundstücke wie zum Beispiel Agrarland, Wald usw. werden oft als „Domaine“ bzw. als „Domainen-Verwaltung“ bezeichnet. Hier kommt es vor allem auf die besondere Bewirtschaftung an.

Unbebaute Grundstück innerhalb einer Kommune können vermietet sein oder vermietet werden. Typische Fälle sind Parkplätze, Kioske, Abstellflächen usw. Es muss oder sollte in solchen

Fällen ebenso ein gewerblicher Mietvertrag abgeschlossen werden. In solchen Fällen handelt es sich um eine Gewerbe-Objektverwaltung.

Zur Bebauung vorgesehene Grundstücke, aber noch ohne Erschließung sind sogenanntes Bauerwartungsland, das sich noch um Straße und Gehsteig verkleinert. Erschlossene Grundstücke gelten als Bauland bzw. als Bauplätze und können entsprechend den Kriterien eines Bebauungsplans bebaut werden.

2.7 Gestaltungsmöglichkeiten

Mit allen diesen Immobilienprodukten gibt es folgende grundsätzliche Möglichkeiten:

- Kaufen und verkaufen
- Kaufen und vermieten
- Vererben
- Verschenken

Alle diese Varianten können wiederum mit Auflagen verbunden werden, zum Beispiel mit:

- Wohnrecht
- Nießbrauchsrecht
- Renten- oder Pflegeleistung

usw.

3. Die Finanzierung

Der Kaufpreis musste bereits bei Fälligkeit bezahlt werden. Üblich ist, dass die Finanzierung aus einem Eigenkapital und einem Bankkredit besteht. Diese

Finanzierung des Kaufpreises ist später in der Vermietung die Basis für die so genannte „kostendeckende Miete", welche noch ausführlich behandelt wird. Halten wir zunächst fest, dass die aus der früheren Kaufpreisfinanzierung sich ergebenden Zinsen und Tilungsleistungen weiterhin wichtig sind, da sie zu den Kapitalkosten zählen, welche wiederum ein Bestandteil der Mietenkalkulation sind.

4. Die „Rendite" bei Immobilien

Verkäufer führen das Wort „Rendite" für Immobilien zur Kapitalanlage, also von zu vermieteten Immobilien oft „großzügig" im Mund. Verwaltungen sind hier ohnehin meistens skeptisch.

Das Wort „Rendite" stammt aus der Betriebswirtschaftslehre und dort gibt es z.B. für Maschinen Kalkulationsmodelle darüber, wie diese eine Rendite erzeugen. Und auch für Kapitalanlagen sind Modellrechnungen über die Rendite üblich.

Bei Immobilien allerdings gibt es, trotz Computerprogramme, noch immer *keine allgemein gültige Formel*, sondern nur einige „Schönrechnungs-Modelle", um die Kapitalanlage günstig aussehen zu lassen. Eine echte Renditeberechnung ist wirklich schwierig, weil es zu viel Punkte gibt, die im voraus nicht wirklich berechnet werden können. Dies nur zur Information.

Bei der schon genannten „kostendeckenden Miete“ berechnen wir als „Rendite“ schlicht eine angemessene Verzinsung des eingesetzten Eigenkapitals. Das ist in jedem Fall eine seriöse Methode. Dazu später mehr.

5. Kauf und Notar

In Deutschland, nicht jedoch nicht allen Ländern der Welt, erfolgt der eigentliche Kauf einer Immobilie bei einem Notar oder ermächtigtem Rechtsanwalt. Der Ablauf folgt klaren gesetzlichen Regeln. Im Mittelpunkt steht der Kaufvertrag, welcher vom Notar an das Grundbuchamt zum Vollzug weitergegeben wird.

Abschließend war dies alles das „Vorspiel“, das sich vor Verwaltungsbeginn abgespielt hat. Aber nun sind Sie gefragt:

6. Das Verwaltungsmanagement

- Zum Grundsatz 6: Immobilien erfordern ein eigenes Management (Seite 18)

Nach dem Kauf bzw. der Fertigstellung beginnt die langfristige, vielleicht 100 Jahre und länger andauernde sogenannte Bestandszeit bzw.

Verwaltungsphase. Ab jetzt entscheidet die Qualität der Verwaltung über den Wert, über eventuelle Wertsteigerungen oder ob es zu einem langsamen Verfall der Immobilie kommt.

Für jeden Investor geht es jetzt darum, seine getätigte Investition zu pflegen, zu bewahren, zu erhalten und weiter zu entwickeln, d.h. die Immobilie der Zeit und neuen Trends anzupassen. Wenn also ein Investor eine erfolgreiche Immobilieninvestition getätigt hat, kommt es in dieser Bestandsphase darauf an, diese Investition nicht zu vernachlässigen, sondern sie langfristig fortzuführen.

Man beachte den „Lage-Grundsatz“: Die Lage ist entscheidend. Eigentümer haben eine unikate Immobilie an einem (hoffentlich) vorteilhaften Standort erworben und es ist die Aufgabe der Verwaltung, daraus das Beste zu machen.

Es kommt also jetzt auf die Qualität der Verwaltung an und sollte eine Immobilieninvestition nicht so erfolgreich verlaufen, wie sie gedacht war, kann eine gute und professionelle Verwaltung durch bestimmte fachliche und strategische Maßnahmen diese Immobilie im Laufe der Zeit doch noch zu einer erfolgreichen Immobilie fortentwickeln oder zumindest das Schlimmste verhindern.

Professionalität und die Zeit spielen dabei eine

besondere Rolle und der bekannte Spruch: *„Nichts ist so beständig als der Wandel“* könnte *die* Philosophie des Verwaltens überhaupt sein, denn er bedeutet für die Verwaltung von Immobilienvermögen, das Bewahrende und das sich Verändernde aufmerksam zu verfolgen und rechtzeitig die entsprechenden Maßnahmen einzuleiten. Das sagt sich so einfach und ist dennoch sehr schwer.
„Das Bewahrende“ bedeutet inhaltlich zum Beispiel die laufende Vermietung, aber auch eine intelligente Planung der Instandhaltung und Bewirtschaftung.

Neben diesem bewahrenden Charakter der Liegenschaftsverwaltung tritt der Wandel ein, zum Beispiel der Wandel der Mode in Bezug auf die Ausstattung der Räume und Eingänge, der Wandel in der Haus- und Gebäudetechnik, der Wandel des Geschmacks, die Veränderungen der Bevölkerungs- und damit der Mieterstruktur, der Wandel der konjunkturellen Entwicklung usw.

An diese Veränderungen muss eine Verwaltung den Immobilienbestand anpassen. Dies gilt insbesondere für gewerbliche Immobilien und innerhalb dieses Bereichs speziell in Bezug auf handelsgenutzte Flächen. Der Einzelhandel ist laufend gezwungen, sich den veränderten Kaufgewohnheiten seiner Kunden anzupassen und somit muss auch die Gestaltung der Immobilie hier mitgehen, wenn keine Leerstände wegen Verschleiß und Alterung entstehen sollen.

- Hauptpflicht: Instandhaltung und Instandsetzung

Eine wesentliche Aufgabe und Verwaltungspflicht ist deshalb die „ordnungsgemäße“ Instandhaltung und Instandsetzung. Bei Instandsetzungen geht es meistens um große Beträge, weshalb die sorgfältige Vorbereitung einer Maßnahme durch die Verwaltung, zum Beispiel durch Einholung von mindestens drei Kostenangeboten von Handwerkern von großer Bedeutung ist. Bei großen oder speziellen Maßnahmen ist auch die Beauftragung eines Spezialisten empfehlenswert. Natürlich werden wir uns mit diesen Themen in diesem Buch noch ausführlich befassen.

- Modernisierung und wertverbessernde Maßnahmen

Neben der Instandhaltung und Instandsetzung spielen wertverbessernde Maßnahmen und generelle Modernisierungen eine zunehmend wichtige Rolle, was auf das Alter der Gebäude und den Einflüssen der sich wandelnden Einstellung zur Umwelt zurückzuführen ist. Natürlich ist dies ein wichtiges Thema.

- Die Vermietung und Verwaltung des Mietvertrages

Bei der Mietverwaltung muss nicht nur die Anlage, sondern auch der Mieter und der Mietvertrag verwaltet werden. Wie jeder Vertrag enthält er Rechte und Pflichten und hat deshalb rechtlich die Bedeutung einer Urkunde (fast ähnlich wie ein notarieller Kaufvertrag) und kein Vermieter, vertreten durch die Verwaltung, kann sich von seinen Pflichten drücken.

Fazit:
Nach dem Kauf einer Immobilie kommt es sehr auf die Qualität der Verwaltung an. Durch eine kluge Verwaltung entscheidet sich sehr oft, ob die gekaufte Immobilie ein „Erfolgsmodell“ ist oder nur Verluste bringt. Diese Erkenntnis ist viel zu wenig verbreitet, was zum Teil auch an den Verwaltungen selbst liegt. Alle Beteiligten möchten oft keine öffentliche Aufmerksamkeit und somit bleibt diese Erkenntnis im Verborgenen.

Die Immobilienverwaltung ist ein „stilles“ Geschäft und oft auch, im Verhältnis zur Bedeutung und Verantwortung, schlecht bezahlt, denn die Eigentümer der Immobilie sehen meistens die Leistungen der Verwaltung nicht, ähnlich wie bei einem Eisberg: Nur die Spitze ist zu sehen. In diesem Buch allerdings wird der „ganze Eisberg“ sichtbar.

Vom „Kunde Eigentümer“ werden oft wichtige Grundsätze nicht bedacht und deshalb ist es nicht selbstverständlich, dass er die Leistungen einer guten Verwaltung angemessen einschätzen kann. Verwaltungen dürfen hier wirklich nicht viele

Vorkenntnisse erwarten.

Wenn also ein Investor eine erfolgreiche Immobilieninvestition getätigt hat, sollte die Verwaltung ihm gegenüber schon sehr deutlich zum Ausdruck bringen, auf welche Punkte es nun - zu seinem Vorteil - besonders ankommt, z.B. darauf, seine Investition nicht durch „Sparen an falscher Stelle" zu vernachlässigen, sondern sie *langfristig fortzuführen.*

Allerdings sind die tatsächlichen täglichen Tätigkeiten einer Verwaltung eher sehr sachlich und nüchtern wie zum Beispiel:

- Kontoführung, Finanzen, Budget, Abrechnungen
- Technische Verwaltung:
  - Instandhaltung, Wertverbesserungen und Modernisierung
  - Probleme von Mietern und Eigentümern lösen
- Buchführung:
  Verbuchung aller Einnahmen und Ausgaben
- Zahlungsverkehr, vor allem Bezahlung von Rechnungen
- Mahnwesen: Mahnung bei ausstehenden Mieten
- Wirtschaftsplan bzw. Budgetplanung
- Jahresabrechnung bzw. Abrechnung der Betriebskosten und Bewirtschaftungskosten

Es handelt sich um grundsätzliche Verwaltungsarbeiten, die immer zu tun sind und z.T. noch ausführlich behandelt werden.

7. Verwalterberuf und Vergangenheit

In einem solchen Ausbildungsbuch soll auch ein kleiner Platz sein für die Vergangenheit des Verwalterberufs.

Immobilien sind ein seit Jahrtausenden bestehendes Dauerthema, denn schon Seneca, der römische Philosoph und reichste Bürger von Rom hat vor mehr als 2000 Jahren auch über seine Besitztümer geschrieben. Er beschwert sich nämlich über einen Verwalter, dass dieser nicht ordentlich gewirtschaftet habe, was dieser aber von sich weist, sinngemäß damit, dass diese Gebäude eben alt seien und soviel Geld an Instandhaltung verschlängen, so dass kein Gewinn zu erzielen sei.

Dieser Umstand hat sich bis heute nicht geändert.

Seit Seneca ist hinsichtlich eines Berufsbildes nahezu 2000 Jahre lang nichts Wesentliches geschehen. Während die „technische Seite" schon vor Jahrtausenden „Bauschulen" eingerichtet und das Bauen gelehrt hat, hat sich die „kaufmännische Seite" nicht erkennbar fortentwickelt.

Im Februar 1978 wurden in München erstmals 16 berufsmäßige Verwalter aktiv, gründeten einen Verband, den „Verband der Hausverwalter" und erstellten ein Berufsbild, in dem auch die Aufgaben eines Verwalters erstmals schriftlich festgelegt wurden.

Eine weitere Vorwärtsentwicklung entstand 1984, als durch den Autor im Rahmen einer Verwaltungs-Franchise-Organisation mit 15 Partnern erstmals ein *„Leistungskatalog"* entwickelt wurde, in dem Aufgaben und Leistungen eines Verwalters in Bezug auf die Verwaltung von Eigentumsswohnungen schriftlich als Bestandteil des Verwaltervertrages dargelegt waren. Er ist heute Standard bei allen Profi-Verwaltern (im einschlägigen Ausbildungsbuch enthalten).

Letztendlich aber wurde erstmals 1994 durch den *staatlich* geprüften Verwalter-Fernlehrgang des IMI Immobilien Instituts mit dem Titel *„Haus- und Grundstücks-Fachverwalter/-in (IMI)"*, der – wie schon erwähnt - auch die Basis dieses Ausbildungsbuchs ist, das Leistungsspektrum einer Verwaltung schriftlich festgelegt. Es handelte sich also – nach so langer Zeit - um die *erste staatlich geprüfte* Verwalterqualifizierung in Deutschland!

Heute ist der eingangs genannte Verband ein in allen Bundesländern vertretener Berufsverband und es gibt auch noch einen weiteren Bundesverband. Allerdings ist die Zahl der Mitglieder im Bezug auf alle bundesweit tätigen selbständigen Verwalter noch in einem „bescheidenen" Umfang, aber es sind gute Anfänge gemacht.

Die ehemals gemeinnützigen Wohnungsunternehmen haben sich schon in den 50iger Jahren verbandsmäßig organisiert und erst seit kurzer Zeit gibt es einen überregionalen Zentralverband aller Immobilienverbände als Interessensvertretung. Die politische Akzeptierung (wichtig bei allen neuen Miet- und Baugesetzen und Reformen) ist allerdings noch schwach, jedoch anwachsend.

8. Wohnen, ein elementares Bedürfnis

Die in einer Immobilienverwaltung Berufstätigen brauchen neben einem speziellen Fachwissen auch eine überdurchschnittliche Sensibilität im Umgang mit den Menschen. Warum das so ist, dazu folgt hier eine kleine Begründung:

Wer Grundstücke und Gebäude verwalten will, braucht eine „besondere Einstellung" zu Besitz und Eigentum. Jeder m/w, der sich mit Immobilien befasst, muss sich vergegenwärtigen, dass Grundstücke und insbesondere Wohnungen ein besonders sensibles Gut sind.

* Wohnen - ein besonders sensibles Gebiet
Um in der Wohnungsverwaltung erfolgreich zu sein, muss man interdisziplinär, das heißt übergreifend und *flexibel* denken und handeln sowie mit „Widersprüchen leben" können.

Jeder, der sich mit der Haus- und Grundstücksverwaltung befasst muss sich außerdem vergegenwärtigen, dass die Öffentlichkeit alle Geschehnisse auf dem Grundstücks- und Immobilienmarkt genau beobachtet, z.B. bei der Vermietung von Wohnungen, Verpachtung von Grundstücken usw. Aus diesen Gründen ist das Wohnen auch immer aktuell. Themen rund um die Miete, Mieterhöhung, Kündigung, Wohnungsnot, Wohnungsbedarf, hohe Baukosten und Ärger mit dem Nachbarn sind der Presse stets eine Schlagzeile wert, weil diese Themen nahezu alle Menschen interessieren.

Dieser Umstand ist vergleichbar einem Stadion. Als Verwalter ist man, als Person, stets der „Akteur auf dem Rasen". Ringsherum auf den Tribünen befindet sich das Publikum in Form dieser Öffentlichkeit und beobachtet das Geschehen. Je wichtiger eine Immobilie ist, umso mehr Aufmerksamkeit ist vorhanden. Zur Öffentlichkeit zählt die Presse, dazu gehören aber auch die politischen Parteien, Verbände (Lobby) und sonstige wirtschaftliche oder soziale Organisationen und davon gibt es jede Menge.

Dieser Öffentlichkeit kann man sich generell im Immobiliengeschäft nicht entziehen. In der öffentlichen Diskussion wird das Geschehen auch meist als »Sie« personifiziert, und zwar auch dann, wenn man „nur angestellt" ist. Es heißt dann zum Beispiel in der Presse: „Verwalter Meier droht mit Kündigung"!

Diese besondere Aufmerksamkeit der Öffentlichkeit ergibt sich daraus, dass das Wohnen ein elementares Bedürfnis eines jeden ist. Man stelle sich vor, es gäbe keine Wohnungen ...... ?

Verwalter von Wohnungen brauchen deshalb ein Verständnis für die Bedeutung des Wohnens, denn das Wohnen umfasst viele Lebensbereiche des Menschen und wirkt direkt oder indirekt auf alle lebenswichtigen Bereiche wie

- Arbeit
- Ehe und Familie
- Erholung, Freizeit und Kultur.

* Die eigene Wohnung bedeutet Sicherheit
Der Philosoph Martin Heidegger hat einmal in einem Vortrag darauf hingewiesen, dass das gotische Wort »wunian« zufrieden sein, zum Frieden gebracht, in ihm bleiben heißt. Weiter hat er vermerkt, dass das althochdeutsche Wort »buan« (bauen) *wohnen* (bleiben, sich aufhalten) bedeutet und das philosophische Wort vom »Sein« aus dem gleichen Wortstamm kommt, so dass Wohnen bedeutet: Als Sterblicher auf der Erde sein.

Wohnen bedeutet somit ferner, an einem bestimmten Ort zu Hause, verwurzelt, verbunden zu sein und dort hinzugehören.

Die Wohnung ist für den Menschen der privateste Bereich, der Mittelpunkt seines privaten Lebens. Die Wohnung verschafft ihm Sicherheit. Denn in die Wohnung kehrt der Mensch zurück, z.B. nach getaner Arbeit, nach einer Dienstreise, nach dem Urlaub usw. Wie freut sich der Mensch, wenn er nach einer Krankheit in seine Wohnung zurückkehren kann.
Und jetzt kommen Sie als Verwalter oder

Verwalterin zum Beispiel mit einer Abmahnung oder mit einer Kündigung oder auch nur wegen eines Verweises wegen Nichteinhaltung der Hausordnung. Fachlich mag das wichtig und richtig sein, aber es gilt das Sprichwort: „Der Ton macht die Musik". Und dies ist gemeint, wenn von „Sensibilität" gesprochen wird.

* Die eigene Wohnung berührt fast alle Grundbedürfnisse

Neben dieser Sicherheit erfüllt eine Wohnung viele weitere psychologische Grundbedürfnisse des Menschen, ja nahezu alle wichtigen Grundbedürfnisse werden (zumindest) berührt, z.B. das Bedürfnis:

- Prestige
  - Wunsch nach Anerkennung
  - Ausdruck: Wohnungseinrichtung, Auto, Garage
- Gesundheit
  - Wunsch nach Selbsterhaltung
  - Ausdruck: Ruhe, trockene Wohnung
- Gewinnstreben
  - Wunsch, möglichst wenig herzugeben
  - Ausdruck: Niedrige Miete, niedrige Kosten
- Bequemlichkeit
  - Wunsch möglichst geringer Anstrengung
  - Ausdruck: Service wie Aufzug, Heizung, Hausmeister
- Neugier
  - Wunsch, sich mitzuteilen und alles zu erfahren
  - Ausdruck: Treppenhausklatsch

- Verhalten anderer Mitbewohner

Und immer dann, wenn Sie als Verwaltung „irgendwie“ zwischen diese Grundbedürfnisse geraten, werden Sie Stress haben. Es kommt also in allen Fällen auf das WIE, auf den Ton an, WIE Sie persönlich an die betroffenen Menschen heran gehen.

* Die eigene Wohnung braucht Wohnlichkeit
Zum Wohnen gehört als psychologisches Grundbedürfnis die individuelle Wohnlichkeit und Gemütlichkeit. Dazu gehört:

- Wenn eine Wohnung dem Menschen eine gewisse Sicherheit vor der Außenwelt geben soll, dann muss sie verschließbar, evtl. auch verdunkelbar sein.

- Zu große Räume wirken ungemütlich, zu kleine Räume verschaffen nicht die notwendige Bewegungsfreiheit.

- Leere Räume sind nicht bewohnbar, sie müssen erst eingerichtet werden. In dieser Ausstattung kommen Individualität, Gemütlichkeit und Prestige zum Tragen.

- In einem kalten Raum lässt sich, zumindest im Winter, schlecht wohnen. Wärme schafft ebenfalls Gemütlichkeit, soweit nicht eine bestimmte Temperatur überschritten wird. Zur Wärme im weiteren Sinne gehören auch die Farben der Wände und Möbel.

- Jede Wohnung sollte so beschaffen sein, dass der Lärm von außen, aber auch von den anderen Wohnungsnachbarn ausreichend abgeschirmt wird.

- Eine ungepflegte Wohnung ist kaum gemütlich, man merkt ihr die fehlende Zuwendung an. Es muss keine übertriebene Ordnung in der Wohnung sein, jedoch eine Grundsauberkeit (wenngleich „Sauberkeit" ein *relativer* Begriff ist).

Das Wohnen wird, wie das Wort sagt, von Gewohnheit bestimmt, d.h. die Wohnung ist weniger ein Ort, an dem neue Erfahrungen gemacht werden, sondern in erster Linie ein solcher, an dem Gewohntes, Alltägliches stattfindet, an dem man sich auch im Dunkeln zurechtfindet, weil alles vertraut ist und seinen gewohnten Platz hat.

Eine Wohnung ist der Ausdruck des Menschen, der sie bewohnt. Das Wohnen umfasst somit nicht nur, wie bereits festgestellt, alle wichtigen Lebensbereiche, sondern befindet sich auch im Zentrum aller wichtigen psychologischen Bedürfnisse eines Menschen.

Meist geschieht das Wohnen in verdichteter Form, also in Miet- und Eigentumswohnungen und damit in der Hausgemeinschaft mit anderen Familien. Der

Mensch kann deshalb innerhalb seiner Wohnung nur insoweit ungestört leben, als er auch seinerseits nicht durch sein Wohnen andere Mitbewohner stört.

Prüfungsfragen:

Beantworten Sie bitte, möglichst auswendig, folgende Fragen:

2. Was bedeutet für den Menschen das "Daheim" sein, in der Wohnung sein?

3. Nennen Sie die psychologischen Bedürfnisse des Menschen, die durch die Wohnung erfüllt oder zumindest berührt werden:

4. Welche Grundvoraussetzungen müssen gegeben sein, um eine Wohnung als "wohnlich" anzusehen:

Lektion 2

Grundsätze des Wohnraum-Mietrechts

Lektion 2
Grundsätze des Wohnraum-Mietrechts

Inhalte:

Fortsetzung →

Einleitung

In dieser Lektion geht es zum Einstieg um das grundsätzliche Verständnis des Mietrechts, also um wichtige Grundsätze. Auf dieser Lektion bauen die anderen Lektionen auf. „Das Mietrecht“ ist in diesem Buch in folgende vier Lektionen aufgeteilt:

Grundsätze des Wohnraummietrechts
im BGB

Mietrecht und Vermietung	Mietrecht und Mieterhöhung	Mietrecht und Kündigung

Zum Grundverständnis des Mietrechts muss man allerdings etwas weiter ausholen und zurück gehen auf die Eigentumsverhältnisse, die im Grundbuch niedergeschrieben sind.

1. Eigentum und Grundbuch

Bevor es zu einer Verwaltung kommt, muss eine Wohnung erst entstanden, d.h. gebaut bzw. errichtet worden sein. Um zum Wohnen zu kommen, muss also gebaut werden und zwar:

- Das Gebäude mit Wohnungen in einer bestimmten Lage
- die dazu notwendige/erforderliche Infrastruktur: Versorgungsleitungen, Straßen,

öffentlichen Einrichtungen usw.

Gedanklich ist von folgender Standardsituation auszugehen: Es gibt
* ein Grundstück, es ist vermessen und im Grundbuch eingetragen
* einen Eigentümer (Privatperson oder Gesellschaft /Genossenschaft), ebenfalls im Grundbuch eingetragen
* ein (oder mehrere) Gebäude auf diesem Grundstück, welche zum Grundstück und damit ebenfalls zum Eigentümer gehören
* zur Erstellung des Gebäudes eine Finanzierung mit einem (oder mehreren) Darlehen.

* Fachbegriff: Wirtschaftseinheit
Vier Kriterien also und der Fachbegriff dafür lautet: **Wirtschaftseinheit.**
Wohnungswirtschaftlich gesehen werden *pro Wirtschaftseinheit* die anfallenden Kosten erfasst und abgerechnet.

Besitz und Eigentum, obwohl sprachlich verwandt, sind nicht das Gleiche. Der Besitz ist im BGB im Sachenrecht (§§ 854ff.) geregelt. Wir gehen vom Eigentum aus und verstehen unter einem Eigentümer ausschließlich denjenigen, der in Abteilung I des Grundbuchs eingetragen ist. Dies ist sehr wichtig, z.B. kann nur derjenige Eigentümer ein Mietverhältnis kündigen, der im Grundbuch eingetragen ist. Deshalb einige Grundsätze zum

Grundbuch.

1.1 Gliederung des Grundbuchs

Jede Verwaltung sollte in ihren Unterlagen (Dokumenten) einen Auszug aus dem Grundbuch verwahrt haben. Wenn noch keiner vorliegt, kann er schriftlich beim Grundbuchamt im örtlichen Amtsgericht angefordert werden.

Grundbuch bedeutet: Rechte an einem Grundstück (haben).
Jedes Grundstück in Deutschland ist amtlich vermessen und erfasst. Das Grundbuch gehört organisatorisch zum örtlichen Amtsgericht. Jedes Grundstück hat/erhält ein Grundbuchblatt. Oberster Begriff sind die so genannten Gemarkungen (Bezirke), die nach „Band und Blatt“ untergliedert sind.

Beispiel:
Grundbuchamt im Amtsgericht Musterstadt
Gemarkung: Hinter der Schlosswiese
(= altdeutsche, frühere Bezeichnungen, die noch immer gelten)
Band 17
(= wie der Band eines Buches von der Gemarkung)
Blatt 2305
(= Blatt des Buches)

Jedes Grundbuchblatt (= Grundbuch) besteht aus:

- Aufschrift

Bezeichnung des Amtsgerichts
Bezeichnung des Grundbuchbezirks
Band und Blatt

- Bestandsverzeichnis

Katasteramtsbezeichnung / Flurnummer
Wirtschaftsart, Lage und Größe

Wichtig für die Verwaltung sind die drei Abteilungen eines Grundbuchs:

Abteilung I Eigentümer	Abteilung II Rechte Dritter	Abteilung III Kredite

- Die Abteilung I

Dort sind alle Eigentümer dieses Grundstücks mit Namen, evtl. auch mit Adresse verzeichnet.

Beispiele:
Christian Meyer, Musterstadt, Schlossstraße 3, Musterstadt, im Alleineigentum
Petra und Alexander Schulze, Schulstr. 5, Musterstadt, je zur Hälfte

Alle hier aufgeführten Person(en) - oder auch Firmen - ist/sind der/die rechtmäßige(n) Eigentümer. Diese sind auch der rechtlich-richtige Vermieter und auch der richtige Auftraggeber für eine Verwaltung.

- Die Abteilung II

Hier sind „Lasten" bzw. Rechte Dritter eingetragen, wie

- Wegerecht
- Dauerwohnrecht
- Zwangsversteigerungsvermerke
- Vorkaufsrecht usw.

- Die Abteilung III

In der dritten Abteilung geht es um Kredite, insbesondere um solche Darlehen, die zur Finanzierung benötigt wurden, z. B.

- Hypotheken
- Grundschulden
- Renten.

Alle Transaktionen, die das Grundbuch betreffen, müssen zwingend einschließlich aller so genannter Nebenabreden notariell beurkundet werden.

1.2 Begriffe des Grundbuchs

Wichtige Begriffe des Grundbuchs sind:

- Auflassung

Darunter versteht man die Einigung zwischen Eigentümer = Verkäufer und Käufer über den Eigentumsübergang (Kauf/Verkauf).

- Auflassungsvormerkung

Es ist üblich und sinnvoll, vor der eigentlichen Auflassung, da die Abwicklung einige Zeit beansprucht, eine Auflassungsvormerkung eintragen zu lassen. Sie ist eine Sicherheit für den Käufer, dass er, bei Erfüllung der Bedingungen, wirklich auch Käufer wird und das Grundstück zwischenzeitlich nicht anderweitig verkauft wird.

Aus dieser Struktur des Grundbuchs, insbesondere aus Abteilung I, ergeben sich folgende grundsätzliche Eigentumsformen, d.h. es gibt nicht nur einen Alleineigentümer, sondern folgende Möglichkeiten:

- Teilung in Besitzanteile

In diesem Fall gibt es mehrere Eigentümer und zwar im *Bruchteilsverhältnis.*

Beispiele:

- Ehegatten: Üblich ist die das Verhältnis je ½ (zur Hälfte).
- Beispiel bei drei Personen:
- 1/3 Peter Meier
- 1/3 Georg Plaudermann
- 1/3 Andreas Steinmann.

Diesen drei Personen gehört somit ein Grundstück gemeinschaftlich.

- Teilung in Wohnungseigentum

Bei der Umwandlung eines Mietshauses in Eigentumswohnungen wird zum Beispiel das Grundbuch in so viele Wohnungsgrundbücher „aufgeteilt", so viele Wohnungen in diesem Objekt vorhanden sind.

- Eigentum einer Gesellschaft

Statt Einzelperson(en) kann auch eine Gesellschaft des Handelsrechts (AG, GmbH, Gmbh & Co.KG, KG, OHG usw.) als Eigentümer in Abteilung I des Grundbuchs eingetragen sein. Alle Gesellschafter sind somit indirekt, nämlich über ihre handelsrechtliche Firma Miteigentümer.

- Die Erbengemeinschaft

Eigentümer eines Grundstücks können auch mehrere Personen als Gemeinschaft in der Form einer Erbengemeinschaft sein. In diesem Fall handelt es sich rechtlich um eine „Gemeinschaft zur gesamten Hand“, das heißt: Alle Erben können nur gemeinschaftlich handeln.

Grundbuchamtlich bestehen zusätzlich zwei *Sonderformen:*

- Das Erbbaurecht

Der Grundstückseigentümer kann sein Grundstück im Wege des Erbbaurechts vergeben. Durch *notariellen Vertrag* wird ein Erbbaurecht begründet, d.h. das Grundbuchamt legt für dieses Grundstücks ein eigenes **Erbbaugrundbuch** an, das, wie das oben erwähnte „normale“ Grundstück beliehen und mit Rechten und Belastungen versehen werden kann.

Dieses Erbbaurecht wird meist (jedoch ist dies keine Bedingung) gegen Zahlung eines Erbpachtzinses vergeben. Gesetzesgrundlage: Verordnung über das

Erbbaurecht.

- Das Nießbrauchsrecht

Ein Grundstück kann in der Weise belastet werden, dass derjenige, zu dessen Gunsten die Belastung erfolgt, berechtigt ist, die Nutzungen der Sache zu ziehen. Es gibt in diesem Fall also einen (grundbuchamtlichen) Eigentümer und zusätzlich einen Nießbrauchsberechtigten. Dem letzteren stehen die Nutzungen, also die Einnahmen zu. Inwieweit er auch an den Kosten beteiligt ist, hängt vom Nießbrauchsvertrag ab, der über einen Notar durch Eintragung in Abteilung II des Grundbuchs zustande kommt. Der Nießbrauch endet in der Regel bei Tod des Nießbrauchers. Der Nießbrauch kommt in der Praxis gelegentlich unter Verwandten, meist in der Beziehung zwischen Eltern (Nießbraucher) und Kindern (Eigentümer) vor, d.h. die Eltern übertragen ihren Kindern das Eigentum am Grundstück, behalten sich aber den Nießbrauch vor.

1.3 Weitere Fachbegriffe zum Grundbuch

In der Abteilung II sind, wie schon oben ausgeführt, *Rechte Dritter* eingetragen. Konkret handelt es sich um folgende Begriffe:

- Dienstbarkeiten

Es handelt sich um Rechte, die andere Personen an einem Grundstück ausüben dürfen. Unterschieden wird zwischen sog. Grunddienstbarkeiten und beschränkt persönlichen Dienstbarkeiten.

Beispiel:
Geh- und Fahrtrecht für einen Grundstücksnachbarn

- Begriff: Beschränkungen

Eintragungen einer Zwangsversteigerung, einer Insolvenz/Konkurs etc. bezeichnet man als Beschränkungen, weil der Eigentümer nicht mehr über sein Grundstück verfügen (z.B. verkaufen) kann. Der Zwangsversteigerungsvermerk bedeutet die Beschlagnahmung des Grundstücks. Der Verwalter wird dann i.d.R. vom Gericht eingesetzt (meistens ein Rechtsanwalt).

- Das Vorkaufsrecht

Ein anderes wichtiges Recht ist das Vorkaufsrecht. Es bedeutet das Recht zugunsten eines Dritten, bei Verkauf eines bestimmten Grundstücks in diesen Kaufvertrag anstelle des vorgesehenen Käufers zu den gleichen Bedingungen eintreten zu können (nicht müssen). Es bestehen auch *gesetzliche Vorkaufsrechte* zugunsten staatlicher Einrichtungen bzw. der Kommune. Auch Mieter haben bei Aufteilung in Wohnungseigentum und Verkauf ein Vorkaufsrecht. Diese sind **nicht** im Grundbuch eingetragen.

Merke:
Gemeinsam ist allen Vorkaufsrechten, dass sie nur bei einem Verkauf wirksam werden.

* Abteilung III

In der *Abteilung III* sind die *Kredite* eingetragen, zum Beispiel die

- Hypothek

Sie ist eine Kreditsicherung einer Bank aufgrund eines Darlehensvertrages. Die Hypothek kann als Briefhypothek (mit einem entsprechenden Hypothekenbrief) oder ohne Brief als Buchhypothek bestellt sein.

- Grundschuld

Die Grundschuld ist ein allgemeines Kreditsicherungsmittel, das vielseitig eingesetzt werden kann und keine Zweckbestimmung zum Grundstück braucht. Geschäftskredite aller Art werden über eine solche Grundschuld abgesichert. Auch der Eigentümer kann selbst eine Grundschuld auf sein Grundstück eintragen lassen.

1.4 Das Eigentum
Herz der Marktwirtschaft

Der im Grundbuch eingetragene Eigentümer hat die Verfügungsgewalt über sein Grundstück, soweit er nicht Rechte anderer durch sein Verhalten einschränkt. Dieser Eigentumsgedanke ist zugleich auch das Herzstück der Marktwirtschaft und tief verwurzelt.

Der Grundstückseigentümer ist der Verfügungsberechtigte über sein Eigentum: Er entscheidet, an wen er eine Wohnung vermietet, welche Ausstattung er in die Wohnung einbringt. Er bestimmt über Art und Umfang der Instandhaltung, solange nicht die kommunale Bauaufsicht eine Gefahr für andere feststellt.
Jeder kann, Geldmittel vorausgesetzt, ein Auto erwerben und jeder kann bei entsprechendem Kapital ein angebotenes Haus erwerben und auch wieder weiterverkaufen oder verschenken.

Eine Besonderheit aber ist besonders zu beachten:

1.5 „Kauf bricht nicht Miete“

Dieser Grundsatz bedeutet, dass im Fall eines Weiterverkaufs eines Grundstücks die Mietverträge unverändert bestehen bleiben. Der Käufer tritt in die bestehenden Mietverträge kraft Gesetzes ein. Die Gesetzesvorschrift lautet:

§ 566 Kauf bricht nicht Miete

(1) Wird der vermietete Wohnraum nach der Überlassung an den Mieter von dem Vermieter an einen Dritten veräußert, so tritt der Erwerber anstelle des Vermieters in die sich während der Dauer seines Eigentums aus dem Mietverhältnis ergebenden Rechte und Pflichten ein.

Bei einem Verkauf bleiben also die vorhandenen

Mietverträge weiter (unverändert) bestehen, d.h. sie brauchen nicht „umgeschrieben“ oder neu ausgestellt zu werden. Für den Mieter ändert sich nur die Bankverbindung für die Miete.

Prüfungsfragen:

Erläutern Sie bitte, ohne nachzusehen, folgende Begriffe.

1. Was versteht man unter:

- Auflassung
- Auflassungsvormerkung
- Dienstbarkeiten
- Beschränkungen
- Hypothek
- Grundschuld

2. Nennen Sie die vier Kriterien einer Wirtschaftseinheit

2. Gliederung des Mietrechts

Das Mietrecht in Deutschland ist wie folgt gegliedert:

BGB
Bürgerliches Gesetzbuch

Freifinanzierter Wohnungsbau

Pacht
Gewerbliches Mietrecht

und

Sozialer (öffentlich geförderter) Wohnungsbau mit eigenen Vorschriften bei der Miethöhe bzw. Mietenberechnung u.a.

Jeder Mietrechtsbereich hat im Prinzip eigene Regelungen! Sehen wir uns diese nun zunächst im **Überblick** an.

2.1 Freifinanzierter Wohnungsbau

Wohnungen, die nicht unter Einsatz öffentlicher Mittel, sondern vom Bauherrn unter Verwendung seines Eigenkapitals und/oder in Verbindung mit einer Hypothek und steuerlichen Abschreibungen erstellt wurden, zählen als freifinanzierte Wohnungen. Als „Gegenleistung" für dieses Engagement kann der Vermieter:

- seinen Mieter frei bestimmen/auswählen
- im Rahmen gewisser Grenzen bei

Neuvermietung die Miete festlegen
- Mieterhöhungen bei bestehenden Mietverhältnissen im Rahmen des Mietrechts durchführen.

Der Begriff für die zulässige Miethöhe lautet *„Ortsübliche Vergleichsmiete."* Das heißt: Der Vermieter kann im Grundsatz eine Miete verlangen, wie sie in der jeweiligen Stadt/Gemeinde **ortsüblich** ist.

- Bei Mieterhöhungen von bestehenden Mietverhältnissen kann diese ortsübliche Vergleichsmiete *nachgewiesen* werden durch
  - einen Mietspiegel (sofern ein solcher besteht)
  - eine Auskunft aus einer Mietdatenbank (sofern eine solche besteht).
  - Vergleichswohnungen (Benennung von drei vermieteten, vergleichbaren Wohnungen)
  - ein Sachverständigengutachten (Gutachten eines Sachverständigen über eine Wohnung).

- Bei einer Mieterhöhung ist zusätzlich eine Ober- *und* eine Kappungsgrenze zu beachten, d.h., die Miete darf generell, auch wenn sie innerhalb der ortsüblichen Miete liegt, dennoch nicht mehr als um einen bestimmten %-Satz ansteigen. Eine ausführliche Beschreibung folgt in der Lektion 3.

- Gestiegene Betriebskosten sind von der Kappungsgrenze ausgenommen, d.h. solche Erhöhungen können davon ungeachtet an den

Mieter weitergegeben werden.

2.2 Der öffentlich geförderte Wohnungsbau

Wohnungen, die mit Einsatz öffentlicher Mittel (Darlehen, Zuschüsse etc.) errichtet wurden, sind **Sozialwohnungen** und zwar befristet auf die Zeit, bis diese öffentlichen Mittel regulär zurückgezahlt sind. Bei einer Tilgung von 1% sind dies in der Regel 28 Jahre.

Für diese Zeit besteht ein so genanntes Bindungsrecht, d.h. diese Wohnungen sind mit folgenden Auflagen verbunden:

- Der Vermieter darf nur an einen Mieter vermieten, der eine *Wohnberechtigung* nachweisen kann. Diese Wohnberechtigung prüft und erteilt das Amt für Wohnungswesen der Stadtverwaltung bzw. das Landratsamt. Ein bestimmtes Einkommen muss eingehalten werden. Der Mieter muss einen Antrag stellen und wird, neben anderen Interessenten, bei Freiwerden einer Wohnung dem Vermieter vorgeschlagen.
- Der Vermieter muss die zulässige Miete in einer durch Gesetz vorgegebenen Weise in Form einer sog. *Kostenmiete* berechnen und darf nur diese Miete verlangen.
- Mieterhöhungen treten nur ein, wenn der

Gesetzgeber durch geänderte Sätze eine Neuberechnung der Miete zulässt.

- Ausgenommen sind gestiegene Betriebs- und Kapitalkosten. Diese können unabhängig davon vom Mieter verlangt werden.

2.3. Gewerbeobjekte

In Bezug auf Gewerbeobjekte herrscht *Vertragsfreiheit.* Die Geschäftsraummiete hat schon aufgrund ihrer Höhe eine andere wirtschaftliche Dimension als die Wohnraummiete. Deshalb herrscht hier zwischen Mieter und Vermieter meistens ein anderes (professionelles) Verhältnis.

Mietrechtlich kann nahezu alles individuell vereinbart werden. Oberstes Kriterium für Unzulässigkeiten im gewerblichen Bereich ist die Sittenwidrigkeit bzw. ein Verstoß gegen Treu und Glauben, denn der Mieter ist in der Regel als „Kaufmann" nach Handelsrecht anzusehen und hier gelten nicht bzw. nicht in dieser Form die schutzwürdigen Interessen einer Privatperson.

Diese frei vereinbarte Miete wird „Marktmiete" genannt, denn sie entsteht auf dem sogenannten Vermietungsmarkt, also aufgrund von *Angebot und Nachfrage.*

Zu dieser Marktmiete, die stets eine sogenannte „Nettokaltmiete" ist, werden noch Bewirtschaftungskosten auf den Mieter umgelegt. Beispielsweise wird oft die Umlage von Betriebs- und Instandhaltungskosten für bestimmte technische Anlagen (z.B. Lastenaufzug, Heizungs- und Klimaanlage usw.) vereinbart.

In Gewerbeparks und Einkaufszentren werden oft neben der Nettokaltmiete noch die Kosten der Verwaltung, des Pförtner-, Schließ-, und Bewachungs- und Putzdienstes, kurzum alle Dienstleistungen vertraglich als „umlagefähig“ vereinbart.

Prüfungsfragen:

3. Wann handelt es sich mietrechtlich um öffentlich geförderte Wohnungen?

4. Nennen Sie die wichtigsten **mietrechtlichen Unterschiede** zwischen
- dem öffentlich geförderten und
- dem freifinanzierten Wohnungsbau

3. Allgemeines Mietrecht

Bevor auf die Besonderheiten der oben genannten Formen des Mietrechts (öffentlich-gefördert/freifinanziert) eingegangen wird, folgt zunächst ein Überblick und Einblick in das grundsätzliche Mietrecht. In der juristischen Fachsprache handelt es sich um „Allgemeine Vorschriften für Mietverhältnisse“. Sie sind weitgehend im Bürgerlichen Gesetzbuch (BGB) geregelt.

Es geht im Regelfall von folgender Konstellation aus: Grundstück und Gebäude sind *eine* Wirtschaftseinheit. Sie gehören *einem* in Abteilung I des Grundbuchs eingetragenen Eigentümer. (Dieser Eigentümer kann natürlich auch eine Gesellschaft oder Genossenschaft sein.)

Dieser Eigentümer stellt aus seinem Besitz Mieträume zur Verfügung. Als Gegenleistung für dieses Engagement hat der Mieter eine Miete zu bezahlen.

Siehe bitte hinten in der Anlage (BGB):
§ 535 Inhalt und Hauptpflichten des Mietvertrags

Das Mietverhältnis ist ein **Dauerschuldverhältnis**. Die Miete ist somit eine sogenannte *Bringschuld,* d. h. sie muss vom Mieter selbstständig erbracht/ gebracht werden, **ohne** dass es einer Rechnung, Mahnung oder Aufforderung bedarf.
Das Verhältnis zwischen Vermieter und Mieter könnte wie eine *Waage* dargestellt werden. Verschiebt sich dieses Verhältnis in die eine oder andere Richtung, so hat dies Folgen für die andere Seite. Zahlt also z.B. der Mieter keine Miete oder

wird das Wohnen des Mieters gestört, hat dies jeweils Auswirkungen für die andere Seite.
Viel schwieriger ist die Frage der „erlaubten Miethöhe". Hier ist zu unterscheiden zwischen
* der Miete bei Vermietung (nächste Lektion) und
* der Miete bei einer Mieterhöhung (Lektion 4).
Dazu später mehr.

4. Der Mietvertrag

Die vertragliche Grundlage zwischen Mieter und Vermieter bildet der Mietvertrag. Dieser Vertrag ist ein individuelles Gebilde mit diesem einem Mieter. Mit einem anderen Mieter kann dieses Vertragsverhältnis durchaus anders aussehen, d.h. nicht jeder Mietvertrag in einem Haus muss gleich dem anderen sein. Ein „Solidaritätsprinzip", dass der Vermieter verpflichtet wäre, mit jedem Mieter einen gleichen Mietvertrag abzuschließen, besteht nicht. Und zwar aus dem Gesichtspunkt, dass jedes Mietverhältnis ein individuelles Vertragsverhältnis ist, das, außer bei Neubezug, zu unterschiedlichen Zeiten (nämlich bei Mieterwechsel) abgeschlossen wird.

Der Mietvertrag hat rechtlich den Charakter einer privaten *Urkunde,* die dieses Rechtsverhältnis dokumentiert. Zu einer Urkunde gehört, dass sie komplett abgefasst ist, also alle Absprachen enthält oder, wenn solche später getroffen werden, diese als sogenannter Nachtrag der Urkunde beigeheftet werden.

Die Bedeutung sieht der Gesetzgeber vor allem im Eigentümerwechsel, wenn also ein Haus verkauft wird, tritt der Käufer kraft Gesetzes in alle Rechte und Pflichten ein und deshalb muss er natürlich wissen, welche Absprachen im bisherigen Mietverhältnis getroffen wurden, um diese weiterführen zu können.

Für die Praxis gilt:
Der Mietvertrag ist aus diesen Gründen nicht als „lästiges Formular", sondern, wie erwähnt, als eine *private Urkunde* anzusehen und deshalb sehr sorgfältig zu erstellen.

Fehler, die beim Ausstellen passieren, können nur im beiderseitigen Einvernehmen - per Unterschrift - geändert werden! Ansonsten bleibt dieser Fehler so lange bestehen, als auch das Mietverhältnis besteht, bei Wohnraum können dies 50 Jahre und mehr sein.

In einer langen Mietzeit kann u.U. der Vermieter öfter wechseln, dennoch bleibt der ursprüngliche Mietvertrag kraft Gesetzes weiter bestehen. Der neue Eigentümer und Vermieter oder der Verwalter zeigt nur dem Mieter an, dass er das Anwesen erworben hat / bzw. verwaltet und künftig der Empfänger der Miete ist. Der Mieter zahlt nun die Miete an den neuen Vermieter, mehr ist für ihn nicht zu tun.

5. Form des Mietvertrages

Zu einem Mietvertrag gehören bekanntlich zwei Vertragsparteien: Vermieter und Mieter.

Vermieter ist in der Regel der im Grundbuch eingetragene Eigentümer (ggf. vertreten durch eine Verwaltung), die grundbuchamtliche Stellung ist jedoch für die Vermietung nicht Bedingung. Ebenso muss die zu vermietende Einheit noch nicht bestehen und es kann dennoch bereits ein Mietvertrag abgeschlossen werden. Neubauten werden z.B. schon vor Fertigstellung vermietet. Nur: wer leichtfertig einen Mietvertrag abschließt, haftet für evtl. Nachteile, die der Mieter im Vertrauen auf den Mietvertrag erleidet.

Die weitere Partei des Mietvertrages ist der Mieter.
Aber: Wer ist das: Der Mieter?
Wer ist konkret - im rechtlichen Sinne - in der rechtlichen Funktion eines Mieter, z.B. bei einem Ehepaar, bei Nichtverheirateten, bei einer Firma usw.?

Halten wir für zunächst fest: Besteht „der Mieter“ aus mehreren Personen, haften alle (volljährigen) Beteiligten, die den Mietvertrag unterschrieben haben, gemeinschaftlich als *eine* Person, als *ein* Mieter. Wird z.B. eine Ehe geschieden, so ändert diese Scheidung nicht automatisch den Mietvertrag! Der/die Ausziehende bleibt solange in der Haftung des Mietvertrages, bis der Mietvertrag vom Vermieter geändert wurde, d.h. der/die Ausziehende vom Eigentümer bzw. der Verwaltung aus dem Vertrag entlassen wurde.

Mietverträge sollten stets schriftlich abgeschlossen werden, auch wenn dieser Umstand nicht zwingend gesetzlich vorgeschrieben ist. Allerdings gilt:
Wird der Mietvertrag für längere Zeit als *ein Jahr* nicht in schriftlicher Form geschlossen, so gilt er für unbestimmte Zeit. Die Kündigung ist jedoch frühestens zum Ablauf eines Jahres nach Überlassung des Wohnraums zulässig.

In der Praxis ist der Verwalter zu einer „ordnungsgemäßen" Verwaltung verpflichtet und dazu gehört in jedem Falle der fachgerechte Abschluss eines schriftlichen Mietvertrages mit jedem Mieter!

5.1 Die Miete

Es gibt drei Formen von „Miete:"

- Die **Nettokalt-Miete** ist eine Miete zuzüglich Betriebs- und Heizkosten.

- In der **Teilinclusiv-Miete** sind bestimmte Betriebskosten enthalten, andere Betriebskosten (z.B. Wassergeld, Heizung) werden zuzüglich (extra) erhoben.

- Die **Brutto-Miete** enthält alle Betriebskosten. Diese Miete wird auch „Warmmiete“ genannt und kommt nur noch sehr selten vor (z.B. bei Werkswohnungen von Industriebetrieben).

Diese Unterscheidung ist wichtig im Zusammenhang mit Mieterhöhungen. Die heutige Mietpreisgestaltung sieht wie folgt aus:

Standard-Mietpreisgliederung	
Nettokalt-Miete	€ ....
+ Betriebskosten-Vorauszahlung	€ ....
+ Heizkosten-Vorauszahlung (sofern eine Zentralheizung vorhanden ist)	€ ....
= Gesamtmiete monatlich	€ ....

Die Miete ist zu Beginn, spätestens bis zum dritten Werktag eines Monats zu entrichten.

Prüfungsfragen:

5. Welche drei Formen der Miete gibt es?

6. Muss ein Mietvertrag schriftlich abgeschlossen werden?

7. Wie ist die Rechtslage, wenn kein schriftlicher Mietvertrag abgeschlossen wurde und der Mieter zahlt plötzlich keine Miete mehr?

5.2 Die Betriebskosten und Nebenkosten

Zunächst müssen wir einige Begriffe klären, die immer wieder zu *rechtlichen Problemen* führen, weil sie nicht richtig definiert sind und falsch verstanden werden. Es werden folgende Begriffe verwendet:

Begriff: Bewirtschaftungskosten

Dies ist der Oberbegriff für sämtliche Aufwendungen, die dem Grundstückseigentümer entstehen:

Bewirtschaftungskosten	
Betriebskosten	Instandh.Kosten
Verwaltungskosten	Kreditkosten

Im **Sozialen Wohnungsbau** wird der Begriff „Bewirtschaftungskosten" wieder etwas anders definiert. Nach § 24 der II. Berechnungsverordnung gehören dazu auch das Mietausfallwagnis und die (mietrechtliche) Abschreibung. Nicht dazu gehören die Kreditkosten, die als „Kapitalkosten" in § 19 II. BV extra definiert sind. Dies ist wichtig für die Kostenmieteberechnung.

Begriff: Betriebskosten

Betriebskosten dagegen sind ein *genau festgelegter*

Teil der Bewirtschaftungskosten und zwar von solchen Kosten, die im *Wohnungsmietrecht neben der Nettokaltmiete* auf den Mieter umgelegt werden dürfen.

Begriff: Nebenkosten
Das Wort „Nebenkosten" ist zwar ein sehr gebräuchlicher, aber **rechtlich unbestimmter** Begriff, was zu großen Rechtsproblemen bei Streitigkeiten über Abrechnungen im Wohnraum-Mietrecht führt! Juristisch wird der Begriff *„Nebenkosten" nur bei Gewerbeobjekten* verwendet, weil im gewerblichen Mietrecht mehr als nur Betriebskosten umgelegt werden können und diese Kosten und der Umlageschlüssel müssen dann im gewerblichen Mietvertrag *einzeln aufgelistet* sein.

Bleiben wir nun beim eindeutigen Begriff der Betriebskosten für Wohnraum.

Zu den Betriebskosten gehören folgende konkreten Kosten, die per Mietvertrag auf den Mieter umgelegt werden *können*. Dazu die Rechtsgrundlage:

Siehe Anlage:
§ 556 Vereinbarungen über Betriebskosten

Sehen wir uns diesen Paragrafen näher an:

„(1) Die Vertragsparteien können vereinbaren, dass der Mieter Betriebskosten (....) trägt".

Dann folgt der Verweis auf ein anderes Gesetz, nämlich auf die **Betriebskostenverordnung** – BetrKV. Dort sind die Betriebskosten einheitlich für alle Wohnungen wie folgt festgelegt:

Betriebskosten sind *ausschließlich*:

1. Grundsteuer (= Steuer der Gemeinde/Stadt)
2. Kosten der Wasserversorgung (Wassergeb.)
3. Kosten der Entwässerung (Kanal- oder Sielgebühren)
4. Kosten der zentralen Heizungsanlage /Fernwärme
5. Kosten der zentralen Warmwasseranlage
6. Kosten verbundener Heizungs- und Warmwasseranlagen
7. Kosten des Betriebs eines Aufzuges
8. Kosten der Straßenreinigung und Müllabfuhr
9. Kosten der Hausreinigung und Ungeziefer-bekämpfung
10. Kosten der Gartenpflege
11. Kosten der Beleuchtung bzw. des Hausstromes
12. Kosten der Schornsteinreinigung /Kaminkehrer
13. Kosten der Sach- und Haftpflichtversicherung
    - Haftpflichtversicherung
    - Feuer-, Sturm und Wasserversicherung
    - Glasversicherung (bei Bedarf)
    - Öltankversicherung (bei Bedarf)
14. Die Kosten für den Hausmeister (Lohn u. Sozialabgaben)
15. Die Kosten des Betriebs einer Gemeinschafts-

antenne, Kabelgebühren
16. Die Kosten des Betriebs einer Waschküche (sofern nicht gesondert umgelegt).
17. Sonstige Betriebskosten (nur) von (technischen) Anlagen und Einrichtungen der Wohnanlage.

Betriebskosten sind Kosten, die dem Eigentümer durch den bestimmungsgemäßen Gebrauch des Gebäudes oder der Wirtschaftseinheit, der Nebengebäude, Anlagen, Einrichtungen und des Grundstücks *laufend* entstehen.

Soweit die gesetzlichen Vorschriften. Die Probleme aber stecken im Detail. Zum Beispiel bei technischen Anlagen wie z.B. beim Aufzug tritt die Frage auf: Welche Kosten des Aufzugs sind konkret Betriebskosten?

Wichtiger Grundsatz:
Bei technischen Anlagen gehören zu den umlagefähigen Betriebskosten:

- Wartungskosten
- Stromkosten
- Bedienungskosten
- Kosten der Pflege und Reinigung
- Kosten der Einstellung durch einen Fachmann.

Nicht zu den Betriebskosten gehören die *Instandhaltungsanteile.* Diese sind – bei *allen* technischen Anlagen – NICHT umlagefähig und somit herauszuhalten.

Bei **alten Mietverträgen** geht die mietvertragliche Vereinbarung diesem Gesetz vor, d.h. sind dort, wie es früher üblich war, keine oder nur einige Betriebskosten (wie z.B. Wassergeld) aufgeführt, können nur diese Kosten umgelegt werden (siehe das eingangs Gesagte zur „Urkunde"). Somit kann eine Betriebskostenabrechnung sehr kompliziert werden, weil die gesetzliche und die mietvertragliche Vereinbarung pro Wohnung zu beachten ist. Details folgen.

5.3 Vorauszahlung oder Pauschale?

Sind die in der Standardmiete (zur Nettokaltmiete) genannten Beträge für Betriebs- und Heizkosten, wenn nichts weiteres dabei steht wie z.B. bei älteren Mietverträgen und weil es versäumt wurde, nun eine Vorauszahlung oder eine Pauschale?

Im Fall von Heizungs- und Warmwasserkosten ist der Fall klar: Nach der Heizkostenverordnung ist dieser Betrag zwingend eine Vorauszahlung, da nach der Heizkostenverordnung eine Pflicht zur Abrechnung besteht.

Wie verhält es sich bei den anderen Betriebskosten?

Hier darf der Vermieter (im freifinanzierten Wohnungsbau) bestimmen, ob er eine

Vorauszahlung (= mit Abrechnung) oder eine Pauschale (= ohne Abrechnung) verlangen will.

Beides ist möglich und beides hat Vor- und Nachteile. Nachteilig ist in jedem Fall, wenn diese Bestimmung bei Vertragsabschluss offengelassen wird. Es lässt sich später endlos darüber streiten, wie es nun gemeint war.

Vorauszahlung bedeutet: Man muss auch abrechnen können, d.h. die technischen Einrichtungen müssen gegeben sein und auch der Verwaltungsaufwand ist zu berücksichtigen.

Kann (oder will) der Vermieter nicht abrechnen, darf eine Pauschale vereinbart werden. Pauschal bedeutet ja: Keine Abrechnung.

Die Pauschale kann allerdings bei Kostensteigerungen nur für die Zukunft angepasst werden, ansonsten gehen vergangene Kostenerhöhungen zu Lasten des Vermieters. Die Anpassung der Pauschale ist juristisch einfacher als eine Betriebskostenabrechnung.

Wird eine Vorauszahlung vereinbart, ist jährlich, das heißt innerhalb eines Jahres nach Ende eines Wirtschaftsjahres über die entstandenen Betriebskosten abzurechnen. Ein Wirtschaftsjahr muss 12 Monate umfassen, es ist jedoch nicht zwingend auf das Kalenderjahr bezogen, sondern kann frei gewählt werden. Wir kommend darauf noch zurück.

Prüfungsfragen:

8. Was versteht man unter „Nebenkosten"?

9. Was ist der Unterschied zwischen Nebenkosten und Bewirtschaftungskosten?

10. Welche Kosten sind bei technischen Anlagen umlagefähig?

11. Wo ist geregelt, welche Betriebskosten auf den Wohnraum-Mieter umgelegt werden dürfen?

5.4 Die Heizkosten

Bei Vorhandensein einer Zentralheizung ist der Gebäudeeigentümer für die Beheizung und Abrechnung der angefallenen Kosten zuständig. Maßgeblich ist die Heizkostenverordnung, kurz HKVO. Sie bestimmt die Pflicht zur Verbrauchserfassung und die Pflicht, die Mieträume entsprechend messtechnisch auszustatten:

> „Er (der Gebäudeeigentümer) hat dazu Räume mit Ausstattungen zur Verbrauchserfassung zu versehen; die Nutzer haben dies zu dulden. Die Wahl der Ausstattung bleibt ... dem Gebäudeeigentümer überlassen".

Zur Erfassung des anteiligen Wärmeverbrauchs sind Wärmezähler oder Heizkostenverteiler, zur Erfassung des anteiligen Warmwasserverbrauchs Warmwasserzähler oder andere geeignete Ausstattungen zu verwenden.
Der Gebäudeeigentümer hat die Kosten der Versorgung mit Wärme und Warmwasser auf der Grundlage der Verbrauchserfassung auf die Nutzer zu verteilen.

Es sind mindestens 50% der Heizungs- und Warmwasserkosten nach Anteilen und max. 50% am Gesamtverbrauch nach m^2 beheizter Fläche auf die Nutzer aufzuteilen.

Im weiteren geht die Heizkostenverordnung auf (technische) Einzelheiten ein, auf die wir vorerst verzichten können.

Ausnahmen für die Verpflichtung zur verbrauchsabhängigen Abrechnung von Heizkosten sind:

- Gebäude mit nicht mehr als 2 Wohnungen, wobei eine Wohnung vom Vermieter selbst bewohnt wird,
- wenn das Anbringen der Messeinrichtungen oder der Verteilung der Kosten nicht oder nur mit unverhältnismäßig großem Aufwand möglich ist.
- Alten- und Pflegeheime, Studenten- und Lehrlingsheime.
- Vergleichbare Gebäude, bei deren Nutzung in

der Regel keine Mietverträge abgeschlossen werden (z.B. Hotels, Pensionen, Ferienheime etc.).

- Gebäude, die überwiegend versorgt werden mit Fernwärme oder Wärme aus Wärmepumpen, Solaranlagen, Abwärme, Anlagen der Kraftwärmekopplung usw.

Fassen wir zusammen: Für zentral beheizte Wohnungen besteht aufgrund der Heizkostenverordnung eine Pflicht zur Verbrauchserfassung und Verbrauchsabrechnung von mindestens 50 % : 50%, maximal 30 %: 70%.

Das bedeutet: 50% der Kosten dürfen nach Verbrauchseinheiten und 50% dürfen nach Wohnfläche abgerechnet werden, es darf aber auch ein Verhältnis bis maximal 70% zugunsten der Verbrauchseinheiten gewählt werden, also z.B. 70 :30 (70% Verbrauchseinheiten : 30% Wohnfläche). Gültig ist demnach auch eine Quote von z.B. 60% nach Verbrauchseinheiten und 40% nach Quadratmeter (nur umgekehrt nicht). Die Wahl bleibt dem Gebäudeeigentümer überlassen.

Der Mieter kann die Kosten des auf ihn entfallenden Anteils um 15% kürzen, wenn keine Ausstattung zur Verbrauchserfassung der Heizung entsprechend der Heizkostenverordnung installiert worden ist.

Bei Mieterwechsel sind die Heizkosten zwischen Vor- und Nachmieter aufzuteilen. Dies geschieht in der Regel durch eine Zwischenablesung bei Auszug. Aufgrund des Verdunstungsprinzips bei Heizkostenverteilern ist jedoch eine Mindestheizdauer notwendig, um einen messbaren Verbrauch zu erhalten. Wird diese Mindestheizdauer nicht erreicht, wird der Verbrauch nach der *Gradtagzahlenmethode* aufgeteilt, d.h. jeder Kalendermonat wird mit einer bestimmten Zahl bewertet. Diese Wärmegrad-Tagzahlen sind in einer DIN-Norm festgelegt. Die Gerichte erkennen diese Methode der Aufteilung an.

Ist der Mieter trotz mehrmaliger Ableseversuche nicht zu Hause, ist nach den Vorschriften der Heizkostenverordnung eine Schätzung seines Verbrauchs zulässig. Eine Schätzung ist auch dann zulässig, wenn einzelne Heizkostenverteiler ausgefallen sein sollten.

5.5 Wohnfläche und beheizbare Fläche

Die m^2-Zahl der Wohnfläche sollte stimmen. Es stellt sich deshalb die Frage: Wie wird die Wohnfläche berechnet?

Für die Wohnflächenberechnung im freifinanzierten Wohnungsbau und für Gewerbeflächen gibt es, so erstaunlich es ist, keine gesetzlichen Vorschriften über die Wohnflächenberechnung! Die einschlägige DIN-Norm gilt nur für das Bauen, nicht aber für die

Vermietung.
Wir haben somit ein erstes großes rechtliches Problem mit der Wohnfläche, welches übrigens auch bei Verkäufen von Häusern und Eigentumswohnungen große Auswirkungen haben kann! Es gibt nämlich *drei Grundlagen für die Wohnflächenberechnung,* aber keine rechtlich verbindliche, nämlich:

- DIN 283, diese wird oft von Architekten bei der Bau- bzw. Grundrissberechnung angewandt;
- § 42 - 44 II. Berechnungsverordnung (BVO), gilt rechtlich verbindlich nur für den Sozialen Wohnungsbau
- Wohnflächenverordnung, gilt ebenfalls verbindlich nur für den Sozialen Wohnungsbau.

Wenn man nun die Wohnfläche nach jeweils diesen Grundlagen berechnet, kommen unterschiedliche Zahlen heraus. Das rechtliche Problem entsteht durch ein BGH-Urteil (BGH = Bundesgerichtshof, höchstes Gericht). Es lautet im Grundsatz:
Liegt eine tatsächliche Wohnfläche mehr als **10%** unter der angegebenen Fläche, ist dies grundsätzlich ein *Mangel!* Und „Mangel" ist ein Rechtsbegriff mit weitreichenden Folgen (z.B. Rückzahlung der Miete, der Betriebs- und Heizkosten, usw.).

Beispiel:
Im Mietvertrag ist eine Fläche von 75 m² oder auch ca. 75 m² angegeben. Nach einigen Jahren misst der

Mieter nach und errechnet eine Fläche von 67 m^2, dann hat, wenn dies stimmt, der Vermieter ein echtes Problem, nämlich Rückzahlung der Miete, Betriebs- und Nebenkosten für 8 m^2 rückwirkend evtl. bis zum Beginn des Mietverhältnisses. Dass er diese Fläche von irgendwoher übernommen hat, spielt keine Rolle.

Diese 10% sind also sehr wichtig!
Es handelt sich hierbei um den schon genannten Rechtsbegriff der Wesentlichkeitsgrenze. Diese gilt, wie schon erwähnt, auch bei Kauf-Verkauf von Häusern, Eigentumswohnungen usw.
Deshalb sollte man im Zweifelsfall nachfragen, woher die Fläche kommt. Wenn die Fläche vom Architekten berechnet wurde, dürfte sie nach DIN 283 (manche Architekten geben die DIN-Norm an) bei der Planung berechnet sein.
Man sollte also in den Mietvertrag aufnehmen: Wohnfläche ...... m^2 (DIN 283). Damit ist nämlich die Berechnungsgrundlage - siehe vorherige Seite - genannt. Der sicherste Weg ist allerdings, eine Neuvermessung nach einer der drei genannten Grundlagen vorzunehmen. Hier gibt es ja inzwischen sehr gut geeignete Lasergeräte. Man kann auch „ohne Gewähr“ bei den Quadratmetern dazu schreiben.

Beispiel: 83,75 m^2 (ohne Gewähr).

Prüfungsfragen:

12. Was bedeutet eine „Vorauszahlung"?

13. Was bedeutet eine „Pauschale"?

14. Bei der Heizkostenabrechnung kann der Vermieter/Verwalter bei Neueinrichtung verschiedene Kosten-Aufteilungsschlüssel anwenden.
Bitte kreuzen Sie an: Welche sind richtig oder falsch?

Verbrauch	m^2	richtig	falsch
50%	:50%	O	O
40%	:60%	O	O
30%	: 70%	O	O
55%	:45%	O	O
60%	: 40%	O	O
70%	: 30%	O	O
80%	:20%	O	O
90%	:10%	O	O
100%	:0%	O	O

6. Die Mietpreisgestaltung

Das BGB nennt stets nur drei Begriffe: Miete, Betriebskosten und Heizkosten. Wie ein Vermieter nun konkret seine Miete gestaltet, ist nicht festgelegt, wobei das BGB zunehmend von der Nettokaltmiete ausgeht.

6.1 Gliederung des Mietpreises im Mietvertrag

Grundsätzlich gibt es drei Möglichkeiten:

- Die Nettokaltmiete, oder die
- Teilinclusivmiete, oder die
- Bruttomiete (Warmmiete)

wobei heute in der Praxis die Nettokaltmiete überwiegt und das **Standard-Mietpreis-Schema** hierzu wie folgt aussieht:

Nettokaltmiete	€ ....
+ Betriebskosten-Vorauszahlung	€ ....
+ Heizkosten-Vorauszahlung	€ ....
Gesamtmiete	€
	=======

Da noch eine gewisse Rest-Vertragsfreiheit herrscht, ist diese Gliederung der Miete (im Mietvertrag) nicht zwingend, sondern bleibt dem Vermieter freigestellt. Es könnte also auch eine andere Gliederung vorgenommen werden, zum Beispiel die Teilinklusivmiete:

(Teilinklusiv-) Miete	€
+ Vorauszahlung Wasser	€
+ Vorauszahlung Heizung	€
+ Vorauszahlung „irgendwas *)"	€
Gesamtmiete	€
	========

*) Kostenart aus den umlagefähigen Betriebskosten S.68 ff.

Im obigen Fall sind in der Miete als Teilinklusivmiete alle Betriebskosten enthalten, ausgenommen Wasser, Heizung und andere Betriebskosten. Teilinklusivmieten sollten nach Möglichkeit vermieden werden, da spätere Mieterhöhungen besonders schwierig sind. Das gilt auch für Brutto- bzw. Warmmieten. Details folgen.

6.2 Die Ortsübliche Vergleichsmiete

Die zulässige Höhe der Miete ist nicht in einer Zahl oder in Euro festgelegt, sondern in einem juristischen Begriff und dieser lautet **„Ortsübliche Vergleichsmiete.**

Siehe hinten in der Anlage:
§ 558 Mieterhöhung bis zur ortsüblichen Vergleichsmiete

Diese *Ortsübliche Vergleichsmiete* wird gebildet aus den üblichen Mieten einer Kommune für vergleichbare Wohnungen. Wie schon beschrieben, darf diese Miete „unwesentlich" überschritten werden. Somit entstehen Miethöhe-Grenzen. Diese sind im Grundsatz wie folgt aufgebaut:

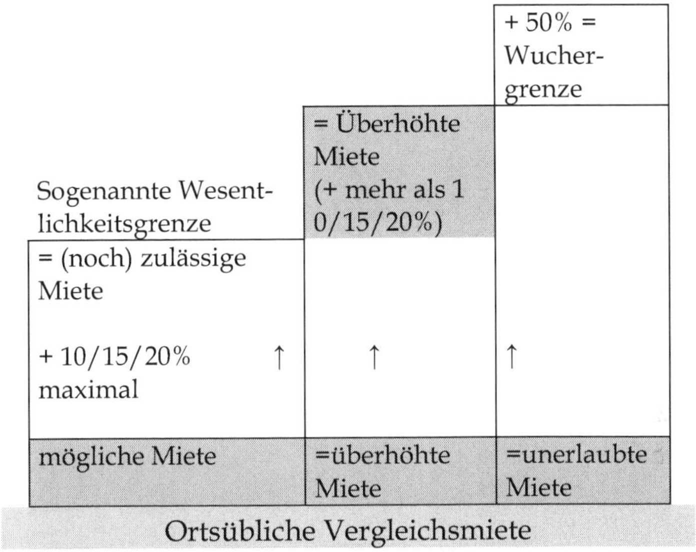

Grundlage: Die ortsübliche Vergleichsmiete

- Überschreitung bis
- 10% bei Gültigkeit der „Mietpreisbremse"
- 15% bei regionaler Mietpreisbegrenzung lt. Ortssatzung (Landesrecht)
- 20% in nicht regulierten Regionen.

Folgen:

- Bei überhöhter Miete (plus 10%, 15%, 20% und mehr): Rückstufung und Rückzahlung der Miete und ggf. Bußgeld
- Wucher: Rückstufung/ Rückzahlung der Miete und Strafverfolgung.

6.3 Der Mietspiegel

Ein **Mietspiegel** ist eine Übersicht über die *ortsübliche Vergleichsmiete* in einer Kommune.

Die Ortsübliche Vergleichsmiete wird oft, sofern es einen gibt, ausgedrückt durch einen Mietspiegel mit Mietpreisspannen in Euro, z.B. 8,00 Euro – 9,50 Euro.

Es gibt zwei Arten:
Erstens: Den „Qualifizierten Mietspiegel“ und
Zweitens: Den „Vereinbarten Mietspiegel.“

6.3.1 Der Qualifizierte Mietspiegel

§ 558d Qualifizierter Mietspiegel
(1) Ein qualifizierter Mietspiegel ist ein Mietspiegel, der nach anerkannten wissenschaftlichen Grundsätzen erstellt und von der Gemeinde oder von Interessenvertretern der Vermieter und der Mieter anerkannt worden ist.
usw. siehe hinten (Anlage)

Ein Mietspiegel, der nach wissenschaftlichen Methoden erstellt ist (steht auf dem Mietspiegel drauf!) hat verbindlichen Charakter. Diese Zahlen/Mieten sind somit fix, d.h. der Gesetzgeber „vermutet“, dass diese Zahlen/Mieten die (rechtlich verbindliche) ortsübliche Vergleichsmiete wiedergeben.
Diese wissenschaftliche Erstellung eines Mietspiegels

ist sehr teuer, deshalb sind diese Mietspiegel nur in wenigen Städten vorhanden. Aus Geldmangel wird deshalb oft die andere Variante gehandhabt:

6.3.2 Der vereinbarte Mietspiegel

Oftmals **verhandeln** die Kommune, der Mieter- und der Hausbesitzerverein über die ortsüblichen Mieten. Diese Zahlen/Mieten sind geschätzt und deshalb nicht rechtlich verbindlich, sondern (nur) Anhaltswerte.

Es besteht keine Pflicht zur Aufstellung eines Mietspiegels. Und es gibt keine Vorschriften über die Gliederung (Nettokalt-, Teilinclusiv-Miete usw.) der Mieten. Jeder Mietspiegel kann - und ist es oft auch - unterschiedlich aufgebaut sein. Dies gilt besonders für Betriebskosten und der Bewertung der Ausstattung einer Wohnung.

In vielen Städten gibt es keine Mietspiegel oder sie sind veraltet, weil entweder das Geld fehlt oder sich die Parteien nicht einigen können. Der Vermieter kann sich bei Nichtvorhandensein eines Mietspiegels ausdrücklich auch auf einen Mietspiegel einer vergleichbaren Stadt beziehen.

Die hauptsächliche Schwierigkeit in der Praxis liegt allerdings darin, die

- Lage der jeweiligen Wohnung, die
- Mietpreisgestaltung des Mietvertrages und die

- Mietpreisübersicht des Mietspiegels

in Einklang zu bringen. Dies gilt besonders bei Mieterhöhungen, wenn schon ein bestimmter Vertrag mit einer vorgegebenen Gliederung vorliegt.

Übung:
Erkundigen Sie sich bitte bei Ihrer Kommune oder beim Mieter- oder Hausbesitzerverein, ob es in Ihrer Kommune einen Mietspiegel gibt. Wenn ja, bitte besorgen und gemäß den obigen Punkten (Lage, Mietpreisgestaltung usw.) mit Ihren verwalteten Wohnungen vergleichen

6.3.3 Kein Mietspiegel

Besteht in Ihrer Stadt oder Kommune kein Mietspiegel, dann ist die "Ortsübliche Vergleichsmiete" als rechtstheoretische Grenze (bei Mieterhöhungen) nach wie vor vorhanden, jedoch nicht schriftlich fixiert. Es gilt dann eine Miete, wie sie durch Angebot und Nachfrage entsteht, zum Beispiel über Vergleichswohnungen aus der Neuvermietung.

6.3.4 Miethöhe durch ein Gutachten

Die Höhe der Ortsüblichen Vergleichsmiete kann auch nachgewiesen werden – als weitere Variante – mit einem Gutachten.

Siehe hinten in der Anlage:
§ 558 a Form und Begründung der Mieterhöhung

Die Anwendung folgt in Lektion 4.

6.3.5 Benennung von Vergleichswohnungen

Ebenso können, wie oben aus dem Gesetzestext ersichtlich ist, drei Vergleichswohnungen benannt werden. Die Anwendung erfolgt ebenso in Lektion 4 (Mieterhöhung).

6.4 Die Staffelmiete

Die Staffelmiete bedeutet, dass die Miete wie eine Treppe nach oben - oder auch nach unten, was aber kaum vorkommen dürfte - steigt und zwar in einem genau festgelegten Umfang.

Siehe hinten in der Anlage:
§ 557 a Staffelmiete

Die Staffelmiete muss also bereits im Mietvertrag, also im Voraus, vereinbart sein. Sie kann auch noch später im Rahmen einer Mieterhöhungsvereinbarung „nachgeschoben" werden. In jedem Fall muss es eine schriftliche Vereinbarung mit dem Mieter geben. Die Anwendung bei der Mieterhöhung folgt ebenfalls in der Lektion 4.

6.5 Die Indexmiete

Der Lebenshaltungsindex ist der bekannteste und nach diesem richtet sich auch eine Indexvereinbarung.

Siehe hinten in der Anlage:
§ 557 b Indexmiete

„Die Vertragsparteien können schriftlich vereinbaren…" sagt schon, dass es eine solche geben muss. Darum geht es also: Soll eine Indexmiete im Mietvertrag vereinbart werden? Wenn ja, dann erhöht sich die Miete jeweils, ausführlicher beschrieben in Lektion 4.

7. Die kostendeckende Miete

Die Miete des Mietspiegels ist eine allgemeine (vereinheitlichte) Miete. Sie sagt nichts darüber aus, ob sie für den Vermieter auch wirtschaftlich und zumindest **kostendeckend** ist. Dies ist aber eine kaufmännische Kernfrage für die Vermietung.

Weil sie wirtschaftlich so wichtig ist, erfolgt schon jetzt ein Einstieg dazu.

Zunächst braucht jeder Verwalter für jedes seiner Anwesen eine interne Wirtschaftlichkeits-berechnung, aus der sich seine *Mindestmiete*, also die Miete, die er bzw. der Vermieter zur Deckung seiner laufenden Aufwendungen benötigt, ergibt.

Aus den Positionen:

- Kapitalkosten (Zinsen und Tilgung der vorhandenen Darlehen)
- Verwaltungskosten
- Instandhaltungskosten

ergibt sich eine Miete, wie sie mindestens zur Kostendeckung erforderlich ist. Diese Berechnung ist deshalb vorzunehmen, um zu sehen, welche Miete verlangt werden muss, um mindestens kostendeckend arbeiten zu können.

(PS: Manche private Vermieter rechnen auch Steuervorteile mit ein, d.h. welche Miete unter

Berücksichtigung von Steuervorteilen kostendeckend ist.)

Zur besseren Verdeutlichung führen Sie bitte folgende kleine Übung durch.

Übung:
Sie sollen für einen Eigentümer eine Wohnung neu vermieten. Aufgrund Ihrer Frage nach der kostendeckenden Miete gibt der Vermieter an, er habe bisher nachfolgende Kosten. Bitte berechnen Sie, welche Miete mindestens verlangt werden muss (kostendeckende Miete). Das Objekt hat 400 m^2 Gesamtwohnfläche.

Berechnung:

Kostenart	Betrag/€
Darlehenszinsen	9.850,-
Tilgung	4.700,-
Hausverwaltung	1.800,-
Reparaturkosten	7.400,-
Summe	?

Ihre Antwort: ?

Lösung:
Die (überschlägige) kostendeckende Miete beträgt mtl. € 5,95/m²/mtl., denn sie ergibt sich aus:
Summe € 23.750.- : 400 m² : 12 Monate = € 5,95 je m² und Monat

Hinweis: Dies ist die Berechnungs-Struktur. Die wirklichen Kosten ergeben sich aus der Buchführung und der daraus folgenden Finanzsituation. Details folgen in Lektion 8.

Diese obige Miete wäre nun die Nettokaltmiete ohne Gewinn bzw. ohne Verzinsung des eingesetzten Eigenkapitals, die mindestens verlangt werden müsste, um nur die o.g. Kosten zu decken!
Liegt sie innerhalb des Mietspiegels, kann bei einer Neuvermietung, sofern entsprechende Nachfrage vorhanden ist, auch die höchst zulässige Miete (kostendeckende Miete wie oben plus Eigenkapitalverzinsung plus 10%, 15% oder 20% = hier „Gewinn“) verlangt werden.

Gibt es keine oder kaum Nachfrage, muss vielleicht sogar zu einer Miete, die **unterhalb** der ortsüblichen Miete und/oder unterhalb der kostendeckenden Miete liegt, vermietet werden (bevor man leerstehen lässt). In solchen Fällen, in denen unterhalb der kostendeckenden Miete (aufgrund fehlender Nachfrage) vermietet werden muss, sollten **Mieterhöhungsklauseln** (z. B. Staffelmiete) im

Mietvertrag stehen, um die Miete mit der Zeit an die Kostendeckung heranführen zu können.

8. Die Mietpreisüberhöhung

Schwierig wird eine Vermietung, wenn der Vermieter über den Rahmen der ortsüblichen Miete (+ 15% oder 20%) hinaus will oder hinaus muss, weil seine Kosten durch die Miete des Mietspiegels nicht gedeckt sind. Das Wirtschaftsstrafgesetz sagt hierzu:

§ 5 Mietpreisüberhöhung

(1) Ordnungswidrig handelt, wer vorsätzlich oder leichtfertig für die Vermietung von Räumen zum Wohnen oder damit verbundene Nebenleistungen unangemessen hohe Entgelte fordert, sich versprechen lässt oder annimmt.

(2) Unangemessen hoch sind Entgelte, die infolge der Ausnutzung eines geringen Angebots an vergleichbaren Räumen die üblichen Entgelte um mehr als 20 vom Hundert übersteigen, die in der Gemeinde oder in vergleichbaren Gemeinden für die Vermietung von Räumen vergleichbarer Art, Größe, Ausstattung, Beschaffenheit und Lage oder damit verbundene Nebenleistungen in den letzten vier Jahren vereinbart oder, von Erhöhungen der Betriebskosten abgesehen, geändert worden sind. Nicht unangemessen hoch sind Entgelte, die zur Deckung der laufenden Aufwendungen des Vermieters erforderlich sind, sofern sie unter Zugrundelegung der nach Satz 1 maßgeblichen Entgelte

nicht in einem auffälligen Missverhältnis zu der Leistung des Vermieters stehen.
(3) Die Ordnungswidrigkeit kann mit einer Geldbuße bis zu fünfzigtausend Euro geahndet werden.

9. Mietwucher

Mietwucher liegt vor, wenn der Vermieter eine **Notlage** oder die **Unerfahrenheit** eines Wohnungssuchenden in Bezug auf die Miethöhe ausnützt und dadurch eine um etwa 50% über der ortsüblichen Vergleichsmiete liegende Miete verlangt (siehe Skizze unter Ziff. 6.2).

Neben der erhöhten Miete müssen also noch diese Umstände hinzukommen. Verlangt also ein Vermieter von einem Verwalter die „höchstmögliche Miete", so sollte der Verwalter aufpassen, dass er nicht in die Gefahr von Mietwucher gerät. Solche Fälle werden auch gerne von der Presse aufgegriffen.

Ihre Notizen:

Lektion 3

Mietrecht und
Vermietung

Lektion 3
Mietrecht und Vermietung

Fortsetzung ≥

Einleitung

Es gehört zu den normalen Pflichten eines Verwalters, frei werdende Wohnungen neu zu vermieten. Entsprechend der Ausgangslage bzw. den Eigentumsverhältnissen wird diese Neuvermietung durch die Verwaltung, ggf. durch die Vermietungsabteilung der Verwaltung oder durch Beauftragung eines Maklers vorgenommen.

Wichtig ist, den Vermietungsablauf zu standardisieren, um die mögliche Fehlerquote gering zu halten. Das ist der Hauptteil dieser Lektion. Somit werden nachfolgend die verschiedenen Schritte durchgegangen. Wie immer gilt es, einige Grundsätze zu beachten.

1. Grundsätze der Vermietung

Mit der Vermietung einer Wohnung ist eine große Verantwortung verbunden.

- Für den neuen Mieter wird durch die Vermietung einer Wohnung ein neuer Lebensmittelpunkt zugewiesen, denn die neue Wohnung ist ja künftig sein „Daheim" (siehe Lektion 1).
- Für den Vermieter stellten sich Fragen: Wer ist das, dem wir diese Wohnung geben? Haben wir mit

ihm Ärger? Zahlt er auch regelmäßig seine Miete?

- Für die in diesem Haus wohnenden Mieter ist ungewiss: Wer kommt jetzt als Nachfolger für den ausziehenden Mieter? Können wir (weiterhin) möglichst ungestört in unserem Hause wohnen? Auf jeden Fall kommt „ein Neuer" in die Hausgemeinschaft.

Der Ausgangspunkt:

- Bei einem Neubau bzw. einer Erstvermietung erfolgt in der Regel durch die Bauleitung eine Information, dass die Wohnanlage voraussichtlich zu einem bestimmten Termin fertiggestellt sein wird und deshalb mit der Vermietung begonnen werden kann.

- Bei einer Zwangsräumung erfolgt die Mitteilung des Gerichtsvollziehers zum Termin für die Räumung und damit steht ebenfalls die Neuvermietung an.

- In der Regel beginnt die Vermietungsaktion mit der Kündigung eines Mieters.

2. Kündigung des Mieters

Der Mieter kündigt mit einem Brief an den Vermieter bzw. an die Verwaltung:

„Ich kündige hiermit meine Wohnung ...“

Um Irrtümer auszuschließen, sollte mit dem Mieter im Mietvertrag die *schriftliche* Kündigung vereinbart sein. Das ist auch üblich. Alle Personen, die Mieter sind, also alle, die den Mietvertrag unterschrieben haben, müssen auch die Kündigung persönlich unterschreiben!

Bei Eingang dieser Kündigung sind zunächst diese formalen Erfordernisse zu prüfen:
- Ist der Kündigende auch Mieter?
- Haben alle Vertragsparteien die Kündigung unterschrieben?
- Zu welchem Termin wird gekündigt?

Haben, zum Beispiel bei einem Paar, nicht beide unterschrieben, ist die Kündigung zurück zu geben mit dem Hinweis, dass noch die zweite Person unterschreiben muss.

Dadurch verschiebt sich auch der Kündigungsbeginn um die Zeit, bis die gültige Kündigung eingeht.

Das mag auf den ersten Blick bürokratisch erscheinen. Aber nicht selten ist, dass ein Paar streitet und einer von beiden, „einseitig“ also, die Wohnung kündigt. Es müssen also schon beide einverstanden sein, dass sie die Wohnung aufgeben möchten.
Ggf. sollten beide in das Büro gebeten werden, um

die Situation zu klären.

3. Die gesetzlichen Kündigungsfristen

Der Mieter kann jederzeit mit einer 3-monatlichen Kündigungsfrist kündigen.

§ 573c Fristen der ordentlichen Kündigung
(1) Die Kündigung ist spätestens am dritten Werktag eines Kalendermonats zum Ablauf des übernächsten Monats zulässig.

Ist im Mietvertrag - aus früherer Zeit - eine längere Frist wie z.B. von sechs, neun oder zwölf Monaten vorgegeben, gilt die obige gesetzliche Regelung. Ist im Mietvertrag eine kürzere Frist genannt, gilt diese, jedoch nur für den Mieter, also immer zu seinen Gunsten.

Dennoch ist ein üblicher Fall, dass der Mieter auch die gesetzliche Kündigungszeit nicht einhalten will, also eine viel kürzere Zeit benennt, die auch nicht im Mietvertrag steht.

Üblich ist dann, ihn *vorzeitig* aus der Haftung des Mietvertrages, also vor allem aus der Pflicht der Mietezahlung zu entlassen, *wenn* bestimmte Voraussetzungen gegeben sind.

Man antwortet deshalb mit einer Kündigungsbestätigung.

4. Die Kündigungsbestätigung

Merke:
Jede Wohnungskündigung eines Mieters wird mit einer Kündigungsbestätigung beantwortet. Sie lautet z. B.:

„Ich/Wir bestätigen hiermit Ihre Kündigung des Mietverhältnisses zum ..." (Frist von drei Monaten).

Beispiel:
Die Kündigung geht am 15. Mai ein, d.h. der Mai zählt nicht mehr. Es gilt immer das volle (nächste) Monat. Die Kündigungsfrist läuft nunmehr ab Juni-Juli-August. Die Kündigungsbestätigung erfolgt somit zum 31. August.

Und nun folgt im gleichen Brief

- der Hinweis, in welchem Zustand die Mieträume vom Mieter zurückgegeben werden müssen. Er wird dann wunschgemäß vorzeitig aus der Haftung des Mietvertrages entlassen, wenn er
  - o die Räume im vertragsgemäßen Zustand zurück gibt und
  - o bis dahin ein Nachmieter gefunden werden kann.

Zu unterscheiden ist, ob es sich bei dieser frei werdenden Wohnung um eine öffentlich-geförderte oder um eine freifinanzierte Wohnung handelt. Diese

Frage ist wichtig in Bezug auf:

- die Höhe der Miete und
- in der Frage der Mieterauswahl. Im freifinanzierten Wohnungsbau kann der Mieter *frei* ausgewählt werden, im öffentlich-geförderten Wohnungsbau kann nur innerhalb der durch das Amt für Wohnen vorgeschlagenen Mieter (mit Berechtigungsschein) ausgewählt werden.

Der Kündigungsbestätigungsbrief wird noch fortgesetzt, die Punkte folgen in Lektion 5.

5. Grundsätzliche Vermietungsaufgaben

Als Verwaltung MUSS man genau wissen, *welche Mieterschicht* in jedem Haus wohnt.

Es ist, gerade bei großen Verwaltungsgesellschaften, völlig indiskutabel, dass in der Vermietungsabteilung alle Wohnungs-vermietungen „vom Schreibtisch“, also ohne Kenntnis der Wohnhäuser und der Mieterstruktur vorgenommen werden mit der Begründung, es gäbe zu viele Wohnungswechsel und es sei deshalb nicht möglich, bei einem größeren Wohnungsbestand alle Häuser bzw. Mieterstruktur in den Häusern zu kennen. Diese Mitarbeiter einschließlich Chef sollten sofort entlassen werden.

Es ist alles nur eine Sache der (richtigen)

Organisation und der persönlichen Einstellung. Es genügt ja meist ein Anruf, zum Beispiel beim Hausmeister oder bei einem langjährigen Mieter bzw. dem bisherigen Nachbarn, um die örtliche Situation in Erfahrung zu bringen.

Wer eine Vermietung ohne Kenntnis des Wohnhauses und der Bewohnerstruktur vornimmt, hat die soziale Bedeutung einer Vermietung - siehe Lektion 1 - nicht begriffen.

Im freifinanzierten Wohnungsbau kann mit der Vermietung auch ein Immobilienmakler beauftragt werden. Hierzu ist unbedingt erforderlich, dass der Verwalter mit dem Makler ein entsprechendes Fachgespräch über die „Zielgruppe" führt (folgt).

Weiterhin müssen dann noch folgende Punkte geklärt werden:

- Die Höhe der neuen Miete
- Besichtigungsmöglichkeit der Interessenten
- Renovierung der Wohnung
- Bezugstermin der Wohnung
- Die Kaution
- Wird Tierhaltung toleriert?
- Welche Besonderheiten bestehen?

Beschäftigen wir uns nun mit dem ersten Punkt: Die Höhe der neuen Miete und den Beschränkungen.

6. Die zulässige Miethöhe und Begrenzungen

Eine niedrige Miete zu haben ist der Wunsch fast aller Mieter und wenn die Mieten steigen, was allgemein fast immer der Fall ist, fühlt sich die Politik aufgerufen, gesetzlich dagegen vorzugehen, d.h. den Anstieg der Mieten zu begrenzen (statt für mehr Wohnungsbau und damit für ein größeres Wohnungsangebot zu sorgen). Das letzte - und nach Meinung des Autors „zweitschlechteste Immobiliengesetz aller Zeiten" - ist die so genannte „Mietpreisbremse".

6.1 Die Mietpreisbremse

Mit der „Mietpreisbremse" (Mietrechtsnovellierungsgesesetz-MietNovG) - eingefügt in das BGB – sollen die Wohnungsmärkte reguliert und die Mietpreiserhöhungen zugunsten einkommensschwächere Haushalte „gebremst" werden, indem diese auf **10%** begrenzt sind. Zunächst verständlich, aber wie schrecklich dieses Gesetz gemacht ist, davon gleich mehr. Zunächst zu den rechtlichen Grundsätzen.

* Grundsätze der Miethöhe
Bei einer Wieder- oder Neuvermietung darf nach diesem Gesetz die zulässige Miete, welche vorher

generell frei war, höchstens auf das Niveau der Ortsüblichen Vergleichsmiete *plus 10%* steigen. Zumindest rechtstheoretisch.
Diese Ortsübliche Miete kann bisher schon nachgewiesen werden - wie auch schon in Lektion 2 beschrieben - durch

- einen Mietspiegel oder
- drei vergleichbare Wohnungen oder durch
- ein Sachverständigen-Gutachten.

Der errechnete Mietpreis muss allerdings nicht absolut sein wie z.B. 500,10 Euro, sondern es galt durch die Rechtssprechung eine „Übertretungserlaubnis" (fachlich: Wesentlichkeitsgrenze) von 20%, d.h. die neue Miete durfte bis 20% darüber liegen. Diese Wesentlichkeitsgrenze ist nun durch dieses Gesetz begrenzt auf **10%,** aber nicht generell, weil dies verfassungswidrig wäre. Deshalb sollen zuerst die Ausnahmen beschrieben werden.

* Ausnahmen

Nicht betroffen von diesen 10% sind folgende Fälle:

a) Wohnungen, die nach dem 1. Oktober 2014 erstmals genutzt und vermietet werden. Neubauten sind also in Bezug auf die Miethöhe „ungebremst".

b) Erste Vermietung nach einer umfassenden Modernisierung.

Das Wort „umfassend“ ist nicht näher definiert. Die Modernisierung als solche ist geregelt in § 559 BGB (folgt als eigene Lektion).

Dann gibt es einen *Bestandsschutz*, also einen Schutz für die bestehende Situation:

c) Die Modernisierungserhöhung (11%) gilt unverändert.

d) Bei einer frei werdenden Wohnungen darf zur *gleichen Miete weiter vermietet* werden, sofern die bisherige Miete zulässig war (also möglicherweise über der Ortsüblichen Miete, aber unter der Wesentlichkeitsgrenze von 20% lag).

e) **Mietstaffeln** gelten weiter, jedoch maximal zur „gebremsten“ Höhe der Ortsüblichen Miete plus 10%.

f) **Indexmieten,** also Mieterhöhungen nach dem Lebenshaltungsindex gelten unverändert weiter.

* Die eigentliche Mietpreisbremse

In der Praxis fallen somit *zwei Fälle* in die Regelungen der Mietpreisbremse und das ist:

* die Erhöhung der Miete in bestehenden Mietverhältnissen – also während eines Mietverhältnisses (folgt in der nächsten Lektion) -

und

* die **neue** Miete bei Neuvermietung im Bestand, also nach einem Mieterwechsel.
„Gebremst" wird also vor allem derjenige Vermieter, der längere Zeit keine Mieterhöhung vorgenommen hat und dies nun bei einer Neuvermietung nachholen möchte. Hier darf die neue Miete die Ortsübliche Vergleichsmiete um nicht mehr als 10% übersteigen. Wie gesagt: rechtstheoretisch.

* Die Rüge des Mieters
Der Teufel steckt im Beweis. Und diesen muss erst einmal der Mieter erbringen. Er muss „qualifiziert" die Höhe der Miete *rügen,* d.h. er muss aus seiner Sicht Daten in Bezug auf die seiner Meinung nach geltende Ortsübliche Miete vorlegen. Im einfachsten Fall ist das der so genannte „Qualifizierte Mietspiegel", siehe nachfolgend.

Beispiel:
Sie haben eine Wohnung neu vermietet und der Mieter hat auch den neuen Mietvertrag kommentarlos unterschrieben. Nach einiger Zeit schreibt er Ihnen:

„Die Miete für meine Wohnung beträgt nach dem Mietspiegel 10,00 €/m^2 plus 10% = 11,00 €/m^2, meine Miete beträgt 12,00 €/m^2, also zahle ich 1,00 €/m^2 zuviel. Deshalb zahle ich künftig nur noch 11,00 €/m^2 und möchte die zuviel gezahlte Miete von yx € zurück".

Wenn der Mieter rügt und der Vermieter nicht einverstanden ist bzw. keine Einigung erzielt wird, zahlt nun der Mieter weniger Miete. Als Verwaltung sollte man, nach einigen erfolglosen Mahnungen, den Anwalt mit einer Zahlungsklage beauftragen. Geht auch der Mieter zum Anwalt und beruft sich auf die „Mietpreisbremse" bzw. auf eine angeblich zu hohe Miete, muss der Vermieter-Anwalt nun die Klage begründen. Es kommt also nun zum Beweis der Wirksamkeit.

* Die Voraussetzungen für die Wirksamkeit

Die erste Voraussetzung (§ 556d BGB) ist, dass die besagte Wohnung in einem durch Rechtsverordnung bestimmten Gebiet *„mit einem angespannten Wohnungsmarkt"* liegt.

Definition:
„Gebiete mit angespannten Wohnungsmärkten liegen vor, wenn die ausreichende Versorgung der Bevölkerung mit Mietwohnungen in einer Gemeinde oder einem Teil der Gemeinde zu angemessenen Bedingungen besonders gefährdet ist" (§ 556d BGB Abs. 2).

Dieser Absatz wird dann weiter untersetzt. Danach müssen die Länder eine Rechtsverordnung bis spätestens 31.12.2020 in Kraft gesetzt haben. Diese muss begründet werden.

„Aus der Begründung muss sich ergeben, auf Grund **welcher Tatsachen** ein Gebiet mit einem angespannten*) Wohnungsmarkt im Einzelfall vorliegt. Ferner muss sich aus der Begründung ergeben, **welche Maßnahmen** die Landesregierung in dem .... bestimmten Gebiet und Zeitraum ergreifen wird, um **Abhilfe** zu schaffen" (siehe Gesetz im Anhang).

Es gibt somit folgende Begriffe:

• Gebiet mit angespanntem Wohnungs-Markt
Was heißt „angespannt"?

Keine Wohnungen? Zu wenige Wohnungen? Für *alle* Menschen? Oder zuwenige Wohnungen für *reiche* Menschen (es geht ja um „alle")? Oder für *arme* Menschen - und ab wann ist jemand reich oder arm? Oder für eine bestimmte Personengruppe wie Rentner, Alleinerziehende, Singles usw.? Und geht es um 1-, 2-, 3- oder 4-Zimmer-Wohnungen? Wohnungsmärkte sind nun einmal nicht einheitlich!

Sehen wir uns nun den vorgenannten Gesetzestext genauer an:

•... *Die „ausreichende Versorgung der Bevölkerung mit Mietwohnungen ......"* ist keine Aufgabe eines Vermieters, sondern des Landes und der Kommune.
•... *„In der Gemeinde oder einem Teil davon ...."*
Und wer hat wirkliche **Fakten,** also Tatsachen für

diese Entscheidung?

•.... *„Zu angemessenen Bedingungen besonders gefährdet* .....". Was ist angemessen und oder sogar gefährdet?

•... = *Rechtsverordnung der Länder (Zuständigkeit).* Dort müsste also für jede Kommune und bei größeren Städten für jeden Unter-Wohnungsmarkt **klare Fakten** vorgelegt werden, für welchen Bereich es einen „angespannten Wohnungsmarkt" gibt, wie er definiert wird und mit welchen *konkreten Maßnahmen Abhilfe* geschaffen wird. Und bis dahin, in einer überschaubaren Zeit, würde die Mietpreisbremse gelten.

Es bedarf also einer Begründung im obigen Sinne und konkrete Maßnahmen, die eine Abhilfe schaffen.

Es ergibt sich somit eine *Pflicht für Land und Kommune* zur Erarbeitung von Maßnahmenplänen. Und bevor Maßnahmenpläne erstellt werden, muss selbstverständlich erst die Notwendigkeit, ob überhaupt ein „angespannter Wohnungsmarkt" vorliegt, nicht nur behauptet, sondern geprüft und belegt werden. Diese Prüfungspflicht ist die erste Voraussetzung.

Frage: Was hat eine solche Staatsaufgabe im BGB (Bürgerliches Gesetzbuch) zu suchen? Warum steht dies alles nicht im Bau- oder Verwaltungsrecht für Land, Städte und Gemeinden?

Wird dann - NACH der obigen Prüfung - ein angespannter Wohnungsmarkt erkannt und zwar nicht generell, sondern begründet, d.h. nicht nur behauptet, sondern *belegt* auf die jeweiligen Stadtteile, dann haben Land und Kommune die **Pflicht, konkrete Maßnahmen** zur Beseitigung des Wohnungsmangels vorzunehmen oder zumindest einzuleiten, zum Beispiel Ankurbelung des Sozialen Wohnungsbaus, Bereitstellung von weiterem Bauland, aktive Liegenschaftspolitik usw., damit die Mietpreisbremse zeitlich begrenzt bleibt (sonst wäre sie wohl verfassungswidrig, was sie m.E. bestimmt auch jetzt schon ist).

* Die „Wirkung" der Mietpreisbremse
Wie schon erwähnt, fällt (nur) die neue Miethöhe bei Mieterhöhungen oder/und einer Neuvermietung aus dem Bestand unter die Mietpreisbremse.

Beispiel Neuvermietung:
Die Nettokalt-Miete für die vermietete Wohnung betrug 500 Euro. Diese Miete war 10 Jahre unverändert. Bei der Neuvermietung möchte der Vermieter 800 Euro Miete, also gewissermaßen nachträglich 30 Euro pro vergangenem Jahr.

Diese Steigerung wäre dem Grunde nach rechtlich zulässig gewesen, denn sie liegt aufgrund der vielen Jahre unterhalb der Kappungsgrenze (§ 558 Abs. 3 BGB). Aber diese mögliche Miete wurde nicht verlangt. Hätte er sie verlangt, würde die obige

Ausnahme gelten. Da er sie nicht verlangt hat, gilt nun – nehmen wir das an - die Mietpreisbremse. Nehmen wir weiterhin als Beispiel an, die Ortsübliche Miete wäre 10,00 €/m²/mtl., d.h. bei 70 m² Wohn-fläche wären das 700,00 € + 10% = 770 € statt 800 €.
Wenn sich Vormieter und Nachmieter begegnen und sich über die Miete austauschen, dann könnte der *Nachmieter* die neue Miete von 800 € rügen (wie oben beschrieben) und hätte vor Gericht ggf. den Vormieter als Zeugen.
Es bleibt dann abzuwarten, ob ein Richter die zur Anklage stehende erhöhte Miete (hier 30,00 €) als absolut oder die Differenz von 30,00 € - die weniger als 0,5% ausmacht - als „unwesentlich“ ansieht.

* Die Vermieterklage
(Begründung der Zahlungsklage)
Ein guter Anwalt wird nämlich bei einer Miet-Rüge durch den Mieter in seiner Begründung folgendes dagegen einwenden:

• *Punkt 1: Mietpreisbremse nicht anwendbar*
Die Mietpreisbremse ist für den Teilmarkt „Musterstraße“ nicht anwendbar.
Das Land hat wohl die erforderliche Verordnung erlassen, in der die zutreffende Kommune enthalten ist. Die Kommune wiederum hat per Satzung die ganze Stadt*) *ohne erforderliche oder ausreichende Prüfung* und in nicht nachvollziehbarer Weise zu einem „angespannten Wohnungsmarkt“ erklärt.

Aber die pauschale Annahme ist vom Gesetzgeber nicht gewollt, siehe Drucksache 18/3121, denn sie ist auch verfassungsrechtlich bedenklich.

*) Viele Städte haben schon gleich nach Gesetzesverkündigung die ganze Stadt „einfach so“, also pauschal zum "angespannten Wohnungsmarkt" erklärt, um die Bremse von 10% zu erreichen = politischer Aktivismus. Im Umkehrschluss zeigt es die Hilflosigkeit der Kommunen, mit diesem Gesetz umzugehen, was allerdings auch wieder verständlich ist, denn sie sind wirklich überfordert.

• *Punkt 2: Keine Gegenmaßnahmen*

Fortsetzung der Begründung:

Die Kommune hätte auch längst die vom Gesetzgeber erwarteten Maßnahmenbündel, mit dem angespannten Wohnungsmärkten begegnet werden kann, im besagten Gebiet einleiten müssen wie zum Beispiel: Wiederbelebung des Sozialen Wohnungsbaus, aktive kommunale Liegenschaftspolitik, zur Verfügungstellung von mehr Bauland usw.

Außerdem ist die erforderliche Gebietsprüfung durch die Kommune nicht oder nicht gründlich genug erfolgt. Da dies nicht geschehen ist, gilt auch keine Mietpreisbremse, d.h. die Begrenzung der Miete gemäß Mietpreisnovellierungsgesetz ist nicht anwendbar.

Jeder Wohnungsmarkt besteht aus vielen Teilmärkten und im Teilmarkt Musterstr. 10 gibt es keinen angespannten Wohnungsmarkt. Es sind genügend Wohnungen auf dem Markt. Ggf. Beweis: Ausdruck aus dem Internet.

- *Punkt 3: Die fragliche Wohnung Musterstraße XY ist vom Mietspiegel nicht oder nicht richtig erfasst.*

Der Mietspiegel ist ein allgemeiner Überblick über die Kommune. Er ist jedoch nicht auf den Teilmarkt der Musterstraße konkret bezogen. Somit ist die dort ausgewiesen Miete nur eine grobe Orientierung, aber rechtlich nicht bindend.
Ausnahme:
Es sei denn, es handelt sich um einen so genannten „Qualifizierten Mietspiegel“, das heißt, dass er nach wissenschaftlichen Kriterien erstellt ist und zwar so, dass er die Mieten *der einzelnen Stadtteile* und ggf. die Mieten der *einzelnen wichtigen Straßen* des Stadtteils konkret wiederspiegelt.

Nach diesem Auftakt, bei dem sicher auch ein Richter nicht zu beneiden ist, käme es bei dieser Zahlungsklage erst jetzt zu den eigentlichen Tatsachen, sofern es sie noch braucht.

- Ist die Miete tatsächlich zu hoch?
- Wann hat der Mieter gerügt?
- Entspricht die Rüge den gesetzlichen Anforderungen?
- Wielange hat er schon die Miete bezahlt?
- Hat er sich die Wohnung „erschlichen“, weil er die zu hohe Miete erkannte, aber nicht schon bei der

Anmietung gerügt hat?

Und dies sind erst einige der möglichen Argumente, somit wohl mehr ein Betätigungsfeld für Anwälte. Überschrift eines Fachmagzins: „Nur Juristen gewinnen“. Oder anders gesagt: Ein unnötiger Streit, den die Regierungsparteien provoziert haben, statt zum Gegenteil beizutragen.

Quelle: Auszug aus dem Buch „Bestellerprinzip + Mietpreisbremse“ von Reinhold Pachowsky, erhältlich bei Amazon.de

Heute ist feststellbar, dass die Mietpreisbremse in der Tat nicht wirkt, denn sie *kann* nicht wirken. Vergleichbar wie ein Auto ohne Motor: Es *kann* nicht fahren.

Die Mietpreisbremse hat also keinen wirklichen Einfluss auf die Miete, deshalb soll sie ab jetzt beim Thema Miethöhe nur noch am Rande erwähnt werden.

6.2 Begrenzung durch Landesverordnung

Darüber hinaus haben früher schon die Lände per Landesverordnung für bestimmte Städte - jedenfalls alle größeren Städte - eine Verordnung zur Begrenzung des Mietanstiegs (von früher max. 20% über der Ortsüblichen Miete) auf 15% erlassen. Wenn also nachfolgend die 15% genannt werden, sollten

Sie prüfen, ob in es in Ihrer Stadt diese Begrenzung gibt.

Prüfungsfragen:

1. Wieviele Monate beträgt die gesetzliche Kündigungszeit? Nennen Sie bitte ein Beispiel.

2. Welchen Zweck hat die "Mietpreisbremse"?

3. Warum funktioniert die Mietpreisbremse nicht oder kaum?

4. Angenommen, die ortsübliche Miete beträgt 10,00 €/m².Wie hoch darf die höchstmöglichste Miete sein bei

   a) Geltung der Mietpreisbremse (angenommen)?
   b) Geltung der Landesverordnung
   c) keiner Mietpreisregelung

7. Der Vermietungsablauf

Gehen wir zurück auf die bei einer Neuvermietung zu klärenden Punkte:

- Die Höhe der neuen Miete
- Besichtigungsmöglichkeit der Interessenten

- Renovierung der Wohnung
- Bezugstermin der Wohnung
- Die Kaution
- Wird Tierhaltung toleriert?
- Welche Besonderheiten bestehen?

7.1 Festlegung der neuen Miete

Jeder Mietinteressent will als Erstes wissen, wie hoch die Miete ist. Der Mietpreis ist also der erste und wichtigste Punkt bei einer Neuvermietung.

Im Freifinanzierten Wohnungsbau wird üblicherweise ein Wohnungswechsel dazu genutzt, die Nettokalt-Miete an die aktuelle Ortsübliche Miete (siehe Lektion 2) anzupassen und auch die Betriebskosten-Vorauszahlungen an das aktuelle Kostenniveau anzuheben. Daraus ergibt sich dann die aktuelle neue Miete.

Beispiel:

Neue Nettokaltmiete (orientiert an der ortsüblichen Vergleichsmiete)	€
plus Betriebskosten-Vorauszahlung	€
plus Heizkosten-Vorauszahlung	€
= Gesamtmiete	€

7.2 Besichtigungsmöglichkeit der Wohnung

Jeder Mietinteressent will die Wohnung besichtigen.

Da die Wohnung noch bewohnt ist, muss natürlich der bisherige Mieter anwesend sein. Mit ihm sind Termine mit Uhrzeiten zu vereinbaren. Bei einer leeren Wohnung muss die „Schlüsselfrage" geklärt werden. Details folgen in Lektion 5.

7.3 Renovierung der Wohnung

Jeder Mieter richtet sich die Wohnung nach seinem Geschmack ein, das ist auch richtig so, nur bei Auszug muss wieder ein „neutraler Zustand" hergestellt werden. Dies ist eine sehr komplexe Sache, der deshalb eine eigene Lektion 5 gewidmet ist.

7.4 Die Kaution

Üblich und gesetzlich zulässig ist eine Kaution von bis zu *drei* Nettokaltmieten. Mehr unter Ziff. 13.4

7.5 Tierhaltung und Besonderheiten

Oft fragen Interessenten, ob es erlaubt ist Tiere in der Wohnung zu halten. Diese Frage sollte deshalb vorab geklärt sein.
Überhaupt müssen alle diese Punkte geklärt sein, *bevor* die Werbung für einen neuen Mieter beginnt.

* Wohnungsvergabe bei Sozialwohnungen
Soweit es sich um **Sozialwohnungen** handelt, entfällt eine Werbung weitgehendst, denn hier

nimmt das Amt für Wohnungswesen Vormerkungen vor, stuft Wohnungssuchende ein nach:

- Dringlichkeit
- soziale Gründe
- Einkommen usw.

und schlägt aus dem Kreis der vorgemerkten Interessenten mindestens drei dem Vermieter zur Auswahl vor. Vorab teilt der Vermieter/Verwalter dem Amt lediglich mit, dass die Wohnung x nunmehr frei wird (= sogenannte Freimeldung), worauf das Amt dieses Vorschlagswesen in Gang setzt. Diese Vorschriften finden sich im Wohnungsbindungsgesetz, in den neuen Ländern im Gesetz über die Belegungsrechte.

Aufgrund der Vorschlagsliste melden sich in diesem Fall die diversen Interessenten beim Verwalter. Dieser wählt anhand der Wohnungsbewerbung (siehe nachfolgend) den ihm geeignet erscheinenden Mieter aus.

8. Werbung eines neuen Mieters

Bevor man mit irgendeiner Werbung startet, MUSS man die infrage kommende Zielgruppe - also die Mieterstruktur des Hauses oder der Wohnanlage - möglichst genau gekennen.

Und was ist eine Zielgruppe?

8.1 Zielgruppen

Ein wichtiger Grundsatz ist:
Das Vermietungsangebot erfolgt nicht an „alle Menschen da draußen“, sondern an eine spezielle Mieterschicht = Zielgruppe.

Wichtig:
Lernen Sie deshalb bitte ab jetzt, bei der Vermietung nur noch in *Zielgruppen* zu denken und zu handeln!

Merke:
Zielgruppen sind Personen, die ein etwa gleichgelagertes Interesse, etwa gleiche oder ähnliche Ansichten bzw. Lebenseinstellungen haben.

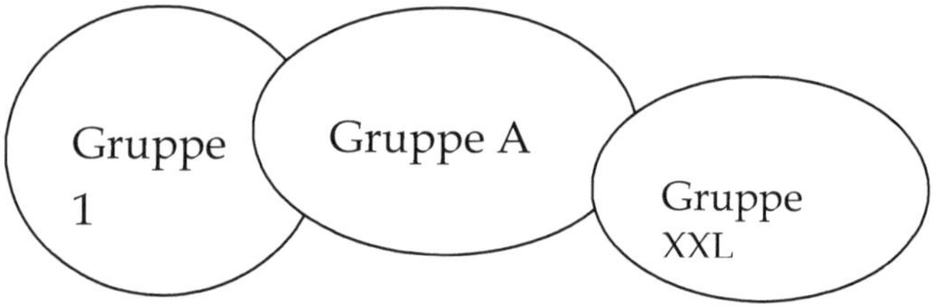

Zielgruppen

Sie bilden in der Wirtschaft aufgrund dieses Interesses (Nachfrage) einen Markt. Bei der Vermietung kommt als Voraussetzung noch die tatsächliche Kaufkraft (das Einkommen) hinzu.

Beispiele für eine Zielgruppe:

- Für diese Wohnung stelle ich/wir mir/uns einen qualifizierten Arbeiter, verheiratet mit Kind und einem Einkommen um € .... mtl. vor.

- In dieser Wohnanlage wohnen überwiegend Arbeiterfamilien mit ein oder zwei Kindern sowie ältere, alleinstehende Mieter von früher. Als Nachmieter könnte ebenfalls eine Arbeiterfamilie mit mindestens einem Kind gut geeignet sein.
- In diesem Haus wohnen überwiegend Angestellte des mittleren Managements. Wir stellen uns deshalb eine Familie auf gleichem Niveau vor.
- In diesem Appartmenthaus wohnen überwiegend berufstätige Singles oder Studenten. Der neue Mieter sollte ebenfalls ein Single sein.

Der beschriebene neue Mieter ist die *„Zielgruppe“*, an den sich unser Vermietungsangebot wendet bzw. nach der man den neuen Mieter auswählt.
Das Vermietungsinserat sollte deshalb so gestaltet werden, dass es für den Mietinteressenten aus der angesprochenen *Zielgruppe* erkennbar ist. Falls Vormerkungen geführt werden, sollte sie nicht nach gesuchten Wohnungsgrößen, sondern vorrangig nach *Zielgruppen* angelegt sein/werden.

Bei vielen Interessenten bleibt nichts anderes übricg, als in Einzelgesprächen den Wunschkanditaten entsprechend der *Zielgruppe* herauszufiltern. Gibt es nur wenige Interessenten, sollte nicht die *Zielgruppe*, sondern ggf. die Miethöhe verändert (evtl. gesenkt) werden. Aus der Erfahrung: Wenn man die *Zielgruppe* vernachlässigt, rächt sich das später. Und es werden "Massenbesichtigungen" vermieden.

Merke:
Es geht also heute darum, die Werbung nach den *Bedürfnissen von Zielgruppen* auszurichten. Die Werbung soll (nur) eine bestimmte, für das jeweilige Objekt ausgewählte *Zielgruppe ansprechen.*

Beispiel:

Ältere 2-Zi.-Mietwohnung	Zielgruppe?
Mögl. Interessenten	Junges Paar
	Junger Single
	Älterer Single
	Senioren-Ehepaar

Beispiel:
Der Geschmack für Fliesen im Bad und die Anforderungen an die weitere Ausstattung dürften für ein „junges Paar" sicher deutlich anders sein als für ein Senioren-Ehepaar. Handelt es sich also um Fliesen nach dem Geschmack und Stil älterer Leute, sollte dies in der Werbung deutlich werden und umgekehrt natürlich genau so, wie z.B. mit dem Wort „modern".

Merke:
Die beste Werbung für Immobilien liegt darin, den *besonderen Nutzen für eine Zielgruppe* zu finden und werbemäßig heraus zu stellen.

Ist bei einer Immobilie ein *Zusatznutzen* vorhanden, ist dies besonders darzustellen. Unter Zusatznutzen

bezeichnet man Gegebenheiten, die nicht immer und generell vorhanden sind, zum Beispiel:
- die Nähe zu Einkaufsmöglichkeiten, Schulen etc.
- gute Wärmedämmung, moderne Heizung, energetische Sanierung
- eine besonders gute Verkehrsanbindung.

Bei einer Hausvermietung z.B.
- eine Solaranlage
- ein ausgebauter Keller oder ein ausgebautes Dachgeschoss

Wichtig:
Ein solcher Zusatznutzen rechtfertig in der Regel keinen besonders hohen Preis, kann aber das Interesse und damit die Vermietung wesentlich beschleunigen.

* Das Einkommen des Interessenten
Bei der Vermietung kommt als Voraussetzung noch die tatsächliche **Kaufkraft** (das Einkommen) hinzu, denn die Interessenten müssen über ein entsprechend ausreichendes Einkommen verfügen, um die Miete bezahlen zu können. Ist das nicht der Fall, muss diese Frage der Mietzahlung vorab geklärt sein, z.B. durch Übernahme der Miete durch das Sozialamt.

* Die Vermietungsstrategie
Es sollte deshalb eine Vermietungsstrategie geben, welche ggf. mit dem Eigentümer abgestimmt ist. Bei

Vergabe eines Vermietungsauftrags an einen Makler muss ihm diese vorher bekannt gegeben werden.

Prüfungsfragen:

5. Was versteht man unter dem Begriff „Zielgruppe"? Und nennen Sie bitte drei (bisher noch nicht genannte) Beispiele.

6. Was unterscheidet die Zielgruppe „Junge Familie" von der Zielgruppe „50 plus"? Nennen Sie bitte 3 - 5 wichtige Kriterien.

keine Lösungen!

8.2 Die Anzeigenwerbung

Die Werbung für Immobilien, Wohnungen wie auch für Gewerbeobjekte erfolgt überwiegend durch Anzeigen in den einschlägigen Portalen des Internets und in der Tagespresse. Eine gute Schlagzeile erleichtert der *Zielgruppe* die Chance der Kontaktaufnahme.

* Vorgehensweise bei Anzeigen aller Art
Als erstes braucht es eine Antwort auf die (bekannte) Frage:

Für welche Zielgruppe/-n ist diese zu vermietende Immobilie besonders gut geeignet?

Aus der Antwort zu dieser Frage formuliert man

dann die Botschaft, genauer gesagt, die

- Grundbotschaft: die Schlagzeile

Häufig wird bei Anzeigen die Grundbotschaft in eine **Schlagzeile** verkürzt (die Bild-Zeitung ist wohl das beste Beispiel für Schlagzeilen). Bei einer Schlagzeile ist zu beachten:

- Wurde sie wirklich für eine klare Zielgruppe formuliert?
- Kann die Zielgruppe die Schlagzeile auf Anhieb verstehen?
- Vermittelt sie ohne Umweg eine Information?
- Dient sie als Blickfang und Wegweiser zum weiteren Text der Anzeige?
- Hebt die Schlagzeilenbotschaft das Produkt vom Wettbewerb ab?

Beispiel für eine gedruckte Anzeige (vergleichbar auch für Internetanzeigen):

Genießen Sie Ihr neues Luxus-Appartment
in bester ruhiger Lage in Musterstadt, sehr gut ausgestattet! Unverbindliche Informationen bei:
Firma Name, Mail, Telefon usw.

oder:

Viel Platz für Ihre Familie
in verkehrsgünstiger Lage in Musterstadt
5 Zimmer auf 120 m², großer Garten,
beste Ausstattung für xxx Euro Nettokalt-
miete plus BK, unverbindl. Infos bei
Firma/ Claus Mustermann ... usw.

Grundsätzlich gilt: Versprechen dürfen natürlich nicht enttäuscht werden. Auch darf die Werbung nicht irreführend sein. Nach der Schlagzeile erfolgt im Aufbau

- das Layout.

Als „Layout" versteht man die Gestaltung, den bildhaften Ausdruck der Grundbotschaft. Wirksames Layout lädt zum Betrachten der Anzeige ein. Dies wird dadurch erreicht, dass sich die Anzeige von der Umgebung abhebt, z.B. durch das Format, Begrenzung/ Rahmen, Kontrast usw. Gutes Layout erkennt man an folgenden Kriterien:

- Die Anzeige springt ins Auge
- Inhaltlich Wichtiges ist so platziert, dass es bedeutsam wirkt
- Thema und Produkt werden bildlich, z.B. in der Form von Symbolen (aus der Botschaft) angesprochen
  Beispiel: Symbol für Freizeit oder „mehr Platz“ oder Sicherheit usw.

Ideal ist, wenn man mit Fotos von der Wohnung wirbt. In diesem Fall kann ggf. auch das Foto mit einer Foto-Software beschriften.

- Die Illustration

Illustrationen sollen helfen, den Text zu verdeutlichen, indem sie Triebe und/oder Instinkte ansprechen. Graphiken, Fotos, Zeichnungen usw. sollten stets vom Werbeprofi stammen.

Beispiel:
Statt einem Foto erstellt man eine Zeichnung bzw. Grafik. Sie wird in jedem Fall auffallen!

- Der Text

Zurück zur Anzeige, z.B. in einem Internetportal.
In das freie Feld ist ein Text einzutragen. Gute Texter stellen sich eine Zielperson vor und unterhalten sich mit ihr auf dem erwarteten Niveau.
Grundsatz: Ein guter Text:
- liefert alle Angaben, die die Abbildung (Haus, Wohnanlage) *nicht* vermittelt,
- beweist, was die Schlagzeile behauptet
- enthält nur Sätze, deren Fehlen stören würde
- spricht eine Person bildhaft und freundlich an.

Oft bietet sich die Möglichkeit, die Detailbeschreibung – also den ausführlichen Text – extra in eine .pfd-Datei zu fassen, so dass diese vor allem das Informationsbedürfnis befriedigt.

Mit folgenden Fragen können Sie selbst *kritisch* Ihre Texte prüfen:

Checkliste: Prüfpunkte zum verfassten Text

→ Sagt der Text ohne Umschweife, welche Vorteile diese Immobilie der Zielgruppe bietet?
→ Könnte man das Gleiche kürzer sagen?
→ Ist der Text für den Leser liebenswürdig?
→ Sind (für den Laien) unbekannte Wörter dabei?

Übung:
Bearbeiten Sie bitte folgende Aufgaben:

* Gestalten Sie eine oder mehrere Anzeigen für Immobilienangebote (auf Schmierblätter) nach diesen Grundsätzen.

* Prüfen Sie Ihre Anzeigen aufgrund folgender Fragen:
- Habe ich meine Anzeige so getextet und gestaltet, dass sie auch bei flüchtiger Durchsicht der Zeitung/des Internetportals zu sehen und zu verstehen ist?

- Dient ein Bild, ein Zeichen etc. zur zusätzlichen, schnellen Orientierung?

- Ist eine kleinere Anzeige im Textteil der Zeitung nicht vielleicht wirkungsvoller als eine größere im Anzeigen-bereich?

Besprechen Sie Ihre Anzeigen mit Kollegen und/oder Lebensgefährten/-in.

8.3 Pflichtangaben nach der Energieeinsparverordnung

Es ist eigentlich Unsinn, aber gesetzlich vorgeschrieben: Bei *jeder* Verkaufs- und Vermietungsanzeige **müssen** bestimmte

Angaben aus dem Energieausweis *genannt* werden. Jedes Werbemedium hat inzwischen eine Abkürzungsliste erstellt.

Beispiel:
V, 125 kWh, FW, Bj 1962, D

heißt:
V= Verbrauchsausweis oder auch B für Bedarfsausweis
125 kWh = Energieverbrauchswert aus dem Energieausweis
FW = hier Fernwärme oder auch Öl oder Gas usw.
Bj 1962 = Baujahr des Hauses
D = Energieeffizienzklasse aus dem Energieausweis

Empfohlene Vorgehensweise:
* Sofern man einen Energieausweis hat, entnimmt man diesem obige Daten.
* Hat man (noch) keinen Energieausweis zur Hand, muss man in der Werbung (print oder Internet) dennoch die Pflichtangaben machen, denn sonst riskiert man eine kostenpflichtige Abmahnung (die Abmahner sind längst schon aktiv!).

* Wichtig zu wissen: Es gibt kein Kontrollrecht, d.h. es hat niemand das Recht, Ihre „Pflichtangaben" zu überprüfen. Es ist nur wichtig, dass Angaben - wie oben - gemacht werden. Im Internet haben die Anbieter wie z.B. Immobilienscout24 ohnehin entsprechende Felder eingestellt. Füllen Sie, wenn es

nicht anders machbar ist, einfach diese Felder „irgendwie" - wie oben - aus. Und damit haben Sie Ihre Pflicht erfüllt.

9. Besichtigung und Mietinteressenten

Die Werbung ist erschienen und nun melden sich Mietinteressenten, die natürlich alle die Wohnung besichtigen möchten. Das ist normal. Es muss also bei einer leeren Wohnung eine Besichtigungsmöglichkeit *organisiert* sein (Thema: Wer hat den Schlüssel?), oder es muss eine Terminabsprache zwecks Erreichbarkeit mit dem ausziehenden Mieter geben.

Grundsatz:
Für eine zur Vermietung anstehende Wohnung sollten nach Möglichkeit stets mehrere Bewerber in die engere Wahl kommen. Je nach Situation kann es eine „Flut von Bewerbern" geben, die kaum mehr beherrschbar ist, es kann aber auch Situationen geben, bei denen man froh ist, überhaupt einen Mieter zu finden. Aber man sollte niemals sofort an den „Erstbesten" vermieten.

Es sollte deshalb immer versucht werden, es so zu organisieren, dass möglichst mehrere Interessenten der Zielgruppe für eine Wohnung vorhanden sind. Jeder Mietinteressent sollte wissen, dass er mit mehreren Interessenten *im Wettbewerb* um diese

Wohnung steht.

Das oft bei Sozialwohnungen vorgenommene Verfahren, dass nur ein Interessent „benannt" wird oder sich die Verwaltung bereits bei Beginn der Vermietung auf nur einen Interessenten festlegt, löst psychologisch ein „Anspruchsdenken" aus, was bedeutet: Der Interessent fühlt sich als der Bestimmende und stellt Ansprüche, zum Beispiel an den Zustand der Wohnung - und als Verwaltung hat man eine Menge Arbeit!

Ist er aber ein Interessent von mehreren, so wird er, wenn er ernsthaft Wert auf diese Wohnung legt, verhandlungsbereit sein und viele Dinge am Zustand des Objektes sind ausnahmslos eine Sache der Verhandlung. Davon wird noch später beim Thema „Abnahme und Wohnungsübergabe" die Rede sein. Es kommt jedoch immer auf die Marktsituation an.

* Vormieter empfiehlt einen Nachmieter
Es kommt sehr oft vor, dass der ausziehenden Mieter einen Nachmieter sucht bzw. kennt und diesen als neuen Mieter vorschlägt. Der Hintergrund ist oft, dass sich beide über die Übernahme diverser Möbel und Einrichtungsgegenstände und oft auch über den Zustand der Mieträume (Nachmieter übernimmt „alles") einig sind. Der Ärger beginnt meistens dann, wenn dieser Nachfolgemieter seinerseits wieder auszieht und dann beim Zustand behauptet: Das war

alles schon so bei Übernahme.

Die Frage ist: Muss sich der Vermieter auf einen vorgeschlagenen Nachfolger einlassen?

Die rechtliche Antwort ist eindeutig: Nein!

Zur praktischen Entscheidung gehören zwei Punkte:
Erstens: Der Vorgeschlagene muss sich in die Reihe der Bewerber einreihen.
Zweitens: Bei der Wohnungsübergabe - folgt in Lektion 5 - muss er per Unterschrift die volle Verantwortung für den Zustand der Räume übernehmen.

Zurück zur Generalfrage:
Wie wählt man nun den „richtigen" Mieter aus?

Angenommen, wir haben mehrere gleich zufriedenstellende Mietinteressenten, die alle diese Wohnung mieten würden, aber es kann sie ja nur einer erhalten. Welcher Mieter soll nun den „Zuschlag" erhalten?

Für die Mieterauswahl sollte stets an erster Stelle nicht das höchste Einkommen oder die soziale Struktur, sondern die Antwort auf die schon bekannte Frage stehen:

Welcher Interessent passt am besten in dieses Haus?
oder

Passt dieser Mietinteressent in dieses Haus?

Der Vermieter hat nicht nur eine soziale Verantwortung gegenüber dem Wohnungssuchenden, sondern auch gegenüber seinen derzeitigen Mietern in der Weise, dass durch den neuen Mieter der Hausfriede nicht (jedenfalls nicht unzumutbar) gestört wird. Dabei ist die soziale Schicht (Arbeit/Berufe, Alter und Familienstand) der Mieter, in unserem Fall der Zielgruppe für dieses betreffenden Hauses von entscheidender Bedeutung.

10. Wohnungsbewerbung und Selbstauskunft

Der weitere Vermietungsfortgang ist grundsätzlicher Art und hat folgenden Ablauf:

- Persönliche Vorstellung der Mietinteressenten in der Verwaltung
- Ausfüllen einer sog. **Selbstauskunft** bzw. eines Personalienbogens mit persönlichen Angaben wie: Name, Vorname und Geburtsdatum aller Personen, die in die Wohnung einziehen wollen, Staatsangehörigkeit, Angaben zum Beruf und zum Einkommen, bisherige Adresse, sonstiges. Intime Fragen sind nicht erlaubt.

Beispiel und zugleich Muster/Checkliste eines ausgefüllten Formulars „Selbstauskunft“

Checkliste – Muster Wohnungsbewerbung

Ich bewerbe mich für folgende Wohnung:
Musterstraße 3
12345 Musterstadt
Stockwerk: II. OG/rechts

Miete: € 860,-
Kaution: € 2500,-
Betriebskosten: € 180,-

Bezugstermin: 1. Mai 20..

Der Mietvertrag soll von mir und meine/r/m Ehefrau/Ehemann /Lebensgefährte/-in, Lebenspartner/-in) unterzeichnet werden.

I. Angaben zur Person

Vor- und Zuname: Peter Mustermann
Geburtsdatum: 24. Dez. 1968 Geburtsort: Nürnberg
Staatsangehörigkeit: Deutsch

Vor- und Zuname des Mietvertragspartners: Petra Mustermann
Geburtsdatum des Lebenspartners: 1. April 1971
Staatsangehörigkeit: Deutsch

weitere Personen, die zum Haushalt gehören (mit Angabe von Verwandtschaftsverhältnis und Geburtsdatum):

Kinder Sarah 12 Jahre und Max 8 Jahre

II. Angaben zum Einkommen

Berufliche Tätigkeit: Mechaniker seit: 1999

Berufliche Tätigkeit des Vertragspartners Kfm. Angestellte seit: 1990

Namen und Anschriften der Arbeitgeber:
Firma Allmetall, Stahlstr. 3 in Musterstadt
Firma Mode-Meier, Hauptstr. 3 in Musterstadt

Monatliches gemeinsames Nettoeinkommen
Euro: ....

Ich versichere (Wir versichern), dass zur Zeit gegen mich (uns) keine Vollstreckungsmaßnahmen eingeleitet sind, mein (unser) Gehalt keiner Lohnpfändung unterliegt und über mein/unser Vermögen kein Insovenzverfahren eröffnet oder beantragt wurde.

III. Angaben zur bisherigen Wohnung

Anschrift der bisherigen Wohnung:
An der Mauer 12 in Musterstadt
Bewohnt seit: 1990
Miete: € 755,-
Anschrift des Vermieters oder Verwalters:
Hausverwaltung Schmidt & Partner

IV. Sonstige Angaben

Ich (wir) versichere (versichern), dass diese Angabe richtig sind.
Ich (wir) erkläre(n) mich (uns) einverstanden, dass eine Auskunft bei dem Vorvermieter oder dem Hausverwalter eingeholt wird.
Unter folgender Telefonnummer bin (sind) ich (wir) zur Zeit erreichbar: 0151/776655440

Unterschrift

Der Mieter ist rechtlich nicht verpflichtet, diesen Fragebogen auszufüllen, nur: Er soll ja unser Vertragspartner werden und Verträge schließt man allgemein nicht mit unbekannten Personen. Man erwartet deshalb - das ist allgemein üblich - dass ein künftiger Vertragspartner Auskunft über sich gibt.

Dabei steht die *Prüfung*, ob dieser Interessent aus der Zielgruppe aufgrund seines Einkommens in der Lage ist, diese Miete zu bezahlen, ab jetzt im Vordergrund. Ist er aufgrund seines Einkommens voraussichtlich nicht in der Lage, die Miete zu bezahlen, verursacht das Anmieten der Wohnung nur Ärger und Kosten auf beiden Seiten. In sozialen Belangen kann evtl. vorher über das Sozialamt die Frage der Mietzahlung geklärt werden.

In den USA zum Beispiel sieht obiges Formblatt so aus, dass oben, in der ersten Zeile das Einkommen einzutragen ist. Dann folgt eine lange Aufstellung

aller denkbaren Lebenskosten wie zum Beispiel: Lebensmitteleinkäufe/mtl., mtl. Kreditzahlungen an die Bank, Autokosten, Alimentezahlungen, Hobbykosten, Kindergarten, Kosten der Schule usw., welche abzuziehen sind und dann muss ein Betrag übrig bleiben, der mindestens so hoch ist wie die Miete.
Es ist üblich, die persönlichen Daten, außer dem Namen, üblicherweise nicht in die Software einzuspeichern, sondern die Selbstauskunft mit dem Mietvertrag abzuheften. Selbstauskünfte nicht zum Zuge gekommener Bewerber werden zurückgegeben oder vernichtet.

Erscheinen die gemachten Angaben nicht vertrauensvoll, sind Rückfragen bei den angegebenen Stellen üblich (z.B. beim Arbeitgeber) und auch Auskünfte bei Auskunfteien denkbar, jedoch nicht zwangsläufig ausschlaggebend. Maßgeblich sollte der Gesamteindruck des Bewerbers sein.
Zur Mieterauswahl gehört deshalb auch, dass der Verwalter bzw. Vermietungssachbearbeiter über eine gute Menschenkenntnis verfügt.

11. Checkliste Mieterwechsel - Gesamtübersicht

Eine Vermietung ist eine komplexe Angelegenheit

und umfasst neben der Mieterauswahl noch viele andere Aufgaben. Um eine Gesamtübersicht über einen Mieterwechsel zu haben, sind die wichtigsten Schritte aus der Sicht einer Hausverwaltung in der nachfolgenden Checkliste angeführt:

Checkliste bei Mieterwechsel

1. Eingang einer Kündigung:

- **Kontroll- und Verwaltungstätigkeiten:**

Überprüfung der Kündigungsfrist gemäß Mietvertrag

Überprüfung der Renovierungspflicht des ausziehenden Mieters gemäß Mietvertrag

Überprüfung der Wirksamkeit der Kündigung: Haben alle Vertragspartner unterzeichnet?

- **Im öffentlich geförderten Wohnungsbau:**

Kündigungsbestätigung an den Mieter (alle Vertragspartner) und Festlegung des Termins zur Wohnungsbesichtigung und –abnahme

Freimeldung dieser Wohnung an das Amt für Wohnungswesen mit der Bitte, neue Mietinteressenten vorzuschlagen.

- **Im freifinanzierten Wohnungsbau:**

* Kündigungsbestätigung an den Mieter (alle Vertragsparteien) und

* Festlegung des Termins zur Wohnungsbesichtigung und -abnahme.

* Mietersuche, z.B.

- aufgrund von Vormerkungen

- durch eigenes Vermietungsinserat
- durch Maklerauftrag
- der Mieter empfiehlt einen Nachmieter.

2. Allgemeine Verwaltungsmaßnahmen

- Verständigung der Buchhaltung/EDV über den bevorstehenden Mieterwechsel
- Verständigung des Hausmeisters mit der Bitte, evtl. Zähler zum Beendigungstermin abzulesen

3. Die Vermietung

3.1 Mieterauswahl bei Neuvermietung

- Persönliche Vorstellung des neuen Mietinteressenten
- Ausfüllen einer sog. Selbstauskunft bzw. seiner Personaldaten
- Überprüfung dieser Daten z. B.
  - Rückfrage beim bisherigen Vermieter
  - Rückfrage beim Arbeitgeber
  - Auskunft bei einer Auskunftei
  -

3.2 Ausstellen des neuen Mietvertrages

* Vertragsformular auswählen und neue Miete festlegen
* Ausstellen von zwei Mietverträgen (z.B. per Textverarbeitung)
* Unterzeichnung durch Mieter und Vermieter
* Bezahlung der Kaution durch den Mieter (in Höhe bis zu 3 Nettokaltmieten)
* Bezahlung der 1. Miete (sofern der Mietbeginn nahe ist)

3.3 Wohnungsabnahme und -übergabe

- Vereinbarung eines gemeinsamen Termines zur Abnahme und Übergabe
- Erstellung eines Abnahme- und Übergabeprotokolls mit sämtlichen Vereinbarungen
- Protokollunterschriften aller Beteiligten

3.4. Schlussmaßnahmen

- Mieterakten anlegen, EDV ändern
- Buchhaltung von der Neuvermietung verständigen, Mieten zu Soll stellen, Einzugsdatum für Betriebskostenabrechnung vermerken
- Kaution des neuen Mieters verwahren.
- Kaution des ausgezogenen Mieters abrechnen
- Hausmeister vom Mieterwechsel informieren
- Nicht zum Zuge gekommenen Interessenten abschreiben.

12. Das Maklerrecht bei Wohnungsvermietung

sog. „Bestellerprinzip"
Gesetz zur Regelung der Wohnungsvermittlung (WohnVermG)

Wird mit der zu vermietenden Wohnung ein Makler oder ein Maklerunternehmen beauftragt, ist dieses obige Gesetz von größter Bedeutung, weil nun die bisherige Art zu vermieten nicht mehr erlaubt ist. Verwaltungen sollten deshalb dieses Gesetz vor einem Auftrag kennen.

12.1 Grundsätze

Bestellerprinzip bedeutet, dass - wie auch sonst im Wirtschaftsleben - der Besteller bzw. Auftraggeber die Provision bzw. Courtage des Maklers bezahlen muss. Gibt also der Vermieter/Verwalter dem Vermittler (Makler) eine Wohnung an die Hand, um einen Mieter zu finden, muss der suchende Mieter definitiv **keine Provision** (Courtage) mehr an den Makler bezahlen.
Wohnungsvermittlungsverträge (Maklerverträge) müssen in Textform (Brief, Mail, SMS etc.) geschlossen werden. Der bisher übliche mündliche Maklervertrag oder auch der Vertrag durch „schlüssiges Verhalten" sind bei der Wohnungsvermittlung ausdrücklich *unwirksam.*

* Wohnungssuchende
Bei Wohnungssuchenden – also der Mietinteressent gibt einem Makler einen Suchauftrag - sind „entgeltpflichtige Verträge“, also Maklerverträge nur noch in der „direkten Beziehung“ verpflichtend, d.h. Vermittler müssen DIESEM Wohnungssuchenden ausschließlich DIESE EINE Wohnung angebieten und über *diese* Wohnung muss auch der Mietvertrag geschlossen werden. Nur dann hat sich der Vermittler seine Provision verdient.

Sucht aber der Interessent „irgendeine passende“ Wohnung oder hat der Vermieter dem Makler eine Wohnung zur Suche (irgend-) eines neuen Mieters an die Hand gegeben, ist der Mieter KEINESFALLS zur Zahlung der Courtage verpflichtet und evtl. andere Vereinbarungen sind unwirksam.

12.2 Vermietungsauftrag vom Vermieter /von der Verwaltung

Dieser Fall war bisher schon der häufigste, oder auch, dass die Verwaltung selbst oder über eine Tochtergesellschaft als Makler agiert. Auch hier hat das Gesetz wichtige Folgen.

Klar ist: Hat der Vermieter dem Makler eine Wohnung zur Suche eines für ihn geeigneten Mieters an die Hand gegeben, ist **der Mieter keinesfalls** zur Zahlung der Courtage verpflichtet. Anderweitige Vereinbarungen sind unwirksam. Der Mieter ist also gegenüber dem Makler raus aus der Zahlungsverpflichtung. Das muss man so zur Kenntnis nehmen.

Wichtig ist, dass auch hier der Makler einen *schriftlichen Vermittlungsauftrag* mit dem Vermieter braucht und dabei auf das *Widerspruchsrecht* bzw. auf den *Verzicht* achten muss, um sofort tätig werden zu können, denn bei der Vermietung geht es auf beiden Seiten um Schnelligkeit. Ist sie erfolgreich, dann ist die vereinbarte Courtage von maximal zwei Nettokaltmieten plus Mehrwertsteuer **vom Vermieter** zu bezahlen. Für Sozialwohnungen darf generell keine Maklerprovision verlangt werden.

Diesem Vermieterauftrag gehört also die Zukunft und mit der Zeit werden sich auch die Vermieter und Verwaltungen an den Satz gewöhnen: *Wer den Auftrag gibt, der muss auch bezahlen.*

12.3 Legale „Refinanzierung“ des Vermieters

Ob der Vermieter, vertreten durch die Verwaltung - nicht der Makler (!) - sich beim künftigen Mieter bezüglich seiner Kosten „refinanziert“, ist eine ganz andere Sache. Hier kommt es wirklich auf die Umstände des *Einzelfalls* an. Es gibt auch sehr gut verdienende Mieter, die sich schon jetzt die Maklerprovision durchaus leisten konnten (auch wenn sie diese nicht gern bezahlt haben).

Der Vermieter - nicht der Makler - könnte nach dem Prinzip „eine Hand wäscht die andere“ vorgehen: Wir vermieten dir eine schöne Wohnung zu einer ortsüblich *vernünftigen Miete* und der Eigentümer bezahlt alle Kosten der Vermietung. Dafür erwartet er von dir (Mietinteressent), dass du dich hierfür erkenntlich zeigst. Dafür gibt es einige legale Möglichkeiten.

* Zum Beispiel die Kostenbeteiligung
Die einfachste Form ist, dass man den Interessenten mündlich schon VOR Abschluss des Mietvertrages darauf hinweist, dass der Vermieter eine nicht konkret definierte, aber „angemessene“ Kostenbeteiligung erwartet. Diese muss unterhalb des Maklerhonorars – unterhalb von zwei Monatsmieten - liegen.

* Zum Beispiel die Kostenpauschale
Man sagt, dass der Vermieter erwartet, dass der Interessent eine angemessene Kostenpauschale in seinem Namen an die (externe) Hausverwaltung bezahlt, BEVOR der Mietvertrag ausgestellt wird. Natürlich muss dieses Versprechen auch gehalten werden, sonst wäre es wohl Betrug.

* Zum Beispiel die Spende
Oder die Form der Spende an eine gemeinnützige Einrichtung. Dieses Verfahren gibt es sogar bei den Strafgerichten: Zahle eine Spende und das Verfahren wird eingestellt. So könnten auch Vermieter

agumentieren: Ich bin sozial und stehe der (gemeinnützigen) Organisation XY sehr positiv gegenüber. Interessent, zahle eine angemessene Spende in meinem Namen an diesen Verein und der Mietvertrag wird ausgestellt. Natürlich muss das dann auch so geschehen.

* Zum Beispiel eine praktische Arbeit
Der Mietinteressent ist handwerklich sehr geschickt und bietet eine praktische Arbeit beim Vermieter an; und der Mietvertrag wird ausgestellt (wie oben).

* Erpressung oder Goodwill?
Ist das Erpessung? Gefühlsmäßig ja, aber Zwänge gibt es überall im Leben.
Formal nein, wenn die „Angemessenheit“ gewahrt bleibt, d.h. wenn die Zahlung ohne schriftliche Zahlungspflicht zeitlich VOR Abschluss des Mietvertrag erfolgt und in der Höhe unterhalb von zwei Monatsmieten bzw. unterhalb des Maklerhonorars liegt, so dass keine Bereicherung eintritt.

Es handelt sich dann um ein „Goodwill“, das in vielen Wirtschaftsbereichen anzutreffen ist. Der Interessent zeigt seine Ernsthaftigkeit und beteiligt sich mit seiner Zahlung am Gesamtaufwand des Vermieters. Natürlich muss dann später der Mietvertrag auch tatsächlich ausgestellt werden. So kann man zum Beispiel zugleich einen festen Termin für die Unterzeichnung des Mietvertrags

vereinbaren und der Interessent legt dabei seinen Zahlungsbeleg vor.
Oder man gibt dem künftigen Mieter das ausgefüllte Mietvertragsformular mit nach Hause, damit er sich den Mietvertrag in Ruhe durchlesen kann und vereinbart gleichzeitig einen Termin zur Unterzeichnung. Das ist seine Sicherheit, dass er tatsächlich Mieter wird.

Man kann und wird diese Umgehungen kritisieren und sie befindet sich auch in einem rechtlichen Graubereich, das ist klar. Aber wenn selbst die deutschen Strafgerichte diese Form praktizieren, kann sie ja wohl nicht ungesetzlich sein.

13. Abschluss eines Mietvertrages

Die vertragliche Grundlage zwischen Mieter und Vermieter bildet der Mietvertrag. Dieser Vertrag ist ein individuelles Gebilde mit diesem einem Mieter. Mit einem anderen Mieter kann dieses Vertragsverhältnis durchaus anders aussehen, d.h. nicht jeder Mietvertrag in einem Haus muss gleich dem anderen sein. Ein „Solidaritätsprinzip", dass der Vermieter verpflichtet wäre, mit jedem Mieter einen gleichen Mietvertrag abzuschließen, besteht nicht. Unterschiedliche Mietverträge sind natürlich sehr verwaltungsintensiv, deshalb bietet es sich natürlich für die Praxis schon an, annähernd gleiche Verträge bzw. Standardverträge zu verwenden.

Der Mietvertrag ist, daran darf noch einmal erinnert werden, rechtlich eine **private Urkunde.** Zu einer Urkunde gehört, dass sie komplett abgefasst ist, also alle Absprachen enthält oder, wenn solche später getroffen werden, diese der Urkunde beigeheftet werden. Fehler, die beim Ausstellen passieren, gehen zu Lasten des Ausstellers und können nur im beiderseitigen Einvernehmen - per Unterschrift - geändert werden!

13.1 Mieter und Vermieter

Zu jedem Vertrag gehören zwei Parteien. Beim Mietvertrag sind es Mieter und Vermieter.

Merke:
Die Vertragsparteien müssen rechtlich exakt bezeichnet sein:

Vermieter ist in der Regel der im Grundbuch eingetragene Eigentümer (ggf. vertreten durch eine Verwaltung), die grundbuchamtliche Stellung ist jedoch für die Vermietung nicht Bedingung. Ebenso muss, wie zum Beispiel bei einem Neubau, die zu vermietende Einheit noch nicht bestehen und es kann dennoch bereits ein Mietvertrag abgeschlossen werden. Neubauten werden meistens auch schon vor Fertigstellung vermietet. Nur: wer leichtfertig einen Mietvertrag abschließt, haftet für evtl. Nachteile, die der Mieter im Vertrauen auf den Mietvertrag erleidet.
Erforderliche Angaben:

- Sofern eine natürliche Person Vermieter ist:
  Voller Name, Vorname, Adresse
- Als Gesellschaft:

Vollständiger Firmenname gemäß Handelsregister (GmbH, AG, usw.) und Vertretungsberechtigte gemäß Handelsrecht: Eine GmbH zum Beispiel wird rechtlich vom Geschäftsführer vertreten, also muss es heißen: XY-GmbH,
vertreten durch den Geschäftsführer Peter Hoffmann

- Bei einer Aktiengesellschaft muss es heißen:

XY-AG, vertreten durch den Vorstand.

- Im Fall einer Verwaltung muss der Vermieter

exakt bezeichnet werden mit dem Zusatz:
„Peter Mustermann, vertreten durch die Hausverwaltungs- und Immobilien-GmbH, vertreten durch den Geschäftsführer Hans Schneider".

Die Mieter-Vertragspartner (Volljährige) werden grundsätzlich mit vollem Namen und Vornamen aufgeführt. Kinder erscheinen unter „Personen" oder im Personalienblatt bzw. in der Selbstauskunft.

Die aufgeführten Personen müssen auch den Mietvertrag unterschreiben. Diese Personen sind unsere „Mietpartei" im Sinne des Gesetzes. Dies ist besonders wichtig in Hinblick auf spätere Themen wie: Untermieter, Kündigung usw.

Ein Mietvertrag muss aus all diesen Gründen sehr sorgfältig ausgestellt werden. Die Schwierigkeiten sind gleich anhand des nachfolgenden Fallbeispiels zu erkennen:

13.2 Muster eines Mietvertrages

Übung mit Besprechung

Füllen Sie bitte die nachfolgenden Seiten eines Mietvertrages bei folgenden Gegebenheiten aus:

- Vermieter: Hans Schneller
- Mieter: Peter Schulze und Angelika Meier (nicht verheiratet)
- Vermietet wird eine 3-Zimmer-Wohnung in der Konrad-Adenauer-Allee 88 in

- 12345 Musterstadt, 3.OG rechts mit 69,55 m².

Typischer Mietvertrag
für Wohnraum - Mietverhältnisse

Zwischen ....
in ....
als Vermieter
vertreten durch
....

und ....
sowie ....
als Mieter

(beide) zur Zeit wohnhaft

in ....

- zur Mietpartei gehören bei Vertragsabschluss
.... Personen -

wird folgender Vertrag geschlossen:

§ 1 Mieträume

1. Vermietet werden im Anwesen:

....
(Ort, Straße, Hs. Nr.)
....
(genaue Lage: Vorderhaus/Rückgebäude, Stock,

rechts/links)
folgende Räume:

...... Zimmer/Küche/Flur/Bad/Dusche/Toilette/ Abstellraum mit insgesamt .... qm Wohnfläche zuzüglich Keller, Nr. ...... und Boden/Bodenanteil, Nr. .....

2. Der Mieter ist berechtigt, Wasch- und Trockenraum (soweit vorhanden) gemäß der Hausordnung mitzubenutzen.

3. Dem Mieter werden vom Vermieter für die Dauer des Mietverhältnisses folgende Schlüssel ausgehändigt:

.... Haustür-, ... Wohnungstür-, ... Zimmertür-,. .... Briefkasten-, ... Keller-, ... Bodenschlüssel

Besprechung des Musters:

Herr Hans Schneller (Privatperson), evtl. Adresse
ggf. vertreten durch die Hausverwaltungs- und Immobilien-GmbH, vertreten durch den Geschäftsführer Werner Schneider.
Peter Schulze und Angelika Meier.

Die Mieter-Vertragspartner (Volljährige) werden grundsätzlich mit vollem Namen und Vornamen aufgeführt. Die aufgeführten Personen müssen auch

den Mietvertrag unterschreiben.
Beschreiben Sie die Wohnung so, dass sie auch ein Fremder (z.B. der Gerichtsvollzieher bei Zwangsmaßnahmen) problemlos finden und identifizieren kann. Achten Sie vor allem auf die Bezeichnungen „links" oder „rechts" oder auch „Mitte," wenn es auf dem Stockwerk zwei und mehr Wohnungen gibt. Es gilt die Sichtweise von der Treppe aus!

Beispiel:
Die Wohnung im 3. OG soll geräumt werden (links oder rechts ist nicht angegeben). Der Gerichtsvollzieher kommt die Treppe hoch, sieht zwei Wohnungstüren, aber an keiner steht ein Name. Er läutet an beiden Wohnungen, aber niemand öffnet. Er kann somit die Räumung einstellen, weil die Beschreibung der zu räumenden Wohnung ungenau ist. (Keinesfalls wird er „auf Verdacht" eine bewohnte Wohnung räumen!)

Vor m^2 Wohnfläche sollte stets das Wort „circa", also ca. 69,55 m^2 stehen.
Damit wird klar gestellt, dass die Fläche nicht ganz genau ist. Allerdings darf die Abweichung nicht mehr als 10% sein (= Wesentlichkeitsgrenze zum Mangel folgt).

Mitvermietet werden, sofern vorhanden, ein Keller- und Bodenabteil.

Bei den Gemeinschaftsräumen wie Waschküche und Fahrradraum ist darauf zu achten, ob sie auch tatsächlich in dieser Form dem Mieter zur Verfügung stehen. Gartenanteile, zusätzliche Nebenräume usw. sollten nicht per Mietvertrag mitvermietet, sondern die Benützung in „stets widerruflicher Weise" genehmigt werden. Sind sie per Mietvertrag mitvermietet, steht dies unverrückbar fest und damit sind evtl. spätere Veränderungen ohne ausdrückliche Zustimmung des Mieters nicht möglich.

Eine Garage sollte extra durch einen gesonderten Garagenmietvertrag vermietet werden. Ist per Wohnungsmietvertrag eine Garage mitvermietet, gilt bezüglich der Garagenmiete das Wohnraummietrecht. Besteht ein eigener Garagenmietvertrag, gilt für die Garage das Vertragsrecht (wie gewerbliches Mietrecht).

Die aufgeführten, übergebenen Schlüssel muss der Mieter bei Vertragsende wieder zurückgeben. Bei zentralen Sicherheitsschließanlagen sollte der Mieter darauf hingewiesen werden, dass er bei Verlust eines Schlüssels einen neuen nur über den Sicherungsschein, der beim Vermieter liegt, auf eigene Kosten anfertigen lassen kann und bei Auszug die vollständigen Schlüssel vorliegen müssen. Ist das nicht der Fall, muss der Mieter für ein neues Schloss mit entsprechenden Schlüsseln aufkommen. Die Schlüssel dürfen stets nur nach

Vertragsabschluss übergeben werden.

Fortsetzung des Mietvertrags-Muster:

4. Schlüssel, die der Mieter auf seine Kosten zusätzlich anfertigen lässt, sind nach Beendigung der Mietzeit gegen Erstattung der Kosten für die Anfertigung an den Vermieter abzugeben. Andernfalls ist ihre Vernichtung nachzuweisen. Die Anfertigung von zusätzlichen Schlüsseln zu gemeinschaftlichen genutzten Räumen durch den Mieter ist nicht gestattet.

5. Der Vermieter haftet nur für die nicht rechtzeitige Freistellung der vermieteten Räume durch den bisherigen Mieter, wenn der dadurch
dem Mieter entstehende Schaden auf grobfahrlässigen oder vorsätzlichen Vertragsverletzungen des Vermieters beruht. Gegenseitige Rechte zur Beendigung des Mietverhältnisses bleiben davon unberührt.

§ 2 Mietzeit

(Zutreffendes ankreuzen)

- Mietverhältnis auf unbestimmte Dauer:

( ) Das Mietverhältnis beginnt am/voraussichtlich am .... /hat begonnen am .... und läuft auf unbestimmte Dauer.

- Mietverhältnis auf bestimmte Dauer aus bestimmten Gründen (= Zeitmietvertrag)

( ) Das Mietverhältnis wird auf die Dauer von .... Jahre(n), also bis zum .... abgeschlossen.

Nach Ablauf der Vertragsdauer macht der Vermieter *Eigenbedarf* geltend, d.h. er hat ein berechtigtes Interesse an der Beendigung des Mietverhältnisses. Als berechtigtes Interesse wird geltend gemacht:

....*)
(Hier die *individuellen Gründe* eintragen)

Eine Verlängerung des Mietverhältnisses ist ausgeschlossen, wenn der Vermieter dem Mieter 3 Monate vor Ablauf der Mietzeit schriftlich mitteilt, dass diese Verwendungsabsicht noch besteht.

Besprechung des Musters:

Wohnraum-Mietverträge sollten in der Regel auf unbestimmte Zeit abgeschlossen werden, es sei denn, es besteht eine tatsächliche *Ausnahme:*
*) Hier muss jetzt ein *tatsächliches Interesse* bestehen und eingetragen werden. Gesetzlich zulässige Gründe für einen Eigenbedarf sind, wenn der Vermieter:

- die Räume als Wohnung für sich, seine Familienangehörigen oder Angehörige seines Haushalts nutzen will (so genannter Eigenbedarf),

- in zulässiger Weise die Räume beseitigen, oder so wesentlich verändern oder instand setzen will, dass die Maßnahme durch eine Fortsetzung des Mietverhältnisses erheblich erschwert würde; oder
- die Räume an einen zur Dienstleistung Verpflichteten vermieten will (Beispiel: Pfleger/in, Hausmeister usw.).

Der angegebene Grund muss dann auch tatsächlich nach Ablauf der eingetragenen Zeit eintreten. Andernfalls gilt das Mietverhältnis als auf unbestimmte Zeit abgeschlossen.

Merke:
Die in privaten Vermieterkreisen vielfach übliche Befristung ohne tatsächlichen, ernsthaften Hintergrund ist mietrechtlich bedeutungslos, d.h. der Mieter kann die Fortsetzung des Mietverhältnisses verlangen und das Mietverhältnis auf unbefristete Zeit fortführen. Für die Praxis gilt festzuhalten:

Eine Befristung eines Wohnraummietverhältnisses ist nur dann rechtlich wirksam, wenn zum Zeitpunkt des Vertragsablaufs tatsächlich der im Vertrag genannte Grund eintritt und der Vermieter diesen Grund zu diesem Zeitpunkt auch tatsächlich in die

Tat umsetzt.

Beispiele:

- Modernisierung der Wohnung (die auch tatsächlich nach Auszug erfolgt), oder
- Heirat der Tochter/des Sohnes, die auch nach Auszug tatsächlich heiraten usw.

Tritt der Grund der Befristung erst später ein, so kann der Mieter eine Verlängerung des Mietverhältnisses um einen entsprechenden Zeitraum verlangen. Entfällt der Grund, so kann der Mieter eine Verlängerung auf unbestimmte Zeit verlangen. Die Beweislast für den Eintritt des Befristungsgrundes und die Dauer der Verzögerung trifft den Vermieter. Eine zum Nachteil des Mieters abweichende Vereinbarung ist unwirksam (§ 575 Abs. 4 BGB).

Fortsetzung des Mietvertragsmusters:

§ 3 Miete und Betriebskosten

1. Die Nettokalt-Miete beträgt monatlich € ....
Neben dieser Miete trägt der Mieter sämtliche

umlagefähigen Betriebskosten gem. Anlage 1 *)
Vorauszahlung € ....

Monatliche Gesamtmiete € ....

*) die Betriebskostenaufstellung ist dem Vertrag als Anlage beigefügt.

Für den Umfang der Betriebskosten gelten die bestehenden gesetzlichen Bestimmungen, insbesondere Anlage 3 zu § 27 der II. Berechnungsverordnung und ergänzend die Heizkostenverordnung in den jeweils gültigen Fassungen.

2. Die Gesamtmiete ist spätestens am 3.Werktag eines Monats auf das Bankkonto .... bei der .... .Bank (BLZ: .) (entsprechend den SEPA-Daten) kostenfrei zu zahlen.

Für die Rechtzeitigkeit der Zahlung kommt es nicht auf die Absendung, sondern auf den Eingang des Geldes an, es sei denn, den Mieter trifft am verspäteten Eingang kein Verschulden.

Bei späterer Zahlung ist der Vermieter berechtigt, neben Verzugszinsen auch Mahnkosten in Höhe von € .... je Mahnung zu erheben.

3. Die Betriebskostenvorauszahlung wird jährlich einmal nach Ablauf des Abrechnungszeitraumes abgerechnet. Der Mieter ist berechtigt, in angemessener Zeit nach Zugang der Abrechnung die Unterlagen einzusehen. Eine etwaige Differenz aufgrund der Abrechnung zugunsten des Vermieters

(Mieters) hat der Mieter (Vermieter) innerhalb von einem Monat nach Zugang der Abrechnung an den Vermieter (Mieter) zu zahlen. Endet der Mietvertrag während einer Abrechnungsperiode, so wird der Mieter zeitanteilig und - wenn möglich - verbrauchsanteilig mit Betriebskosten belastet.

4. Werden öffentliche Abgaben neu eingeführt oder entstehen Betriebskosten neu, so können diese vom Vermieter im Rahmen der gesetzlichen Vorschriften umgelegt und angemessene Vorauszahlungen festgesetzt werden.

Besprechung des Musters:

Die Bestimmung des Verteilerschlüssels bei der Umlage der Betriebskosten steht im billigen Ermessen des Vermieters, soweit der Verteilerschlüssel nicht vertraglich oder gesetzlich bestimmt ist. Bei einer Veränderung der Sachlage ist der Vermieter berechtigt, den festgelegten Verteilerschlüssel an die neuen Verhältnisse anzupassen.

Der Vermieter ist berechtigt, eine Erhöhung der Vorauszahlungen unter Zugrundelegung der Abrechnungsergebnisse des vorausgegangenen Wirtschaftsjahres vorzunehmen. Im Falle einer Erhöhung oder Senkung von Betriebskosten sind die Vorauszahlungen neu festzusetzen.

Unter der obigen Klausel Ziff. 4. wird oft versucht,

vertraglich vergessene Betriebskosten doch noch umzulegen. Die Formulierung „neu eingeführt" bedeutet: diese Kosten darf es zum Zeitpunkt der Vermietung noch nicht gegeben haben. Die Formulierung bezieht sich darauf, dass z.B. ein Gesetz neu eingeführt wurde usw.

Damit ist der für die Vermietung wichtige Bereich eines Mietvertrages behandelt. Auf weitere wichtige Klauseln wird im Verlaufe dieses Buchs noch ausgeführlich eingegangen.

13.3 Abschluss des Vermietungsvorgangs

Zum Abschluss des Vermietungsvorgangs gehören nun noch:

- Unterzeichnung durch den Mieter und Vermieter
- Übergabe einer Vertragsausfertigung an den Mieter
- Bezahlung der Kaution oder Stellung einer Bürgschaft durch den Mieter
- Wohnungsübergabe an den Mieter.

Der Mietvertrag ist nun (entsprechend der Eigenschaft einer Urkunde) im Original von Mieter und Vermieter bzw. der Verwaltung im Auftrag zu unterzeichnen. Als Verwalter ist darauf zu achten, dass nun eine im Original unterzeichnete Urkunde zu den Akten genommen wird, denn in einem Streitfall kann das Gericht unter Umständen vom

Vermieter (Verwalter) die Vorlage eines im Original unterzeichnetes Mietvertrages verlangen. Der Mieter erhält eine Kopie.

13.4 Kaution oder Bürgschaft

Bei Abschluss des Mietvertrages ist es üblich, dass der Mieter eine Kaution stellen muss. Sie kann vom Vermieter/Verwalter verlangt werden und darf *höchstens das Dreifache der monatlichen Nettokaltmiete* (Miete ohne Betriebskosten) betragen.
Wird diese Kaution (Sicherheitsleistung) als so genannte Barkaution verlangt, so ist der Mieter zu drei gleichen monatlichen Teilzahlungen berechtigt. Die erste Teilzahlung ist zu Beginn des Mietverhältnisses fällig.

Die Barkaution ist vom Vermögen gesondert und verzinslich anzulegen und zwar zu dem für Spareinlagen mit dreimonatiger Kündigungsfrist üblichen Zinssatz. Die Zinsen stehen dem Mieter zu, erhöhen aber mit der Zeit die Kaution. Per Mietvertrag kann auch eine andere Anlageform vereinbart werden, die nicht zum Nachteil des Mieters ist.

Großvermieter legen vielfach für die Kautionen ein verzinsliches Treuhandkonto an. Bei Auszug eines Mieters müssen dann die Zinsen entsprechend ausgerechnet werden, wobei evtl. höhere Zinsen auch dem Mieter zustehen, denn mit der Kaution darf der Vermieter kein „Zusatzgeschäft" erzielen.

Für die Praxis bedeutet die Kautionsvorschrift:
Einzahlung der Kaution durch den Mieter auf ein Sparbuch, das auf seinen Namen lautet und per Verpfändungserklärung an den Vermieter verpfändet ist. Jede Bank hält entsprechende Verpfändungs-erklärungsformulare bereit. Das Sparbuch bleibt in Händen des Vermieters/Verwalters. Die Zinsen der Kaution stehen dem Mieter zu, ebenso ist er für die steuerliche Seite (z.B. Zinsabschlag bzw. Befreiung davon) zuständig.
Besteht für den Vermieter/Verwalter Anlass, auf die Kaution zuzugreifen, kann dies anhand der Verpfändungserklärung erfolgen. Ist bei Auszug eines Mieters alles in Ordnung, werden vom Vermieter/Verwalter das Sparbuch und die Verpfändungserklärung zurückgegeben.

Mit der Kaution soll in der Regel auch gleich die erste Miete vom Mieter einbezahlt werden, sofern die Mietzeit unmittelbar ansteht.

Checkliste Vermietungsablauf ab Mietvertrag

- Der Mietvertrag wird erstellt
- und zuerst vom Mieter unterschrieben
- der Mieter zahlt die Kaution und die erste Miete

ein

- gleichzeitig wird mit ihm ein Termin zur Wohnungsübergabe vereinbart

- der Mietvertrag wird vom Vermieter/Verwalter unterschrieben

- dem Mieter wird eine Ausfertigung des Mietvertrages übergeben

- vor Ort wird das Wohnungsübergabeprotokoll erstellt

- der Mieter erhält den Schlüssel und kann nun einziehen.

Damit ist die Vermietung abgeschlossen.

Anlage

Mietvertrags-Muster im Gesamtzusammenhang

(angelehnt an übliche Mietverträge der Haus- und Grundbesitzervereine, jedoch für Lernzwecke verändert) - ohne Gewähr . Mietverträge gibt es auch online, zum Beispiel www. mietvertragonline.info von Haus&Grund Karlsruhe zu preisgünstigen Konditionen.

Mietvertrag für Wohnraum-Mietverhältnisse

Zwischen Petra Hausbesitz, *)
vertreten durch die Wohnungsverwaltung Super GmbH
Musterstr. 3 in 12345 Musterstadt
- Vermieter -

*) Name des Eigentümers bzw. der Firma

und Frau Tatjana Lustig, geb. 11.03.1977
zur Zeit wohnhaft in der Fischergasse 7, 12345 Musterstadt
- Mieter -

- zur Mietpartei gehören bei Vertragsabschluss **1** Personen - wird folgender Vertrag geschlossen:

§ 1 Mieträume

1. Vermietet wird im Anwesen Schillerstr. 13 in

12345 Musterstadt, Whg.-Nr. 5
a) zu Wohnzwecken:
folgende Räume im Vorderhaus/Rückgebäude
im III OG
2 Zimmer, Küche, Flur, Bad/WC, Balkon, Kellerabteil mit insgesamt ca. 54,19 m² Wohnfläche (weitere besondere Ausstattung der Wohnung siehe "Wohnungsübergabe")

b) nicht zu Wohnzwecken:
folgende Räume: -.-
zur Benützung als: -.-

2. Der Mieter ist berechtigt, Wasch- und Trockenraum (soweit vorhanden) gemäß der Hausordnung mitzubenutzen.

3. Dem Mieter werden vom Vermieter für die Dauer des Mietverhältnisses folgende Schlüssel ausgehändigt:

....2... Haustür-, ...2... Wohnungstür-, ...je 1.... Zimmertür-, ...2.... Briefkasten-, ...1.. Keller-, ...1... Bodenschlüssel.

4. Zusätzliche Schlüssel darf der Mieter nur mit ausdrücklicher Erlaubnis des Vermieters anfertigen lassen. Nach Beendigung der Mietzeit sind diese Schlüssel gegen Erstattung der Kosten für die Anfertigung an den Vermieter abzugeben. Andernfalls ist ihre Vernichtung nachzuweisen. Die

Anfertigung von zusätzlichen Schlüsseln zu gemeinschaftlich genutzten Räumen durch den Mieter ist nicht gestattet.

§ 2 Mietzeit

1. Das Mietverhältnis beginnt (voraussichtlich) am 15.03.20xx

2. Der Vertrag läuft auf unbestimmte Dauer.

§ 3 Kündigung des Mietverhältnisses

1. Die Kündigung bedarf der Schriftform und muss dem anderen Vertragsteil bis zum 3. Werktag des 1. Monats der Kündigungsfrist zugegangen sein.

2. Bezüglich der Kündigungsfristen gelten die gesetzlichen Bestimmungen.

3. § 6 bleibt von diesen Festlegungen unberührt.

§ 4 Miete und Betriebskosten

1. Die Grundmiete beträgt monatlich	€ 800,00
Betriebskosten gemäß Betriebskosten-verordnung Vorauszahlung	€ 180,00
Zentrale Wärmeversorgung – Vorauszahlung- direkt	
Monatliche Gesamtmiete	€ 980,00

c) Bei Betriebskosten werden die in der jeweiligen Fassung der Anlage 3 zu § 27 der II. Berechnungsverordnung beschriebenen Kosten umgelegt, soweit nicht etwas anderes vereinbart wird.

Die Kosten des Betriebs zentraler Heizungs- und/oder Warmwasserversorgungsanlagen sowie der Versorgung mit Fernwärme und/oder Fernwarm-wasser werden nach der Heizkostenverordnung ermittelt, soweit nicht zulässig etwas anderes vereinbart wird.

d) Sofern eine Brutto- oder Teilinklusivmiete vereinbart ist, ist der Vermieter berechtigt, für in der Miete beinhaltete Betriebskosten Erhöhungen anteilig umzulegen. Gleiches gilt für Betriebskostenpauschalen.

2. Der Mietpreis ist spätestens am 3. Werktag eines jeden Monats an den Vermieter oder an die von ihm zur Entgegennahme ermächtigten Person oder bezeichnete Stelle (Bankkonto) Petra Mustermann, Kto.Nr. 123456789 bei der HypoVereinsbank Musterstadt, BLZ 000 00 00 (neu entsprechend SEPA) kostenfrei im voraus zu zahlen. Die Nebenkosten sind zugleich mit dem Mietzins zu entrichten. Dies gilt auch für den Fall, dass Nutzungsentschädigung geschuldet ist. Für die Rechtzeitigkeit der Zahlung

kommt es nicht auf die Absendung, sondern auf den Eingang des Geldes an, es sei denn, den Mieter trifft am verspäteten Eingang kein Verschulden.

Bei verspäteter Zahlung ist der Vermieter berechtigt, neben Verzugszinsen auch Mahnkosten in Höhe von Euro 10,00 je Mahnung zu erheben.

3. Sind Vorauszahlungen vereinbart, so wird über sie jährlich einmal nach Ablauf des Abrechnungszeitraumes abgerechnet. Der Mieter ist berechtigt, in angemessener Zeit nach Zugang der Abrechnung die Unterlagen einzusehen. Eine etwaige Differenz aufgrund der Abrechnung zugunsten Vermieters (Mieters) hat der Mieter (Vermieter) innerhalb von einem Monat nach Zugang der Abrechnung an den Vermieter (Mieter) zu zahlen. Endet der Mietvertrag während einer Abrechnungsperiode, so wird der Mieter zeitanteilig - und wenn möglich - verbrauchsanteilig mit Betriebskosten belastet.

Die Bestimmung des Verteilerschlüssels bei der Umlage der Betriebskosten steht im billigen Ermessen des Vermieters, soweit der Verteilerschlüssel nicht vertraglich oder gesetzlich bestimmt ist. Bei einer Veränderung der Sachlage ist der Vermieter berechtigt, den festgelegten Verteilerschlüssel an die neuen Verhältnisse anzupassen. Der Vermieter ist berechtigt, eine Erhöhung der Vorauszahlungen unter

Zugrundelegung der Abrechnungsergebnisse des vorausgegangenen Wirtschaftsjahres vorzunehmen. Im Falle einer Erhöhung oder Senkung von Betriebskosten sind die Vorauszahlungen neu festzusetzen.

4. Werden öffentliche Abgaben neu eingeführt oder entstehen Betriebskosten neu, so können diese vom Vermieter im Rahmen der gesetzlichen Vorschriften umgelegt und angemessene Vorauszahlungen festgesetzt werden.

5. Die vereinbarten Betriebskosten sind bei Anfall vom Mieter auch dann zu entrichten, wenn die Gegenleistung (etwa wegen vorzeitigen Auszugs) nicht in Anspruch genommen wird.

§ 5 Mieterhöhungen

1. Für künftige Mieterhöhungen gelten die gesetzlichen Bestimmungen.

Oder:
Für Mieterhöhungen gilt folgende Staffelmiete:
Die Nettokaltmiete erhöht sich ab 1.1.20xx um ...... Euro, ab ..... um ..... Euro .... usw. gemäß § 557a BGB.

Nach Ablauf der Staffelmiete gilt
O die dann geltende Ortsübliche Miete *oder*
O die nachfolgende Indexmiete gemäß § 555b BGB.

Der Ausgangsstand heute ist .... Punkte.

Hinweis:
Mieterhöhungen folgen in Lektion 4

§ 6 Außerordentliche Kündigung

1. Der Vermieter kann das Mietverhältnis ohne Einhaltung einer Kündigungsfrist mit sofortiger Wirkung kündigen, wenn

a) der Mieter ungeachtet einer schriftlichen Abmahnung des Vermieters einen vertragswidrigen Gebrauch der Mieträume fortsetzt, der die Rechte des Vermieters in erheblichem Maße verletzt, insbesondere wenn der Mieter den Gebrauch der Mieträume unbefugt einem Dritten überlässt oder die Mieträume oder das Gelände durch vertragswidrigen Gebrauch oder Vernachlässigung der ihm obliegenden Sorgfalt erheblich gefährdet.

b) der Mieter für zwei aufeinanderfolgende Termine mit der Entrichtung des Mietzinses oder eines nicht unerheblichen Teils des Mietzinses im Verzug ist, oder in einem Zeitraum, der sich über mehr als zwei Termine erstreckt, mit der Entrichtung des Mietzinses in Höhe eines Betrages in Verzug gekommen ist, der den Mietzins für zwei Monate erreicht.

2. Jeder Vertragsteil kann das Mietverhältnis ohne Einhaltung einer Kündigungsfrist mit sofortiger Wirkung kündigen, wenn der andere Vertragsteil schuldhaft in solchem Maße seine Verpflichtungen verletzt, insbesondere den Hausfrieden so nachhaltig stört, dass ihm die Fortsetzung des Mietverhältnisses nicht zugemutet werden kann. Nach erfolgter Kündigung hat der Mieter die Mieträume innerhalb von 4 Wochen zu räumen.

§ 7 Schadensersatz, Aufrechnung gegen den Mietpreis, Zurückbehaltung des Mietpreises

1. Die verschuldensunabhängige Haftung des Vermieters für bei Vertragsabschluss vorhandene Sachmängel ist ausgeschlossen. § 538 Abs. 1 BGB findet insoweit keine Anwendung.

2. Der Vermieter haftet nicht für Schäden, die dem Mieter an den ihm gehörenden Waren und Einrichtungs-gegenständen durch Feuchtigkeitseinwirkung entstehen, gleichgültig welcher Art, Herkunft, Dauer und welchen Umfanges die Feuchtigkeitseinwirkung ist, es sei denn, dass der Vermieter den Schaden vorsätzlich oder grobfahrlässig herbeigeführt hat.

3. Der Vermieter bezieht Trinkwasser aus einem öffentlichen Versorgungsnetz zu den Allgemeinen

Bedingungen für die Versorgung mit Wasser (AVBWasserV) und leitet dieses Trinkwasser dem Mieter weiter. Das Wasserversorgungs-Unternehmen haftet bei Unterbrechungen der Wasserversorgung und bei Unregelmäßigkeiten in der Belieferung dem Mieter gegenüber in gleicher Weise wie dem Vermieter.

Eine darüberhinausgehende Haftung übernimmt das Wasserversorgungs-Unternehmen weder dem Kunden noch Dritten gegenüber. Der Mieter wird aus unerlaubter Handlung keine weitergehenden Schadensersatzansprüche gegenüber dem Wasserversorgungs-Unternehmen geltend machen, als in den Absätzen 1 bis 3 der Haftungsregelung § 6 AVBWasserV vorgesehen ist.
Einen entstandenen Schaden hat der Geschädigte unverzüglich dem ersatzpflichtigen Versorgungs-Unternehmen mitzuteilen.

§ 8 Erhaltung der Mietsache

1. Der Mieter hat in den Mieträumen (einschließlich Zubehörräumen) für gehörige Reinigung, Lüftung und Heizung zu sorgen und die Räume samt Zubehör pfleglich zu behandeln. Er hat auch die in den Mieträumen vorhandenen Wasserzu- und Abflussleitungen im Winter vor dem Einfrieren zu schützen. Die Mieträume sind von Ungeziefer freizuhalten.

2. Der Mieter soll, während der Dauer bis rechtzeitig vor Beendigung des Mietverhältnisses, notwendig werdende Schönheitsreparaturen*) ordnungsgemäß ausführen. Auf die üblichen Fristen wird insoweit Bezug genommen (z. B. Küche/Bäder: alle 3 Jahre, Wohn- und Schlafräume: alle 4 - 5 Jahre, Fenster, Türen, Heizkörper: alle 6 Jahre). Die Schönheitsreparaturen sind in dieser Reihenfolge verbindlich vorzunehmen.

*) Tipp: Vermieter gehen dazu über, diese Schönheitsreparaturen durch das Wort "Wohnungsdekoration" zu ersetzen, sinngemäß: Der Mieter ist verpflichtet, seine Wohnungsdekorationen (Tapeten, Wandanstriche usw.) zu entfernen bzw. einen neutralen Zustand (Farbe weiß) fachmäßig herzustellen.

3. Der Mieter ist verpflichtet, Veränderungen und Schäden an und in den Mieträumen, an und im Gebäude sowie auf dem Grundstück zu beseitigen, wenn sie von ihm, den zu seinem Hausstand gehörenden Personen, Untermieter(n), Besucher(n), Lieferanten oder Handwerker(n) schuldhaft verursacht wurden. Der Vermieter ist beweispflichtig für den Eintritt der Veränderung oder des Schadens gegenüber dem Zustand bei Vertragsbeginn. Der Mieter hat zu beweisen, dass die Veränderung oder der Schaden von ihm nicht zu vertreten oder auf einen vertragsmäßigen Gebrauch zurückzuführen ist.

4. Der Mieter ist verpflichtet, die Kosten der Instandhaltung von Rollläden, Licht- und

Klingelanlagen, Wärmemesser, Heizkörperventilen, Schlössern, Wasserhähnen, Siphons, Klosetts, Wasch- und Abflussbecken, Öfen, Herden, Gas- und Elektrogeräten, Badeinrichtungen und Warmwasserbereitungsanlagen zu tragen, soweit der Instandhaltungsaufwand für jeden sachlich abgegrenzten Schaden nicht Euro 175,00 und der Aufwandsbetrag in einem Kalenderjahr nicht 10 % der Jahresnettomiete übersteigt.

Der Instandhaltungsaufwendungssatz darf jährlich *Euro 500,00* nicht übersteigen.
= *unser unverbindlicher Vorschlag*

Diese Kostentragungspflicht trifft den Mieter auch, wenn die Veränderung oder der Schaden nicht von ihm zu vertreten ist.

5. Jeden in den Mieträumen entstandenen Schaden hat der Mieter, soweit er nicht selbst zu dessen Beseitigung verpflichtet ist, unverzüglich dem Vermieter anzuzeigen. Für einen durch nicht rechtzeitige Anzeige verursachten Schaden ist der Mieter ersatzpflichtig.
Der Mieter verzichtet auf den Ersatz von Aufwendungen, die ausgenommen bei Gefahr im Verzug vorgenommen wurden, ohne dass vom Vermieter Abhilfe innerhalb einer angemessenen Frist gefordert worden ist.

§ 9 Benutzung der Mietsache

1. Der Mieter darf die Mieträume nur zu den vertragsgemäßen Zwecken benutzen.

2. Der Mieter ist ohne ausdrückliche Erlaubnis des Vermieters weder zu einer Untervermietung der Mieträume, noch zu einer sonstigen Gebrauchsüberlassung an Dritte, ausgenommen besuchsweise sich aufhaltenden Personen, berechtigt. Die Erlaubnis gilt nur für den einzelnen Fall und kann bei wichtigem Grund widerrufen werden.
3. Tiere dürfen nur mit Erlaubnis des Vermieters gehalten werden, soweit es sich nicht um Kleintiere handelt, die ohne weiteres gehalten werden dürfen. Die Erlaubnis kann widerrufen werden, wenn Unzuträglichkeiten eintreten. Der Mieter haftet für alle durch die Tierhaltung entstandenen Schäden. Das Füttern von Tauben ist verboten.

§ 10 Bauliche Veränderungen und Ausbesserungen

1. Ausbesserungen und bauliche Veränderungen des Vermieters, die zur Erhaltung der Mietsache oder zur Abwendung drohender Gefahren oder zur Beseitigung von Schäden notwendig werden, hat der Mieter zu dulden. Arbeiten oder bauliche Maßnahmen, die zwar nicht notwendig, aber zweckmäßig sein, insbesondere der Modernisierung des Wohngebäudes oder der Einsparung von Heizenergie dienen, können vom Vermieter nach

gesetzlicher Regelung geltend gemacht werden.
Der Mieter hat die in Betracht kommenden Räume zugänglich zu halten und darf die Ausführung der Arbeiten nicht behindern.

2. Veränderungen an und in den Mieträumen, insbesondere Um- und Einbauten, Installationen und dergleichen darf der Mieter nur mit ausdrücklicher Erlaubnis des Vermieters vornehmen, soweit es sich nicht um ohne weiteres zulässige Maßnahmen bei der Einrichtung und Ausstattung der Wohnung handelt.

§ 11 Betreten der Mieträume

1. Dem Vermieter oder seinem Beauftragten oder beiden steht in angemessenen Abständen oder aus besonderem Anlass (insbesondere im Falle der Beendigung des Mietverhältnisses zwecks anderweitiger Vermietung oder bei beabsichtigtem Verkauf des Grundstücks) die Besichtigung der Mieträume zu verkehrsüblicher Tageszeit nach vorheriger rechtzeitiger Ankündigung an Werktagen frei.

2. In Fällen dringender Gefahr ist den genannten Personen das Betreten der Mieträume zu jeder Zeit zu gestatten.

§ 12 Hausordnung

1. Die beigefügte Hausordnung ist Bestandteil dieses Vertrages (*hier nicht beigefügt!*).

2. Dem Vermieter ist es gestattet, zusätzliche oder abweichende Regelungen für die Benutzung gemeinschaftlicher Einrichtungen, die Reinigung, die Aufrechterhaltung von Ruhe und Ordnung im Hause usw. zu treffen, wenn dadurch nicht die ursprünglich eingeräumten Gebrauchsrechte wesentliche Einschränkungen erfahren.

3. Der Mieter ist verpflichtet, die öffentlichen Straßen, Gehsteigflächen und Fußwege am und zum Haus, sowie die Zugangswege, Durchgänge und Treppen nach den ortspolizeilichen Vorschriften im vom Vermieter festgelegten Turnus zu reinigen.

4. Der Mieter ist verpflichtet, das Sandstreuen bei Winterglätte, sowie die Schnee- und Eisbeseitigung nach den gesetzlichen Bestimmungen und den ortspolizeilichen Vorschriften auf den öffentlichen Gehsteigflächen und Fußwegen am Haus und zum Haus, sowie auf den Zugangswegen, Durchgängen und Treppen im vom Vermieter festgelegten Turnus durchzuführen.

5. Der Mieter hat die ihm obliegenden Pflichten zur Durchführung der Hausreinigung und zur Schnee- und Eisbeseitigung auch dann zu erfüllen, wenn er vor Ablauf der Mietzeit auszieht oder sonstwie verhindert ist. Der Mieter hat dann dafür zu sorgen,

dass die Arbeiten für ihn erledigt werden, andernfalls ist der Vermieter nach fruchtloser Mahnung berechtigt, jene auf Kosten des Mieters ausführen zu lassen.

§ 13 Beendigung des Mietverhältnisses

1. Bei Mietende hat der Mieter dem Vermieter sämtliche Schlüssel auszuhändigen und die Mieträume in vertragsgemäßem Zustand (vgl. § 8) zurückzugeben.

2. Insbesondere hat der Mieter bei seinem Auszug die Räume zu reinigen, die von ihm angebrachten oder vom Vormieter übernommenen Bodenbeläge sowie Wand- und Deckentapeten zu beseitigen und die durch die Anbringung oder Beseitigung verursachten Schäden an Unterböden sowie Wand- oder Deckenputz zu beheben.

3. Soweit die Räume samt Fenster, Türen und Heizkörpern in frisch gestrichenem Zustand übernommen wurden, sind sie in diesem Zustand zurückzugeben.

Sind die Anstricharbeiten an Fenstern, Türen oder Heizkörpern in den letzten 6 Jahren vor Vertragsbeendigung ausgeführt worden und ist ein Neuanstrich auf Grund der Abnützung noch nicht erforderlich, so hat der Mieter anstelle seiner Vertragsverpflichtung zur Durchführung der

Arbeiten eine Entschädigung für die Arbeiten zu leisten.

Der Entschädigungsbetrag wird über einen Kostenvoranschlag der Arbeiten zum Zeitpunkt der Vertragsbeendigung, einem 6jährigen Abnutzungszeitraum und der jeweiligen Abnutzungszeit ermittelt. Jeder weitere Nachmieter, der vor Beendigung dieses 6jährigen Abnutzungszeitraumes die Mietsache überlassen erhält, hat unbeschadet der Tatsache, dass die Anstricharbeiten an Fenstern, Türen oder Heizkörpern zu Beginn des Mietverhältnisses nicht frisch gestrichen waren, nach den obigen Grundsätzen im Falle der Vertragsbeendigung einen entsprechenden Entschädigungsbetrag zu leisten, soweit er nicht zur Durchführung der Anstricharbeiten verpflichtet ist.

Der Mieter ist berechtigt, die Zahlung der Abnutzungsentschädigung durch Vornahme der Arbeiten abzuwenden. Diese Regelung gilt für Anstrich- und Tapezierarbeiten an Wänden und Decken entsprechend einem Abnutzungszeitraum von 5 Jahren.

4. Der Mieter hat die erforderlichen Arbeiten bis zur Beendigung des Mietverhältnisses durchzuführen. Gerät er mit diesen in Verzug, so ist der Vermieter berechtigt, nach Setzen einer angemessenen Nachfrist mit Ablehnungsandrohung die Arbeiten

auf Kosten des Mieters ausführen zu lassen.

§ 14 Personenmehrheit auf der Mieterseite

1. Mehrere Personen als Mieter haften für alle Verbindlichkeiten aus dem Mietvertrag als Gesamtschuldner.

2. Soweit Willenserklärungen gegenüber allen Mietern gelten sollen, müssen sie von oder gegenüber allen Mietern abgegeben werden. Die Mieter bevollmächtigen sich gegenseitig jederzeit frei widerruflich zur Entgegennahme von Erklärungen des Vermieters. Die Vollmacht erstreckt sich auf die Entgegennahme von Kündigungen, nicht jedoch auf die Erklärung einer Kündigung oder auf eine Aufhebung des Mietvertrages.

§ 15 Änderung des Vertrages

Nebenabreden, Änderungen und Ergänzungen des Vertrages bedürfen der Schriftform.

§ 16 Wirksamkeit der Vertragsbestimmungen

Sollte eine der getroffenen Vertragsabreden nichtig sein, so wird die Rechtswirksamkeit der übrigen Vereinbarungen davon nicht berührt.

§ 17 Sonstige Vereinbarungen

1. Der Mieter leistet eine Kaution in Höhe von

2400,00 Euro *(zulässig = die 3-fache Monatsmiete netto)*

Die Rückzahlung ist erst bei Beendigung des Mietverhältnisses und nach Erfüllung aller Vertragspflichten durch den Mieter fällig.
Eine vorherige Aufrechnung, insbesondere mit laufenden Mietzinszahlungen ist unzulässig.

2. Bei Auszug ist die Wohnung ohne Tapeten (Ausnahme: nicht beschädigte und fachgerechte verklebte Raufasertapeten) und besenrein zu übergeben.

Die Wohnung wird neu renoviert, d.h. Isolierglasfenster in allen Räumen. Komplett neues Bad mit zeitgemäßen Fliesen und Warmwasserversorgung. Im Wohnzimmer und Schlafzimmer wird ein neuer Laminatboden verlegt. In Flur und Küche gefliest. Die gesamte Elektroverteilung einschließlich Schalter und Steckdosen wird neu verlegt. In der Küche befindet sich eine Spüle und ein Gaskochherd.

Die Reinigungsarbeiten lt. Hausordnung sind Wechsel mit den Nachbarn wöchentlich durchzuführen.

Der Müll muss getrennt werden. Hausmüll, Restmüll in die graue Tonne, Bioabfall in die grüne Tonne, zerkleinertes Papier und Karton in die blaue Tonne.

Flaschen und Glas bitte in die Container der Stadt geben.

Musterstadt, den 11.03.20xx

Unterschrift Vermieter	Unterschrift Mieter

Lektion 4

Mieterhöhung
und
Mietminderung

Lektion 4
Mieterhöhung und Mietminderung

Fortsetzung ≥

Einleitung

In dieser Lektion geht es speziell um das Recht des Vermieters auf Mieterhöhung. Diesem Recht steht das Recht des Mieters auf Mietminderung gegenüber. Beides sind komplexe Rechtsgebiete, die einer großen Sorgfalt bedürfen.

Bei der Mieterhöhung muss man unterscheiden zwischen der Mieterhöhung im Sozialen Wohnungsbau (dort ist sie in der II. Berechnungsverordnung genau vorgegeben) und der Mieterhöhung im Freifinanzierten Wohnungsbau, in der die schon behandelte Ortsübliche Vergleichsmiete rechtlich vorgegeben ist. Letztere sagt aber nichts darüber aus, ob die Immobilie auch rentabel ist. Profis berechnen also auch hier in jedem Fall intern die jeweilige "Kostendeckende Miete", wie wir das schon in der Lektion 2 Ziffer 7 getan haben und vergleichen diese mit der derzeitigen bezahlten Miete sowie der aktuellen Ortsüblichen Miete. Diese drei Zahlen sind der Maßstab für die Mieterhöhung.

Dieser Mieterhöhung steht die Mietminderung gegenüber. Diese Lektion hat somit diese beiden Teile.

Wir behandeln nun im ersten Teil das Mieterhöhungsverfahren. Es besteht formal aus drei Teilen: Der Erhöhung – eigentlich: der

Erhöhungsbegrenzung -, der Begründung und der Geltendmachung.

1. Die Mieterhöhung im freifinanzierten Wohnungsbau

Mieterhöhungen sind grundsätzlich wie folgt geregelt:

• Es gilt die *„Ortsübliche Vergleichsmiete"*, das heißt: grundsätzlich darf der verlangte Mietzins die üblichen Entgelte (Mieten) die in der Gemeinde oder in vergleichbaren Gemeinden für nicht preisgebundenen Wohnraum vergleichbarer Art, Größe, Ausstattung, Beschaffenheit und Lage nicht wesentlich übersteigen.

• Es sind *Mietbegrenzungen* zu beachten. Sie bedeuten: Die Miete darf generell, auch wenn sie innerhalb der ortsüblichen Miete liegt, dennoch nicht mehr als um einen bestimmten %-Satz, nämlich:

- um max. 20% in „freien Gebieten"
- um max. 15% max. nach Landesrecht
- um max. 10% bei "Mietpreisbremse"

jeweils in nach Landesrecht festgelegten Städten *erhöht* werden, wie schon behandelt (siehe Seite 83) und

es gibt eine *Kappungsgrenze*

* von 15% in Euro insgesamt, um die die Miete

maximal erhöht werden darf.

Diese letztere Erhöhung steht verfahrensmäßig am Anfang.

Merke:
Diese letztere *Kappungsgrenze* von 15%bezieht sich
* auf den reinen Erhöhungsbetrag der Miete (erste Kappung) und dieser muss sich
* innerhalb der obigen *Mietbegrenzungen* in Bezug auf die Ortsübliche Vergleichsmiete bewegen. Es gibt also zwei Arten von Begrenzungen. Das macht die Sache kompliziert.

Während bei einer Neuvermietung aus Sicht des Mieters bzw. Mietinteressenten der Mietvertrag vom Vermieter / Verwalter vorgelegt bekommt und er entscheiden kann, ob er diese Miete bezahlen will, hat der Mieter nach Einzug in eine Wohnung bei einer Mieterhöhung wenig Entscheidungsspielraum. Das hieß für den Gesetzgeber, den Mieter vor "willkürlichen Mieterhöhungen" entsprechend zu schützen.

Zuständig sind die §§ 558 - 559 BGB (siehe Anhang). Vorab im Überblick:

- Zunächst muss für eine Mieterhöhung, als Eingangsvoraussetzung, die Miete 15 Monate unverändert sein und die Mieterhöhung kann frühestens 1 Jahr nach der letzten Mieterhöhung (zum 16. Monat) geltend gemacht werden.

- Die Erhöhung ist auf 15% *innerhalb von drei Jahren* begrenzt (Kappungsgrenze) und darf die *Mietbegrenzungen* nicht übersteigen. Innerhalb dieser Kappungsgrenze vo 15% kann sich der Vermieter frei bewegen, d. h. er kann zum Beispiel 2 x 7,5% Mieterhöhung verlangen, er kann aber auch pro Jahr rd. 5% (je drei Jahre lang) verlangen usw., solange insgesamt die Mietbegrenzungen von 10%, 15% oder 20%*) nicht überschritten werden.

- Die Kappungsgrenze wird i.d.R. von der Nettokaltmiete berechnet, Betriebskosten bleiben unberücksichtigt.

*) Bitte informieren Sie sich, welche Prozente in Ihrer Stadt/Region gelten.

1.1 Erster Schritt: Berechnung der Kappungsgrenze

Zum Einstieg in die Mieterhöhung berechnen wir zunächst die Kappungsgrenze. Basis ist die Nettokaltmiete.

Beispiel:
Die Miete setzt sich wie folgt zusammen:

Nettokaltmiete	€ 600.-
+ Betriebskosten-Vorausz.	€ 100.-
+ Heizkosten-Vorausz.	€ 100.-
Gesamtmiete	€ 800.-

Berechnung der Kappungsgrenze:
15% *) Erhöhung von € 600.- = € 90.-
Höchstmiete nach Kappungsgrenze:
€ 600.- + € 90 = **690.-€** (+ 2 x 100.- Vorauszahlung).

Die Erhöhung um € 90.- könnte auf einmal oder verteilt auf 3 Jahre verlangt werden, sofern die neue Miete von 690 Euro die *Mietbegrenzungen* nicht übersteigt.

Fortsetzung:

1.2 Zweiter Schritt: Vergleich zur ortsüblichen Vergleichsmiete

Die neue Miete nach der Kappungsgrenze (am obigen Beispiel: 600,- + 90,- € = 690,- €) darf *nicht wesentlich* über der **Ortsüblichen Vergleichsmiete** liegen.

Wäre das der Fall, müsste die Miete (wieder) entsprechend abgesenkt werden.

Somit sind 4 Beträge miteinander zu vergleichen:

derzeitige Miete	Kappungs-grenze	Ortsübliche Vergleichsmiete	verlangte Miete

Angenommene Wohnungsgröße 75 m²
Derzeitige Miete: 600 Euro : 75 m² Wfl. = 8,00 €/m²
Geplante Miete 690 Euro : 75 m² = 9,20/m²

Angenommen, die Nettokaltmiete dürfte lt. Mietspiegel max. € 8,50 pro m² betragen, dann würde sich folgende Miete ergeben:

Vergleich:

1 Derzeitige Miete	= 600,00 €
2 Miete nach Kappungsgrenze 15%	= 690,00 €
3 Nettokaltmiete lt. *Mietspiegel*	
8,50 € x 75 m²	= 637,50 €
4 plus Mietbegrenzung max.	
10% bei Geltung Mietpreisbremse	= 701,25 €
15% nach Landesrecht	= 733,13 €
20% Wesentlichkeitsgrenze	= 765,00 €

Somit stellen wir intern fest:
Die aktuelle Miete liegt
- unterhalb der Miete des neuen Mietspiegels,
- die 15% Kappungsgrenze (690 €) überschreiten nicht die Mieten der Mietbegrenzungen.
- Somit darf die Miete bis 15% Kappungsgrenze verlangt werden = 690 Euro plus Vorauszahlungen

Es ist also zu prüfen, ob die Miete nach der 15% Kappungsgrenze die Miete der Mietbegrenzungen übersteigt. Ist das der Fall, muss sie auf die Miete lt. Mietbegrenzungen gekürzt (ein zweites Mal gekappt) werden.

Zweites Beispiel:

1 Derzeitige Miete	= 650,00 €
2 Miete nach Kappungsgrenze 15%	= 747,50 €
3 Nettokaltmiete lt. *Mietspiegel*	
8,50 € x 75 m²	= 637,50 €
4 plus Mietbegrenzung max.	
10% bei Geltung Mietpreisbremse	= 701,25 €
15% nach Landesrecht	= 733,13 €
20% Wesentlichkeitsgrenze	= 765,00 €

In diesem Fall würde also die Ziff. 2 Miete nach Kappungsgrenzung 747,50 € noch einmal "gekappt" auf die max. Miethöhe von 10% bzw. 15% = 733,13 €. Nur im Falle ohne gesetzliche Mietgrenze, also bei Geltung der Wesentlichkeitgrenze, wäre sie möglich.

Merke:
Bei 10%, 15% oder 20% über der Nettokaltmiete eines Mietspiegels bzw. der Ortsüblichen Vergleichsmiete ist im Normalfall die höchstmöglichste Miete erreicht (gedeckelt).

Einzige Ausnahme: Eine Überschreitung ist eventuell möglich, wenn der Vermieter *im Einzelfall* - nicht generell - eigene höhere Kosten zur Bewirtschaftung nachweisen kann, z.B. über die Berechnung seiner kostendeckenden Miete (folgt).

Kurz gefasst kann man also festhalten:
Man unterscheidet die Begriffe
- Kappungsgrenze (15%)
- Gesetzliche Mietbegrenzungen (10%, 15%)
- Wesentlichkeitsgrenze 20%.

- Bei einer **Miet*erhöhung*** ist eine *Kappungsgrenze* zu beachten, d.h., die Miete darf generell, auch wenn sie innerhalb der ortsüblichen Miete liegt, dennoch nicht mehr als um max. 15% erhöht werden.

Außerdem, und jetzt wird es wirklich kompliziert, darf die Miete *über die Ortsübliche Miete hinaus* höchstens erhöht werden bis zu den *Mietbegrenzungen:*

- bis 15% max. in nach Landesrecht festgelegten Städten
- bis 10% max., sofern die „Mietpreisbremse" gilt
- bis max. 20% Wesentlichkeitsgrenze in „freien Gebieten".

Gestiegene Betriebskosten sind von den Begrenzungen ausgenommen, d.h. solche Erhöhungen können ungeachtet der Kappungsgrenzen immer 1:1 an den Mieter weitergegeben werden.

1.3 Begründung der Mieterhöhung

Der bisherige Abschnitt betraf die Geltendmachung (= Berechnung), nun folgt der zweite Schritt, die „Begründung", denn jede Mieterhöhung muss auch belegt werden.

Der § 558a BGB (siehe auch hinten im Anhang) besagt:

Wichtig, deshalb bitte langsam lesen:

§ 558a Form und Begründung der Mieterhöhung

(1) Das Mieterhöhungsverlangen nach § 558 ist dem Mieter in Textform zu erklären und zu begründen.

(2) **Zur Begründung** kann insbesondere Bezug genommen werden auf

1.einen *Mietspiegel* (§§ 558c, 558d),

2.eine Auskunft aus einer *Mietdatenbank* (§ 558e),

3.ein mit Gründen versehenes *Gutachten* eines öffentlich bestellten und vereidigten Sachverständigen,

4.entsprechende Entgelte für einzelne *vergleichbare Wohnungen;* hierbei genügt die Benennung von drei Wohnungen.

(3) Enthält ein qualifizierter Mietspiegel (§ 558d Abs. 1), bei dem die Vorschrift des § 558d Abs. 2 eingehalten ist, Angaben für die Wohnung, so hat der Vermieter in seinem Mieterhöhungsverlangen diese Angaben auch dann mitzuteilen, wenn er die Mieterhöhung auf ein anderes Begründungsmittel nach Absatz 2 stützt.

(4) Bei der Bezugnahme auf einen Mietspiegel, der Spannen enthält, reicht es aus, wenn die verlangte Miete innerhalb der Spanne liegt. Ist in dem Zeitpunkt, in dem der Vermieter seine Erklärung abgibt, kein Mietspiegel vorhanden, bei dem § 558c Abs. 3 oder § 558d Abs. 2 eingehalten ist, so kann auch ein anderer, insbesondere ein veralteter Mietspiegel oder ein Mietspiegel einer vergleichbaren Gemeinde verwendet werden.

(5) Eine zum Nachteil des Mieters abweichende Vereinbarung ist unwirksam.

Das Gesetz kennt somit **vier Möglichkeiten**, die Mieterhöhung zu begründen,

a) Mietspiegel
b) Mietdatenbank
c) Gutachten
d) vergleichbare Wohnungen

d.h. der Vermieter hat die Wahl (und zwar als „entweder - oder“) zwischen diesen Möglichkeiten. Dies ist im Grunde allgemein bekannt, aber befassen wir uns mit diesen Möglichkeiten etwas näher:

1.3.1 Die Mieterhöhung
a) nach dem Mietspiegel

Bei der **Erhöhung nach dem Mietspiegel** liegt die hauptsächliche Schwierigkeit in der Praxis liegt darin, drei Dinge unter einen Hut zu bringen:

- Lage der jeweiligen Wohnung
- Mietpreisgestaltung des Mietvertrages und
- die Mietpreisübersicht des **Mietspiegels.**

Merke:
Die Mietpreisgliederung des Mietspiegels ändert nicht die Mietpreisgliederung des Mietvertrags!

Im Mieterhöhungsverfahren muss deshalb die Mietpreisgliederung des Mietspiegels mit der

Mietpreisgliederung des Mietvertrages in Einklang gebracht werden!

Es gibt im praktischen Berufsleben viele Varianten einer Mietpreisgestaltung, die - gerade bei älteren Mietverhältnissen - seinerzeit üblich waren oder über die man sich damals keine Gedanken gemacht.

Typische frühere Mietpreisgliederungen sind:

- Miete (= Teilinklusivmiete, ausgenommen/nicht enthalten sind:)

+ Grundsteuer
+ Wasser
+ Hausmeister
+ Versicherungen
= Gesamtmiete

oder zum Beispiel:

- Miete (teilinklusiv, ausgenommen:)

+ Wasser- und Kanalgebühren
+ Müllabfuhr
+ Grundsteuer
= Gesamtmiete

oder zum Beispiel:

- Miete (teilinklusiv, ausgenommen:)

+ Hausstrom
+ Antenne (Wartung)
= Gesamtmiete

Der Grund ist, dass früher und damit in den alten Mietverträgen die Betriebskosten kaum bzw. nicht diese Bedeutung hatten wie heute und die Vertragsfreiheit eine weitaus individuellere Gestaltung zugelassen hat (vergleichbar wie heute der gewerbliche Mietvertrag). Das Wohnraum-Mietrecht von heute ist dagegen streng geregelt.

Der Mietspiegel ist oft anders gegliedert als ein Mietvertrag, denn es gibt kein vorgeschriebenes festes System, wenngleich die Nettokaltmiete sich mehr und mehr durchsetzt und auch vom Gesetzgeber bevorzugt wird. Dennoch stimmen in der Praxis oftmals der Mietspiegel und der Mietvertrag in der Mietenstruktur nicht überein.

Merke:
Jede Mieterhöhung ist individuell gemäß jeweiligem Mietvertrag zu berechnen!

Nur wenn die Mietverträge standardisiert sind, kann man auch die Mieterhöhungen standardisieren.

Hinweis: Die Mieterhöhung nach einer Mietdatenbank spielt in der Praxis keine Rolle, weil es sie kaum gibt, sie soll deshalb ausgelassen werden. Sofern es sie gibt, dürften Sie keine Schwierigkeiten haben.

1.3.2 Die Mieterhöhung

b) gemäß Gutachten eines Sachverständigen

Eine andere Möglichkeit zur Begründung einer Mieterhöhung ist das **Gutachten** eines **Sachverständigen.**

Der Vermieter beauftragt somit vor Durchführung einer Mieterhöhung einen Sachverständigen damit, für eine bestimmte Wohnung die ortübliche Vergleichsmiete zu benennen. Wichtig ist, dass der/die Sachverständige aus eigenem Fundus vergleichbare Wohnungen kennt und nicht etwa den Mietspiegel anwendet. Und, welches Honorar er dafür verlangt. Die Mieterhöhung wird dem Mieter in einem Schreiben unter Bezugnahme auf das dann auch beizufügende Gutachten zugestellt.

Kommt es zum Streit, d. h. wird vom Mieter das Gutachten angezweifelt, kann unter Umständen das Gericht einen weiteren, oder, falls die Mieterseite bereits ein Gegengutachten präsentiert, einen "Obergutachter" beauftragen. Entsprechend teuer wird das Verfahren.

Gutachter werden deshalb in der Praxis überall dort eingesetzt, in denen die betreffende Wohnung aus dem Rahmen des örtlichen Mietspiegels fällt oder kein Mietspiegel vorhanden ist.

1.3.3 Die Mieterhöhung
c) durch Benennung von drei Vergleichswhg.

Eine weitere Möglichkeit der Begründung einer Mieterhöhung ist die Benennung von drei vergleichbaren Wohnungen. Seit neuerer Rechtsprechung können dabei auch drei (z. B. neu vermietete) Wohnungen des Vermieters im gleichen Haus oder Block benannt werden.

Zur Begründung der Mieterhöhung werden somit im Schreiben oder als Anlage mehrere Vergleichswohnungen aufgeführt.

Beispiel:
„Zum Vergleich der Miete benennen wir hiermit folgende Vergleichswohnungen:

1. Die Wohnung im Anwesen Musterstr. 3
   EG links, 70 m², Ausstattung ......
   Miete: ..... usw.

2. Die Wohnung ....
   (konkrete Beschreibung)

3. Die Wohnung ....“

Das Problem ist: Der in der Vergleichswohnung wohnende Mieter ist weder verpflichtet, die Wohnung besichtigen zu lassen noch sich als Zeuge zur Verfügung zu stellen. Für den Mieter, dem die

Miete erhöht wird, muss deshalb der Augenschein und die Wahrscheinlichkeit der Richtigkeit genügen. Im Streitfalle kann der Vermieter den dort abgeschlossen Mietvertrag vorlegen. Bezüglich der örtlichen Umstände legen oftmals Richter einen Ortstermin zur Augenscheinnahme fest oder beauftragen einen Sachverständigen, die Vergleichbarkeit zu überprüfen.

1.4 Das Mieterhöhungsverlangen

Nachdem die Geltendmachung und Begründung abgehandelt ist, folgt nun im dritten Schritt die „Wirksamkeit", d.h. der Mieterhöhungsbrief an den Mieter ist nun zu erstellen.

Es ist ein Brief an den Mieter (bei mehreren Personen an alle Personen) zu schreiben mit dem genannten gesetzlichen Inhalt.

Beispiel:

Brief an die Mietpartei

Betrifft: Zustimmung zur Mieterhöhung

Sehr geehrte (Mieter),
nach den gesetzlichen Bestimmungen kann der Vermieter vom Mieter die Zustimmung zur Erhöhung des Mietzinses verlangen, wenn der bisherige Mietzins seit 15 Monaten unverändert

fortbesteht (Betriebskosten bleiben außer Betracht), und die verlangte Miete die ortsüblichen Entgelte nicht übersteigt.

Diese Voraussetzungen liegen für Ihre Wohnung vor. Wir erhöhen deshalb Ihre Miete wie folgt: *)

Euro ...... x ....m² Euro ....
Zuzüglich .... <u>Euro ....</u>
(Aufgliederung wie Mietvertrag)
Neue Gesamtmiete ab .... Euro
==========

Die neue Miete beruht auf (zutreffendes ist angekreuzt)
( ) dem beigefügten und ausgefüllten Mietspiegel
( ) dem beigefügten Gutachten eines öffentlich bestellten und vereidigten Sachverständigen
( ) umseitig aufgeführten Vergleichswohnungen.

Diese neue Miete bedarf nach den genannten gesetzlichen Vorschriften Ihrer ausdrücklichen schriftlichen Zustimmung.

Wir bitten Sie deshalb, Ihr Einverständnis auf der beigefügten Rückantwort durch Unterschrift zu bestätigen und uns Ihre Zustimmung innerhalb von 2 Monaten, also bis zum .... per Post zuzustellen.

Der Form halber weisen wir Sie pflichtgemäß darauf hin, dass Sie ein gesetzliches Sonderkündigungsrecht geltend machen und die Wohnung bis zum Ablauf des zweiten Monats nach Zugang dieser Mieterhöhung außerordentlich zum Ablauf des übernächsten Monats kündigen und damit die Mieterhöhung vermeiden können.

Mit freundlichen Grüßen

-Vermieter-
oder Verwalter mit beigefügter extra Vollmacht des Vermieters (muss sein, nicht vergessen!)

*) Hinter diesen Ausführungen stehen die Berechnungen und Überlegungen, wie sie sie im vorangegangenen Abschnitt in div. Schritten beschrieben sind.

Die Mieterhöhung ist nun – in einer sehr strengen, juristischen Form - ausgesprochen und der Mieter schuldet nun die erhöhte Miete mit Beginn des dritten Kalendermonats nach dem Zugang des Erhöhungsverlangens. Wenn der Mieterhöhungsbrief vor dem 15. eines Monats dem Mieter zugeht, zählt das Monat mit.

Beispiel:
Brief an Mieter am 10. März, Mieterhöhung möglich ab 1. Mai.
Vorausgesetzt, der Mieter stimmt dem Mieterhöhungsverlangen zu.

Wenn nicht, gilt § 558 b Absatz 2:

> **§ 558b Zustimmung zur Mieterhöhung**
> (1) Soweit der Mieter der Mieterhöhung zustimmt, schuldet er die erhöhte Miete mit Beginn des dritten Kalendermonats nach dem Zugang des Erhöhungsverlangens.
> (2) Soweit der Mieter der Mieterhöhung **nicht** bis zum Ablauf des *zweiten Kalendermonats* nach dem Zugang des Verlangens **zustimmt**, **kann** der Vermieter auf Erteilung der Zustimmung **klagen**. Die Klage muss innerhalb von *drei weiteren Monaten* erhoben werden.
> (3) Ist der Klage ein Erhöhungsverlangen vorausgegangen, das den Anforderungen des § 558a nicht entspricht, so kann es der Vermieter im Rechtsstreit nachholen oder die Mängel des Erhöhungsverlangens beheben. Dem Mieter steht auch in diesem Fall die Zustimmungsfrist nach Absatz 2 Satz 1 zu.
> (4) Eine zum Nachteil des Mieters abweichende Vereinbarung ist unwirksam.

Aus der langjährigen Tätigkeit von Mieterhöhungsverfahren kann der Verfasser feststellen, dass in der Praxis der „normale Bürger" und Mieter die obige, mietrechtliche Prozedur (Zustimmung und Klage) noch immer nicht versteht.

In der weitaus größten Zahl ist der Mieter zwar bereit, die neue erhöhte Miete zu bezahlen, aber er „unterschreibt nichts". Der Mieter ist in der Regel der (m. E. sehr verständlichen) Ansicht, dass, wenn er die neue Miete bezahlt, die Sache für ihn rechtswirksam und in Ordnung ist.

Die Gerichte haben jedoch die obigen Formvoraussetzungen nach Ansicht des Verfassers noch weiter, um nicht zu sagen „maßlos" überzogen, indem sie auch im letzten genannten Fall, d. h. Mieter hat z.B. die Miete mehrmals gezahlt und kommt nun hinterher mit der Meinung, er habe sich geirrt, dem Mieter zugestimmt und die Mieterhöhung für unwirksam erklärt haben (mit der Folge der Rückzahlung und neuem Verfahren mit neuer Frist).

Es empfiehlt sich daher, unbedingt auf einer ausdrücklichen **schriftlichen Zustimmung** (= also per Unterschrift) zu bestehen.

Dieser obige Mieterhöhungsbrief - auch wenn er, was zu empfehlen ist, freundlicher verfasst ist - gilt rechtlich als „Zustimmungsverlangen" und hat folgende Wirkungen:

1. Die Fristen werden in Gang gesetzt (Überlegungsfrist für den Mieter - 2 Monate - und Klagefrist für den Vermieter)

2. Die Frist für die Mieterhöhung ist festgelegt (z. B. für späteres Urteil)

3. Der Mieter kann/könnte das Mietverhältnis

kündigen.

Die Beifügung der Berechnungen (wie geübt) einschließlich Ausweis der Kappungsgrenze ist nicht zwingend vorgeschrieben, jedoch empfehlenswert, wenn umständliche Berechnungen, wie oben ausgeführt, notwendig sind. Man sollte in diesen Fällen die Berechnung dem Mieterhöhungsschreiben beifügen.

Stimmt der Mieter innerhalb der zweimonatigen Überlegungsfrist nicht schriftlich zu, muss vom Vermieter entweder eine *Klage auf Zustimmung* eingereicht werden oder die Mieterhöhung verfällt.

Bei einer Personenmehrheit auf Seiten der Mieter müssen *alle Mieter* zustimmen. Für die Klage ist örtlich und sachlich ausschließlich das Amtsgericht zuständig, in dessen Bezirk die Wohnung liegt.

Häufige Fehler in der Zustimmungsklage sind z. B.:

- der Klageantrag muss den Umfang der angestrebten monatlichen neuen Miete und den Zeitpunkt der Mieterhöhung enthalten,

- die im Mietvertrag bestehende Mietstruktur muss beibehalten bleiben (darf nicht an den Mietspiegel „angepasst" werden),

- die im Mietspiegel oder Gutachten zugrunde

liegende Mietstruktur muss beachtet werden,

- Teilzustimmungen des Mieters sind zu berücksichtigen.

Für Zustimmungsklagen wird empfohlen, mietrechtserfahrene Anwälte zu beauftragen. Es ist nicht Ziel dieses Ausbildungsbuchs, Sie zum „Miet-Anwalt“ auszubilden bzw. alle sich aus Mieterhöhungsverfahren ergebenden Konsequenzen aufzuzeigen. Auf die entsprechende Rechtsliteratur wird verwiesen.

Überblick:
Es gelten somit folgende Abläufe und Fristen:

- **2 Monate Überlegungsfrist des Mieters:**
  - Zustimmung (schriftlich) oder
  - keine Zustimmung oder
  - nur teilweise Zustimmung

- **3 Monate Überlegungsfrist des Vermieters:**
  - Klage auf Zustimmung oder
  - Verfall der Mieterhöhung.

1.5 Praxis-Variante: Mieterhöhungs - Vereinbarung

Das vorgenannte rechtliche Verfahren ist sehr praxisfremd, denn wenn ein Mieter die

Mieterhöhung bezahlt und dann dennoch auf Zustimmung verklagt werden muss, ist oft das gute Einvernehmen zwischen Vermieter und Mieter erheblich gestört.

Der Verfasser hat deshalb schon bald nach Einführung dieser genannten gesetzlichen Regelung nach einem anderen Weg gesucht und ihn publiziert, nämlich das Mieterhöhungsangebot, das der Mieter annehmen oder ablehnen kann. Viele Jahre später hat der Gesetzgeber reagiert und diese Vereinbarungsmöglichkeit im Mietrecht gesetzlich eingeführt. Der Text lautet:

§ 557 Mieterhöhungen nach Vereinbarung oder Gesetz

(1) Während des Mietverhältnisses können die Parteien eine Erhöhung der Miete vereinbaren.

(2) Künftige Änderungen der Miethöhe können die Vertragsparteien als Staffelmiete nach § 557a oder als Indexmiete nach § 557b vereinbaren.

(3) Im Übrigen kann der Vermieter Mieterhöhungen nur nach Maßgabe der §§ 558 bis 560 verlangen, soweit nicht eine Erhöhung durch Vereinbarung ausgeschlossen ist oder sich der Ausschluss aus den Umständen ergibt.

(4) Eine zum Nachteil des Mieters abweichende Vereinbarung ist unwirksam.

Vorgehensweise zu Abs. 1:
Man unterbreitet somit dem Mieter eine *Mieterhöhung als Angebot*, das er annehmen oder ablehnen kann.

Man schreibt also als Verwaltung dem Mieter einen Brief, in dem ihm die Gründe für eine Mieterhöhung dargelegt werden.

Beispiel:

Sehr geehrter Mieter,
in den letzten drei Jahren, seit Sie in der Wohnung wohnen, haben sich die Wassergebühren um 20%, die Müllabfuhrgebühren um 40%, die Versicherungen um 7% und die Handwerkerrechnungen um 13% erhöht. Wir benötigen deshalb, um die Bewirtschaftung des Anwesens weiter aufrechterhalten zu können, erhöhte Mieteinnahmen.
Anteilig würde sich für Sie folgende Mieterhöhung/ neue Miete ergeben:

Bisherige Miete	500,00 €
Erhöhung 10%	50,00 €
Neue Nettokaltmiete	550,00 €

plus Betriebskosten-VZ usw.

Wenn Sie diesem Angebot zustimmen können, überweisen Sie bitte, zum Zeichen ihres Einverständnisses die obige neue Miete auf das Ihnen bekannte Mietenkonto (SEPA-Bezeichnung).
Senden Sie uns bitte den beigefügten Durchschlag unterzeichnet zurück.*)
Wir hoffen, dass Sie auch weiterhin gern in unserer Wohnanlage wohnen.
Mit freundlichen Grüßen

Vermieter/Verwalter

*) Es genügt: „einverstanden" - ankreuzen

Wenn sich Vermieter und Mieter auf dieser Basis auf eine Miete einigen, ist diese selbstverständlich rechtswirksam.

Ebenso kann man schriftlich (auch nachträglich) eine Staffelmiete oder Indexmiete vereinbaren.

Das entsprechende Anschreiben muss nicht die strengen, oben genannten formalen Voraussetzungen eines Mieterhöhungsverfahrens erfüllen! Wie jeder andere Vertrag entsteht er durch Angebot und Annahme. Die Erfahrung des Verfassers ist: Wenn man mit der Mieterhöhung bzw. dem Mieterhöhungsbetrag etwas unterhalb der maximalen Mieterhöhung bleibt, sieht auch der Mieter seinen Vorteil darin, das Angebot anzunehmen.

Vielfach überweisen auch Mieter die neue Miete, ohne den Durchschlag unterschrieben zurückzusenden. Oftmals meldet sich vielleicht auch der Mieter und will über die Miete verhandeln (es ist ja ein Angebot). Verhandeln Sie! Und schreiben Sie ihm anschließend einen Bestätigungsbrief.

Grundsatz: Besser ist, sich über eine Mieterhöhung zu einigen, als vor Gericht auf Zustimmung zu klagen.

Meldet sich der Mieter nicht und überweist er auch nicht die neue Miete, dann sollte man ihn anrufen oder ihm einen Erinnerungsbrief schreiben. Wird aber klar, dass der Mieter diesem Angebot nicht zustimmt, dann sollte man ihm schreiben, dass man das Angebot zurück nimmt und eine offizielle Mieterhöhung folgen wird.

Jetzt ist das genannte formale Verfahren unumgänglich, d. h. man sendet ihm das formale Mieterhöhungsschreiben mit der maximal möglichen Miete. Alle Fristen beginnen dann ab diesem Datum zu laufen.

Prüfungsfragen:

1. Das Mietrecht kennt vier Möglichkeiten, die Mieterhöhung zu begründen. Um welche handelt es sich?

2. Das formale Mieterhöhungsverfahren setzt Fristen in Gang. Um welche handelt es sich?

3. Bei einer Mieterhöhung sollte in 5 Schritten vorgegangen werden. Um welche Schritte handelt es sich?

1.6 Besonderheit: Mieterhöhung bei einer „Teilinklusiv-Miete“

Bei der Teilinklusivmiete sind in dieser Miete Teile der umlagefähigen Betriebskosten enthalten, für weitere, konkret benannte Betriebskosten wird eine Vorauszahlung verlangt.

Wie verhält sich nun die Mieterhöhung, nachdem ja bekanntlich Betriebskostenerhöhungen rechtlich keine Mieterhöhung darstellen?
Der Bundesgerichtshof hat entschieden, dass die Miete generell der vom Mieter geschuldete Betrag ohne Betriebskostenvorauszahlungen oder Betriebskostenpauschalen ist. Auf den gesamten Restbetrag ist die Kappungsgrenze anzuwenden unabhängig davon, ob es sich um eine Inklusiv-, Teilinklusiv- oder Nettomiete handelt, weil auch das Gesetz vom Wortlaut her den Begriff der Miete nicht differenziert.

Das Gesetz knüpft vom Wortlaut her an die Miete von vor drei Jahren an.

• Einfachste Mieterhöhung
Die einfachste Methode ist also, man nimmt die Miete von vor drei Jahren, rechnet die Kappungsgrenze (15% oder 20%) dazu, vergleicht mit der ortsüblichen Miete plus Wesentlichkeitsgrenze und wenn der errechnete Betrag „im grünen Bereich“ liegt, kann die

Mieterhöhung in der beschriebenen Weise erfolgen.

- Schwierigste Mieterhöhung

Angenommen, die Teilinklusivmiete ist relativ sehr niedrig.

Beispiel:
Eine Miete setzt sich gemäß Mietvertrag wie folgt zusammen:

Miete	350,- €
bei 70m² = 5,00 €/m²	
+ Vorausz. Wasser	15,- €
Gesamtmiete	365,- €

(nur als „Zahlenspiel")

Wichtige Überlegungen *im Vorfeld der Mieterhöhung*:
In der Miete von € 350.- sind auch Betriebskostenanteile, die gesondert umlagefähig wären, mit enthalten. Der Mietvertrag erlaubt jedoch keine gesonderte Umlage. Allerdings können erhöhte Betriebskosten an den Mieter weitergegeben werden, jedoch in diesem konkreten Fall nicht als Vorauszahlung, sondern als **Pauschale** im Rahmen der Teilinklusiv-Miete.

Man muss deshalb gedanklich in Schritten vorgehen:

Erster Schritt:
Zunächst sind die in der Miete enthaltenen umlagefähigen Betriebskosten auf dem Stand der

letzten Mieterhöhung / oder auf dem Stand vor 3 Jahren zu erfassen.
Als Beispiel nehmen wir an, diese Kosten (ohne Wasser) ergeben € 0,71 /m²/ monatlich. Somit sind in den obigen Betriebskosten 0,71 € x 70 m² = 49,70 = gerundet 50,00 € enthalten (nur als Rechenbeispiel).

Empfehlung:
Diesen Umstand sollte man nun auch dem Mieter schriftlich mitteilen.

Man schreibt an den Mieter: Wir möchten Sie informieren, dass in Ihrer Miete von 350,- € umlagefähige Betriebskosten in Höhe von 50,- € enthalten sind, d.h. Ihre Miete gliedert sich in Grunde wie folgt auf:

Nettokaltmiete	300,-
Umlagefähige Betriebskosten	50,-
+ Vorauszahlung Wasser	15,-
Gesamtmiete	365,-

PS: Nun könnte evtl. auch gleich eine Ankündigung einer geplanten Mieterhöhung folgen.

Rechtlich *intern* haben wir nun folgende Situation:

Nettokaltmiete	300,-
für die Mieterhöhung 15%/20%	
plus umlagefähige Betriebskosten	50,-
+ Vorauszahlung Wasser	15,-
= Gesamtmiete	365,-

Zweiter Schritt:
Berechnung der Kappungsgrenze
Nettokaltmiete 300,- € plus 15% = 54,- € = 354,00 Euro.

Dritter Schritt:
Vergleich mit der ortsüblichen Miete
Bei dieser niedrigen Miete dürfte diese deutlich unter der ortsüblichen Miete liegen. Wenn es keinen Mietspiegel geben sollte, wird dies i.d.R. unterstellt.

Vierter Schritt:
Berechnung der Betriebskosten im 3-Jahres-Vergleich (Diese Berechnung gehört eigentlich noch zum obigen ersten Schritt)

3-Jahres-Vergleichs-Rechnung:

Betriebskosten:	Betrag vor 3 Jahren	Betrag heute
Grundsteuer	550,-	675,-
Kanalgebühren	1230,-	1760,-
(Wassergebühren	*1355,-*	*1878,-)*
Aufzug	3556,-	4567,-
Müllabfuhr	1210,	1535,-
Straßenreinigung	275,-	367,-
Gartenpflege	335,-	556,-
Hausstrom	356,-	426,-
Sachversicherungen	1244,-	1328,-
Hausmeister	5675,-	6630,-

Summe vor 3 Jahren o. Wasser 8400,00 Euro

Anteil der Wohnung
zum Beispiel: 8400,- €: 850 m² : 12 Monate = **0,82 €/m²mtl.**
= damaliger Anteil der in der Miete enthaltenen Betriebskosten:
0,82 € x 70 m² = 57,40 €

Summe der Betriebskosten „heute": 10788,- Euro
davon Anteil der Wohnung
Beispiel:
10788,- € : 850 m² : 12 Monate =**1,06** €/m²/mtl. *)
1,06 € x 70 m² = 74,20 €
Differenz = 16,80 €
Kostensteigerung somit 29%

*) Der Betrag von 1,06 €/m²/mtl. x Wohnfläche ist somit die neue BK-*Pauschale* INNERHALB der Teilinklusiv-Miete.

Die vorgegebene Struktur des Mietvertrages bleibt also erhalten, aber die inzwischen eingetretene Kostensteigerung führt zu einer Erhöhung dieses Betriebskostenanteils.

* Fünfter Schritt:
Anpassung der Betriebskosten-Vorauszahlung

Es werden, wie erwähnt, in der Praxis gleichzeitig auch die Vorauszahlungen überprüft und ggf. angepasst. Hier in diesem Mietvertrag geht es (nur) um Wasser.

Beispiel:

- Vorauszahlung Wasser

1878,00 Euro : 600 m^3 = 3,13 €/m^3 x 65 m^3 Verbrauch = 204 € : 12 Monate = 17,00 € Vorauszahlung (gerundet).

* Sechster Schritt:
Berechnung der neuen Gesamtmiete

Entsprechend der Struktur der Miete werden nun alle neuen Kosten und die neue Miete addiert. Die Miete kann kaufmännisch gerundet werden. Somit ergibt sich folgende neue Miete:

Neue berechnete Nettokaltmiete	354,00 €
vorm. 300,00 €	
+ Betriebskostenpauschale	74,00 €
vorm. 50,00 €	
+ Wasser-Vorauszahlung	17,00 €
vorm. 15,00 €	
Neue Miete	445,00 €

Zusammenfassung:
Bei einer Teilinklusiv-Miete ist die Mieterhöhung „step by step", also in Schritten vorzunehmen. Diese Schritte sind:

1. Erfassung der in der Miete enthaltenen Betriebskosten.
2. Berechnung der Kappungsgrenze aus der Nettomiete
3. Vergleich mit der Ortsüblichen Miete
4. Überprüfung der Vorauszahlungen /

Pauschalen
5. Berechnung/ Addition der neuen Miete

Diese Schritte sollten natürlich **vor** dem Mieterhöhungsschreiben an den Mieter vorgenommen werden.
Da die Teilinklusivmiete in der Praxis relativ häufig, vor allem bei den älteren Mietverhältnissen auftritt, soll das Verfahren nochmals geübt werden.

Übung:

Objektdaten:

- Wohnungsgröße 70 m²
- Wohnfläche Objekt 850 m²

Die Miete setzt sich lt. Mietvertrag wie folgt zusammen:

Teilinklusivmiete	650,- €
+Wasser- u. Kanalgebühren VZ	20,- €
+Müllabfuhr-Vorausz.	13,- €
Gesamtmiete	683,- €
(Heizkosten extra)	

Betriebskosten:	Betrag vor 3 Jahren:	Betrag heute
Grundsteuer	550,-	675,-
Kanalgebühren	*1230,-*	*1760,-*
Wassergebühren	*1355,-*	*1878,-*
Aufzug	3556,-	4567,-
Müllabfuhr	*1210,-*	*1535,-*

Straßenreinigung	275,-	367,-
Gartenpflege	335,-	556,-
Hausstrom	356,-	426,-
Sachversicherungen	1244,-	1328,-
Hausmeister	5675,-	6630,-

Aufgabe:

Ermittlung der neuen Miete
- unter Beachtung der Kappungsgrenze
- mit Anpassung/Überprüfung der

Betriebskosten- Vorauszahlung bzw. Pauschale

Bitte beginnen Sie hier mit Ihrer Lösung in folgenden Schritten:

1. Addieren Sie die Betriebskosten:
2. Berechnen Sie die Kappungsgrenze mit einem Vergleich zur Ortsüblichen Miete
3. Überprüfen Sie die Vorauszahlungen / Pauschalen
4. Berechnen Sie die neue Miete:

Lösungsweg:

1. Wir addieren die Betriebskosten:
Summe vor 3 Jahren 11.991,-
(ohne Wasser, Kanal, Müll)
Somit waren vor 3 Jahren in der Miete enthalten:
11991,- : 850 m^2 : 12 Monate = 1,176 € / m^2mtl.

Summe jetzt:	14.549,-,
14549,- : 850 m² : 12 Monate =	1,426 € / m²mtl.

2. *Wir berechnen die Kappungsgrenze:*

Miete bisher		650,- €
./. enthaltene Betriebskosten		
1,176 € x 70 m² =		- 82,32 *)
+	20% Kappungsgrenze	113,54
+	Betriebskosten Zuschlag	
	€ 1,426 x 70 m²	99,82 *)
Neue Teilinklusivmiete		781,04 €

*) oder auch als Differenzrechnung möglich

3. *Wir passen die Vorauszahlung / Pauschalen an*

Vorauszahlung Wasser- und Kanalgebühren:
Kosten jetzt 3638,-: 850 m² : 12 Mo. = 0,357 € / m² mtl.
x 70 m² = 24,99 € = 25,- €

Müllabfuhr:
1535,- : 850 m² : 12 = 0,151 € / m² mtl.
x 70 m² = 10,57 € *)

4. *Wir berechnen die neue Miete:*

Neue Teilinklusivmiete		781,04 (≈ 781.-)
+	Wasser- u. Kanal-Vorausz.	25,00
+	Müllabfuhr-Vorausz.	13,00 *)
Neue Miete o. Heizkosten		**819,04 €**

*) Aufgrund zu erwartender Kostensteigerungen kann es bei der bisherigen Vorauszahlung

verbleiben.

Somit ist die neue Miete berechnet. Wie schon empfohlen, kann man diese Berechnung durchaus dem Mieter mit dem Erhöhungsschreiben zusenden, dann kann er, sofern er interessiert ist, die weitere Entwicklung jeweils vergleichen.

1.7 Die Mieterhöhung nach der Staffelmiete

Zur gesetzlichen Regelung nach § 557a siehe Lektion 2 Ziff. 6.4 und/oder in der Anlage.

Ist im Mietvertrag eine Staffelmiete vereinbart, dann ist vom Verwalter zu den im Mietvertrag genannten Terminen eine Mieterhöhung „in Textform" (also als Brief oder Fax oder Email) vornehmen.

Beispiel:
Man schreibt an den Mieter einen Brief:
„In § xx des Mietvertrages ist eine Staffelmiete vereinbart. Danach erhöht sich die Miete ab ...... um ..... Diese Mieterhöhung möchten wir hiermit geltend machen.
Ihre neue Miete beträgt deshalb ab .... nunmehr € .... (neue Miete und Gliederung laut Mietvertrag) ...."

Wiederholung:
Die gesetzlichen Anforderungen an eine Staffelmiete sind demnach:

- Die Miete kann sich an bzw. zu bestimmten Terminen erhöhen (Staffelung).
- Zwischen den Mieterhöhungen muss ein Zeitraum von einem Jahr liegen.
- Die Kündigung des Mieters kann für vier Jahre ausgeschlossen werden.
- Der gestaffelte Mietzins bezieht sich auf die Nettokaltmiete. Das komplizierte Mieterhöhungsverfahren, wie eben geübt, entfällt.
- Voraussetzung für die Staffelmiete ist natürlich, dass bei Abschluss des Mietvertrages eine entsprechende Staffel-Vereinbarung schriftlich getroffen wurde.
- Wichtig ist, dass die Erhöhung in € ersichtlich ist. Bei früheren DM-Beträgen muss entsprechend umgerechnet werden.
- Im Fall einer Staffelmiete gilt keine Kappungsgrenze, die Steigerung kann also frei vereinbart werden, allerdings sollte die beschriebene „absolute Obergrenze" beachtet werden.

1.8 Die Indexerhöhung

Es ist möglich, eine so genannte Indexvereinbarung zu treffen, wonach sich die Miete entsprechend dem **Lebenshaltungsindex** erhöht. Voraussetzung ist jedoch, dass

- die Miete ein Jahr unverändert ist (abgesehen von Betriebskosten und Modernisierungen),
- keine „normale" Mieterhöhung nach **§ 558 BGB**

erfolgt,

- keine Mieterhöhung aufgrund wertverbessernder Maßnahmen durchgeführt wird. Ausgenommen sind nur bauliche Maßnahmen, die der Vermieter nicht zu vertreten hat.

Weiterhin ist wichtig:

- Die Mieterhöhung aufgrund des Indexes tritt auch **nicht automatisch** ein, sondern sie muss gegenüber dem Mieter in Textform (schriftlich) **erklärt** bzw. geltend gemacht werden und gilt mit Beginn des übernächsten Monats nach dem Zugang der Erklärung
- Der Index ist konkret auf den *Verbraucherpreisindex* bestimmt.

Hinsichtlich der Indexformulierung gilt § 557 b BGB (siehe Lektion 2 Ziff. 6.5 oder hinten in der Anlage).

Für die Berechnung der Mieterhöhung benötigt man den *aktuellen Indexstand.* Dieser wird allgemein in der Presse veröffentlicht, er ist beim Statistischen Bundesamt in Wiesbaden im Internet, in der Regel auch bei den Banken, der IHK oder beim Hausbesitzerverein erhältlich.

Übung

Angenommen, es liegt folgender Index vor:

Lebenshaltungskostenindex:

Jahr/Monat	aller privaten Haushalte
2014	
Januar	109,9
März	110,1
Juni	112,4
September	112,9
Dezember	113,9
2014	
Januar	114,4
März	114,4
Juni	115,5
September	116,5
Dezember	117,0
2016	
Januar	117,5
März	117,9
Juni	118,6
September	118,2
Dezember	119,3
2017	
Januar	119,9
Februar	120,4
März	120,6
Juni	121,3
September	121,5
Dezember	121,9

Aufgabe:

Wann ist eine Mieterhöhung fällig, wenn ein Mietverhältnis am 1.1.2014 begonnen hat und eine Mieterhöhung an eine Erhöhung des Lebenshaltungskostenindexes um 10 Punkte gekoppelt ist?

Rechenweg:

Stand des Indexes am 1.1.2014 ....Punkte

+ 10 Punkte

= Stand am .... mit .... Punkten

Die Mieterhöhung ist am ....? fällig.

Lösung:

Stand 1.1.2014	109.9	Punkte
+ 10 Punkte		
= Stand am 1.1.2017:	119,9	Punkte

somit Mieterhöhung zum 1.3.2017 (zum übernächsten Monat), unter der Voraussetzung, dass sie entsprechend rechtzeitig (vor dem 15. eines Monats) gegenüber dem (Wohnungs-) Mieter geltend gemacht wurde. Selbstverständlich kann sie nachgeholt werden, jedoch (bei Wohnungen) nicht rückwirkend, sondern ab dem Tag des Erhöhungsschreibens zum ersten des übernächsten Monats. Die dazwischen liegenden Monate sind - aus Vermietersicht - „verloren“. Es wäre in diesem Fall auch möglich, den Indexstand vom Dezember 2017 mit 121,9 Punkten zu nehmen. Wirksamkeit zum übernächsten Monat.

* Die Umrechnungsformel
Punkte sind nicht gleich Prozent, d. h. 10 Punkte sind nicht 10%. Hier ist eine Umrechnungsformel anzuwenden. Sie lautet:

$$\frac{\text{Alte Miete x neuer Index}}{\text{alten Index}} = \text{neue Miete}$$

Beispiel: Miete € 1000.-

$$\frac{\text{1000.- x 120,4}}{\text{109,9 (zum 1.1.2017)}} = \text{€ 1095,54 neue Miete}$$

10 Punkte entsprechen somit 9,55%.

Eine solche Indexvereinbarung ist also bei Wohnungen möglich, sie kommt aber in der Praxis eher selten vor. Bei Gewerbeobjekten ist sie jedoch ein Standard.

Prüfungsfragen:

4. Kann man bei einer Teilinklusiv-Miete eine pauschale Mieterhöhung von 10%/15%/20% vornehmen oder MUSS man die Betriebskostenanteile heraus rechnen?

5. Kann man die erhöhte Miete aus einer Staffelmiete auch rückwirkend zum Eintritt der Staffelung verlangen.

6. Kann man die erhöhte Miete aus einer Indexmiete rückwirkend zum Zeitpunkt des Eintritts der Erhöhung verlangen.

2. Mängel der Mietsache und Mietminderung

Einen großen und wichtigen Bereich des Mietrechts nimmt das Thema „Mangel" bzw. „Mängel" ein und wenn ein Jurist einen Mangel feststellt, wird sofort „Mietminderung" geltend gemacht. Mangel und Mietminderung sind in juristischer Hinsicht ein „Paar". Dem Einen folgt das Andere.

Grundsätze:
Der Vermieter hat die vermietete Sache dem Mieter in einem zu dem vertragsgemäßen Gebrauch geeigneten Zustand zu überlassen und sie während der Mietzeit in diesem Zustand zu erhalten (siehe § 535 BGB in der Anlage).

Ein Mangel muss also diesen "vertragsgemäßen Gebrauch" beeinträchtigen. Ist also ein Mangel vorhanden, verstößt dieser Umstand gegen diese gesetzliche Vorgabe. Zuständig ist § 536 BGB (siehe Anhang).

• Unerheblicher Mangel
Dabei reicht allerdings ein unerheblicher Mangel nicht aus, vielmehr muss eine spürbare *Beeinträchtigung* vorliegen.

Beispiele
aus der Rechtsprechung für derartige *unerhebliche*

Beeinträchtigungen:
- geringfügige Lärmbelästigungen durch Mitmieter z. B. durch Betätigen der Wasserspülung, das Laufen lassen von Wasser und das Öffnen und Schließen von Fenstern selbst nach 22.00 Uhr
- defekte Glühbirne im Keller oder Flur
- Unterbeheizung von 1° Celsius (19° statt 20°)

usw.

Die meisten Mängel dürften deshalb solche „unerheblichen" sein, die jedoch das Leben und Wohnen dennoch beeinträchtigen. Jedoch nicht alles was stört, berechtigt zu einer Mietminderung, aber „echte Mängel" müssen behoben werden.

* Erheblicher Mangel und Mietminderung
Bei einem erheblichen Mangel ist der Mieter berechtigt, für die Zeit, in der er seine Wohnung nicht so nutzen kann, wie es vereinbart ist, die vertraglich festgelegte Miete angemessen zu kürzen, in schweren Fällen ist er von der Mietzahlung befreit. Dieses **Minderungsrecht** setzt also voraus, dass die Mietsache einen *erheblichen Mangel* aufweist.

Auch das Fehlen oder der spätere Wegfall einer zugesicherten Eigenschaft der Wohnung steht im übrigen einem **Mangel** gleich.

Beispiel: Die gemessene Wohnfläche ist 10% kleiner! Die ab 10% kleiner als angegebene Wohnfläche ist tatsächlich rechtlich ein Mangel!

Umgekehrt jedoch nicht. Ist die Wohnfläche bei einer Vermessung tatsächlich um mehr als 10% größer, gilt bei Mieterhöhungen und Betriebskostenabrechnungen auch hier die größere Wohnfläche (BGH-Urteil).

Merke:
Für die Minderung kommt es grundsätzlich nicht darauf an, ob der Vermieter den Mangel verschuldet hat.

Meint der Vermieter, dass der Mieter den Mangel verursacht hat, dann muss er dies beweisen.

Beispiel: Schimmelpilz und Lüften
Schimmelpilz kann durch zu wenig Lüften entstehen. Allein die Behauptung, der Mieter habe falsch gelüftet und deswegen sei die Wohnung feucht, ist jedoch nicht ausreichend.

Ist offen, ob Feuchtigkeitsschäden auf dem Wohnverhalten des Mieters oder auf der Beschaffenheit der Räume beruhen, muss der Vermieter zumindest den Negativbeweis führen, dass Schadensmöglichkeiten, die in seinem Verantwortungsbereich liegen, ausgeschlossen sind. Erst dann, wenn dieser Beweis geführt ist, muss sich der Mieter entlasten.

Empfehlung: Klarheit bringt die Aufstellung eines Hygrometers an den Stellen der Schimmelpilzbildung in der Wohnung. Meistens ist dies eine Außenwand. Man stellt also ein kleines Hygrometer auf und lässt es vom Mieter und ggf. vom Hausmeister beobachten. Steigt die Raumfeuchtigkeit auf Dauer auf mehr als *60%* an, ist Schimmelpilz unvermeidlich! Man sagt also zum Mieter: *Achte auf das Hygrometer, es darf auf Dauer nicht über 60% ansteigen.* denn der Mensch hat kein Organ für die Luftfeuchtigkeit. Aber das Hygrometer zeigt sie an. Was macht der Mieter, wenn dieser obige Fall eintritt: Er heizt und lüftet ausgiebig und zwar gewissermaßen „automatisch". Tritt aber Schimmelpilz bei weniger als 60% auf, müssen Wand und Gebäude von einem Fachmann untersucht werden.

Weiterer Grundsatz:
Nicht mindern kann, wer den Mangel schon bei Abschluss des Mietvertrags kannte bzw. ihn hätte erkennen müssen.

Zeigt sich im Laufe der Mietzeit ein Mangel, muss der Mieter dem Vermieter hiervon unverzüglich Mitteilung machen (§ 536c BGB). Wenn er diese *Mängelanzeige* unterlässt, verliert er sein Minderungsrecht und macht sich gegebenenfalls sogar schadensersatzpflichtig.

Die Pflicht zur Mängelanzeige entfällt lediglich dann, wenn der Vermieter den Mangel schon kennt. Demgegenüber entfällt die Schadensersatzpflicht bei unterlassener Anzeige, wenn der Vermieter auch bei erfolgter Anzeige keine Abhilfe hätte schaffen können.

Der Mieter kann auch durch vorbehaltlose Zahlung der ungekürzten Miete in Kenntnis des Mangels sein Minderungsrecht verlieren.

Das Mietminderungsrecht kann *bei Wohnraummietverhältnissen* durch den Mietvertrag grundsätzlich **nicht** ausgeschlossen oder eingeschränkt werden. Entsprechende Klauseln sind unwirksam.

2.1 Der Minderungszeitraum

Die Minderung tritt zwar kraft Gesetzes, d. h. ohne Mängelanzeige ein, jedoch wird sie *erst ab der Geltendmachung* durch den Mieter für ihn wirksam. Tritt ein Mangel erst im Laufe eines Monats auf, dann kann der Mieter den zuviel gezahlten Mietzins mit der Miete für den nächsten Monat verrechnen.

Wichtig zu wissen ist, dass Mietminderungen den Vermieter regelmäßig nicht zur Kündigung berechtigen, auch wenn die Sache richtig „nervig“ ist. Der Vermieter hat weiterhin auch alle Körper- und Sachschäden, die aufgrund von Wohnungsmängeln entstehen, zu ersetzen.

Beispiel:
Beim Mangel „Feuchtigkeit“ ist u. U. auch Ersatz für Schäden für die Folgen an Tapeten, Möbeln, Fußboden etc. zu leisten.

Wenn der Vermieter mit der Beseitigung des Mangels in Verzug gerät, d. h. trotz Information nichts unternommen hat, dann kann der Mieter den Mangel auch selbst beseitigen bzw. beseitigen lassen und sich die erforderlichen Aufwendungen vom Vermieter ersetzen lassen bzw. mit der Mietzahlung verrechnen.

In extremen Fällen, etwa bei einer Gesundheitsgefährdung für den Mieter, können schließlich Mängel zur fristlosen Kündigung berechtigen.

Prüfungsfragen:

7. Wer ist beweispflichtig dafür, dass ein erheblicher Mangel vorliegt?

8. Kommt es für die Minderung darauf an, ob der Vermieter den Mangel verschuldet hat?

9. Wann entfällt die Pflicht zur Mängelanzeige?

10. Berechtigen Mietminderungen den Vermieter im Regelfall zur Kündigung?

11. Nennen Sie einen Extremfall, in dem Mängel den

Mieter zur fristlosen Kündigung berechtigen können.

2.2 Höhe der Minderung und Berechnung

Die Höhe der Mietminderung richtet sich grundsätzlich nach dem Umfang, der Schwere, Grad und Dauer des Mangels. Die Berechnung der Minderung erfolgt in der Weise, dass der vereinbarte Mietzins im gleichen Verhältnis herabzusetzen ist, wie der Wert der mangelfreien Mietsache zum Wert der mangelhaften Mietsache steht, also im gleichen Verhältnis (Fachbegriff: Minderungsquote).

Beispiel:
Angenommen, der Heizkörper im Esszimmer wird im Januar nicht warm (z. B. Totalausfall des Thermostats), die Wohnung ist 100 m^2, das Esszimmer 15 m^2 groß. Da es nicht benutzbar ist, muss für dieses keine Miete bezahlt werden, sodass die Miete um 15 % gemindert werden kann.

2.3 Die „Hamburger Tabelle"

Eine differenzierendere Berechnungsmethode, insbesondere für Fälle, in denen zwei oder mehrere Räume fehlerbehaftet sind, stellt die Berechnung nach der so genannten **Hamburger Tabelle** dar.
Im Rahmen dieser Tabelle, die vor Jahren erstmals vom Landgericht Hamburg zur Bestimmung der Mietminderungsquote herangezogen worden ist, wird zunächst der Wohnwert der Räume (abhängig

von der Größe und der normalen Nutzung) ins Verhältnis zum Mietzins gesetzt und alsdann bestimmt, inwieweit der Wohnwert der einzelnen Räume durch den Mangel gemindert ist (Minderungsquote), und wie hoch dadurch der Minderwert der gesamten Wohnung ist.

Beispiel:
Im Januar fällt die Heizung im Wohnzimmer sowie die gesamte Warmwasserversorgung aus. Bei einer zugrunde liegenden Miete von 500,-- € ergibt sich nach der Hamburger Tabelle die Minderungsquote nach folgender Mietminderungstabelle.

Beispiel einer Mietminderungstabelle:

Raum	Wohn-wert	Mietan-teil	Mind.-quote	Minder wert
Wohnzimmer	28%	140.-	100%	140.-
Arbeitszimmer	20%	100.-	-.-	-.-
Schlafzimmer	12%	60.-	-.-	-.-
Küche	10%	50.-	50%	25.-
Bad	10%	50.-	50%	25.-
Abstellräume	7%	35.-	-.-	-.-
Gäste-WC	3%	15.-	-.-	-.-
Balkon	10%	50.-	-.-	-.-
Summen	100%	500.-		190.- = 38%

(Achtung: Bei anderer Raumaufteilung, unterschiedlicher Nutzung etc. können sich andere Prozentsätze ergeben.)

Die Festlegung der *Minderungsquoten* war in diesem Fall unproblematisch, da das nicht beheizbare Wohnzimmer praktisch überhaupt nicht benutzbar ist, wegen des Ausfalls der Warmwasserversorgung die Nutzungsmöglichkeit von Küche und Bad aber nicht völlig, sondern nur zur Hälfte ausgeschlossen ist. Kleinere Abweichungen nach oben bzw. nach unten können sich dabei eventuell noch aus einer vorzunehmenden Gesamtbewertung der örtlichen Gegebenheiten ergeben.

Nachdem aber die Festsetzung der angemessenen Minderungsquote in weitaus überwiegender Zahl der Fälle wegen des *Fehlens eines allgemein verbindlichen Maßstabs* selbst für Mietrechtsexperten keineswegs so problemlos möglich ist, kommen als brauchbare Orientierungshilfen diesbezüglich in erster Linie Rechtssprechungs-Übersichten in Betracht, aus denen sich eindeutig ergibt, welche Prozentsätze von Gerichten im Einzelfall als Mietzinskürzung akzeptiert worden sind.

2.4 Mietminderung - Übersicht

Demgemäß werden in der nachfolgenden Mietminderungs-Übersicht interessante Beispiele aus der Rechtsprechung aufgezeigt und zwar gegliedert nach den bedeutsamsten Mängelkategorien Lärm, Feuchtigkeit, Heizung, Defekt bzw. Ausfall von Geräten, sowie einer Rubrik „Sonstiges".
Hierzu folgende

ÜBERSICHT:

17 % bei Störung der Nachtruhe durch Klopfgeräusche in der Heizung

22 % bei starken Beeinträchtigungen durch im und am Haus durchgeführte Bauarbeiten über 6 Monate hinweg

10 % bei vermeidbarem Kinderlärm (Rennen, Trampeln, Springen) aus Nachbarwohnungen während der allgemeinen Ruhezeiten und besonders abends

10 % bei nächtlichem Lärm von Garagentoren

50 % bei erheblichem Lärm dadurch, dass mehrere Mitmieter häufig nachts im Hof musizieren

50 % bei Undichtigkeit aller Fenster und dadurch hervorgerufener ständiger Feuchtigkeit in der Wohnung

5 % mindestens bei Durchfeuchtung des Kellerraumes nach Regenfällen

20 % bei Auftreten von Neubaufeuchtigkeit

20 % bei starkem Schimmelpilzbefall an den Wänden im Wohn- und Schlafzimmer und im Bad

93 % bei starker Durchfeuchtung der Wohnung

20 % wenn im Februar im Schlafzimmer die Heizung ausfällt

50 % bei komplettem Heizungsausfall außerhalb der Wintermonate und

100 % bei kompletten Heizungsausfall während der Wintermonate

15 % wenn 34 % der Wohnfläche nicht beheizt werden können

30 % bei lediglich 15 - 18 ° Celsius in der Wohnung

5 % bei Defekt der hauseigenen Waschmaschine

3-6 % bei Defekt von Klingel und Gegensprechanlage an der Eingangstüre zum Haus

15 % mindestens bei Ausfall des Warmwasserboilers im Bad

5 % bei defektem Küchenherd

38 % bei erheblicher Geruchsbelästigung im Badezimmer wegen defekter Installation

2,5 % bei ständigem Defekt des Müllschluckers im Haus

5 % bei unzumutbar hoher Bleibelastung des Trinkwassers, wobei ein besonders gefährdeter Mitbewohner wie ein Kind bis zu 4-6 Jahren eine höhere Minderungsquote von 9 % gebieten kann

17 % bei Nichtfunktionieren der Dusche

3 % wenn Balkon wegen Reparaturbedürftigkeit nicht benutzbar ist

10 % bei rostigem Leitungswasser

In der Praxis wird vom Mieter die Mietminderung in der Höhe oft weit überschätzt.

Es kommt also immer auf die Umstände an, d.h. ob die ganze Wohnung oder ein Raum beeinträch-tigt ist und wie lange diese Beeinträchtigung dauern wird.

2.5 Vorgehensweise bei Mietminderungen

Oft zieht der Mieter gleich die Hälfte der Wohnungsmiete wegen Mietminderung ab, denn er als Betroffener hat natürlich oft eine sehr emotionale Einstellung. Es empfielt sich deshalb als Verwaltung, ihm einen Brief (eMail o.a.) zu schreiben mit folgendem Aufbau:

- Erster Satz: Verständnis für die gemeldeten Sache *) zeigen.

- Zweiter Satz: Die schon getroffenen oder zu treffenden Maßnahmen beschreiben.
- Dritter Satz: Bei einer Minderung auf die Prozente der Minderung gemäß obiger Liste hinweisen.

*) Man sollte also als Verwaltung das Wort „Mangel" (= Minderung) *vermeiden* und andere passende Wörter wie Sache, Schaden, Belästigung, Behinderung usw. verwenden.

Oder: Bei geringfügigem Schaden*) die Minderung ablehnen und auf die Bezahlung der vollen Miete bzw. entsprechender Nachzahlung bestehen.

Man kann, auch als Verwaltung, die Mängelmeldung mit dem Zurückbehaltungsrecht verbinden:

3. Das Zurückbehaltungsrecht

Der Mieter hat grundsätzlich auch die Möglichkeit die Miete zurückzubehalten, d.h. die Mietzahlung vorläufig einzustellen, um „Druck" auszuüben (Fachbegriff: Zurückbehaltungsrecht)

Die gesetzliche Vorschrift lautet:

§ 556b Fälligkeit der Miete, Aufrechnungs- und Zurückbehaltungsrecht

(1) ...

(2) Der Mieter kann .... ein Zurückbehaltungsrecht

ausüben, wenn er seine Absicht dem Vermieter mindestens einen Monat vor der Fälligkeit der Miete in Textform angezeigt hat.

Der Unterschied zur Mietminderung ist:
Zurückbehaltene Mieten müssen nachgezahlt werden, wenn der Vermieter den Mangel beseitigt hat, während beim Mietminderungsrecht Beträge, um die berechtigt gemindert worden ist, für den Vermieter auch nach erfolgter Reparatur verloren sind.

Man kann und sollte also dem Mieter sinngemäß mitteilen: *„Ja, behalten Sie die Miete bzw. einen Teil der Miete ein, bis unser Handwerker die Sache beseitigt hat – und danach müssen Sie allerdings diese Miete nachzahlen“.*

Prüfungsfragen:

12. Nach welchem Maßmaßstab wird die Mietminderungsquote angesetzt?

13. Die Minderung kann auch nach dem Wohnwert erfolgen. Welche Tabelle ist hierbei üblich?

Ihre Notizen:

Lektion 5

Kündigung
und
Abwicklung

Lektion 5
Kündigung und Abwicklung

Seite

Fortsetzung ≥

Einleitung

In Lektion 3 haben wir eine Wohnung vermietet und nun folgt die Beendigung eines Mietvertrages. Ein Mietverhältnis wird durch eine Kündigung beendet. Diese Kündigung kann durch den Mieter oder vom Vermieter erfolgen. Ist die Kündigung rechtswirksam, geht es anschließend um die Abwicklung dieses Mietverhältnisses. Und um eine Menge Rechtsfragen!

1. Kündigung eines Mietverhältnisses

Das Wort „Kündigung“, das es übrigens in englischen Mietverhältnissen nicht gibt, steht in § 568 BGB (siehe Anlage) und natürlich im Mietvertrag.

1.1 Gesetzliche *grundsätzliche* Kündigungsregelungen

Die Kündigung von Mietverhältnissen ist wie folgt im BGB geregelt:

- Die Kündigung muss grundsätzlich schriftlich mit Unterschrift erfolgen. § 568 BGB.

- Der Mieter kann bei einem Mietvertrag mit unbestimmter Laufzeit jederzeit, ohne Angabe oder Beachtung von Gründen mit 3-monatiger Frist (Ablauf des übernächsten Monats) kündigen. Es zählt das volle Monat.

Für den Vermieter sind *nur gesetzliche* Kündigungsgründe zulässig:

* Außerordentliche fristlose Kündigung aus wichtigem Grund
* Außerordentliche fristlose Kündigung, bezieht sich auf § 543 und
* Ordentliche Kündigung des Vermieters
* Erleichterte Kündigung im selbst bewohnten Gebäude

Jeder andere Kündigungsgrund wäre grundsätzlich unwirksam.

1.2 Kündigung durch den Mieter bei einem Mietvertrag mit unbestimmter Laufzeit

Die Kündigungsfrist richtet sich für den Mieter nach dem Mietvertrag oder nach den gesetzlichen Fristen, je nachdem, welche Frist für den Mieter günstiger ist. Natürlich könnte er auch mit einer längeren Frist kündigen, denn es handelt sich um Mindestfristen.

Ist der Mietvertrag kein Zeitvertrag (siehe nachfolgend), sondern auf eine unbestimmte Laufzeit abgeschlossen, was die übliche Form ist, kann der Mieter grundsätzlich *jederzeit*, ohne Angabe von Gründen, das Mietverhältnis mit der gesetzlichen dreimonatiger Frist zum übernächsten Monatsende kündigen. Das ist die so genannte 'ordentliche Kündigung' nach § 573 c BGB.

§ 573c Fristen der ordentlichen Kündigung
(1) Die Kündigung ist spätestens am dritten Werktag eines Kalendermonats zum Ablauf des übernächsten Monats zulässig. (Die Vermieter-Fristen folgen.)

Beispiel:
Die Kündigung geht ein am 5. März. Dieses Monat zählt dann nicht mehr. Die Kündigung wirkt zum Ablauf des übernächsten Monat, also April (1. Monat), Mai (2. Monat), Juni (3. Monat), Ablauf also zum 30. Juni, ab 1. Juli ist das Mietverhältnis im Normalfall beendet, also Kündigung zum 30. Juni.

* Kürzere Kündigungsfrist
In Altverträgen ist vielfach eine kürzere Kündigungszeit als es das BGB vorsieht, angegeben (z. B. monatliche Frist). In diesen Fällen gilt (für den Mieter) auch weiterhin die - kürzere - Frist laut Mietvertrag!

Der Mieter (nicht aber der Vermieter) kann somit, entgegen dem BGB, mit der für ihn kürzeren/günstigsten Frist das Mietverhältnis beenden, wenn im Mietvertrag eine solche kürzere Frist als 3 Monate vorgesehen ist.

* Praktischer Ablauf
Es geht somit folgender Brief ein:
„Ich / Wir kündige(n) hiermit das Mietverhältnis zum ..."

Es müssen, aufgrund der vorgeschriebenen

Schriftform ALLE, die im Mietvertrag als Vertragsparteien aufgeführt sind (deshalb war dieses Thema in Lektion 3 wichtig) auch die Kündigung unterschreiben.

Die erste Prüfung für die Verwaltung ist also, ob alle Personen des Mietvertrags auch diese Kündigung unterschrieben haben.
Haben nicht alle Vertragspartner unterschrieben, kann der Vermieter/Verwalter die Kündigung zurückgeben, mit dem Hinweis, dass nicht alle Vertragspartner unterzeichnet haben.

Der Mieter kann dann die fehlenden Unterschriften nachholen und das Kündigungsschreiben dem Vermieter/Verwalter neu zuleiten. Erst jetzt ist sie rechtsgültig erklärt und von jetzt ab beginnt die Kündigungsfrist.

Beispiel:
Ein Paar steitet, er zieht aus und kündigt den Mietvertrag. Der Mietvertrag wurde aber von beiden unterschrieben, also muss auch die Kündigung von beiden unterschrieben sein (ersatzweise mit Vollmacht).

Es kann ja durchaus der Fall eintreten, dass einer von beiden die Wohnung kündigt, ohne dass der andere davon etwas weiß.

Als Verwaltung kann man nun wie folgt reagieren:

> Rückgabe der Kündigung und auf die zweite Unterschrift bestehen,
> Annahme der Kündigung unter dem Vorbehalt der Nachholung der zweiten Unterschrift so bald als möglich,
> Annahme der Kündigung mit einer Kündigungsbestätigung an *alle* Mietvertragsparteien.

Merke:
Auf jede Kündigung eines Mieters ist aus Gründen der Rechtsklarheit mit einer Kündigungs-bestätigung zu antworten. Eine solche könnte wie folgt lauten:

Betrifft: Kündigungsbestätigung

Sehr geehrte Frau Meier,
sehr geehrter Herr Weber,
wir bestätigen hiermit Ihre Kündigung der Wohnung und zwar zum .... (Frist laut Mietvertrag/BGB).
Wir weisen darauf hin, dass sich die Wohnung zum obigen Termin im vertragsgemäßen Zustand gemäß Mietvertrag befinden muss. Sollte das nicht der Fall sein, können wir Sie nicht aus der Haftung des Mietvertrages entlassen, d. h. die Mietzahlung verlängert sich entsprechend. Vereinbaren Sie bitte rechtzeitig einen Termin zur Wohnungsbesichtigung bzw. Wohnungsabnahme mit unserem Hausmeister, Herrn Petermann.
Mit freundlichen Grüßen
Ihre Hausverwaltung

* Die „Sofort"-Kündigung des Mieters

Kündigt der Mieter ohne weiteren Anlass mit „sofortiger Wirkung zum ...", also mit einer kürzeren Frist als sie rechtmäßig ist, z. B. der Mieter hätte eine dreimonatige Frist, kündigt aber mit monatlicher Frist, so ist die Kündigungsbestätigung mit der rechtlich zutreffenden Frist – wie oben - zu bestätigen, sofern es keine rechtlichen Gründe für eine fristlose Kündigung des Mieters gibt.

In der Praxis ist es üblich, in die Kündigungsbestätigung noch folgenden Zusatz aufzunehmen: Wir sind bereit, Sie vorzeitig aus der Haftung des Mietvertrages, speziell aus der Pflicht zur Zahlung der Miete zu entlassen,
wenn
- wir rechtzeitig einen Nachfolgemieter finden
  und
- sich die Wohnung im genannten vertragsgemäßen Zustand befindet.

1.2.1 Nachmieter-Regelung

Frage 1: Kann der kündigende Mieter vorzeitig, d. h. vor Ablauf der 3-Monatsfrist aus dem Mietverhältnis ausscheiden, wenn er einen Nachmieter stellt?

Die Rechtsprechung sagt:
„Ist die Restmietdauer nur noch verhältnismäßig kurz (bis zu drei Monaten), braucht ein Ersatzmieter

in aller Regel überhaupt *nicht akzeptiert* zu werden“. Diese Aussage kommt vom Bundesgerichtshof (BGH-höchstes Gericht).

Frage 2:
Ist ein *langfristiger* Mietvertrag, z. B. auf 4 Jahre fest abgeschlossen und der Wohnungsmieter möchte nach 2 Jahren ausziehen und das Mietverhältnis beenden. Kann er aus dem Mietvertrag ausscheiden, wenn er einen akzeptablen Nachmieter stellt?

Die Rechtssprechung meint:
“Ein langfristiges Mietverhältnis wird entgegen einer gerade in Laienkreisen verbreiteten Rechtsmeinung nicht dadurch beendet, dass der Mieter dem Vermieter einen oder mehrere geeignete Nachfolger präsentiert, die bereit und in der Lage sind, das Mietverhältnis zu den bisherigen Bedingungen fortzusetzen“.

Der Vermieter/Verwalter ist nur dann verpflichtet, einen „akzeptablen“ Mietinteressenten als Nachmieter anzunehmen, wenn im Einzelfall ein Festhalten am Mietvertrag einen Verstoß gegen Treu und Glauben darstellen würde.

Praktische Verfahrensweise:
Der kündigende Mieter sucht in der Regel nur deshalb einen Nachfolger, weil er nicht nur die Miete sparen will, sondern meistens dem Nachmieter noch einige Möbel verkaufen und sich vor der

Renovierungspflicht (siehe nachfolgend) drücken will. Er hat also konkrete finanzielle Interessen, die denen des Vermieters durchaus entgegen stehen. Ein Eingehen auf seine Vorstellungen ist also nur dann bzw. vor allem dann empfehlenswert, wenn eine schwierige Vermietungslage besteht, es also kaum Mietinteressenten für diese Wohnung geben wird.

Ist die Wohnung jedoch gefragt, sollte dem ausziehenden Mieter abgesagt werden bzw. der Interessent kann sich dann gerne in die Bewerber-Schlange einreihen und, wenn die Umstände passen, zum Zuge kommen (s. Lektion 3).

1.2.2 Außerordentliches Kündigungsrecht des Mieters

Der Mieter hat in folgenden Fällen ein gesetzliches, außerordentliches Kündigungsrecht:

- Bei einer Mieterhöhung - § 561 BGB

und/oder

- bei einer Mieterhöhung im Zusammenhang mit baulichen Änderungen bzw. Modernisierung
- bei einer Gefährdung seiner Gesundheit
- bei Tod des Mieters durch die Erben – 564 BGB.

Stirbt der (letzte überlebende) Mieter, so ist sowohl der Erbe als auch der Vermieter berechtigt, das

Mietverhältnis innerhalb eines Monats, nachdem sie vom Tod des Mieters Kenntnis erlangt haben, außerordentlich mit der gesetzlichen Frist zu kündigen.

1.2.3 Außerordentliche fristlose Kündigung aus wichtigem Grund

Das Mietverhältnis kann von Mieter wie vom Vermieter außerordentlich fristlos gekündigt werden, wenn ein "*wichtiger Grund*" vorliegt, so dass dem Kündigendem unter Berücksichtigung aller Umstände des Einzelfalles, insbesondere eines Verschuldens der Vertragsparteien, und unter Abwägung der beiderseitigen Interessen, die Fortsetzung des Mietverhältnisses (...) nicht zugemutet werden kann. § 543 BGB

Dieser Paragraf betrifft beide Seiten, Mieter und Vermieter. Die Gründe des Vermieters folgen. Die in der Praxis wesentlichen Gründe für Mieter sind:

- Fristlose Kündigung wegen Nichtgewährung des vertragsgemäßen Gebrauchs

Kann der Mieter die gemieteten Räume nicht oder nur zum Teil nutzen, kann er das Mietverhältnis fristlos kündigen.

- Fristlose Kündigung wegen Gesundheitsgefährdung. § 569 BGB

Ist die Benutzung von Mieträumen mit einer erheblichen Gefährdung der Gesundheit verbunden, kann der Mieter das Mietverhältnis fristlos kündigen.

In diesen Fällen kann also der Mieter das Mietverhältnis fristlos kündigen, d. h. er schreibt einen Brief an den Vermieter: "*Ich kündige hiermit das Mietverhältnis aufgrund ...-Angabe der Gründe - .... fristlos*" und kann sofort ausziehen. Die Möglichkeiten des Schadensersatzes bleiben unberührt.

Prüfungsfragen:

1. Mit welcher Kündigungsfrist kann ein Mieter kündigen?

2. Wie bzw. in welcher Form muss der Mieter kündigen?

3. Sofern der Mieter die vorgeschriebene Form nicht einhält: Was kann oder sollte der Vermieter /Verwaltung tun?

3. Welche außerordentliche fristlose Kündigungsrechte hat der Mieter?

1.3 Die „ordentliche“ Kündigung durch den Vermieter

Die Kündigungsfrist für eine ordentliche Kündigung durch den Vermieter beträgt:

- Mietverhältnis bis 5 Jahre 3 Monate
- nach 5 bis 8 Jahren 6 Monate
- ab 8 Jahren 9 Monate

Grundsätzlich gilt ferner:

- Kündigen kann grundsätzlich nur der im Grundbuch eingetragene Eigentümer.
- Der Vermieter muss ein "berechtigtes Interesse" an der Beendigung des Mietverhältnisses haben.

Dies liegt insbesondere vor bei

- schuldhafter Pflichtverletzung durch den Mieter
- Eigenbedarf durch den Vermieter
- Hinderung an einer wirtschaftlichen Verwertung.

Bei Kauf eines Objekts kann der neue Eigentümer erst dann kündigen, wenn er im Grundbuch als neuer Eigentümer eingetragen ist und einen dieser Gründe hat.

Die Kündigung muss selbstverständlich schriftlich (in Textform) erfolgen und zwar so, dass es einen Nachweis hierfür gibt.

1.3.1 Verletzung der vertraglichen Verpflichtungen

Ein Kündigungsgrund für den Vermieter /Verwaltung ist ferner begründet, wenn der Mieter seine vertraglichen Verpflichtungen schuldhaft nicht unerheblich verletzt hat.

Zu den vertraglichen Pflichten gehört die pünktliche monatliche Mietzahlung. Nichtzahlungen sind also eine Verletzung dieser Pflicht.

Beispiel:
Wiederholt unpünktliche Mietzahlungen trotz Mahnungen und Zahlungshinweisen des Vermieters: Der Mieter zahlt laufend später als am 3. Werktag. Ist der Vermieter damit nicht einverstanden, muss er den Mieter laufend (mehrmals) auf diesen Umstand hinweisen. Zahlt der Mieter dennoch nicht pünktlich, kann der Vermieter neben den gerichtlichen Maßnahmen wie z.B. Mahnbescheid und/oder Zahlungsklage außerdem auch das Mietverhältnis kündigen.

Die *mehrfache* Kündigung wegen Mietrückstand kann dann auch ein Grund für die *fristlose Kündigung* sein. Es kommt stets auf den Einzelfall an.

Hinweis: Wie man in der Praxis mahnen sollte, wird in Lektion 9 behandelt.

Einzige Ausnahme:
Das selbst bewohnte Gebäude mit nicht mehr als zwei Wohnungen. In diesem Fall gibt es die „erleichterte Kündigung“ nach 573a BGB.

1.3.2 Kündigung wegen Eigenbedarf

Ein berechtigtes Interesse des Vermieters an der Beendigung des Mietverhältnisses liegt nach § 573 BGB vor, wenn
„2. der Vermieter die Räume als Wohnung für sich, seine Familienangehörigen oder Angehörige *seines Haushalts* benötigt ...“

Merke:
Die Kündigung wegen Eigenbedarf ist somit auf die Person des Vermieters und seiner Familie abgestellt und sie muss konkret - also belegbar - sein. Zum Beispiel muss die Person genannt sein, die die Wohnung künftig nutzen wird.

Zur "Familie" gehören:

Die Mutter, Sohn oder Tochter, der Bruder, das Stiefkind, ferner Hausangestellte und solche Personen, die der Vermieter schon bisher dauernd in seinem Haushalt aufgenommen hatte. Das kann z. B. auch eine Pflegeperson sein.

Klassische Fälle des Eigenbedarfs sind:
- Sohn / Tochter heiratet (auch ein eheähnliches

Verhältnis gilt)

- Vater / Mutter ist pflegebedürftig und soll in der Nähe der Tochter / des Sohnes wohnen
- Sohn/Tochter möchte pflegebedürftige Eltern in seiner/ihrer Nähe haben Ruhestand, Getrenntleben usw.
- Persönliche Veränderungen wie eigene Heirat, Arbeitsplatzänderung.

Im Streitfalle werden durch das Gericht, ähnlich einer Waage, die berechtigten Interessen des Vermieters den berechtigten Interessen des Mieters auf Verbleib in der Wohnung gegenübergestellt. Eine eigene unzureichende Unterbringung des Vermieters ist nicht (mehr) erforderlich.

Grundsätzlich müssen die Eigenbedarfsgründe *nach* Mietvertragsabschluss entstanden sein und dürfen nach Ablauf der Kündigungszeit (ggf. einschließlich Gerichtszeit) nicht weggefallen sein.

Da die Kündigungsgründe in der Person liegen müssen, können Gesellschaften (als Vermieter) in der Regel keinen Eigenbedarf wirksam geltend machen. Einzige Ausnahme: Ein Mietverhältnis über eine Wohnung (die bisher keine Betriebswohnung war) kann gekündigt werden, um dort einen Hausmeister unterzubringen. Voraussetzung dafür ist, dass die Einstellung eines Hausmeisters objektiv erforderlich und die Wohnung hierfür geeignet ist.

Die Kündigungsfrist richtet sich nach der gesetzlichen Regelung (3 -9 Monate).

1.3.3 Kündigung wegen wirtschaftlicher Verwertung

„Ein berechtigtes Interesse des Vermieters an der Beendigung des Mietverhältnisses liegt insbesondere vor, wenn der Vermieter durch die Fortsetzung des Mietverhältnisses an einer angemessenen wirtschaftlichen Verwertung des Grundstücks gehindert *und* dadurch erhebliche Nachteile erleiden würde".
§ 573 BGB

Die Möglichkeit, im Falle einer anderweitigen Vermietung als Wohnraum eine höhere Miete zu erzielen, bleibt außer Betracht. Der Vermieter kann sich nicht darauf berufen, dass er die Mieträume im Zusammenhang mit einer beabsichtigten oder nach Überlassung an den Mieter erfolgten Begründung von Wohnungseigentum veräußern will.

Es muss sich also während des Mietverhältnisses für den Vermieter eine Situation für einen „erhöhten Finanzbedarf" ergeben, der mit der regulären Miete nicht gedeckt werden kann. Typische Fälle sind, wenn Geldmittel benötigt werden für:

- Unterhalt und Altersversorgung
- Herstellung neuen Wohnraums
- Investitionen

oder wenn

- das Grundstück nach Beseitigung abbruchreifer Gebäude neu bebaut werden soll, oder
- grundsätzlich Sanierung beabsichtigt ist, oder
- eine Altbauwohnung mit Bad und WC ausgestattet werden soll und dadurch die betreffende Wohnung wegfällt, oder
- der Erlös zum Kauf einer anderen Eigentumswohnung für Familienangehörige verwendet werden soll (nicht aber allein die Erwartung eines höheren Erlöses beim Weiterverkauf einer leeren Wohnung).

Der Vermieter muss also wirtschaftlich gezwungen sein, die Wohnung "zu verwerten", also in einem leeren Zustand zu haben, um sie verkaufen und den erforderlichen höheren Kaufpreis erzielen zu können, was im vermieteten Zustand nicht möglich ist.

Die Kündigung zum Zweck des Verkaufs im "entmieteten" Zustand steht in den Gerichtsfällen im Vordergrund. Die Grenze, bis zu der der Eigentümer wirtschaftliche Nachteile zu tragen hat, hat das Bundesverfassungsgericht nicht gezogen, sondern der fachgerichtlichen Klärung überlassen. Dies bedeutet, dass in die gerichtliche Klärung die gesamten Vermögensbelange des Vermieters einzubeziehen sind, es braucht jedoch nicht die wirtschaftliche Existenz des Vermieters in Frage gestellt zu werden. In der neueren Rechtssprechung ist ein erheblicher Nachteil, der einen Verkauf erforderlich macht, dann bejaht worden, wenn die Mieteinnahmen keine Rendite mehr erbringen, mithin die monatlichen Aufwendungen über den Mieteinnahmen liegen.

1.3.4 Angabe der Gründe im Kündigungsschreiben

„(3) Die Gründe für ein berechtigtes Interesse des Vermieters sind in dem Kündigungsschreiben anzugeben. Andere Gründe werden nur berücksichtigt, soweit sie nachträglich entstanden sind". § 573 BGB

Diese Vorschrift bedeutet:

Die Gründe einer Kündigung sollten ausführlich beschrieben werden, damit der Mieter (und später evtl. das Gericht) die erforderliche Abwägung der Interessen vornehmen kann.

In den Fällen „Eigenbedarf" und „wirtschaftliche Verwertung" werden vor Gericht selbst in den Fällen, in denen die Kündigung berechtigt ist, dem Mieter lange Räumungsfristen gewährt.

Wenn man als Verwalter im Auftrag des Vermieters kündigen muss, sollte man auf folgendes achten:

Die 3-9monatige Kündigungsfrist lt. BGB ist für die Praxis zu kurz! Es empfiehlt sich, eine viel längere

Frist zu nennen und ein „Gespräch über die Modalitäten“ anzubieten. Ebenso sollte man dem Mieter eine finanzielle Entschädigung für seinen Aufwand der Wohnungssuche und für seinen Umzug anbieten. Im Streitfalle vor Gericht wird dies der Mieteranwalt ohnehin fordern.
Merke:
Ein außergerichtlicher Kompromiss ist besser als ein (nach vielleicht langer Zeit) gewonnener Prozess.

Diese Erfahrungen beruhen auf dem Ergebnis langjähriger Vermieterpraxis.

1.3.5 Widerspruchsrecht des Mieters gegen die Kündigung

Der Mieter kann der Kündigung eines Mietverhältnisses widersprechen und die Fortsetzung des Mietverhältnisses verlangen, wenn die Beendigung des Mietverhältnisses für den Mieter, seine Familie oder einen anderen Angehörigen seines Haushalts eine *Härte* bedeuten würde, die auch unter Würdigung der berechtigten Interessen des Vermieters nicht zu rechtfertigen ist. § 574

Eine Härte liegt auch vor, wenn angemessener Ersatzwohnraum zu zumutbaren Bedingungen nicht beschafft werden kann.
In all diesen Fällen soll der Vermieter im

Kündigungsschreiben den Mieter auf sein Widerspruchsrecht hinweisen.

Der Widerspruch des Mieters muss schriftlich zwei Monate vor Beendigung des Mietverhältnisses erfolgen.

Unterlässt der Verwalter den Hinweis auf das Widerspruchsrecht oder erfolgt der Hinweis unvollständig oder zu spät, hat dies "nur" zur Folge, dass der Mieter den Widerspruch noch im ersten Termin des (Räumungs-) Rechtsstreits geltend machen kann.

1.3.6 Fortsetzung des Mietverhältnisses nach Widerspruch

Der Mieter kann verlangen, dass das Mietverhältnis so lange fortgesetzt wird, wie dies unter Berücksichtigung aller Umstände angemessen ist. Ist dem Vermieter nicht zuzumuten, das Mietverhältnis nach den bisher geltenden Vertragsbedingungen fortzusetzen, so kann der Mieter nur verlangen, dass es unter einer angemessenen Änderung der Bedingungen fortgesetzt wird.

„(2) Kommt keine Einigung zustande, so werden die Fortsetzung des Mietverhältnisses, deren Dauer sowie die Bedingungen, nach denen es fortgesetzt wird, durch Urteil bestimmt. Ist ungewiss, wann voraussichtlich die

Umstände wegfallen, auf Grund deren die Beendigung des Mietverhältnisses eine Härte bedeutet, so kann bestimmt werden, dass das Mietverhältnis auf unbestimmte Zeit fortgesetzt wird". § 574a BGB

Nach der bisherigen Rechtssprechung wurden folgende Gründe für den Widerspruch anerkannt:

Hohes Alter, Invalidität, Gebrechlichkeit, fortgeschrittene Schwangerschaft, schwere Erkrankung usw. Entscheidend sind die besonderen Umstände des jeweiligen Einzelfalles.

Prüfungsfragen:

4. Bei einer Kündigung durch den Vermieter: Welche Grundvoraussetzungen müssen vorab gegeben sein?

5. Welche Voraussetzungen müssen bei einer Kündigung wegen Eigenbedarf gegeben sein?

6. Welche Voraussetzungen müssen bei einer Kündigung wegen wirtschaftlicher Verwertung gegeben sein?

1.3.7 Außerordentliche fristlose Kündigung durch den Vermieter

Die für den Mieter härteste Maßnahme ist die außerordentliche fristlose Kündigung durch den Vermieter. Durch die Kündigung ist das Mietverhältnis formal beendet.

Zieht der Mieter zum Ablauf der Kündigungszeit nicht aus, wird es zunächst als „Nutzungsverhältnis" fortgeführt und die Miete als „Nutzungsentgelt" bezeichnet. Die wichtigsten Kündigungsgründe sind:

1.3.7.1 Fristlose Kündigung bei Zahlungsverzug

Die größte Bedeutung in der Verwalterpraxis hat sicher der Mietrückstand. Was ist zu tun, wenn ein Mieter die Miete nicht bezahlt? Rechtlich ist der Fall klar:

Der Vermieter kann das Mietverhältnis ohne Einhaltung einer Kündigungsfrist (fristlos) kündigen, wenn der Mieter für zwei aufeinander folgende Termine

- mit der Entrichtung der Miete (in der Höhe einer Monatsmiete)
- oder eines nicht unerheblichen Teils der Miete in Verzug ist oder
- in einem Zeitraum, der sich über mehr als zwei Termine erstreckt, mit der Entrichtung des

Mietzinses in Höhe eines Betrags in Verzug gekommen ist, der die Miete für zwei Monaten erreicht."

Beispiel 1:

Das Mietenkonto zeigt folgende Zahlen:

Miete	Soll	Zahlung		Mieter bezahlt:
Jan.	500.-	2. Jan.	500.-	Euro
Febr.	500.-			-.-
März	500.-			-.-
April	500.-	8. April		1000.- Euro

Wann hätte der Vermieter/Verwalter kündigen können?

Antwort:

Bereits am 4. Werktag im März hätte der Vermieter oder Verwalter fristlos kündigen können. Sie hätte allerdings für den Mieter keine Folgen, weil er im April nachzahlt.

Beispiel 2:

Miete	Soll	Mieter bezahlt	
Jan.	500.-	2.1.	500.-
Febr.	500.-	5.1.	300.-
März	500.-	8.3.	300.-
April	500.-	1.4.	-.-
Mai	500.-	5.5.	200.-
Juni	500.-	6.6.	500.-

Wie ist die Rechtslage?
Antwort:
Am 4. Werktag im Mai war der Mieter bereits in Höhe von zwei Monatsmieten in Verzug. Es hätte gekündigt werden können.

Merke:
Die Miete ist eine Bringschuld, d. h. sie muss ohne Rechnung und ohne Mahnung automatisch vom Mieter gebracht werden und wenn der Mieter die Miete nicht bezahlt, ist er kraft Gesetzes in Verzug.

Der Vermieter könnte nun (kostenpflichtig) mahnen oder die Mahnung einem, für den Mieter kostenpflichtigen Anwalt übertragen.

Er ist jedoch rechtlich zu keiner dieser Maßnahmen verpflichtet, er kann den o. g. Fall auch „stillschweigend“ abwarten und, bei Eintritt der Voraussetzung, fristlos kündigen.

Die fristlose Kündigung wird per Brief (schriftlich) ausgesprochen.

Beispiel:

Sehr geehrter Mieter,
aufgrund des Mietrückstandes kündigen wir hiermit das Mietverhältnis **fristlos** und fordern Sie auf, **innerhalb von 8 Tagen** auszuziehen und die Wohnung in den vertragsgemäßen Zustand zu

versetzen. Sofern Sie dieser Aufforderung nicht nachkommen, werden wir Räumungsklage bei Gericht einreichen.
Hochachtungsvoll

Möglichkeiten des Verwalters bei Mietrückständen:
1. Die außergerichtliche Mahnung durch einen Anwalt
2. Der gerichtliche Mahnbescheid
3. Die Zahlungsklage (im so genannten Urkundenprozess)
4. Nach 2. und 3. : Zwangsmaßnahmen (Pfändung)

1.3.7.2 Außerordentliche *fristlose* Kündigung bei der Verletzung einer Pflicht aus dem Mietvertrag

Besteht der wichtige Grund in der Verletzung einer Pflicht aus dem Mietvertrag, so ist die Kündigung erst nach Ablauf einer angemessenen Frist bzw. nach erfolgloser *Abmahnung* zulässig.

Beispiel:
für einen Brief an den Mieter

Sehr geehrter Mieter,
wie uns bekannt wurde, verwenden Sie Ihre Wohnung derzeit als Büro. Wir haben Ihnen Ihre Räume als Wohnung vermietet, die Benützung als Büro ist vertragswidrig. Die Zweckentfremdung von

Wohnraum ist außerdem gesetzlich untersagt.

Wir fordern Sie deshalb auf, die Zweckentfremdung bis zum .... (angemessene Frist) einzustellen / zu unterlassen. Ihre Wohnräume dürfen nur zum Zweck des Wohnens verwendet werden.
Hochachtungsvoll

Beachtet der Mieter diese gesetzte Frist nicht, sollte man - als wichtige Praxisempfehlung - eine *zweite Abmahnung* vorzunehmen, die wie folgt formuliert sein könnte:

Beispiel: Abmahnung

Sehr geehrter Mieter,
trotz unserer Abmahnung vom .... nutzen Sie weiterhin Ihre Wohnung als Büro. Wir sind damit nicht einverstanden.

Wenn Sie nicht bis zum ..... (angemessene kürzere Frist) die Zweckentfremdung einstellen, werden wir das Mietverhältnis fristlos kündigen.
Hochachtungsvoll

Beachtet der Mieter auch diese Abmahnung nicht, erfolgt die fristlose Kündigung:

Beispiel: Fristlose Kündigung

Sehr geehrter Mieter,

unsere Abmahnungen vom ..... und ...... haben Sie nicht beachtet und nutzen weiterhin die gemietete Wohnung vertragswidrig als Büro.

Wir kündigen deshalb das Mietverhältnis fristlos und fordern Sie auf, binnen 8 Tagen die Mieträume zu räumen und sie in den vertragsgemäßen Zustand zu versetzen. Sollten Sie dieser Aufforderung nicht nachkommen, werden wir Räumungsklage bei Gericht einreichen.
Hochachtungsvoll

Zieht der Mieter nicht aus, wird, möglichst durch einen Anwalt, Räumungsklage bei Gericht eingereicht, die möglicherweise zur gerichtlichen Räumung durch den Gerichtsvollzieher führt.

* Zimmervermietung
Auch bei anderen Vertragsverletzungen ist stets eine schriftliche Abmahnung vorzunehmen (auch per eMail, WhatsApp, SMS etc. möglich). Neuerdings zum Beispiel häufen sich die Vermietung eines Zimmers über airbnb oder einem anderen Zimmervermittler im Internet. Eine solche „gewerbliche“, also auf eine Zusatzeinahme ausgerichtete Untervermietung bedarf der Genehmigung des Vermieters, die aber meistens nicht eingeholt wird.

Jedenfalls braucht der Vermieter eine solche Untervermietung nicht zu dulden. Evtl. kann man sich auf Zahlung eines angemessenen *Untermiets-Zuschlags* zur Miete einigen. Der Vermieter kann aber auch die Erlaubnis verweigern. Der Mieter könnte gemäß § 540 BGG das Mietverhältnis mit gesetzlicher Frist kündigen (was er ja eigentlich fast immer kann) und ausziehen, was in der Praxis jedoch kaum vorkommt. Führt er die nicht genehmigte Untervermietung weiter fort, ist der rechtliche Weg: Schriftliche 1. Abmahnung, evtl. 2. Abmahnung mit Androhung der Kündigung und bei Nichtbeachtung: Reguläre Kündigung der Wohnung mit gesetzlicher Frist (3, 6, 9 Monate).

1.3.7.3 Außerordentliche *fristlose* Kündigung bei Störung des Hausfriedens

Ein wichtiger Grund im Sinnes des § 543 Abs. 1 liegt ferner vor, wenn eine Vertragspartei den Hausfrieden nachhaltig stört, so dass dem Kündigendem

- unter Berücksichtigung aller Umstände des Einzelfalles
- insbesondere eines Verschuldens der Vertragsparteien
- und unter Abwägung der beiderseitigen Interessen

....die Fortsetzung des Mietverhältnisses

- bis zum Auflauf der Kündigungsfrist oder
- bis zur sonstigen Beendigung des Mietverhältnisses

nicht zugemutet werden kann. § 569 BGB Abs. 2

Es muss sich also um eine *schuldhafte, nachhaltige Störung des Hausfriedens* handeln, die so stark ist, dass eine Fortsetzung des Mietverhältnisses nicht mehr zumutbar ist.

Die „Störung des Hausfriedens" ergibt sich aus der *Hausordnung.* Zu jedem Mietvertragsformular ist Bestandteil eine ausführliche Hausordnung, die das Zusammenleben regelt.

Beispielhafte Formulierungen
aus Hausordnungen sind:

- Die Zugänge zu den einzelnen Wohnungen sind sauber zu halten. Die Treppen einschließlich Geländer und Treppenhausfenster sind sachgemäß zu pflegen und wöchentlich einmal gründlich zu putzen. Sind mehrere Parteien in einem Stockwerk, so haben sie sich mit der Treppenreinigung allwöchentlich abzuwechseln.
- Das Zuschlagen von Türen, Schreien und Lärmen in der Wohnung, im Treppenhaus, im Hof und im Garten ist zu vermeiden, ebenso nächtliche Ruhestörung durch Musikgeräte, Duschen oder Baden.
- Das Waschen und/oder Trocknen von Wäsche in der Wohnung ist nicht gestattet.
- Auf Balkonen dürfen Wäschestücke nur unterhalb der Geländerhöhe zum Trocknen oder Lüften aufgehängt werden.

- Der Balkon darf nur in üblicher Weise benutzt werden, die Lagerung von Unrat, Gerümpel u. ä. ist unzulässig.
- Teppiche, Betten, Decken, Polstermöbel und andere Gegenstände dürfen weder im Treppenhaus, noch zum Fenster herab oder auf dem Balkon gereinigt werden.
- Kehricht und Abfälle dürfen nur in, nicht aber neben die Mülltonnen geleert werden.
- Die Installation von Antennen jeglicher Art ist nur mit Erlaubnis des Vermieters zulässig.
- Das Abstellen von Fahrrädern, Kinderwagen, Bierkästen und anderen Gegenständen im Hausflur, auf den Treppenabsätzen oder den Vorplätzen vor der Wohnung ist nicht gestattet, da diese Räume bzw. Plätze nicht zur alleinigen Nutzung vermietet sind.

usw.

Halten sich Mieter nicht an diese (oder ähnliche) Hausordnung, wird der Hausfrieden gestört. Wird z. B. die Treppe von einer oder einigen Parteien nicht geputzt, gerät die Gesamtordnung durcheinander.

Frage:
Wie ist die Rechtslage in Bezug auf die außerordentliche Kündigung. Kann oder wann kann, oder wann muss der Vermieter bzw. die Verwaltung kündigen?

Aus der gesamten Palette einer Hausordnung führt nur ein einziger Fall zur wirksamen Kündigung: die **Ruhestörung.**

Alle anderen Regelungen sind sicher sinnvoll und es ist auch wichtig, sie im Interesse des Hausfriedens einzuhalten, aber bei Nichteinhaltung ist dies in der Regel kein Grund zur Kündigung. Diese Fälle sind nur über das Thema "Umgang mit dem Mieter" (Lektion 10) zu bearbeiten.

Bei „nachhaltiger“ Ruhestörung jedoch ist der Vermieter aufgerufen, gegen den / die Störer einzuschreiten.

Die Angelegenheit beginnt meist mit einer Beschwerde. Ein oder mehrere Mieter beschweren sich über eine andere Mietpartei wegen Lärm. Es bedarf allerdings eines Beweises in rechtlicher Form.

Hierzu wird folgende Vorgehensweise empfohlen:

Beweisführung
als Grundlage für eine außerordentliche fristlose Kündigung

1. Meldung eines (anderen) Mieters oder eigener Verdacht
2. Beobachten der Angelegenheit
3. Den betroffenen Mieter persönlich ansprechen, durch Verwaltung, Hausmeister etc. und ihm sagen:

„Sie sollen ... getan haben".

Es handelt sich somit noch um keine Behauptung, sondern um einen Vorwurf mit der Möglichkeit einer Stellungnahme.

Reaktion des Mieters. Er sagt:

Nein — Ja, richtig, aber es kommt nicht wieder vor - Fall erledigt-

Beweise sammeln:

↓

Tag, Uhrzeit, Zeugen

1. Abmahnung

Möglichkeiten:

1. Mieter stellt ein - Fall erledigt-
2. Mieter widerspricht - Bearbeitung-
3. Mieter unterlässt nicht

Weitere Beweise sammeln: Tag, Uhrzeit, Zeugen

↓

2. Abmahnung

Möglichkeiten:

1. Mieter stellt ein - Fall erledigt-
2. Mieter widerspricht - Bearbeitung-
3. Mieter unterlässt nicht

↓

Weitere Beweise sammeln: Tag, Uhrzeit, Zeugen

↓
= Fristlose Kündigung vornehmen
↓
Es gibt nun zwei Möglichkeiten:
↓

Mieter zieht nicht aus - Räumungsklage	Mieter zieht aus - Wohnungsabnahme

In diesen Fällen des Vorwurfs an einen Mieter bedarf es mehrerer Beweise. „Alle wissen es" ist noch kein Beweis.

Merke:
Beweise in gerichtlicher Form sind:
* Tag
* Uhrzeit
* Dauer der Störung
* Zeugen.

Letztere müssen dann auch zur Aussage stehen und dies ist meist der menschliche Schwachpunkt.

Prüfungsfragen:

7. Unter welchen Voraussetzungen kann der Mieter der Kündigung widersprechen?

8. Welcher Widerspruchsgrund hat die größten Erfolgsvoraussetzungen?

2. Abwicklung des beendeten Mietverhältnisses

Kaum ein Zeitpunkt im Mietverhältnis ist so streitanfällig wie das heran nahende Ende des Mietverhältnisses und somit die Rückgabe der Wohnung. Die Erfahrungen der Praxis zeigen, dass auch Mietverhältnisse, die lange Jahre störungsfrei verlaufen sind, nun plötzlich ein nicht unerhebliches Streitpotential in sich bergen.

Der Grund liegt in den nun anstehenden Renovierungsarbeiten des Mieters, denn er muss nun seine Maßnahmen, die das Wohnen für ihn nach seinem Geschmack „gemütlich" machten, entfernen und sie „neutral" herrichten. Er muss also eine Wohnung renovieren, von der er sich innerlich schon verabschiedet hat.

Der Vermieter bzw. die Verwaltung erwarten jedoch eine gut renovierte Wohnung, die sie guten Gewissens wieder auf dem Markt zur Vermietung anbieten können.

Hier stehen sich also zwei konträre Interessenslagen gegenüber, die dieses o.g. Konfliktpotential in sich tragen.

Es sind folgende Punkte „unter einen Hut" zu bringen:

- Die Anfangsrenovierung bei Einzug
- Der vertragsgemäße Gebrauch
- Renovierung laut Fristenplan
- Überschreitung des vertragsgemäßen Gebrauchs
- Die Endrenovierung bei Auszug
- Beseitigung von Schäden nach dem Auszug
- Schadensersatzanspruch des Vermieters

Vorab nochmals:
Was sind „Schönheitsreparaturen?“

Unter „Schönheitsreparaturen“ versteht man in der klassischen rechtlichen Definition (nur) das Tapezieren, Anstreichen oder Kalken (?) der Wände und Decken, das Streichen der (Holz-) Fußböden, Heizkörper einschließlich Heizrohre, Innentüren, Fenster und Außentüren von Innen. Das ist alles, es kann aber auch sehr viel Arbeit und hohe Kosten bedeuten.

Dementsprechend nennt man Schönheitsreparaturen auch die „malermäßige Instandhaltung“. Neuerdings werden sie oft auch *„Wohnungs-Dekoration“* genannt, was sicher empfehlenswert ist, weil dieses Wort die Thematik gut ausdrückt: Vom ausziehenden Mieter ist dessen „individuelle Wohnungsdekoration“ zu entfernen und ein neutraler Zustand herzustellen.

Die Ausführung muss „fachgerecht“ sein, egal von wem sie ausgeführt wird. Fachgerecht wiederum bedeutet, dass die Ausführung in der handwerklichen Qualität eines berufsmäßigen Malers erfolgt sein muss und (nur) helle Durchschnittsfarben (z.B. weiß, beige) und keine extravaganten Farben verwendet werden dürfen. In der Praxis spricht man von „neutralen Farben".

2.1 Die Anfangsrenovierung

Gehen wir zurück zum Anfang eines Mietverhältnisses und da stellt sich die Grundfrage: *Wie* hat der nun ausziehende Mieter *seinerzeit* die Mieträume übernommen? Waren sie renoviert im obigen Sinne? Oder hat erst dieser Mieter die notwendigen Schönheitsreparaturen durchgeführt? Klarheit kann hier im Grunde nur das - nachfolgend beschriebene - Übergabeprotokoll bringen. Rechtlich gilt:

Wird dem Mieter eine unrenovierte Wohnung übergeben, kann der einziehende Mieter *formularmäßig,* also per Formular-Mietvertrag *nicht* zur Anfangsrenovierung verpflichtet werden. Eine solche Regelung ist/wäre unwirksam.

Merke:
Grundsätzlich gilt, dass der Mieter die Mieträume bei Auszug in keinem besseren Zustand zurückzugeben braucht, als er sie selbst erhalten hat!

2.2 Der vertragsgemäße Gebrauch

Der Mieter mietet die Räume, damit er sie bewohnen kann, das ist klar. In der heutigen Zeit wird er im Normalfall vor seinem Einzug die Wohnung nach seinem Geschmack "dekorieren", also streichen, tapezieren etc. und er darf sie natürlich auch abwohnen. Der Mieter hat z.B. während der Mietzeit eine weitgehende Gestaltungsfreiheit hinsichtlich der Wahl von Farbe und Material. Während der Mietzeit kann der Vermieter bzw. die Verwaltung den Mieter auch kaum zur Durchführung von malermäßigen Maßnahmen verpflichten.

* Variante 1: Die unrenovierte Wohnung
Mietet der Miete eine unrenovierte, also nur gereinigte Wohnung ohne Tapeten und ohne neuen Farbanstrich, dann könnte er - theoretisch - auch in dieser Wohnung unverändert wohnen und in diesem Zustand, der noch so ist, wie er ihn übernomen hat, kann er bei Vertragsende die Räume auch wieder verlassen (= Rückgabe wie erhalten).

* Variante 2: Die unrenovierte Wohnung wird renoviert
Mietet der Miete eine unrenovierte, also nur gereinigte Wohnung ohne Tapeten und ohne neuen Farbanstrich und "dekoriert" sie anschließend, dann ist dies der oben genannte (normale) Zustand, d.h. der Mieter muss bei Vertragsende seine "Dekorationen" wieder entfernen und einen

neutralen Zustand herstellen. Das heißt meistens: Tapeten entfernen, kleinere Putzschäden ausbessern usw.

* Variante 3: Die renovierte Wohnung
Ist die Wohnung bei Mietbeginn renoviert (egal von wem), d.h. die Wände und Decken sind farblich weiß frisch und fachgemäß gestrichen, muss sie der Mieter bei Auszug im gleichen Zustand zurück geben, aber .....! Nun sind die Mietdauer und der Abnutzungsgrad zu beachten. Die vom Vermieter oder Vormieter renovierte Wohnung ist also die komplizierteste Form.

2.3 Renovierung laut Fristenplan

In vielen Mietverträgen ist vereinbart, dass der Mieter in der Wohnung so genannte "Schönheitsreparaturen" nach einem Fristenplan vornehmen muss. Die üblichen, allgemein anerkannten Fristen sind:

- in Küchen, Bädern und Duschen die Renovierung alle 3 Jahre,
- in Wohn- und Schlafräumen, Fluren und Toiletten alle 5 Jahre,
- in anderen Nebenräumen alle 7 Jahre.

Diese Regelung hat allerdings während des Mietverhältnisses nur in Einzelfällen (siehe nachfolgende Ziffer 2.5.) eine Bedeutung. Die

Regelung wird erst bei Auszug wichtig, denn es stellen sich dann zwei Fragen:

- Hat der Mieter fristgemäß diese Arbeiten ausgeführt?
- Zu welchem Zeitpunkt innerhalb dieser Fristen zieht er nun aus?

* Variante 1:
Hat der Mieter die Renovierungsarbeiten nicht ausgeführt, ist der Fall einfach: Er muss die Arbeiten nun komplett nachholen, also bei Auszug die Wohnung komplett malermäßig renovieren.

* Variante 2:
Hat der Mieter aber in den letzten Jahren Schönheitsreparaturen ausgeführt, sind bei Beendigung des Mietverhältnisses die Fristenplan-Differenzen *abzurechnen.*

Beispiel:
Die Küche zu renovieren kostet lt. Kostenangebot € 1200.-, der Mieter hat vor einem Jahr renoviert (Fristenplan, siehe oben: 3 Jahre), er braucht somit die Küche nicht zu renovieren, sondern trägt einen Kostenanteil von 1/3l (1200.- : 3 Jahre x 1 Jahr) = € 400.-

In diesem Fall wären somit bei Beendigung eines Mietverhältnisses aufgrund eines Kostenangebots, das eingeholt werden muss, die anteiligen Renovierungskosten zu errechnen, der Mieter braucht nicht zu renovieren, sondern trägt die anteiligen Renovierungskosten in Form einer Barzahlung oder Verrechnung mit der Kaution.

Nach Auszug des Mieters hat der Vermieter somit die Wahl:

- Entweder er renoviert selbst neu und verwendet die Anteile des Mieters oder
- er übergibt die Vormieteranteile an den Nachmieter und vereinbart mit diesem individuell die Anfangsrenovierung.

Veränderungen oder Verschlechterungen aufgrund des vertragsgemäßen Gebrauchs hat der Mieter nicht zu vertreten. § 538 BGB

Beispiel:
Benützung von Geräten wie Herd, Heizung usw.

2.4 Einbauten und Einrichtungen

Es durchaus normal, dass der Mieter während der Mietzeit Einbauten vornimmt oder Einrichtungen einbaut, also fest mit dem Mauerwerk verbindet.

Merke:
Der Mieter ist grundsätzlich berechtigt, aber auch verpflichtet, die von ihm vorgenommenen Maßnahmen, die rechtlich als bauliche Veränderungen gelten, bei Auszug zu entfernen.

Dies gilt beispielsweise für Holzverkleidungen, Styropor-Decken, Fußbodenbeläge usw. Nach überwiegender Meinung schließt auch das Einverständnis des Vermieters mit der Maßnahme für sich gesehen die Entfernungspflicht nicht aus.

In folgenden Fällen braucht der Mieter Baulichkeiten und Einrichtungen allerdings nicht zu entfernen:

- Maßnahmen, die dazu dienten, Mängel zu beseitigen oder Aufwendungen nach § 539 BGB darstellen, die der Vermieter gegen sich gelten lassen muss, brauchen - und dürfen (!) nicht entfernt werden.

- Genauso wenig besteht eine Entfernungspflicht für Maßnahmen, die der Mieter im Einverständnis mit dem Vermieter vorgenommen hat, um das Mietobjekt zum vereinbarten Nutzungs- oder Gebrauchszweck erst herzurichten. Er braucht dann weder die Einrichtung selbst noch die hierdurch hervorgerufenen Einwirkungen auf das Mietobjekt zu beseitigen.

Insbesondere gilt dies natürlich, wenn der Mieter sich zur Durchführung dieser Maßnahmen gegenüber dem Vermieter verpflichtet hatte.

- Andere Maßnahme, die der Mieter mit Erlaubnis des Vermieters durchgeführt hat und die allein seinem Zweck dienten (z. B. Einbau von

Raumteilern, Einbauschränken oder eines Duschbades, Durchbrechen einer Tür oder eines Fensters) müssen nicht beseitigt werden, wenn der Vermieter auf die Entfernung ausdrücklich oder schlüssig verzichtet hat.

- Eine Verpflichtung zur Beseitigung oder Entfernung der Maßnahme besteht dann nicht, wenn der Vermieter sich ausdrücklich oder schlüssig bereit erklärt hat, die Einbauten oder Einrichtungen zu übernehmen, wobei ein solcher Übernahmewille allerdings noch nicht daraus geschlossen werden kann, dass er sich mit der Durchführung der Maßnahme einverstanden erklärt hat.

Ein solcher lässt sich aber wohl daraus ableiten, dass der Vermieter die Räume weiter vermietet, ohne zuvor vom Mieter die Beseitigung verlangt zu haben. In einem solchen Fall kann er jedenfalls später nicht mehr die Beseitigung fordern.

- Schließlich kann der Vermieter die Beseitigung bzw. Entfernung dann nicht verlangen, wenn dies rechtsmissbräuchlich ist. Ein Rechtsmissbrauch kann z. B. dann vorliegen, wenn der Nachmieter bereit ist, die Maßnahme oder deren Ergebnis als eigene zu übernehmen und sich zur Entfernung nach Ablauf seiner Mietzeit verpflichtet.

- Weiterhin ist das Verlangen des Vermieters den früheren Zustand wieder herzustellen z. B., auch dann rechtsmissbräuchlich, wenn er nach Beendigung des Mietverhältnisses die Räume in der Weise umbauen will, dass die Wiederherstellungsarbeiten des Mieters ohnehin beseitigt werden müssten.

- Der Mieter ist jedoch verpflichtet, Gebrauchsspuren, die über die vertragliche Abnützung hinausgehen, zu tilgen und nach Beseitigung von Anlagen oder Installationen den früheren Zustand wieder herzustellen. Dies gilt vor allem für die Beseitigung von Schäden an Tapeten und Anstrichen.

- Diese Pflicht richtet sich natürlich auch danach, ob und in welchem Umfang der Mieter überhaupt Schönheitsreparaturen übernommen hat. Wenn dies nicht der Fall ist, trifft ihn beim Auszug keine Renovierungspflicht. Hat er dennoch freiwillig renoviert, dann müssen seine Maßnahmen fachhandwerklichen Anforderungen entsprechen, da er andernfalls zum Schadensersatz verpflichtet ist, sofern er das Versäumte nicht bis zum Vertragsende nachholt.

- Außerdem muss der Mieter beim Auszug auch Haken und Schrauben entfernen sowie Dübellöcher verschließen.

2.5 Überschreitung des vertragsgemäßen Gebrauchs

Werden Mieträume stark beansprucht z.B. durch starkes Rauchen, Kindermalarbeiten an Wänden oder Türen usw., dann gehört auch dieser Beseitigungsaufwand zu den Schönheits-reparaturen und zwar einschließlich zusätzlich notwendiger Maßnahmen.

Beispiel:
In einer Wohnung wurde übermäßig geraucht. Wände, Decken, Türen usw. sind gelb bzw. gelblich. Vor einem Anstrich muss deshalb erst dieses „Tabak-Fett“ beseitigt bzw. isoliert werden. Dieser Mehraufwand der Isolierung gehört ebenfalls zu den Schönheitsreparaturen. Wird dies unterlassen, ist der Anspruch an das „Fachgerecht“ nicht erfüllt.

2.6 Rückgabe der Wohnung

Mit der Beendigung tritt das Mietverhältnis in ein Abwicklungsstadium, dessen Kern die Pflicht des Mieters zur ordnungsmäßigen Rückgabe der Wohnung ist.

Unterlässt der Mieter die rechtzeitige Rückgabe, nutzt er insbesondere das Mietobjekt über das Ende der Mietzeit hinaus, so wird er dem Vermieter schadensersatzpflichtig.

Weitere Abwicklungsansprüche können sich z. B. aus der Erstattung nicht verbrauchter Finanzierungsbeiträge oder einer Mietsicherheit, aus dem Ersatz für Verwendung oder auch aus der Schlussabrechnung für Betriebskosten ergeben.

Der Rückgabeanspruch des Vermieters bezieht sich einerseits auf die Wiedererlangung der Sachherrschaft und zum anderen auf den Rückerhalt des Mietobjekts in vertragsmäßigem Zustand.

* Der Schlüssel

Der Rückgabeanspruch setzt in der Regel eine förmliche Besitzübergabeverhandlung voraus. Und damit sind wir beim Schlüssel:

Verlässt der Mieter die Mieträume und lässt dort die Schlüssel zurück ohne sie an den Vermieter oder dessen Beauftragten zurückzugeben oder wirft er die Schlüssel lediglich in den Briefkasten des Vermieters, so liegt bloße Besitzaufgabe (siehe Ziffer 2.7), jedoch noch keine Rückgabe vor.

Die Rückgabepflicht des Mieters einerseits bedeutet andererseits die Besitzbeschaffung für den Vermieter. Bietet der Mieter die Rückgabe der Wohnung an, MUSS dies der Vermieter annehmen, auch wenn sich die Mieträume nicht im vertragsmäßigem Zustand befinden sollten, z. B. weil der Mieter nicht vollständig geräumt oder

Beschädigungen nicht beseitigt oder entgegen einer übernommenen Pflicht nicht renoviert oder nicht alle Schlüssel zurückgegeben hat.

Der Vermieter verliert durch die Rücknahme des Mietobjekts nicht seinen Anspruch auf Erfüllung oder auf Schadensersatz wegen unterlassener Schönheitsreparaturen oder erforderliche Instandhaltungsmaßnahmen, er muss jedoch einen entsprechenden Vorbehalt machen, wenn er die Beweislastfolge vermeiden will.

Der Vermieter muss an der Rückübertragung des Besitzes auch mitwirken. Das gilt besonders für die Verwaltung. Diese muss sich deshalb zum Auszugstermin beim Mietobjekt einfinden. Erscheint niemand zum Termin, nennen dies die Juristen "Annahmeverzug".

Zur Verschaffung des Besitzes gehört es auch, dass der Mieter die Schlüssel zurückgibt, wobei deren Rückgabe an den Hausmeister dann ausreicht, wenn dieser den Wohnungsübergabetermin wahrnimmt.

Im Übrigen handelt es sich auch bezüglich der Schlüsselrückgabe nicht um eine Bringschuld des Mieters. Fällig wird der Rückgabeanspruch unmittelbar nach Beendigung des Mietverhältnisses. Der Mieter muss also nicht am letzten Tag der Mietzeit räumen, sondern erst am darauf folgenden Tag. Fällt der Räumungstag auf einen Samstag,

Sonn- oder Feiertag, so gilt § 193 BGB, d.h. es gilt auch noch der Montag.

Der Mieter ist auch berechtigt, vorzeitig zu räumen, er bleibt jedoch zur Mietzahlung verpflichtet.

Die Geltendmachung eines Mietzinsanspruches kann jedoch im Einzelfall treuwidrig sein, wenn die vorzeitige Räumung dem Interesse des Vermieters entspricht, zum Beispiel bei einer Kündigung wegen Abbruch des Gebäudes oder wegen Eigenbedarfs (und der Vermieter sofort nach Auszug aktiv wird).

Wenn mehrere Mieter den Rückgabeanspruch als Gesamtschuldner schulden, kann der Vermieter sich darauf beschränken, nur einen von mehreren Mitmietern auf Räumung in Anspruch zu nehmen, muss allerdings im Rechtsstreit darlegen, dass das Mietverhältnis gegenüber allen Mietmietern beendet ist. Dabei besteht eine Haftung des Mitmieters auch dann fort, wenn er bereits ausgezogen ist.

Die Rückgabepflicht des Mieters schließt die Pflicht ein, dass er seine Sachen aus dem Mietobjekt räumt, soweit nicht dem Vermieter ein Zurückbehaltungsrecht auf Grund des Vermieterpfandrechts oder einer besonderen Vereinbarung zusteht und dieser sich auch hierauf beruft.

Der Mieter ist auch verpflichtet, die Räume von

groben Schmutz zu befreien und sie "besenrein" zurückzugeben. Wenn er in der Wohnung noch Renovierungsarbeiten ausgeführt hat, muss er auch den anfallenden Malerschmutz beseitigen.

2.7 Die Besitzaufgabe – eine schwierige Situation

Die klassische Besitzaufgabe ist der Fall, wenn jemand ein nicht mehr gebrauchtes Möbelstück vor die Haustüre stellt und ggf. einen Zettel mit „zu verschenken“ anbringt. Damit gibt man seine Besitzansprüche auf und jeder Mensch kann nun diese Möbelstück einfach mitnehmen, denn es gehört niemanden mehr (Fachbegriff: Herrenlos).

Im Zuge der vielen Scheidungen kommt es vermehrt vor, dass vor allem der Mann seine Sachen packt und auszieht. Die Frau kann Kind(er) und Wohnung zusammen finanziell nicht schaffen, d.h. die Miete bleibt aus, nach 3 Monaten kündigt die Verwaltung fristlos das Mietverhältnis (wie oben beschrieben) und die Frau zieht ebenso aus, **ohne** aber die gesetzliche Pflicht zur „Rückgabe“, wie oben beschrieben, vorzunehmen. Niemand meldet sich mehr, es tritt Funkstille ein.

Zu klären ist deshalb die Frage, ob die Wohnung noch bewohnt ist oder eine Besitzaufgabe vorliegt.

Wurden vom Mieter die Schlüssel abgegeben, z.B.

durch Einwurf in den Briefkasten, dann ist die Besitzaufgabe gegeben, d.h. als Verwaltung darf man die Räume betreten und kann die Räumung veranlassen.

Wurden jedoch die Schlüssel nicht abgegeben, kann man dann als Verwaltung auch einfach (gewaltsam) die Türe öffnen lassen?

Nein, leider nicht, denn sollte die Wohnung „nur verlassen" sein, muss der Rechtsweg über die Räumung gegangen werden, so teuer dies auch wird (Anwalt, Gerichtskosten, Gerichtsvollzieher, Umzugsfirma usw.). Hier können die Mieter auch stets Räumungsschutz beantragen.

Ist die Wohnung augenscheinlich nicht mehr bewohnt und offenbar der Besitz an den restlichen Sachen aufgegeben, wie oben beschrieben, muss man akribisch Beweisgründe hierfür sammeln,
zum **Beispiel:**

* Wurde die Mietpartei (Frau, Kind(er) noch im Haus gesehen?
* Sind Strom, Telefon, ggf. Gas noch gemeldet oder gesperrt?
* Sind vor der Wohnung Fußspuren zu sehen (z.B. könnte man selbst oder durch den Hausmeister mit Feinstaub klären)
* Wird der Briefkasten geleert?

Es ist also aus vielen Fakten zu prüfen, ob man auf

„bewohnt“ oder auf „verlassen“ schließen kann. Bei „verlassen“ kommen wir zurück auf unser Thema Besitzaufgabe. In diesem Fall könnte man die Sachen in der Wohnung einfach entfernen bzw. entsorgen, aber dazu reicht der Begriff Besitzaufgabe im Mietrecht (leider) nicht aus.

Man kann sich leider den langwierigen und kostenintensiven Rechtsweg nicht ersparen, aber man kann diesen Umstand der beweisbar verlassenen Wohnung in der Räumungsklage begründen und damit (vermutlich) einen "schnellen Räumungstitel" erwirken.
Man sollte also den Anwalt über die verlassene Einheit informieren und diesen Umstand in die Räumungsklage aufnehmen. Auch der Räumungsschutz entfällt. Mit dem Rechtstitel kann man dann die Räumung und ggf. die Wiederherrichtung der Wohnung in Auftrag geben.

Prüfungsfragen:

9. Was versteht man unter dem Begriff „Schönheitsreparaturen"?

10. Was versteht man unter „fachgerechte Ausführung?“

11. Wie sind die allgemein anerkannten Fristen bei Schönheitsreparaturen?

12. Was bedeutet „besenrein?“

13. Nennen Sie drei Ausnahmen, bei denen der Mieter Baulichkeiten und Einrichtungen nicht entfernen muss.

2.8 Die Nutzungsentschädigung

Wenn der Mieter das Mietobjekt nach Beendigung der Mietzeit nicht oder nicht rechtzeitig zurückgibt, so entsteht ein Abwicklungsverhältnis, dessen Kern in § 546a BGB geregelt ist.

Dies bedeutet: Das Mietverhältnis ist beendet, aber der Mieter nutzt die Räume weiterhin, zumindest hat er sie nach Ablauf der Kündigungszeit nicht zurück gegeben. "Die Miete" ändert sich nun begrifflich um in eine Nutzungsentschädigung.

Infolge der Vorenthaltung der Mietsache kann der Vermieter von dem Mieter als Entschädigung zum einen den vereinbarten Mietzins verlangen. Der Vermieter kann aber auch anstelle des vereinbarten Mietzinses bei Mietverträgen über Wohn- und Geschäftsräume für die Dauer der Vorenthaltung den Mietzins verlangen, der für vergleichbare Räume ortsüblich ist.

Beispiel:
Die Nettokaltmiete betrug bisher 500 Euro, die ortsübliche Miete ist aber inzwischen auf 600 Euro angestiegen. In diesem Fall kann der Vermieter gegenüber dem Ex-Mieter per Brief eine Nutzungsentschädigung von 600,00 € plus Betriebskosten für die Dauer der Nutzung geltend machen.

Juristisch heißt dies:
Dadurch, dass dem Vermieter ein Wahlrecht zwischen dem vereinbarten Mietzins und der ortsüblichen Vergleichsmiete eingeräumt wird, hat der Vermieter eine Ersetzungsbefugnis (Nutzungsgebühr - Miete).

Die Ausübung der Ersetzungsbefugnis des Vermieters wirkt dabei grundsätzlich nur für die Zukunft, so dass der Mieter erst dann die angeforderte „Miete" = jetzt Nutzungsgebühr schuldet, wenn der Vermieter sie ihm gegenüber geltend gemacht hat.

Fällig wird die ortsübliche Miete im Übrigen sofort nach Zugang der Erhöhungserklärung.

Gemäß 546a Absatz 2 BGB ist die Geltendmachung eines weiteren Schadens neben der Nutzungsentschädigung nicht ausgeschlossen.

2.9 Schadensersatzansprüche

Schon das Titelwort drückt es aus: Es ist ein Rechtsgebiet, also das Tätigkeitsfeld von Juristen. In Schadensersatz-Angelegenheiten ist die Beauftragung eines Anwalts dringend zu empfehlen. Aus diesem Grund soll und kann hier nur ein kleiner Überblick gegeben werden, um welche Ansprüche es im Grundsatz geht bzw. gehen kann.

* Schadensersatz wegen Nichtdurchführung von Schönheitsreparaturen

Ist laut Mietvertrag der Mieter zur Durchführung der Schönheitsreparaturen verpflichtet (worden) und muss er diese bei bei Beendigung des Mietverhältnisses vornehmen, gerät er bei Nichtvornahme mit dem Tag der Beendigung des Mietverhältnisses in Verzug, jedoch ist in der Regel eine (Ab-) Mahnung erforderlich, um den Mieter tatsächlich in Verzug zu setzen. Dies bedeutet, dass der Vermieter/Verwalter dem Mieter zur Durchführung der Schönheitsreparaturen eine angemessene Frist (mindestens 14 Tage) gesetzt hat. Einer Fristsetzung bedarf es dann nicht, wenn der Mieter die Vornahme der Schönheitsreparaturen bestimmt, ernstlich und endgültig verweigert.

Der Auszug eines Mieters ohne Vornahme der bei Beendigung geschuldeten Schönheitsreparaturen stellt grundsätzlich eine solche endgültige Erfüllungsverweigerung dar, da der Mieter durch den Auszug in aller Regel zum Ausdruck bringt, dass er nicht bereit ist, seinen vertraglichen Verpflichtungen nachzukommen.

Im Einzelfall kann sich jedoch aus den konkreten Umständen auch eine andere Beurteilung rechtfertigen.

Der Schaden der durch die Nichtvornahme der Schönheitsreparaturen entstanden ist, besteht darin, dass dadurch eine Wertminderung des Mietobjekts verursacht worden ist sowie auch eine der Minderung des Marktwertes. Um diese Nachteile auszugleichen, kann der Vermieter Ersatz für die erforderlichen Kosten der Schönheitsreparaturen verlangen, die aufgrund eine Kostenvoranschlages, eines privaten Gutachtens oder aufgrund eines Gutachtens im Beweissicherungsverfahren abstrakt berechnet werden können.

Ersatzfähig sind grundsätzlich aber auch die Kosten für ein zur Feststellung des Wohnungszustandes erforderliches Sachverständigengutachtens.

Der Schadensersatzanspruch des Vermieters entfällt auch nicht dadurch, dass im Falle der Weitervermietung der Wohnung der neue Mieter vertraglich die Schönheitsreparaturen übernimmt und diese auf seine Kosten vornimmt.

* Schadensersatz wegen Beschädigung und Verletzung von Obliegenheiten

Der Vermieter kann Schadensersatzansprüche (aus positiver Vertragsverletzung bzw. unerlaubter Handlung gemäß § 823 BGB) gegen den Mieter geltend machen, wenn dieser oder ein Erfüllungsgehilfe schuldhaft Schäden verursacht hat.

In Betracht kommen dabei neben den eigentlichen Sachbeschädigungen solche, die aufgrund der Verletzung von Obhutpflichten und vertraglicher Obliegenheiten entstehen. Der Mieter haftet z. B. für Schäden am Fußboden (insbesondere Parkett) wenn übermäßiges Abtreten oder Vertiefungen z. B. durch sog. Pfennigabsätze vorhanden sind. Kleinere Kratzer auf dem Parkettfußboden sind dagegen noch als normale Abnutzung zu bewerten.

Wenn der Mieter einen eingebrachten - evtl. verklebten - Teppichboden beseitigen muss, ist er auch für Beschädigungen infolge des Entfernens - wie z. B. Schäden am Unterbelag, Zurückbleiben von Kleberesten - ersatzpflichtig.

Schadensersatz ist insbesondere zu leisten, wenn Rotweinflecken, Brandspuren, Brandflecken u. ä. am Bodenbelag vorhanden sind, wobei dieser in den

Reparaturkosten, einer Wertminderung oder in den Anschaffungskosten eines neuen Bodens bestehen kann.
Kein Ersatz z. B. kann verlangt werden für bloße Abnutzungserscheinungen.

Zur Verletzungen von Sorgfaltspflichten und Obliegenheiten gehören auch unterlassene Wartungsarbeiten an Geräten.

Zu beachten ist noch, dass der Vermieter, wenn er entsprechende Schadensersatzansprüche geltend macht, beweisen muss, dass die Mieträume bei Überlassung an den Mieter mangelfrei waren.
Den Mieter trifft die Beweislast dafür, dass die Verschlechterung der Mietsache *nicht durch ihn* verursacht und verschuldet worden ist.

Prüfungsfragen:

14. Was kann der Vermieter von dem Mieter wegen nicht bzw. nicht rechtzeitiger Rückgabe der Mieträume verlangen?

15. Welche sonstigen Ansprüche wegen verspäteter Räumung und Herausgabe kommen in Betracht?

3. Das Wohnungsabnahme und -übergabeprotokoll

Aus den vorangegangenen Ausführungen ergeben sich für die Praxis folgende Grundsätze einer ordnungsgemäßen Verwaltung, die schon erwähnt wurden.

Merke:

Kein Wohnungswechsel
ohne Wohnungsabnahme- und -übergabeprotokoll!

Wird ein Mietverhältnis gekündigt, ist stets eine Wohnungsabnahme und eine -übergabe an den Nachmieter vorzunehmen und der Zustand der Mieträume protokollmäßig zu erfassen.

Das Protokoll hat eine doppelte Funktion:

- Beweiskraft über den Zustand der Wohnung bei evtl. späteren Forderungen
- Vereinbarungen zwischen Vor- und Nachmieter über Renovierung, Möbel usw.

Erinnern Sie sich? In der Vermietungscheckliste ist eine Wohnungsabnahme und -übergabe in den verwaltungsmäßigen Ablauf einer Vermietung eingebaut.

Grundsätze:

- Die Wohnung muss völlig geräumt sein.
- Es müssen gute Lichtverhältnisse herrschen (besonders im Winter zu beachten).
- Vormieter, Nachmieter und Verwaltung müssen anwesend sein, sofern ein Nachmieter bereits feststeht.
- Eine Zeit von 1 Stunde bis 1,5 Stunden für das Protokoll sollte angesetzt werden.

Wichtig ist, dass das Protokoll *objektiv* so erstellt wird, wie sich die Wohnung vom Zustand zu diesem Zeitpunkt tatsächlich darstellt.

Ein Wohnungsabnahme und -übergabeprotokoll besteht gedanklich aus zwei Schritten:

1. Schritt:

- Der objektiven Zustandsbeschreibung der Wohnung.

2. Schritt:

- Der Folge aus diesem Zustand und Vereinbarungen

Oft wird der Fehler gemacht, dass der zweite Schritt vor dem ersten getan wird, z. B. es wird vermerkt: „die Tapeten müssen entfernt werden". Dieser Satz ist bereits eine eigene Meinung und keine objektive Zustandsbeschreibung.

Richtig ist: „Ältere Mustertapete im Wohnzimmer“.

Was nun mit dieser Tapete passieren soll, ist der zweite Schritt, z. B.
„Die Tapeten im Wohnzimmer übernimmt der Nachmieter auf privater Basis“.

Checkliste -verkürzte Form-

Wohnungsabnahme- und -übergabeprotokoll

1. Objektive Zustandsbeschreibung

Wohnung:..

Verwalter und Mieter haben die Wohnung heute gemeinsam besichtigt und erklären, dass sich die Mieträume in folgendem Zustand befinden:

- Küche:
- Bad/WC:.
- Wohnzimmer:
- Schlafzimmer:
- Kinderzimmer:
- usw.

2. Vereinbarungen

- Der Mieter verpflichtet sich, folgendes auf seine Kosten bis zum .... zu beheben bzw. beheben zu lassen:

- Zwischen dem ausziehenden und dem einziehenden Mieter werden folgende Vereinbarungen auf privater Basis getroffen: ...

- Der Vermieter/Verwalter wird folgendes baldmöglichst beheben bzw. beheben lassen: ...

Verwaltungshinweise:

- Die ausziehende Mieter wurde auf das Ab-, An- und Ummelden beim Einwohnermeldeamt und von Strom, Telefon usw. aufmerksam gemacht.

- Der einziehende Mieter versichert, dass er sich beim Einwohnermeldeamt angemeldet hat.

- Für den einziehenden Mieter werden die Tür-, Klingel- und Briefkastenschilder mit der Bezeichnung: .... auf seine Kosten bestellt und durch den Hausmeister angebracht.

Neue Anschrift des ausziehenden Mieters:

Bankverbindung des ausziehenden Mieters wegen Kautions- und Betriebskostenabrechnung:

Datum, Unterschriften

Vormieter Nachmieter Verwalter

PS: Ein solches Formular ist in der Regel als Anlage bei einem gekauften Mietvertrag beigefügt.

Übung:

a) Um einen „Blick“ für einen Zustandsbericht zu bekommen, gehen Sie bitte mit obigem oder nachfolgenden Formular durch *Ihre Wohnung* und schreiben Sie bitte den *heutigen objektiven Zustand* Ihrer Wände, Decken, Türen, Heizkörper usw. auf und

b) treffen Sie mit sich selbst entsprechende Vereinbarungen.

Notieren Sie:
Der *objektive* Zustand im

Raum	Heutiger Zustand	Notwendige Tätigkeiten
Flur		
Wohnzimmer		
Schlafzimmer		

Kinderzimmer		
Bad/WC		
Sonstiges		

Datum, Unterschrift(en)

4. Mietkaution und Kautionsabrechnung

Nach erfolgter Wohnungsabnahme sollte unverzüglich (= ohne schuldhaftes Verzögern) die Abrechnung der Kaution durch den Vermieter erfolgen, d. h. die Kaution ist abzurechnen, sobald dies dem Vermieter zumutbar ist. Dies ist der Fall, wenn die o. g. Wohnungsabnahme keine gravierenden Mängel ergibt und kein Mietrückstand besteht.

Sind Betriebskosten- bzw. Heizkostennachzahlungen zu erwarten, kann der Vermieter einen angemessenen Teil der Kaution, nämlich in Höhe der zu erwartenden Nachzahlung, nicht jedoch die volle Kaution zurück halten.

Grundsätzlich dient die Kaution zur Sicherung aller Ansprüche aus dem Mietvertrag, z. B. für Mietrückstände, Schadensersatz wegen unterlassener oder nicht fachgerecht ausgeführter

Schönheitsreparaturen, verursachte Schäden am Objekt usw.

Liegt eine Verpfändungserklärung eines Sparbuchs vor, ist diese als "erledigt" an den Mieter oder an die Bank des Sparbuchs zurück zu geben. Wurde ein Treuhand-Konto angelegt, ist die Kaution mit aufgelaufenen Zinsen an den Mieter zu überweisen.

* Abrechnungsfrist

Rechtlich ist dem Vermieter nach Beendigung des Mietverhältnisses eine angemessene Frist einzuräumen, innerhalb deren er sich zu entscheiden hat, ob und in welcher Weise er die Kaution zur Abdeckung seiner Ansprüche verwenden will.

Auch während dieser Zeit ist eine Aufrechnung des Mieters mit der Kaution grundsätzlich ausgeschlossen.

Erst nach Ablauf eines *angemessenen Zeitraums* wird der Anspruch des Mieters auf Rückzahlung der Kaution fällig. Die Bemessung der angemessenen Frist bestimmt sich nach den Umständen, u. a. danach, ob das Mietverhältnis einfach abzuwickeln ist, der Mieter das Mietobjekt in einem einwandfreien Zustand zurückgegeben hat oder ob über die Umlagen und Betriebskosten schon hat abgerechnet werden können.

Es dürfen entgegen einem Teil der Rechtssprechung keine starren, verbindlichen Fristen, innerhalb deren die Abrechnung zu erfolgen hat, festgesetzt werden, häufig werden 6 Monate als angemessen angesehen. Aus den Umständen kann sich jedoch ergeben, dass mehr als 6 Monate für den Vermieter erforderlich und dem Mieter auch zumutbar sind.

Der Vermieter ist jedoch nicht berechtigt, die Kaution zurückzubehalten, um einen Erfüllungsanspruch durchzusetzen, da die Kaution kein Druckmittel ist, sondern nur der Sicherung von Geldforderungen dient.

Besteht die Mieterseite aus als einer Person, dann kann auch die Kaution nur von allen gemeinsam gefordert werden. Dies gilt auch dann, wenn die Sicherheit nur von einem Mieter gegeben worden ist.

5. Rechte des Mieters bei Einrichtungen

Hat der Mieter die Wohnung mit „Einrichtungen“ versehen, kann und muss er diese bei Auszug entfernen. Dies ist im Allgemeinen klar.

Vom Mieter eingebrachte Sachen sind dann keine Einrichtung, wenn sie erforderlich waren, um die Mietsache überhaupt erst in den vertragsgemäßen Zustand zu versetzen. In der Praxis kann dies bei Altbauwohnungen der Fall sein.

Einrichtungen und Einbauten können z. B. in folgenden Fällen vorliegen:

- Ölzentralheizung, Öfen (insb.Kachelöfen)
- Teppichböden
- Sanitäre Installationen und Badeeinrichtungen, Badewanne, Waschbecken, Toiletten
- Maschinen, die mit der Mietsache fest verbunden werden
- Licht- und Beleuchtungsanlagen, Steckdosen, Schalter
- Türen, Rollläden, Einbauschränke
- Zwischendecken und Wände (Trenn- oder Vorwände)
- Verlegen von Leitungen und Fliesen
- Einbauküchen.

Während der Mietzeit kann der Mieter über die Einrichtung verfügen, insbesondere sie wieder beseitigen oder durch eine andere, moderne ersetzen.
Wenn der Mieter von seinem Wegnahmerecht Gebrauch gemacht hat, muss er den früheren Zustand der Mietsache vor Anbringung der Einrichtungen wiederherstellen.

Der Anspruch des Vermieters geht dahin, dass er die Mietsache in dem Zustand zurückerhält, in dem sie sich bei der Überlassung befunden hat.

6. Modernisierung durch den Mieter

Bei Altbauwohnungen kann es vorkommen, dass der Mieter selbst Modernisierungen durchführen möchte, um sich das Wohnen bequemer zu machen.

Zu solchen Aufwendungen des Mieters zählen sämtliche Modernisierungsmaßnahmen wie z. B. im Altbau die Erneuerung von Stromleitungen mit zusätzlichen Steckdosen und der Einbau eines Schutzschalters, die Anbringung einer zusätzlichen Wärmedämmung an einer Außenwand oder die Vornahme von Schallschutzmaßnahmen. In diesen Fällen kann der Mieter die gemachten Aufwendungen abzüglich der Abschreibung für die Verwendungszeit nach den Vorschriften über die Geschäftsführung ohne Auftrag ersetzt verlangen, z.B. bei Auszug aus der Wohnung.

Sofern ein solcher Wertersatz verlangt wird, bestimmt sich dessen Höhe danach, ob durch die Verwendung ein *Wertzuwachs* beim Vermieter eingetreten ist, insbesondere ob der Verkehrswert des Mietobjekts gestiegen ist, wobei sich die Wertverbesserung nach objektiven Maßstäben berechnet.

Allerdings muss der Vermieter zu *baulichen Änderungen* des Mieters zustimmen, wenn sie für eine behindertengerechte Nutzung der Mietsache - oder den Zugang zu ihr - erforderlich sind.

Aber Achtung!
Umbauten, um die Wohnungen "altersgerecht" zu machen, sind keine Modernisierung. Siehe dazu Lektion 6 Ziffer 9. Sie ist zumindest rechtlich nicht abgesichert.

Dies gilt auch dann, wenn zum Beispiel Finanzmittel der Kfw-Bank verwendet werden sollen. Es kommt dann vor allem auf den Umfang der Umbauten an.

Der Vermieter kann seine Zustimmung (nur) verweigern, wenn sein Interesse an der unveränderten Erhaltung das Interesse des Mieters überwiegt. Dabei sind auch die berechtigten Interessen anderer Mieter in dem Gebäude zu berücksichtigen.

Der Vermieter kann die Zustimmung der Wiederherstellung des ursprünglichen Zustandes abhängig machen und eine angemessene zusätzliche Kaution verlangen.

Sind die Wünsche des Mieters durchaus sinnvoll, empfiehlt es sich, mit ihm einen Umbau-Vertrag abzuschließen, in dem die Rechte und Pflichten sowie die Bedingungen bei Beendigung des Mietvertrages geregelt sind.

7. Kurze Zusammenfassung

Fassen wir noch einmal kurz zusammen, welche Ansprüche für Vermieter und Mieter bei der Abwicklung des beendeten Mietverhältnisses in erster Linie in Betracht kommen:

Ansprüche bzw. Rechte des Vermieters:

- Anspruch auf Rückgabe der Mietsache gemäß § 546 BGB
- Bei verspäteter Rückgabe Anspruch auf Nutzungsentschädigung
- Schadensersatzanspruch wegen Nichtdurchführung von Schönheitsreparaturen und/oder wegen Beschädigungen bzw. Verletzungen von Obliegenheiten.

Ansprüche bzw. Rechte des Mieters:

- Das Recht zur Wegnahme von Einrichtungen gemäß § 539 BGB
- Anspruch auf Rückgabe von geleisteten Sicherheiten, z. B. Kaution
- Anspruch auf Ersatz von Aufwendungen.

Prüfungsfragen:

16. Was ist unter einer „Einrichtung" zu verstehen?

17. Wie kann der Vermieter die Ausübung des Wegnahmerechts abwenden?

18. Wonach bestimmt sich die Bemessung der angemessenen Frist nach der der Anspruch des Mieters auf Rückzahlung der Kaution fällig wird?

19. Worauf richtet sich der Anspruch des Mieters auf Ersatz der notwendigen Aufwendungen?

20. In welchen Fällen ist ein Verwendungsersatzanspruch nicht gegeben?

8. Kurze Verjährungsfrist

Zunächst ist die kurze Verjährungsfrist von (nur) *6 Monaten* zu beachten! § 548 BGB

Diese Bestimmung ist entsprechend ihrem Zweck weit auszulegen. Es werden *alle Ansprüche des Vermieters aus vertragswidrigem Gebrauch,* aus Beschädigungen auch von Zubehör und mitbenutzten Teilen, aus Verletzung der Obhutspflicht und sonstige Fürsorgepflichten, Verletzung von Instandhaltungspflichten, insbesondere der Pflicht zur Durchführung von Schönheits-reparaturen, wegen nicht ordnungsgemäßer Räumung oder auch wegen unterlassener Wiederherstellung nach Wegnahme einer Einrichtung erfasst.

Die Verjährung bezieht sich auf alle Schadensfolgen, so auf die Kosten der Wiederinstandsetzung, die Kosten eines Sachverständigen, den Ersatz von Mietausfall usw.

Die kurze Verjährung gilt z. B. nicht für Ansprüche des Vermieters auf Ersatz von Personenschäden, für Ansprüche bei vollständiger Zerstörung des Mietobjekts, so dass es nicht wiederhergestellt werden kann, für den Rückgabeanspruch und für den Anspruch auf Rückgewähr von Zubehör.

Weiterhin wichtig ist:

Die Verjährungsfrist beginnt, *sobald der Vermieter die Mietsache zurück erhält,* das heißt tatsächlich in der Lage ist, das Mietobjekt auf seine Mangelfreiheit und Ordnungsmäßigkeit zu prüfen sowie sichere Kenntnis von den Mängeln zu erlangen. Das setzt voraus, dass ihm der Besitz wieder eingeräumt worden ist, wobei es unerheblich ist, ob die Rückgabe vor, bei, oder nach Vertragsende erfolgt ist.

Außerhalb des § 548 BGB gelten folgende Verjährungsfristen:

- Regelmäßig Verjährungsfrist 3 Jahre!

- Ausnahmen: 10 Jahre bzw. 30 Jahre

Der Lauf der Verjährungsfrist kann durch Vereinbarung weder verlängert noch erschwert werden.

Wichtig ist auch, dass der Vermieter mit einem Kautionsguthaben auch dann noch *aufrechnen* kann, wenn der von ihm geltend gemachte Anspruch bereits der Verjährung unterliegt, da die Aufrechnung durch die Verjährung nicht unterbrochen wird.

Ansonsten ist auch hier juristischer Beistand zu empfehlen.

Ihre Notizen:

Lektion 6

Technische
Verwaltung
Instandhaltung +
Modernisierung

Lektion 6
Die technische Verwaltung

Instandhaltung, Gebäudetechnik, Modernisierung
Neu: Altersmoderner Umbau

Inhalt: Seite

Fortsetzung ≥

Einleitung

Der Umstand, dass Immobilien bzw. alle Gebäude instand gehalten werden müssen, sollte im Denken von Eigentümern selbstverständlich sein, ist es aber nicht, weil Instandhaltungsmaßnahmen leider Geld kosten, aber Eigentümer möglichst wenig Geld ausgeben möchten. Das ist also normal menschlich, seit Jahrtausenden. In der Lektion 1 hatten wir schon von Seneca, dem römischen Philosoph und reichsten Bürger von Rom geschrieben, der sich vor mehr als 2000 Jahren über einen Verwalter beschwerte, dass dieser nicht ordentlich gewirtschaftet habe. Dieser aber gibt die Schuld zurück mit dem Hinweis, dass die Gebäude eben alt seien und soviel Geld an Instandhaltung verschlängen, dass kein Gewinn zu erzielen sei.

Was war geschehen? Sicher wird man von einem Philosophen keine betriebswirtschaftliche Kenntnis erwarten und auch das „normale Gespür" für die Gebäude hat versagt, weil er vermutlich einfach zu geizig gewesen sein dürfte - was übrigens nach der Erfahrung des Autors bei sehr reichen Menschen oft anzutreffen ist - um schon Jahre zuvor Geld für Investitionen, also von Instandhaltungsmaßnahmen auszugeben. Nun war bei ihm das eingetreten, was wir Fachleute mit *„Instandhaltungsstau"* bezeichnen.

Heute sind wir natürlich weiter und speziell im renommierten IMI Immobilien Institut Nürnberg wurde ein so genannter Gebäude-Instandhaltungs- bzw. Lebenszyklus entwickelt, der zeigt, dass die Instandhaltungskosten eine nach oben ansteigende und wieder fallende Kostenkurve haben,

Gebäude-Instandhaltungszyklus

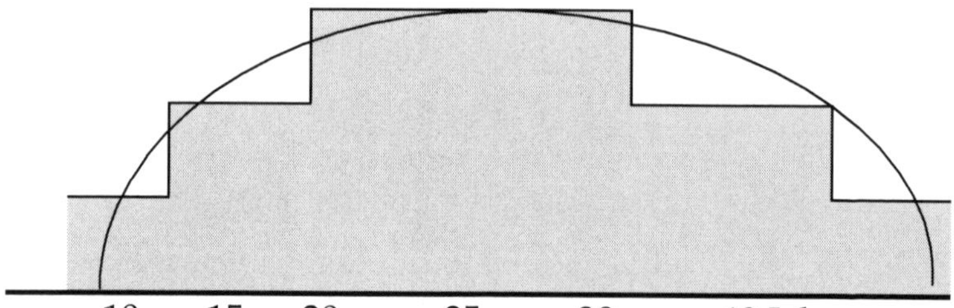

10 15 20 25 30 40 Jahre

40 45 50 60 70 80Jahre

Die Beschreibung folgt.

Diese immobilienspezifischen Erkenntnisse stehen natürlich in keinem Gesetz, sondern sie gehören zu den „ungeschriebenen Gesetzen" von Immobilien, die nur den Fachleuten bekannt sind.

Sachlich betrachtet gehört die Instandhaltung zum Bereich der „Technischen Verwaltung" - in Abgrenzung zu den Technikern und Ingenieuren der Haustechnik - und bedeutet in der Praxis die Durchführung von

- Inspektionen
- Wartungsmaßnahmen
- Instandhaltungsmaßnahmen
- Modernisierungen und Wertverbesserungen.

Neu hinzukommen dürfte bald, aufgrund der

demographischen Entwicklung, der "altersmoderne Umbau" für die Senioren m/w.

Alle Tätigkeiten hat der Verwalter nicht selbst durchzuführen, sondern ihm obliegt die **Organisation**, dass das jeweilige Anwesen ordnungsgemäß instand und "auf der Höhe der Zeit" gehalten ist.

1. Rechtliche Aufgaben der laufenden Instandhaltung

Der Verwalter ist im Rahmen seiner Verwalterpflichten für die laufende Instandhaltung der ihm anvertrauten Immobilien zuständig. Gebäude unterliegen nämlich einem Alterungsprozess und Maßnahmen der Instandhaltung und der Modernisierung sollen den eintretenden Verfallsprozess möglichst lange hinausschieben. Für den Verwalter bedeutet dies, Maßnahmen zu organisieren, damit die Immobilie gut instand gehalten und nutzungsfähig bleibt.

Zur Erinnerung: Den Begriff des Verwaltens haben wir definiert als: **„beschützen, pflegen, bewahren usw.“** Die Instandhaltung ist damit neben den Finanzen eine sehr wichtige Verwalterpflicht.

1.1 Rechtliche Grundlagen bei Mietwohnungen

Die vertragliche Hauptpflicht des Vermieters besteht nach dem Mietrecht darin, dem Mieter die Mietsache in einem zum vertragsgemäßen Gebrauch geeigneten Zustand zu überlassen und in diesem Zustand zu erhalten. § 535 BGB

Diese Verpflichtung bedeutet, *dem Mieter* das Mietobjekt in einem Zustand zu überlassen, der dem vertragsmäßigen Gebrauch, also dem Wohnen entspricht und während der Mietzeit diesen Zustand zu erhalten.

Hieraus ergibt sich für den Vermieter die grundsätzliche Verpflichtung zur Erhaltung der Mietsache, unabhängig davon, ob es sich um ein Mietverhältnis über Gewerberäume oder von Wohnraum handelt. Das Ziel dieser Bemühungen muss sein, die genannte vertragliche Hauptpflicht zu erfüllen, d. h. die vermietete Sache in einem zum vertragsmäßigen Gebrauch geeigneten Zustand zu erhalten.

Herausgebildet haben sich auch zwei Begriff: Instandhaltung und Instandsetzung. Der Unterschied zwischen den Begriffen ist (nur) mietrechtlicher Art, technisch aber ohne Bedeutung.

Begriffe: Instandhaltung und Instandsetzung

Instand**haltungs**maßnahmen können in einem gewissen Rahmen (z. B. sog. Kleinreparaturen) auf den Mieter umgelegt werden, während Instand**setzungs**maßnahmen, verstanden auch als Maßnahmen an „Dach und Fach" grundsätzlich nicht auf den Mieter umlagefähig sind.

Unter beiden Begriffen wird also mietrechtlich die Behebung von baulichen Mängeln, insbesondere von Mängeln, die infolge Abnutzung, Alterung, Witterungseinflüssen oder Einwirkungen Dritter entstanden sind, verstanden und zwar durch *bauliche Maßnahmen*, die in den Wohnungen den zum „bestimmungsgemäßen Gebrauch" geeigneten Zustand wieder herstellen. Instandsetzung bewahrt den Zustand der Wohnung und verhindert den Verfall, ohne jedoch den Wohnstandard zu verbessern.

Einzige *Ausnahme im gewerblichen Mietrecht*, wenn ein *komplettes Gebäude an einen Mieter* vermietet ist wie z.B. ein Supermarkt, dann können im Mietvertrag auch notwendige, während der Mietzeit anfallende Instandsetzungsmaßnahmen am Gebäude auf den Mieter per Vereinbarung im gewerblichen Mietvertrag umgelegt werden.

Bei Mietwohnungen ist dies grundsätzlich ausgeschlossen. Hier ist und bleibt der Eigentümer für die Instandsetzung verantwortlich. Weitere Details folgen.

1.2 Duldungspflichten des Mieters

Damit der Vermieter dieser Verpflichtung zur Durchführung von Instandhaltungsmaßnahmen nachkommen kann, ist der Wohnungsmieter grundsätzlich verpflichtet, Instandhaltungs- und Instandsetzungsmaßnahmen zu dulden, d. h. Störungen in einem gewissen Rahmen hinzunehmen. Vor allem muss der Mieter Maßnahmen hinnehmen, die erforderlich sind, um die Mieträume und das Gebäude zu erhalten.

(Hinzuweisen ist in diesem Zusammenhang auch auf die Duldungspflicht gemäß § 175 BauGB. Diese Fälle sind allerdings in der Praxis relativ selten.)

Die Duldungspflicht gilt generell bei allen Maßnahmen, bei denen es um die Verbesserung der gemieteten Räume oder sonstiger Räume, der Schaffung neuen Wohnraumes, der Einsparung von Heizenergie oder Wasser geht. In diesen Fällen ist der Mieter generell zur Duldung verpflichtet es sei denn, die Maßnahme(n) würden für ihn oder seine Familie eine *Härte* bedeuten, die auch unter Würdigung der berechtigten Interessen des Vermieters und anderer Mieter in den Gebäuden nicht zu rechtfertigen ist.

Es kann somit Gründe in der *Person* oder in der *Sache* geben.

- Gründe in der Person sind Alter, Krankheit, Gebrechen, soziale Umstände, d. h. der Mieter ist nicht in der Lage, die bauliche Durchführung zu verkraften.

- Gründe in der Sache sind zum Beispiel Störungen, die mit den handwerklichen Arbeiten verbunden sind (außergewöhnlicher Staub, Lärm usw.).

1.3 Bagatellemaßnahmen

Im Sinne eines Interessenausgleiches zwischen der wünschenswerten Verbesserung und Modernisierung von Wohnraum bzw. Durchführung von Maßnahmen zur Einsparung von Heizenergie oder Wasser und dem Schutz des betroffenen Mieters, sind die vorgenannten Vorschriften nicht anzuwenden, wenn diese Maßnahmen „... nur mit einer **unerheblichen Einwirkung** auf die vermieteten Räume verbunden sind und nur zu einer unerheblichen Mieterhöhung führen".

Gemeint sind „Bagatellemaßnahmen" wie z. B.:

- Der Einbau einer Klingelanlage
- Auswechslung früher gebräuchlicher „Auf/Zu"-Heizkörper-Ventile durch Thermostatventile usw.

Von einer Bagatellemaßnahme ist auszugehen, wenn die sich ergebende Mieterhöhung 5 % der monatlichen Nettokaltmiete nicht überschreitet.

Aufwendungen, die der Mieter wegen der Maßnahme hatte, sind vom Vermieter in angemessenem Umfang zu ersetzen. Vom Vermieter ist auf Verlangen des Mieters auch ein Vorschuss zu bezahlen. Solche Aufwendungen beruhen meist darin, dass der Mieter Möbel oder Einrichtungsgegenstände nicht mehr verwenden kann oder er Teile der Wohnung neu renovieren (tapezieren) muss.

Wurden bei einem Mietverhältnis über Wohnraum zum Nachteil des Mieters abweichende Vereinbarungen getroffen, so sind diese unwirksam.

1.4 Fristlose Kündigung des Mieters

Weiter regelt § 543 Abs. 2 BGB das Recht des Mieters zur fristlosen Kündigung, falls ihm der vertragsgemäße Gebrauch der gemieteten Sache ganz oder zum Teil nicht rechtzeitig gewährt oder wieder entzogen wird.

Voraussetzung ist, dass der Mieter dem Vermieter eine angemessene Nachfrist gesetzt hat, die verstrichen ist, ohne dass Abhilfe geschaffen wurde. Falls die Erfüllung des Vertrages allerdings für den

Mieter nicht mehr interessant ist, ist eine Nachfrist nicht notwendig.

Beispiel:
Mieter mit Kindern und keine Heizung bei großer Kälte.

Ist jedoch die Hinderung oder Vorenthaltung des Gebrauchs nur unerheblich, ist eine Kündigung nur durch ein besonderes Interesse des Mieters gerechtfertigt.

Falls es zu einer berechtigten fristlosen Kündigung durch den Mieter kommt, ist zu beachten, dass eine vertragliche Vereinbarung zwischen Vermieter und Mieter, die die Rechte des Mieters ausschließt oder einschränkt, bei Mietverhältnissen über gewerbliche Räume möglich, bei Mietverhältnissen über Wohnraum jedoch unwirksam ist.

1.5 Umweltverträgliche Baustoffe

Der Vermieter hat heute bei seinen Maßnahmen der Bestandspflege und -erhaltung mehr denn je darauf zu achten, dass Baustoffe verwendet werden, die umweltverträglich sind und keine Gesundheitsgefährdung der Mieter nach sich ziehen. Der Mieter hat dann ein Recht zur fristlosen Kündigung, wenn die Wohnung oder ein anderer zum Aufenthalt von Menschen bestimmter Raum so beschaffen ist, dass die Benutzung für ihn mit einer erheblichen

Gesundheitsgefährdung verbunden ist (siehe Lektion 5 Ziff. 1.2.3).

Dieser Schutz des Mieters geht sogar soweit, dass er ihm auch dann zusteht, wenn er den Gefahr bringenden Zustand bei Abschluss des Mietvertrages kannte. Selbst wenn er auf diesen rechtlichen Schutz ausdrücklich verzichtete, kann er von seinem Schutzrecht Gebrauch machen.

Dem Vermieter/Verwalter ist somit ein hohes Maß an Verantwortung beispielsweise für den Ausschluss der Verwendung von gesundheits-gefährdenden Baustoffen auferlegt. Berücksichtigt man die Vielfalt der Baumaterialien, die auch für den Fachmann in ihrer Zusammensetzung und Vielfalt schwer zu überblicken ist, kann hier ein nicht zu unterschätzendes Risiko für die Vermietbarkeit des Mietobjektes bestehen; von weiteren Konsequenzen abgesehen.

1.6 Anzeigepflicht des Mieters

Nachdem der Vermieter, sieht man von den Fällen der routinemäßigen Besichtigung und Kontrolle der Mieträume ab, u. U. nicht wissen kann, wann Instandsetzungen erforderlich sind, ist der Mieter gegenüber dem Vermieter *zur Anzeige eines Mangels,* der der Instandsetzung bedarf, bzw. wenn eine Vorkehrung zum Schutz der Sache gegen eine nicht vorhergesehene Gefahr erforderlich wird, *verpflichtet.*

Beispiel:
Der Mieter stellt fest, dass an der Decke des Bades seiner Wohnung ein nasser Fleck entsteht.

Die Mitteilung gegenüber dem Vermieter muss ohne schuldhaftes Zögern des Mieters erfolgen. Unterlässt er eine solche Anzeige, ist er u. U. zum Schadensersatz verpflichtet.

Beispiel:
Der Mieter im vorgenannten Beispiel stellt den nassen Fleck an der Decke des Bades seiner Wohnung fest. Er fährt in einen vierwöchigen Urlaub, ohne vorher den Vermieter von seiner Beobachtung zu unterrichten. Der Rohrbruch, welcher den nassen Fleck verursacht hat, und seine Folgen weiten sich aus. Der Mieter macht sich durch seine unterlassene unverzügliche Anzeige hinsichtlich der dadurch eingetretenen Weiterungen schadensersatzpflichtig.

Nachdem, wie oben ausgeführt, der Vermieter die Mietsache im vertragsgemäßen Zustand zu erhalten hat, ist er darüber hinaus verpflichtet, Veränderungen oder Verschlechterungen der gemieteten Sache, soweit sie im Rahmen des oder durch den vertragsgemäßen Gebrauch entstehen, zu tragen.

Prüfungsfragen:

1. Woraus ergibt sich die Hauptpflicht des Vermieters zur Instandhaltung?

2.a) Unter welchen Voraussetzungen muss der Mieter Instandhaltungsmaßnahmen nicht dulden?
b) Nennen Sie hierzu ein Beispiel.

3. Welche Rechte hat der Mieter, wenn ihm eine Ankündigung über anstehende größere Maßnahmen (Instandhaltung, Modernisierung) zugeht?

2. Rechtliche Vorschriften bei Wohnungseigentum

Bei der **Verwaltung von Eigentumswohnungen** ergeben sich die Pflichten zur Instandhaltung und Instandsetzung aus anderen Perspektiven, weil hier nicht der einzelne Eigentümer (und Vermieter einer Wohnung) verantwortlich ist, sondern die Eigentümergemeinschaft über die Instandhaltung beschließt und sich der einzelne Eigentümer bzw. Vermieter der Mehrheit beugen muss.

Einige Grundsätze:

2.1 Pflicht zur Instandhaltung für Wohnungseigentümer

Jeder Wohnungseigentümer ist verpflichtet:

- die im Sondereigentum stehenden Gebäudeteile so instand zu halten, dass dadurch keinem der anderen Wohnungseigentümer ... hieraus ein Nachteil erwächst;
- die Lasten des gemeinschaftlichen Eigentums sowie die Kosten der Instandhaltung und Instandsetzung .... zu tragen.

Jeder Wohnungseigentümer ist ferner berechtigt (und bei Notfällen im Sinne der allgemeinen Bürgerpflicht verpflichtet), ohne Zustimmung der anderen Maßnahmen zu treffen, die zur Abwendung eines dem gemeinschaftlichen Eigentum unmittelbar drohenden Schadens notwendig wird.

Beispiel:
Feuer, Wasserrohrbruch usw.

2.2 Pflicht des Verwalters zur Instandhaltung

Da bei einer Eigentümergemeinschaft nun nicht jeder Wohnungseigentümer selbst „Hand anlegen" und Instandhaltungsmaßnahmen organisieren oder selbst ausführen kann, ist hierfür der Verwalter verpflichtet und zwar

- für die ordnungsgemäße Instandhaltung und Instandsetzung des *gemeinschaftlichen Eigentums* die erforderlichen Maßnahmen zu treffen;

- in den Wirtschaftsplan eine Beitragsleistung der Wohnungseigentümer für eine *Instandhaltungsrückstellung* aufzunehmen.

Daraus ergibt sich, dass der Verwalter (nur) für das **gemeinschaftliche Eigentum** und hierbei für die *Durchführung* von Maßnahmen zuständig ist, die von der Eigentümergemeinschaft *beschlossen* wurden.

Für die handwerkliche Ausführung sind natürlich Handwerksfirmen und/oder ggf. der Hausmeister zu beauftragen. Pflicht des Verwalters ist die Organisation, d. h. er muss sich darum kümmern, dass etwas geschieht.

Beim Sondereigentum (= die einzelne Wohnung) sollte er nur tätig werden, wenn gemeinschaftliches Eigentum im Bereich des Sondereigentums liegt (zum Beispiel Schornsteine, Balkone, Fenster) oder wenn aus dem Sondereigentum Schäden am gemeinschaftlichen Eigentum entstehen oder zu erwarten sind.

Während also der Eigentümer - und damit der Verwalter - eines Mietshauses mit mehreren Wohnungen für die Instandhaltung des ganzen Objektes zuständig ist, ist der Verwalter von Eigentumswohnungen "nur" für das Gemeinschaftseigentum zuständig. Gemeinsam ist beiden, dass sie die anfallenden Maßnahmen nicht selbst durchführen, sondern vor allem organisieren, dass sie durchgeführt werden.

3. Begriffe der Gebäudetechnik

Es dürfte bis jetzt schon deutlich geworden sein, dass kein Verwalter darum herum kommt, sich auch intensiv mit dem Bauen und den verwendeten Baumaterialien zu beschäftigen, weil er die Immobilien ja jahrzehntelang instand halten muss. Diese Anforderungen kann dieses Buch nicht leisten, aber es soll nun ein kleiner Überblick über die wichtigsten Begriffe der Gebäudetechnik folgen. Beginnen wir oben auf dem Dach.

3.1 Dachformen

Dächer haben die Aufgabe, Bauten vor Witterungseinflüssen wie Regen, Schnee, Wind, Sonne (= Hitze) und Kälte zu schützen. Die **Form** des Daches und des Dachmaterials (z. B. Ziegel, Schiefer, Dachpappe usw.) prägen den Gesamteindruck eines Hauses entscheidend mit.

Drei Dachformen sind sicher die wichtigsten:

Das Satteldach

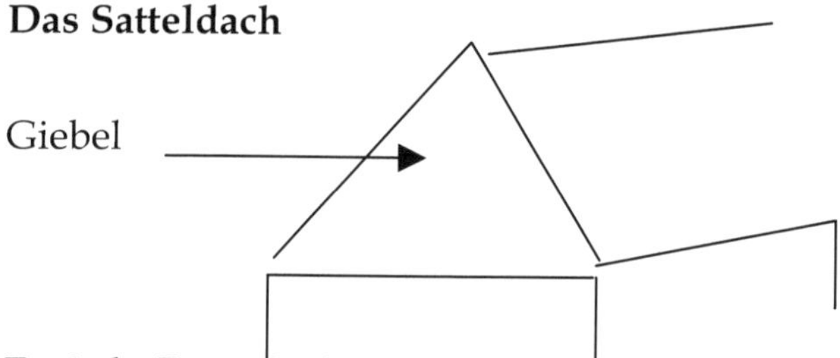

Typische Form: Steiles Dach, Giebelseite verputzt

Das Walmdach

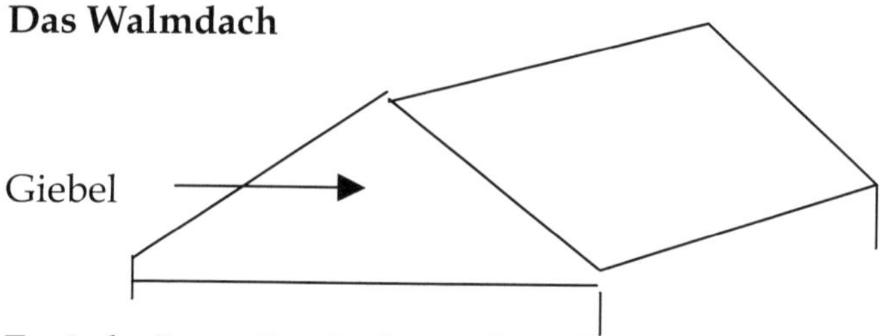

Typische Form: Das Dach ist relativ flach, der Giebel ist eingedeckt.

Übliche Dachmaterialien sind:

- Dachziegel. Hier handelt es sich um ein Gemisch aus Ton und Lehm, das gebrannt wird. Durch verschiedene Verfahren wird es eingefärbt und ggf. lasiert.

- Dachsteine. Sie werden aus einer Mischung aus Quarzsand, Zement, Wasser und Farbe hergestellt. Eine übliche Bezeichnung ist auch Dachbetonsteine.

- Dachschiefer. Er wird aus der Erde abgebaut, ist ölhaltig und deshalb wasserabweisend.

Schieferdächer gibt es (nur) in bestimmten Regionen Deutschlands.

- Faserzement-Dachplatten. Früher wurden so genannte Asbestzement-Platten verwandt, die sich als gesundheitsschädlich herausgestellt haben und im Fall einer Auswechslung vorschriftsmäßig entsorgt werden müssen, was sehr teuer ist! Heute werden Dachplatten meist aus Zellulose und Kunststoff hergestellt (wobei das Problem der Kunststoffentsorgung bleibt).

Das Flachdach

Das Flachdach hat meistens folgenden Aufbau:

Kies
Bitumenbahn (Teerpappe)
Wärmedämmung
Sperre (z.B. Folie)
Betondecke (Haus)

Im Dachaufbau gibt es im Grundsatz folgende verschiedene Ausführungsformen:

- Das nicht durchlüftete Dach (Warmdach)

In diesem Fall liegt der weitere Aufbau direkt auf der letzten Geschossdecke (Betondecke) des Hauses.

Damit es nicht zu Feuchtigkeitsschäden kommt, müssen so genannte Dampfdruckausgleichsschichten (mit einem Dampfdruckventil) vorgesehen sein. Zusätzlich müssen Trennschichten (Folien) zur Verhinderung von Rissbildungen aufgrund von Bewegungen des Gebäudes vorhanden sein.

- Das Umkehrdach

Hier handelt es sich um eine besondere Form des nicht durchlüfteten Daches. Bei dieser Art kann (und wird oft) die Dachfläche als Terrasse genutzt.

- Das durchlüftete Dach

Beim durchlüfteten Dach liegt die Dachabdichtung auf einer eigenen Konstruktion, meist aus Holz, die auf die Betondecke aufgesetzt ist und durch kleine Öffnungen belüftet wird.

Dachdichtungswerkstoffe für Flachdächer sind meist Bitumenbahnen (oft auch in der Form von „Schweißbahnen", d. h. mit Klebemasse) und Kunststoffdachbahnen.

3.2 Türen und Fenster

Türen und Fenster gehören zu den allgemeinen Instandhaltungsaufgaben eines Verwalters. Dazu im einzelnen:

- Türen

Störanfällig sind die Schlösser, meist Zylinderschlösser in einer Sicherheitsausführung. Hier wird der so genannte „Sicherungsschein“ verwaltet. Jeder, der Schlüssel nachbestellen möchte, braucht - von „Schwarzfabrikationen“ abgesehen - diesen Sicherungsschein. Sie als Verwalter geben also diesen Sicherungsschein an den Mieter/Eigentümer heraus und verlangen ihn auch wieder zurück. Oft wird er auch direkt bei einem bestimmten Schlosser oder Schlüsseldienst hinterlegt. Zweck des Sicherungsscheines ist, dass sich nicht jeder ohne weiteres Schlüssel und Zylinder eines Hauses bzw. einer Wohnung anfertigen lassen kann.

Störanfällig an Türen sind ferner die „Türschließer.“ Das ist ein kleiner Kasten an der Türe (oben) oder eine Feder im Boden, die die Türe langsam schließt. Diese Bremswirkung wird auch durch Öl im Türschließer erzeugt und da Öl je nach Außentemperatur eine unterschiedlich Dichte hat, muss dieser Türschließer bei jeder Jahreszeit an einer Stellschraube entsprechend nachgestellt werden, sonst „knallt“ die Türe entweder oder sie geht nicht zu. Zuständig ist der Hausmeister. Falls es einen solchen nicht gibt, findet sich vielleicht ein Mieter/Eigentümer, der dieses Nachstellen übernimmt. Der Verwalter sollte dies organisieren.

- Fenster

Wenn Fenster nicht schließen, dann ist (im Fall von

WEG) zu prüfen, ob das Fenster zum Sonder- oder Gemeinschaftseigentum gehört. Daraus regelt sich auch die Bezahlung. Bei Mietwohnungen ist für die Instandhaltung der Vermieter / Verwalter zuständig. Begriffe sind:

- Das Drehflügelfenster ist das „normale" Fenster, das sich nach innen oder nach außen öffnen lässt.
- Das Kippfenster ist es meist ein schmales Oberlicht, das nach innen oder außen zum Öffnen (nur) gekippt werden kann.
- Beim Drehkippfenster kann der Flügel nach innen gekippt und/oder gedreht werden.
- Das Klappfenster hat Flügel, die nach außen geöffnet (geklappt) werden können
- Das Schwingflügelfenster ist in der Mitte befestigt, so dass es beim Öffnen nach außen bzw. im anderen Teil nach innen (oder umgekehrt) schwingt.

3.3 Die Trinkwasserversorgung

Ein weiterer Bereich für den Verwalter ist die Trinkwasserversorgung einschließlich Wasserentsorgung (Entwässerung), die eng mit der Verbrauchsabrechnung zusammenhängt.

Von einer allgemeinen Versorgungsleitung, die meist in der Straße liegt und zur Infrastruktur gehört, wird ein Abzweig in das Gebäude verlegt, der an einem Haupt-Absperrhahn mit Wasserzähler endet. Bis

dahin gehört das Leitungssystem dem Versorgungsträger.
Nach diesem Haupt-Wasserzähler beginnen die hauseigenen Verbrauchsleitungen, für deren Instandhaltung der/die Gebäudeeigentümer zuständig ist/sind. Diese hauseigenen Verbrauchsleitungen gliedern sich in „Steigleitungen“ (senkrecht nach oben/unten; das Rohr ist stärker im Durchmesser) und in „Abzweigleitungen“ (quer innerhalb der Etagen).

An bestimmten Stellen sind Entleerungshähne und Absperrventile eingebaut, damit bei Reparaturen nicht das gesamte Wasser abgelassen werden muss.
Skizze:

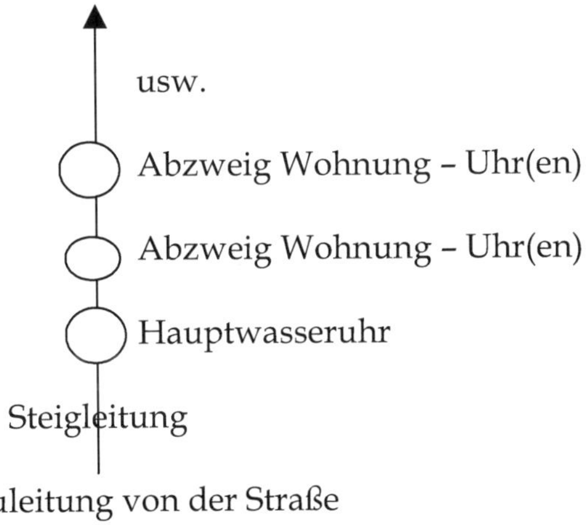

- Druckerhöhungsanlagen

Bei hohen Gebäuden oder geringem Druck aus der Versorgungsleitung wird eine Druckerhöhungsanlage eingebaut. Sie besteht im Prinzip aus einer Pumpe und einem Druckausgleichsbehälter. Durch sie wird der Druck auf die gewünschte Stärke gebracht.

- Druckminderer

Das Gegenstück sind Druckminderer, die den Wasserdruck verringern und Fließgeräusche vermeiden oder verringern helfen.

- Rückflussverhinderer

Hier handelt es sich um eine Klappe, die im Rohr eingebaut ist und die sich im Falle von rückfließendem Wasser selbsttätig schließt. Sie sind oft auch in Entwässerungsanlagen eingebaut.

3.4. Die Wasserentsorgung

Die Wasserentsorgung (Entwässerung) erfolgt über das örtliche Kanalnetz. Die Zuständigkeit bei Reparaturen ist regional unterschiedlich. Sie kann bereits am Abzweig auf der Straße, an der Grundstücksgrenze oder am Gebäude enden. Diese Zuständigkeit muss jeweils individuell geklärt werden. Sie kann wichtig werden, wenn z. B. Bäume mit den Wurzeln das Kanalrohr durchdringen und es zu (Ab-) Wasserschäden kommt. Der Zustand des Kanals kann heute gut mit Video-Kameras, die in das Kanalsystem eingefahren werden, überprüft werden.

Die Haupt-Entwässerungsleitung (Fallleitung) eines Gebäudes setzt sich im Laufe der Jahre in unglaublicher Weise zu. Ein Rohr mit 10 cm Durchmesser kann sich auf die Größe einer Geldmünze zusetzen. Dies bewirken vor allem Fett aus der Küche, Haare, Waschmittel usw. Aus diesem Grund sollte eine solche Hauptleitung ca. alle 10 - 15 Jahre von einem Installateur gereinigt (durchgespült) werden.

In den Zuständigkeitsbereich des Mieters bzw. Wohnungseigentümers fällt die Reinigung des Siphons. Dieses S-förmige Rohr befindet sich unter jedem Waschbecken und unter der Duschwanne und verhindert, dass stinkende Abgase (Fäulnisgase) aus den Entwässerungsleitungen in die (Wohn-) Räume eindringen. Dieser S-Bogen setzt sich allerdings aufgrund des weggespülten Abwassers (insbesondere durch Haare) mit der Zeit zu. Die Wartung ist einfach, nämlich: Gewinde aufschrauben und reinigen.

3.5 Stromversorgung und –verteilung

Der Strom, der aus der Steckdose kommt, hat oft einen langen Weg hinter sich. Das in der Straße (Infrastruktur) verlegte Hauptstromkabel endet an einem Verteilerkasten mit Hauptsicherungen meist im Keller eines Hauses. Hinter diesem Hausanschlusskasten beginnt die Hauptleitung, die in einem Zählerschrank - bei Mehrfamilienhäusern in mehreren Zählerschränken - endet. Dort befindet sich auch der für die Abrechnung mit dem Versorgungsträger erforderliche Stromzähler.

Die weitere Stromverteilung erfolgt durch das Einrichten von Stromkreisen, die jeweils mit einer Sicherung versehen sind. Diese elektrischen Leitungen können sichtbar „auf Putz“ oder unsichtbar in der Wand „unter Putz“ verlegt sein.

Für die Verwaltung wichtig sind Stromzähler und die Abrechnung des Verbrauchs (wie wir es schon behandelt haben).

3.6 Heizungstechnik

Da es in Bezug auf die Heizungstechnik viele unterschiedliche Systeme (Bauart des Kessels, Einrohr- und Zweirohrsystem, Radiatoren, Konvektoren oder Plattenheizkörper usw.) gibt, können diese hier nicht alle beschrieben werden. Das Grundprinzip ist allerdings bei Zentralheizungen überall gleich: Wasser wird erwärmt und mittels einer Pumpe durch ein Rohrleitungssystem in Heizkörper, die sich in allen Wohnungen befinden, zirkulierend durchgepumpt.

Störungen können eintreten, wenn die Zirkulation nicht funktioniert. In diesem Fall wird z. B. ein

Heizkörper nicht entsprechend der Vorlauftemperatur (= Temperatur am Kessel im Keller) warm. Der Grund kann im Thermostat am Heizkörper oder in einer geknickten (oder auch verkehrt herum angeschlossenen!) Leitung liegen. Werden alle Heizkörper einer Wohnung nicht entsprechend warm, kann vielleicht das Strömungs-System als solches nicht richtig eingestellt sein. Am Heizkörper, unterhalb des Thermostats befindet sich nämlich eine Stellschraube, die die Durchflussmenge reguliert. Wenn diese zu weit zugedreht - oder in anderen Wohnungen zu weit offen - ist, wird die Durchflussmenge beeinträchtigt. Mit der richtigen Einstellung muss sich ein Heizungsingenieur beschäftigen.

Werden die Heizkörper einer Wohnung wohl richtig warm, aber die Wohnung bleibt dennoch „kalt" (z. B. unter 22 Grad bei den ganzen Tag voll aufgedrehten Heizkörpern), dann können evtl. - neben den o. g. Problemen der Strömung - zu kleine Heizkörper eingebaut sein. „Zu klein" bezieht sich dabei nicht auf die optische Größe, sondern auf die Wärme-Abgabemenge. Heizkörper geben nämlich - je nach Typ und Bauart - unterschiedliche maximale Wärmemengen ab. Diese kann unter Umständen z. B. für eine Außen- oder Erdgeschosswohnung nicht groß genug sein. Hier muss dann der Heizungsfachmann ran.

Die Heizungs- und Warmwasserkosten gehören

rechtlich zu den umlagefähigen Betriebskosten. Für die Details der Abrechnung ist die Heizkostenverordnung zuständig.

4. Legionellen

Das „Legionellengesetz" hat den Autor schwer verärgert, weil es für ihn ein typisches „Lobbygesetz" ist: Für wenige Einzelfälle muss ein riesiger Aufwand betrieben werden, woran eine kleine Gruppe von Firmen „super verdient" und es eigentlich eine sehr einfache und kostengünstige Lösung gibt. Es gehört auch zu denjenigen Gesetzen, die entgegen dem Rat von Fachleuten „von oben nach unten durchgewunken" wurden, obwohl es „starke Züge von Verfassungswidrigkeit" aufgrund der pauschalen Datensammlung und Datenaufbewahrung trägt. Und der Aufwand ist eigentlich kaum zu rechtfertigen.

Das Gesetz enthält Pflichten für den Eigentümer und damit für die Verwaltung.

Um was geht es?
Legionellen sind im Wasser vorkommende Bakterien, die sich besonders gut bei einer Temperatur von 25 bis 50 ° Celsius, also dem idealen Warmwasser, vermehren. Geraten Legionellen in die **Lunge**, können sie eine schwere Lungenentzündung hervorrufen, die in *Einzelfällen* bis zum Tod führen kann. Vor allem beim *Duschen können* Legionellen *eingeatmet* werden.

Die Trinkwasserverordnung verpflichtet deshalb die

Eigentümer, Maßnahmen gegen den Befall von Legionellen in den Warmwasserbereitungsanlagen zu ergreifen.

* Was Verwalter im Auftrag der Eigentümer beachten müssen

Die seit dem 14. Dezember 2012 geltende novellierte Trinkwasserverordnung schreibt vor, dass zentrale Warmwasseranlagen in Wohnhäusern alle drei Jahre auf Legionellen untersucht werden müssen,

→ wenn sie ein Speichervolumen von **mehr als 400 Liter** haben

oder

→ das Volumen einer Rohrleitung von der Warmwasserbereitung bis zur Entnahmestelle (Dusche oder Wasserhahn) mindestens *drei Liter* beträgt.

Der Wasserinhalt einer Rohrleitung lässt sich aus der Leitungslänge zwischen dem Austritt am Warmwasserbereiter und der am entferntesten liegenden Entnahmestelle berechnen.

Pro Meter Wasserleitung ergeben sich folgende Durchschnittswerte bis zum Volumen von 3 Liter:

- 1 Zoll Rohr (Außendurchmesser 33 mm) hat 0,49 l/m = etwa 6 Meter Rohrleitung
- 3/4 Zoll Rohr (Außendurchmesser 27 mm) hat 0,31 l/m = etwa 8 Meter Rohrleitung
- 1/2 Zoll Rohr (Außendurchmesser 19 mm) hat 0,13 l/m = etwa 23 Meter Rohrleitung

Wird das Warmwasser dezentral, beispielsweise durch Durchlauferhitzer oder Gasthermen in den einzelnen Wohnungen, erzeugt, besteht keine Pflicht zur Legionellenprüfung.

Nach dem „Stammtext Trinkwasserverordnung und Legionellen (Stand 15. Juli 2014)“ des Bundes-Gesundheitsministeriums gelten folgende Regeln:

- In Ein- und Zweifamilienhäusern müssen keine regelmäßigen Legionellenuntersuchungen durchgeführt werden, weil die Anlagen in diesen Häusern keine Großanlagen im Sinne der Trinkwasserverordnung sind.
- Sind in einer Wohnungseigentümergemeinschaft alle Wohnungen von den Eigentümern selbst bewohnt, liegt keine gewerbliche Tätigkeit im Sinne der TrinkwV 2001 vor.
- Ist auch nur eine Eigentumswohnung vermietet, liegt eine Abgabe von Trinkwasser im Rahmen einer gewerblichen Tätigkeit im Sinne § 3 Nummer 10 TrinkwV 2001 vor. Nach § 14 Absatz 3 der Trinkwasserverordnung ist die WEG dann zur regelmäßigen Legionellenprüfung verpflichtet.

Das Gesundheitsamt muss laut Stammtext des Bundesgesundheitsamtes bei unauffälligen Befunden nicht informiert werden. Wird dagegen der sogenannte technische Maßnahmenwert von 100 Legionellen pro 100 Milliliter Trinkwasser überschritten, muss der Betreiber dies dem Gesundheitsamt melden, nach den Ursachen der Legionellenbelastung suchen und sie beseitigen lassen. Das kann u.U. sehr teuer werden: Wie teuer, hängt auch von den baulichen Gegebenheiten des Gebäudes ab, zum Beispiel davon, wie viele

Steigleitungen es gibt. Wird die Legionellenbelastung nicht beim ersten Versuch beseitigt und sind mehrere Nachprüfungen nötig, können allein die vorgeschriebenen Wiederholungsuntersuchungen und die Gefährdungsanalyse mehrere Tausend Euro kosten.

Quelle: wohnen-im-eigentum.de (Wohneigentümer e.V.)

* Die Legionellen-Prüfung und Organisation

Sind die Voraussetzungen für die Legionellenprüfpflicht gegeben, muss der Verwalter folgende Dinge organisieren:

• Probeentnahmestellen
Der Verwalter als Vertreter der Eigentümer muss dafür Sorge tragen, dass geeignete Probeentnahmestellen an der Anlage vorhanden sind. Die Probeentnahmestellen müssen so installiert sein oder werden, dass jeder Steigstrang erfasst wird, in dem sich das Bad bzw. die Duschen befinden. Außerdem müssen eine Probe am Austritt des Trinkwassererwärmers und eine am Eintritt in den Trinkwassererwärmer entnommen werden können.

• Untersuchungsstellen
Die Untersuchungen einschließlich der Probeentnahmen dürfen *nur von zugelassenen Untersuchungsstellen* durchgeführt werden. Selbstverständlich haben die einschlägigen Heizkosten-Servicefirmen wie ISTA, Brunata usw.

längst „Servicepakete" (als ein neues Geschäftsmodell) entwickelt und sind für Aufträge bereit. Eine Liste der zugelassenen Untersuchungsstellen wird von den zuständigen Landesbehörden veröffentlicht.

• Dokumentations- und Aufbewahrungspflicht
Alle Proben der Untersuchungen müssen *drei Jahre* und die Daten der Untersuchungsergebnisse müssen aufgezeichnet und mindestens **zehn Jahre** aufbewahrt werden (im „Servicepaket" enthalten).

- Was müssen Verwalter unternehmen bei Legionellenbefall?

Sollte die Überschreitung des zulässigen Grenzwertes durch die Untersuchung festgestellt werden, muss das zuständige Gesundheitsamt unverzüglich über das Untersuchungsergebnis informiert werden. Das Amt verbietet dann den Bewohnern die weitere Warmwasserabnahme mit einem *„Duschverbot"*.
Der Eigentümer als Betreiber der Anlage bzw. eben der Verwalter muss unverzüglich Maßnahmen zur Aufklärung der Ursachen des Befalls einleiten, die eine Ortsbesichtigung sowie die Prüfung enthalten müssen, ob die technischen Regeln eingehalten sind. Zudem muss der Eigentümer bzw. Verwalter eine Gefährdungsanalyse erstellen lassen und die erforderlichen Maßnahmen zum Schutz der Gesundheit der betroffenen Bewohner ergreifen. Über die Maßnahmen müssen Aufzeichnungen

geführt werden. Das Gesundheitsamt muss wieder unverzüglich informiert werden. Auch die Aufzeichnungen müssen für die Dauer von *zehn Jahren* aufbewahrt werden. Über das Ergebnis der Gefährdungsanalyse und den sich möglicherweise daraus ergebenden Einschränkungen der Verwendung des Trinkwassers (z. B. Duschverbot) muss der Verwalter (Eigentümer) unverzüglich die betroffenen Mieter/Eigentümer informieren.

- Allgemeine Informationspflichten

Vermieter von Gebäuden, die der Untersuchungspflicht unterliegen, müssen ihren Mietern mindestens jährlich geeignetes und aktuelles Informationsmaterial über die Qualität des bereitgestellten Trinkwassers, das der Versorger/ Lieferant heraus gibt, zur Kenntnis geben, am besten durch einen Aushang.

- Ordnungswidrigkeit

Wer die Pflichten nach der Trinkwasserverordnung nicht einhält, begeht eine Ordnungswidrigkeit, die mit Buße von bis zu 25.000 Euro bewehrt ist. Eine Straftat begeht, wer als Vermieter vorsätzlich oder fahrlässig verunreinigtes Wasser an seine Mieter abgibt oder diesen zur Verfügung stellt - unabhängig von der Größe der Anlage.

- Die Kostenumlage

Die Kosten für die wiederkehrende Untersuchung sind als Betriebskosten in der Betriebskostenabrechnung auf die Mieter umlegbar im Sinne der Betriebskostenverordnung.

Quelle: www.anwalt.de

- Die Verwalterpraxis

Als die Verordnung bekannt wurde, ging ein „Rauschen" durch die Medienwelt und der Autor wunderte sich: Warmwasseranlagen gibt es doch in Deutschland seit den 1950iger Jahren und in sechzig Jahren sind kaum ernsthafte Fälle von Erkrankungen bekannt geworden. Wozu also dieses Gesetz und dieser angebliche Bedarf? Und pauschale Datensammlung sowie 10 Jahre Aufbewahrungspflicht? Seltsam.

Die Warmwasserboiler der Wohnanlagen sind auch in den offiziellen Bauplänen nicht konkret beschrieben, d.h. also nirgends registriert und selbst die betroffenen Gesundheitsämter konnten bei Inkrafteten in 2012 „keine besonderen Vorkommnisse" vermelden.

Jetzt, aufgrund der Analysen, treten erwartungsgemäß Problemfälle auf, aber die von den Medien seinerzeit genannten „zigtausend Totesfälle" sind allerdings nicht erkennbar.

Merke:

Um in die Prüfpflicht zu kommen muss, wie oben zu lesen war, ein Boiler mit **mehr als 400 Liter** Fassungsvermögen vorhanden sein *oder* es muss *sehr lange Warmwasserleitungen* geben.

* Praktische Lösung:
Legionellen bilden sich bei einer Temperatur bis 50 Grad. Die eingangs erwähnte praktische und einfache Lösung ist also, die Warmwassertemperatur für kurze Zeit (einige Minuten genügen) auf über 50 Grad zu erhöhen. Dann hat sich ein eventuelles „Legionellenproblem" (fast) erledigt.
Man heizt also zum Beispiel im Rahmen der Heizungswartung 1 x jährlich für eine kurze Zeit in einer wenig aktiven Badezeit wie zum Beispiel von 14 - 15 Uhr die Warmwassertemperatur auf 70 Grad oder 80 Grad. Natürlich mit einem entsprechenden Aushang und mit zeitlichem Vorlauf. Sollte es eine Legionellenbildung gegeben haben, dann ist diese jetzt erledigt, das Warmwasser ist nahezu legionellenfrei. Das ist auch das Ziel des Gesetzes.

Zur Absicherung des Verwalters sollte es eine entsprechende Genehmigung des Eigentümers geben. Die teuere, gesetzliche Lösung bleibt ja unbenommen.

Einzige Ausnahme:
Ist bei einer Objektbesichtigung ist zu erkennen, dass aufgrund der Bauweise des Objekts *lange Warmwasserleitungen* im obigen Sinne vom Boiler (der mehr als 400 Liter hat) bis zur ersten Entnahmestelle vorhanden sind, dann *muss* natürlich eine Überprüfung erfolgen und das oben genannte gesetzliche Verfahren durchgeführt werden.

* Kein Legionellen-Gegenmittel bei Leerstand

Wenn allerdings bei einer oder mehreren Wohnungen kein oder nur selten Warmwasser entnommen wird, weil diese wochen- und monatelang leer stehen bzw. die Bewohner im Süden überwintern oder sich im Krankenhaus befinden, dann bilden sich an den Wasserhähnen *in dieser/n Wohnung(en)* Legionellen und diese sind von außen mit *keiner* Methode zu beseitigen! In diesem Fall muss also der Mieter nach Rückkehr in die Wohnung das Warmwasser einigeMinuten laufen lassen, um die Legionellen zu entsorgen.

5. Eichgesetz und VO

Seit Januar 2015 gilt ein neues Eichgesetz mit Verordnung, wonach neue und erneuerte Messgeräte vom „Verwender“ spätestens sechs Wochen nach Inbetriebnahme der zuständigen Eichbehörde (www.eichamt.de) gemeldet werden müssen. Es geht also um *neu eingebaute oder erneuerte* (nicht für vorhandene ältere) Messgeräte zur Erfassung von Kalt- und Warmwasser und von Wärmemengenzählern. Wurde nicht nur die Ablesung, sondern auch die Wartung an eine Dienstleistungsfirma übertragen, dann sollte darauf geachtet werden, dass bei einer Erneuerung der Dienstleister diese Meldung an das Eichamt vornimmt.

6. Rauchwarnmelder

Als Änderung der Bauordnung wurde inzwischen in allen Ländern die Rauchmelderpflicht beschlossen. Diese Einfügung lautet im Grundsatz: Innerhalb von Wohnungen müssen die Flure und Aufenthaltsräume, ausgenommen in den Küchen, jeweils mindestens einen Rauchmelder haben. Sie müssen so eingebaut oder angebracht sein, dass Brandrauch frühzeitig erkannt und gemeldet wird. Die Sicherstellung der Betriebsbereitschaft obliegt den Mietern oder Nutzern.

Die einschlägige Industrie bietet inzwischen eine Reihe von Geräten, vom einfachen Gerät im Batteriebetrieb bis zum vernetzten oder funkgesteuerten Alarmgerät.

Die derzeit noch offene Frage ist, ob die Verantwortung dem Mieter oder Nutzer obliegt oder ob der Eigentümer der Wohnung die alleinige Verantwortung trägt. Sollten sich alle Eigentümer zum Einbau und zur Wartung verpflichtet fühlen oder verpflichtet werden, dann könnte bei Wohnungseigentum auch die Gemeinschaft der Eigentümer die Verwaltung beauftragen, sich dieses Themas anzunehmen und/oder die Thematik per Beschluss an einen externen Dienstleister übertragen. Ansonsten liegt die Entscheidung beim Eigentümer.

Prüfungsfragen:

5. Was versteht man unter einem Walmdach?

6. Es gibt zwei grundsätzliche Bauarten eines Flachdaches. Bitte erklären Sie diese.

7. Woran kann es liegen, wenn aufgrund schlechter Zirkulation einzelne Wohnungen nicht ausreichend warm beheizt werden (können)?

7. Die wirtschaftlich-praktische Durchführung

Die rechtlichen Vorschriften in Bezug auf die Instandhaltungspflicht sind bei Mietobjekten sehr überschaubar, denn sie liegt vollständig beim Eigentümer.

In der Praxis aber gehört die Organisation der Instandhaltung, also die wirtschaftlich-praktische Durchführung zu den Hauptaufgaben einer Verwaltung und bei vielen Verwaltungen zur Haupttätigkeit. Der Grund liegt darin, dass alle Gebäude bestimmte Instandhaltungsphasen durchlaufen.

7.1 Die Instandhaltungsphasen von Gebäuden

Normale Produkte des täglichen Lebens werden produziert, benutzt, evtl. nach einer gewissen Zeit repariert und später entsorgt. In unserer Wegwerfgesellschaft werden sehr viele Produkte von vorne herein und im Grundprinzip für nur eine bestimmte (beschränkte) Zeit der Nutzung hergestellt.

Immobilien haben im Vergleich dazu eine besondere andere Konstellation:

- Das Grundstück z. B. hat eine „Endlosbeständigkeit“. Es wird nicht produziert und besteht im Grunde „auf ewig“, denn jedes Grundstück ist ein Bestandteil der Erde.

- Auf diesem endlos bestehenden Grundstück wird ein Gebäude erstellt. Dieses wird produziert (gebaut) und es besteht sehr lange (aber nicht ewig). Wohngebäude haben meist eine „Lebenszeit“ von 100 Jahren und mehr.

Beispiel:
Die Jugendstilhäuser aus dem 19.Jahrhundert gibt es noch immer. Sie müssen aber gepflegt und instand gehalten werden. Diese Lebenszeit wird **Lebenszyklus** genannt, weil jedes Gebäude einen solchen von der Entstehung bis zum Abriss durchläuft. Er stellt sich wie folgt dar:

Stufe 1: Planungsphase
Stufe 2: Bauerstellung
Stufe 3: Fertigstellung bzw. Erstbezug
Stufe 4: Verwaltungsphase
Stufe 5: Instandhaltungsphase
Stufe 6: Modernisierungsphasen
Stufe 7: Denkmalphase
Stufe 8: Abriss

Die Verwaltung wird also ab Stufe 4 tätig und wie sich dann eine Immobilie bezüglich der Instandhaltung verhält, zeigt die schon bekannte, nun etwas abgeänderte Skizze:

Skizze:

Instandhaltungsphasen von Immobilien

Kostenkurve (Westdeutschland):

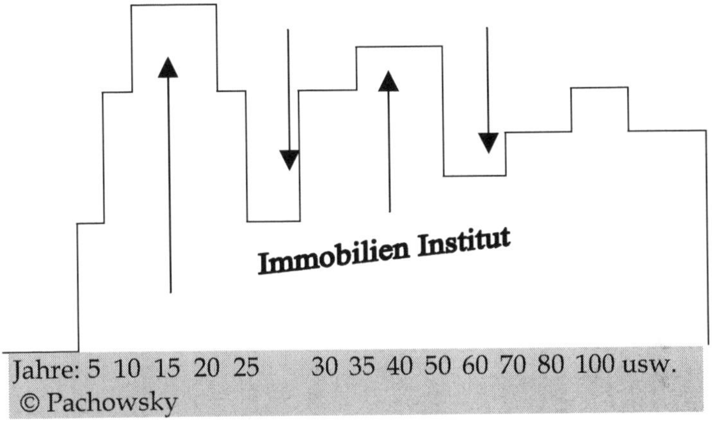

Diese Kostenkurve bedeutet, dass nach dem Neubau in den ersten fünf Jahren keine Instandhaltungskosten anfallen, denn bis hierher reicht noch die Gewährleistung des Bauträgers.

* **Ab etwa dem 10. Jahr** bis zum 15. Jahr machen sich die Instandhaltungskosten bereits finanziell bemerkbar.

* **Vom 15 - 25. Jahr** steigen sie sehr stark an, denn die eingebaute Haustechnik wie Heizung, Aufzug usw., aber auch Flachdach, Fassade, Treppenhaus usw. sind verschlissen und müssen erneuert bzw. renoviert/überholt werden.

Ist diese Phase vorbei, fällt die Kostenkurve nach unten, um wieder erneut anzusteigen, wenn die neu eingebaute Haustechnik wiederum verbraucht ist. Außerdem sind jetzt einige bauliche Einrichtungen noch nutzbar, aber unmodern geworden wie z. B. die Fliesen in Bad und Küche. Manche Bauteile sind durch die Technik überholt wie z. B. Wärmedämmung, Fenster usw.

Ist diese *1. Modernisierungsphase* überwunden, fällt die Kostenkurve wiederum kurzzeitig nach unten. Nach weiteren 20-30 Jahren steht die *2. Modernisierungsphase* an. Sie bedeutet z. B.: das Dach muss neu eingedeckt werden, Putzschäden größeren Ausmaßes sind nicht zu übersehen, die Statik des Hauses ist an manchen Stellen nicht mehr sicher usw. Details folgen bei Ziffer 10.1

Nach dieser schweren Zeit (für das Gebäude und für die Verwaltung) lässt sich irgendwann auch dieser Verfall nicht mehr aufhalten, das Haus muss geräumt und abgerissen werden. Das Grundstück steht zur Neubebauung bereit.

Diese geschilderte technische Lebensdauer von Bauteilen wird **verlängert** durch frühzeitige und sorgfältige Pflege und Wartung sowie sofortige Instandsetzung bei auftretendem Schaden und gute Handwerksarbeit unter Beachtung der anerkannten Regeln der Technik. Dazu gehört die fachkundige Auswahl der Instandsetzungsart und des zu

verwendenden Materials.
Die technische Lebensdauer wird **verkürzt** durch unzweckmäßige Wartung und Bedienung sowie durch fehlerhafte Nutzung, durch starke mechanische Beanspruchung, die sich besonders bei zu schwachen Verbindungsstellen und Beschlagteilen beweglicher Bauteile auswirkt, durch Planungsfehler und nicht handwerksgerechte Ausführung bei der Bauerstellung und nachfolgender Instandsetzung/Instandhaltung, durch Einbauteile, bei denen Überdeckungen und Verkleidungen bei Reparaturfällen zerstört werden müssen, durch vorzeitige Alterung und Abnutzung.

Verwaltet man z. B. Gebäude aus den 80er Jahren, dann ist mit einem **sehr hohen Verwaltungsaufwand** zur Abwicklung aller Instandhaltungsmaßnahmen zu rechnen. Dieser Aufwand sollte auch in die Verwaltergebühr einbezogen werden und man sollte auch dem Kunden diese obigen Gründe nennen (siehe Seneca).

7.2 Auftragsvergabe von Kleinreparaturen

Eingangs wurde erwähnt, dass der Mieter verpflichtet ist, Schäden zu melden. Eine solche Schadensmeldung sollte schriftlich im Prinzip wie folgt festgehalten werden, damit es einen Beleg hierfür gibt:

Mängelanzeige
Aufnahme:
Objekt: ________________ Mieter: ________________
Telefon: ______________
Zu Hause: Uhr ________
Schaden:

Datum: Uhrzeit: Handzeichen:
Veranlassung:
Auftrag an Firma: ______________________________
0 Telefonisch 0 Schriftlich/Fax am:

0 Auftrag ausgeführt
0 Leistung kontrolliert
0 Rechnung zur Zahlung angewiesen.
Datum: Handzeichen:

PS: Auch in der heutigen „Computerzeit" sind altmodische Handzettel durchaus noch immer praktisch.

Aufgrund einer solchen Meldung wird der Auftrag an einen geeigneten Handwerker zur Behebung vergeben. Während der Zeitdauer der Durchführung sollte diese Schadensmeldung auf dem Schreibtisch des Verwalters bzw. in einer entsprechenden Wiedervorlage-Akte verbleiben, so dass sie in Bezug auf die Erledigung im Blickfeld bleibt. Nach der Erledigung, d. h. Durchführung der Reparatur und Bezahlung der Handwerkerrechnung wird diese Meldung zur Rechnung oder in die Mieter-/ Eigentümerakte abgelegt.

7.3 Die Durchführung von großen Instandhaltungsmaßnahmen

Große und teuere Instandhaltungsmaßnahmen erfordern einen wesentlich höheren Verwaltungsaufwand und vor allem einen sorgfältig geplanten Ablauf. Dieser stellt sich wie folgt dar:

- Die Schadensfeststellung im Grundsatz
- Die Schadenfeststellung durch Begehung
- Die Ursachenermittlung
- Die Schadensorganisation
- Die Auftragsvergabe.

Dazu im einzelnen:

7.3.1 Schadensfeststellung im Grundsatz

Einige der möglichen baulichen Schadenpunkte sind (optisch) leicht zu erkennen. Hier reicht oft die „normale" Kenntnis oder Logik für eine Beurteilung aus. Zu diesen Schadenpunkten zählen beispielsweise die frei einsehbaren Teile an

- Außenflächen und Fassadenverkleidungen,
- Innenanstrichflächen, Tapeten, Wandfliesen,
- Außenfenstern, Innen- und Außentüren,
- Fußbodenbelägen jeder Art und Treppenbelägen.

Technische Berater und Fachleute sollten eingesetzt (beauftragt) werden bei der Schadenerkennung von

- konstruktiven Bauteilen (tragend und nicht

tragend),

- Installationsbereichen,
- verdeckten Bauteilen,
- Dachbereichen.

Die Schadenfeststellungen sollten nach *Dringlichkeitsstufen* eingeteilt werden, zum Beispiel mit zunehmender Bedeutung, je nachdem, ob es sich handelt um:

* Abnutzungserscheinungen

Beispiel:
Abnutzung von Außenanstrichen und am Außenputz

* Schäden

Beispiele:
Farbanstriche mit ausschließlich gestalterischen Aufgaben, leichte Innenputzschäden.

Beispiele:
Schadhafte Dachentwässerung, Schäden im Fugenbereich, Schäden am Wärme- und Feuchtigkeitsschutz, Schäden an Plattenbelägen der Zugangswege.

Beispiele:
Schäden an Dacheindeckung und im Dichtungsbereich, Schäden an Heizungsanlagen,

Schäden an Ver- und Entsorgungsanlagen.

* Bauliche Gefahrenzustände

Beispiele:
Konstruktive Risse mit Einsturzgefahr, Querschnittsveränderungen an tragenden Teilen der Holz-, Beton- und Stahlkonstruktionen, Holzzerstörung durch tierische und pflanzliche Schädlinge.

7.3.2 Schadenfeststellung durch Begehung

Aus der grundsätzlichen Pflicht zur Instandhaltung ergibt sich für die Praxis die Verpflichtung des Verwalters, regelmäßig eine Begehung der Wohnanlage vorzunehmen. Was unter „regelmäßig" zu verstehen ist, kommt auf die Situation an, mindestens jedoch 1 x jährlich, wenn keine Besonderheiten anstehen.

Diese Objektbegehung hat das Ziel, erkennbare Schäden rechtzeitig zu erkennen, zu erfassen und den Instandhaltungs- und Instandsetzungsbedarf zu ermitteln.

Der Verwalter sollte diese Begehung zusammen mit dem Eigentümer, bei WEG-Anlagen zusammen mit dem Verwaltungsbeirat und dem Hausmeister (falls vorhanden) durchführen. Je nach Bedarf und

Anschein sind technische Berater bzw. Fachleute für Einzelprobleme hinzuzuziehen (zur Teilnahme in das Objekt zu bestellen).

7.3.3 Die Ursachenermittlung

Die Ursachenermittlung auftretender Schäden gehört zu den schwierigen technischen Aufgaben und ist oftmals nur unter Einsatz „detektivischer Mittel“ und unter Mitwirkung technischer Berater möglich.

Beispiel:
An einer Stelle tritt Wasser aus oder ein großer Wasserfleck ist an einer Wand zu sehen. Der Schaden liegt aber oft nicht hinter dieser Wand, denn Wasser fliest nach unten, d. h. es „sucht sich seinen Weg“ und tritt dann an (irgend-) einer Stelle aus. Die Schadensursache liegt somit ganz woanders. Aber wo?

Es gibt nun mehrere Möglichkeiten, z. B.:

- Abwarten. Vielleicht trocknet der Wasserfleck wieder ab und nichts Weiteres passiert (z. B. Wasserflecken nach starkem (Gewitter-) Regen).
- Die Wand aufschlagen. Wenn nun, wie oben erwähnt, der Schaden nicht an dieser Stelle liegt, entstehen unnötige Kosten.
- Suchen. Es kann sehr viel Zeit vergehen und hohe Kosten verursachen (Stundenlöhne!) bis die

wahre Schadensursache gefunden ist. Hier empfiehlt es sich, den Eigentümer bzw. Verwaltungsbeirat in diese Entscheidung mit einzubeziehen, d. h. solche Entscheidungen gemeinsam zu treffen.

7.3.4 Die Schadensorganisation

Zur Schadenbehebung müssen neben der Ursachenfindung und der Geldmittelbereitstellung zusätzliche organisatorische Maßnahmen durchgeführt werden. Dabei ist zu unterscheiden zwischen den Maßnahmen bei kleineren Schäden und Maßnahmen bei größeren Instandhaltungsarbeiten.

Bei kleinen und kleineren Schäden wurde bereit oben das Ausfüllen eines Meldescheins mit Erledigungsvermerken empfohlen.

Zusätzlich kann man ein „Reparaturbuch" oder eine entsprechende Datei in der Software anlegen und führen, d. h. regelmäßig durchsehen, ob alle Arbeiten ausgeführt sind und ggf. beim Handwerker nachfassen.

Der weitere Weg ist die Prüfung der Rechnung und die Bezahlung.

Bei größeren Instandhaltungs- und Instandsetzungsarbeiten ist der Organisationsaufwand natürlich höher:

- Feststellung des Bedarfs und Kostenermittlung durch Grobschätzung oder Angebotseinholung bei Fachfirmen. Leistungsbeschrieb und Massenermittlung durch technische Berater (Architekt bzw. Bauingenieur).

- Rechtzeitige Information des/der Eigentümer/s und, im Falle von WEG: Beschlussfassung in der Eigentümer-Versammlung mit Allstimmigkeit / Allzustimmung, wenn mit diesen Maßnahmen eine bauliche Veränderung und Veränderung der äußeren Gestaltung erfolgt; mit Mehrheitsbeschluss bei (normaler) ordnungsmäßiger Instandhaltung bzw. modernisierender Instandsetzung.

- Bereitstellung der erforderlichen finanziellen Mittel durch Entnahme aus der Instandhaltungsrücklage oder durch Sonderumlage (bei WEG).

Wenn die Geldmittel der Rücklage nicht zur Bezahlung aller Kosten ausreichen, sollte unbedingt vorher, d. h. **vor Vergabe** der Arbeiten an die Handwerker die Sonderumlage erfolgt und das Geld von den WEG-Eigentümern eingezahlt sein.

Verwaltergrundsatz:
„Erst das Geld, dann der Auftrag."

Das Geld für die Bezahlung muss also vom Eigentümer bereit gestellt sein.

- Abstimmung oder Genehmigung des Eigentümers über die **Beiziehung technischer Berater** für Ausschreibung. Objektüberwachung, Abnahme und sachliche Rechnungsprüfung sowie Planungsarbeiten im Zusammenhang mit einem evtl. notwendigen Baugenehmigungs-verfahren.

Der oder die Eigentümer sind in jedem Fall beizuziehen zur Beantwortung folgender Fragen:

1. ***Was*** soll gemacht werden? (z. B. Flachdach-sanierung)
2. ***Wer*** soll die Durchführung managen?
Zum Beispiel: Einrichtung eines „Flachdach-Ausschusses“ mit Mitarbeitern und externen Experten unter der Leitung des Objektverwalters

Die Organisation:

- Rechtzeitige Benachrichtigung der Mieter über den Beginn und die Dauer der Arbeiten. Details folgen.
- Rechnerische und sachliche Rechnungsprüfung und Bezahlung, eventuell mit Sicherheitseinbehalt für Restmängelbeseitigung und Gewährleistung.
- **Abnahme** der Leistungen: Nach Fertigstellung der Arbeiten und Bekanntgabe des Abnahmetermins ist eine (gemeinsame) Abnahme durchzuführen und dabei festzustellen, ob:

- die Arbeiten mangelfrei und nach den anerkannten Regeln der Technik ausgeführt wurden,
- die ausgeschriebenen Stoffe und Materialien

verarbeitet wurden, die reparierten Teile wieder voll funktionsfähig sind,
- die Nebenarbeiten erledigt sind (Schutträumung, Beiputz, Reinigung)
- durch die Reparaturarbeiten evtl. andere Schäden an anderen Bauteilen entstanden sind.

- Spätere Wiederholungsprüfung kurz vor Beendigung der Gewährleistungsfrist.

Es wird empfohlen, bei jeder größeren Maßnahme einen „Projektordner“ mit einer Ablauf-Checkliste anzulegen, damit keiner dieser Schritte übersehen wird.

Wie schon erwähnt, sollte der Verwalter bei Großmaßnahmen diese Verantwortung (Haftung) auf Fachleute (Dritte) übertragen und sich selbst hauptsächlich als Organisator und „Manager“ verstehen.

Verwalter von vermieteten Eigentumswohnungen sind zuständig bei

* baulichen Veränderungen im Sondereigentum.
Diese bedürfen keines Eigentümerbeschlusses, wenn gemeinschaftliches Eigentum nicht verändert wird und durch die Veränderung Miteigentümer nicht beeinträchtigt werden.

Beispiel:
Herausnahme einer statisch nicht tragenden Wand,

um aus zwei Zimmern ein großes zu machen.

Oder:
Herausnahme des ursprünglich verlegten Fußbodens, um ihn neu mit einem anderen Material zu gestalten.

Manchmal allerdings ist die Abgrenzung nicht einfach.

Beispiel:
Ein Eigentümer will (die im Gemeinschaftseigentum stehenden) Fenster zur Straßenseite durch besonders Schallisolierte auf eigene Kosten austauschen.

In diesem Fall muss man einen Antrag beim WEG-Verwalter stellen, dieser setzt diesen Wunsch auf die Tagesordnung und die Eigentümergemeinschaft muss diesem Antrag mit Mehrheit zustimmen.

Für die Instandhaltung von Wohnungseigentum siehe: Ausbildungsbuch Verwaltung von Eigentumswohnungen.

Prüfungsfragen:

8. Gebäude durchlaufen mit der Zeit unterschiedliche Instandhaltungsphasen. Bitte erläutern Sie diese auf einem Beiblatt.

9. Nach der Ausführung von (größeren) Reparaturen

sollte eine Abnahme erfolgen. Was ist dabei festzustellen bzw. festzuhalten?

8. Wertverbesserungen und Modernisierung

Während bei Instandhaltungsmaßnahmen der Verwalter auf einen vorhandenen oder sich abzeichnenden Schaden reagiert, handelt es sich bei Modernisierungsmaßnahmen darum, auf einen Trend oder auf ein Ereignis hin (z. B. leerstehende Wohnung, weil sie veraltet ist) zu agieren. Zu „agieren" heißt also, von sich aus tätig zu werden, um die Immobilie im Wert verbessern. Es geht also um zusätzliche, technische und wertverbessernde Maßnahmen.

Es wird dabei also in das Gebäude „eingegriffen", d.h. es ist evtl. ein Bauantrag erforderlich und hierfür ist rechtlich die **Bauordnung** maßgeblich. Diese ist **Landesrecht** (es gibt also 16 Bauordnungen, die wir hier nicht alle behandeln können) und die sich grundsätzlich ähnlich, aber oft auch nicht unmittelbar identisch sind.

Vom Grundsatz her sind alle Baumaßnahmen an Gebäuden verfahrenspflichtig („genehmigungspflichtig" gibt es nicht mehr), es sei denn, die Bauordnung nimmt sie eigens davon aus.

Verfahrenspflichtig sind z.B.:
* Der Einbau von Dachgauben
* Die Erweiterung eines Gebäudes
* Die Neuerrichtung von Balkonen
* Der Einbau einer eigenständigen Wohnung im Dachgeschoss (mit Aufzug)

Verfahrensfrei – also ohne Bauantrag – sind vielfach folgende Arbeiten:
* Die Sanierung und Instandhaltung von Gebäuden
* Einbau und Änderung von Fenstern
* Austausch des Heizkessels
* Errichtung von Abgasanlagen/Kaminen bis 10 Meter Höhe
* Einbau einer Wärmepumpe
* Solaranlagen auf Dächern
* Fassaden- und Dachdämmungen
* Erweiterung einer Wohnung durch Dachausbau (ohne Eingriff in das Dach).

Die reine Bautechnik ist dabei in der Regel die Aufgabe eines Architekten oder Bauingenieurs. Diesem Kostenaufwand müssen natürlich höhere Mieterträge gegenüber stehen. Dem Verwalter drängen sich deshalb zunächst und vorab zwei Fragen auf:

- Was versteht man **mietrechtlich** unter dem Begriff „Modernisierung?“
- Wie kann ich die Investitionskosten auf den Mieter umlegen bzw. die Miete erhöhen?

Ab einem Alter von 15, spätestens aber von 20 Jahren

nehmen nicht nur theoretisch gemäß den Instandhaltungsphasen, sondern auch in der Praxis die Instandhaltungsmaßnahmen an Häufigkeit zu und aufgrund der fortschreitenden Verbesserung der Haustechnik sind oft auch „automatisch" Wertverbesserungen enthalten. Zumindest tritt diese Frage auf, ob man nicht nur instand halten, sondern auch gleich wertverbessernd tätig sein soll.

Wertverbesserungen sind rechtlich umfangreich geregelt (siehe § 555b hinten in der Anlage):

§ 555b Modernisierungsmaßnahmen
Modernisierungsmaßnahmen sind bauliche Veränderungen,
1.
durch die in Bezug auf die Mietsache Endenergie nachhaltig eingespart wird (energetische Modernisierung),
2.
durch die nicht erneuerbare Primärenergie nachhaltig eingespart oder das Klima nachhaltig geschützt wird, sofern nicht bereits eine energetische Modernisierung nach Nummer 1 vorliegt ....

Fortsetzung folgt

8.1 Energieeinsparung und Energieausweis

Hier haben wir es mit einem komplizierten Mix zweier Gesetze zu tun:
Dem Mietrecht im Bürgerlichen Gesetzbuch (§ 555b

oben) und der Energieeinsparverordnung 2014. Für Wohnungs- und Miethauseigentümer hat die Energieeinsparverordnung einige durchaus sinnvolle Pflichten gebracht, zum

Beispiel:
- Heizkessel bzw. Heizungen, die vor dem 1.1.1985 eingebaut wurden, dürfen seit 2015 nicht mehr betrieben werden. Der Austausch eines Heizkessels im Keller fällt rechtlich unter Instandhaltung
- Der Dachraum über dem obersten Geschoss muss wärmegedämmt sein bzw. gedämmt werden. Diese Wärmedämmung ist eine bauliche Veränderung, bei der die Rechte der Mieter in der Regel nicht beeinträchtigt werden.

* Das Energieeinsparungsgesetz

Das Energieeinsparungsgesetz mit Verordnungen hat der Autor schon in anderen Publikationen als das „schlechteste Immobiliengesetz aller Zeiten" bezeichnet, weil es eine wenig durchdachte, um nicht zu sagen „chaotische" Pflicht zur Energieeinsparung enthält, die „nur kostet, aber wenig einbringt". Anders gesagt. Es soll Energie eingespart werden, „koste es, was es wolle". Und ob das alles auch gut für die *Gesundheit* ist (siehe Lektion 1), spielt keine Rolle. Auch *Schimmelpilz* ist kaum zu vermeiden. Und es hat Schimpfwörter erzeugt wie „Luxussanierung" oder „Vertreibung der Mieter" usw., weil es auch Vermieter, vor allem einschlägige Unternehmen dazu verleitet, der „Dämm-*Technik*" zu verfallen, ohne die Konsequenzen (z.B. die Entsorgung in etwa 25 Jahren) zu Ende zu denken.

Aber zur Sache:

Die wichtigsten Pflichten sind:

* Pflicht zum Energieausweis
Für jedes Gebäude muss ein Energieausweis erstellt sein. Dieser muss vom Eigentümer bei jeder Vermietung und bei jedem Verkauf dem Interessenten vorgelegt werden.
Energieausweise sind also zur Pflicht geworden, d.h. Verwalter müssen es organisieren, sofern noch nicht geschehen, dass ein Energieberater beauftragt wird, einen solchen zu erstellen, der für das Objekt bei Bedarf (Vermietung und Verkauf) zur Verfügung steht. Auch der Kaminkehrer weiß eventuell Bescheid.

Viel anfangen kann man mit den Daten aus dem Energieausweis allerdings nicht, aber seine Vorlage ist gesetzlich vorgeschrieben und zwar bereits bei Vermietungs- wie auch bei Verkaufs*anzeigen* in kommerziellen Medien (Zeitung, Internet). Dort müssen energiebezogene Daten nach dem Energieausweis mit der Energieeffizienzklasse genannt sein (siehe Lektion 3).

* Pflichten zur energiesparenden Haustechnik und Nachrüstung

Die Anlagen für Heizung, Kühlung, Beleuchtung und Warmwasser müssen so instand gehalten und betrieben werden, dass nicht mehr als nötig an Energie verbraucht wird (schreibt der Gesetzgeber!).

Vor allem aber immer dann, wenn etwas verändert oder neu eingebaut wird, können komplexe Vorschriften zu beachten sein. Dies gilt in der Praxis für Nachrüstungen und für bauliche Änderungen. Hier muss man sich dann mit technischen Begriffen, welche kaum erklärt sind und sich auch nicht von selbst erklären wie z.B. energetische Eigenschaften eines Gebäudes, Energieeffizienz usw. auseinander setzen. Sofern solche Maßnahmen anstehen, wird jeder Verwaltung dringend empfohlen, entsprechende technische Fachleute zu beauftragen.

Negativ-**Beispiel:** Fassaden-Wärmedämmung
Zum Beispiel die umfassende Wärmedämmung der Fassade, die sehr teuer ist und - wie schon durch die Medien verbreitet wurde - für die Mieter weit weniger an Einsparungen einbringt, als die Mieterhöhung kostet.
Und eines sollten sorgfältige Verwalter unbedingt bedenken: Das styroporähnliche Dämm-Material ist noch nicht langzeiterprobt und feuergefährlich. Es ist ernsthaft zu befürchten, dass man es in 20 - 25 Jahren als *Sondermüll* - zu Lasten der Eigentümer - wieder entsorgen muss. Es sollte also unbedingt auf ein umweltfreundliches Naturprodukt geachtet werden.

Ferner ist das Wohnen in einem Haus mit einer völlig abgedämmte Fassade absolut *ungesund,* es ist wie ein „Wohnen im Luftballon" mit großer Schimmelpilz-Gefahr, denn es findet keinerlei

Luftaustausch statt. Für berufstätige Mieter ist fast nicht möglich, den erforderlichen Luftaustausch vorzunehmen, denn wer wohnt schon gerne in einem ständigen Luftzug (welcher notwendig wäre).

Außerdem wirken abgedämmte Häuser einheitlich glatt und unpersönlich. Die Individualität der Fassade geht verloren.

* Ausnahmen und Befreiungen

Wenigstens hat der Gesetzgeber eine Ausnahme bzw. Befreiung von den Pflichten vorgesehen, nämlich wenn Maßnahmen wegen besonderer Umstände durch einen *unangemessenen Aufwand* oder in sonstiger Weise zu einer *unbilligen Härte* führen würden. Eine solche liegt insbesondere vor, wenn die erforderlichen Aufwendungen innerhalb der üblichen Nutzungsdauer bzw. innerhalb angemessener Frist durch die eintretenden Einsparungen nicht erwirtschaftet werden können.

Praktische Empfehlung:
Werden größere energiesparende Maßnahmen vom Eigentümern gewünscht, was im Einzelfall auch wirklich sinnvoll sein kann, sollte ihm die Verwaltung vorschlagen, einen „Energie-Ausschuss" zu bilden, welcher einen Energie-fachmann beratend hinzuziehen soll, denn es gibt durch die Industrie unglaubliche gute, weniger gute und Fehlentwicklungen. Dieser Ausschuss erarbeitet

Vorschläge, die bei einem Meeting besprochen, beschlossen oder auch abgelehnt werden. Damit haben Verwalter ihre Organisationspflicht erfüllt und die Verantwortung beim Eigentümern belassen.

Im Grundsatz sind dies alles technische Sachen und der Verwalter sollte hier, sofern es keine Techniker in der Firma geben sollte, externe Fachleute beauftragen.

8.2 Die Modernisierung

Modernisierung bedeutet mietrechtlich somit die Verbesserung von Wohnungen durch bauliche Maßnahmen, die nicht Instandsetzung oder Instandhaltung im Sinn einer laufenden baulichen Unterhaltung und nicht Erneuerung sind und den Gebrauchswert der Wohnungen *nachhaltig* erhöhen oder die allgemeinen Wohnverhältnisse *auf die Dauer verbessern.* Durch bauliche Maßnahmen muss ein Zustand oder eine Ausstattung geschaffen werden, die bisher noch nicht vorhanden war.

Weil es wichtig ist, hier noch einmal das Gesetz, nun in der Fortsetzung:

§ 555bModernisierungsmaßnahmen
Modernisierungsmaßnahmen sind bauliche Veränderungen, ...
3.
durch die der Wasserverbrauch nachhaltig reduziert wird,

> 4.
> durch die der Gebrauchswert der Mietsache nachhaltig erhöht wird,
> 5.
> durch die die allgemeinen Wohnverhältnisse auf Dauer verbessert werden,
> 6.
> die auf Grund von Umständen durchgeführt werden, die der Vermieter nicht zu vertreten hat, und die keine Erhaltungsmaßnahmen nach § 555a sind, oder
> 7.
> durch die neuer Wohnraum geschaffen wird.

Behandeln wir nun die einzelnen Punkte:

8.2.1 Reduzierung des Wasserverbrauchs (zu obigen 3.)

Darunter werden vor allem der Einbau von Wasseruhren in Verbindung mit einer Verbrauchsabrechnung verstanden. Auch moderne Duschen sind standardmäßig auf einen geringeren Wasserverbrauch - gegenüber früher - eingestellt.

8.2.2 Gebrauchswert der Wohnung (zu obigen 4 und 5)

Bauliche Maßnahmen, die den Gebrauchswert der Wohnungen nachhaltig erhöhen oder die allgemeinen Wohnverhältnisse auf Dauer verbessern sind nicht explizit festgelegt. Aus früherer Zeit bekannt sind z.B. Maßnahmen zur Verbesserung

- des Zuschnitts der Wohnung
- der Belichtung und Belüftung
- des Wärmeschutzes
- des Schallschutzes
- der Energieversorgung, der Wasserversorgung und der Entwässerung
- der sanitären Einrichtungen
- der Beheizung und der Kochmöglichkeiten
- der Funktionsabläufe in Wohnungen
- der Sicherheit vor Diebstahl und Gewalt.

Zu den baulichen Maßnahmen, die den Gebrauchswert der Wohnungen erhöhen, kann auch z. B. ein Anbau gehören, insbesondere soweit er zur Verbesserung der sanitären Einrichtungen oder zum Einbau eines notwendigen Aufzugs erforderlich ist. Der Gebrauchswert von Wohnungen kann auch durch besondere bauliche Maßnahmen für Behinderte und alte Menschen erhöht werden, wenn die Wohnungen auf Dauer für sie bestimmt sind (siehe Ziff. 9.)

Unter dem Begriff "Gebrauchswert" ist zu unterscheiden zwischen dem **subjektiven** Gebrauchswert, also der individuellen Wertvorstellung, die der Vermieter oder Mieter von der Wohnung hat, und dem **objektiven Gebrauchswert**, also der allein aus sachlichen Gegebenheiten resultierenden Eignung für bestimmte Zwecke.

Nach dem Mietrecht ist von dem **objektiven** Gebrauchswert des Wohnraums auszugehen. Bei der Frage, ob der Gebrauchswert des Wohnraums erhöht ist, kommt es also auf objektive Maßstäbe an, somit darauf, ob der Wohnraum für den jeweiligen Mieter aufgrund von Verbesserungen seiner Eigenschaften *wertvoller* geworden ist. Gleichgültig ist also, ob der gegenwärtige Bewohner subjektiv von der Maßnahme einen Nutzen zu haben meint oder nicht. Gleichgültig ist im Grunde auch, wenn nur der Vermieter meint, die Sache sei notwendig.

Merke:
Der Gebrauchswert wird verbessert, wenn das Wohnen in der Wohnung angenehmer, bequemer, sicherer, gesünder oder weniger arbeitsaufwendig wird. Wird nur "Alt durch Neu" ersetzt, handelt es sich um eine bloße Erneuerung und damit um eine Instandsetzung.

Verbesserungen sind zum Beispiel wie eingangs angeführt:

- Zuschnitt der Wohnung

Der Zuschnitt der Wohnung wird verbessert, wenn der Grundriss verbessert wird, z. B. wenn Räume sinnvoll zusammengelegt (Wände beseitigt werden) und/oder übergroße Räume geteilt werden. Der Zuschnitt einer Wohnung wird auch dann verbessert, wenn ein bisher gefangenes Zimmer nun einen unmittelbaren Zugang vom Flur oder von der

Diele erhält, wenn Dachschrägen beseitigt werden oder wenn eine bisher nicht abgeschlossene Wohnung einen Wohnungs-abschluss erhält.

- Belichtung und Belüftung

Unter Belichtung ist nur die natürliche Belichtung, also die Belichtung durch Tageslicht zu verstehen, z. B. wird in einen bisherigen Raum ohne Fenster ein solches eingebaut. Diese Belichtung gilt dann als Wertverbesserung.

Belüftet wird eine Wohnung auf natürliche Weise durch Fenster und Türen oder künstlich durch Lüftungs- oder Klimaanlagen. Für Wohnräume dürfte eine ausreichende Belüftung schon damit geschaffen sein, dass die zur ausreichenden natürlichen Belichtung notwendigen Fenster vorhanden sind. Eine ausreichende Belüftung ist gegeben, wenn innerhalb der
Wohnung eine Quer- oder Überecklüftung möglich ist. Ist sie nicht möglich, so sollte sie durch Lüftungs- oder Klimaanlagen ersetzt werden. Jedenfalls sollte eine ausreichende Belüftung in allen Räumen der Wohnung und nicht nur in den eigentlichen Wohnräumen möglich sein.

- Schallschutz

Nach dem Bauaufsichtsrecht muss bei der Errichtung und der Änderung baulicher Anlagen und bei einer Nutzungsänderung ein ausreichender Schallschutz nach aktueller DIN-Norm vorgesehen werden. Der

Schallschutz einer Wohnung wird verbessert, wenn er dieser Norm noch nicht entspricht, nun aber auf die Norm angehoben oder jedenfalls nicht nur unwesentlich verstärkt wird.

Ausreichender Schallschutz ist eine unverzichtbare Voraussetzung für gesunde Wohnverhältnisse. Mangelhafter Schallschutz kann zu erheblichen gesundheitlichen Schäden führen. Es müssen deshalb die Decken und Wände sowohl ausreichenden Luft- als auch Trittschallschutz gewähren. Auch hier ist besonders darauf zu achten, dass Wohnungstrennwände den Mindestanforderungen entsprechen. Der notwendige Schallschutz kann besonders durch Kamine, Schächte, Kanäle, Rohrleitungen u. ä. beeinträchtigt werden. Der Lärm, der von Rohren für Wasser und Abwasser ausgeht, muss in der Regel hingenommen werden, solange er noch erträglich ist.

- Beheizung und Kochmöglichkeiten

Die Kochmöglichkeiten werden verbessert, wenn ein veralteter, unmoderner Kochherd durch einen nicht nur unwesentlich moderneren ersetzt wird. Die Kochmöglichkeiten werden auch damit verbessert, dass ein Dunstabzug eingebaut wird, der Koch- und Backdünste ab- oder aufsaugt, oder dass ein Herd mit einer Grillvorrichtung versehen wird.

Wichtig ist: Immer nur der "Zugewinn" des Neuen ist als Modernisierung umlagefähig, d.h. ein theoretischer Wert des Altgerätes ist stets zu berücksichtigen (von den Kosten abzuziehen).

- Funktionsabläufe in Wohnungen

Darunter wird die Zuordnung zusammengehöriger Funktionen in der Wohnung verstanden. Der Funktionsablauf in der Wohnung ist schlecht, wenn zusammengehörende Funktionen voneinander getrennt sind, so dass beim Verrichten der Hausarbeit weite Wege (z. B. über einen großen Flur) zurückzulegen sind. Bei der Hausarbeit entsteht dann unnützer Leerlauf. Das ist etwa dann der Fall, wenn Küche und Essplatz oder die Küche und der Abstellraum innerhalb der Wohnung weit voneinander getrennt sind, statt nebeneinander zu liegen. Werden solche Räume so nebeneinander gelegt, dass **objektiv** die Funktionsabläufe in der Wohnung verbessert sind, handelt es sich um eine Wertverbesserung in diesem Sinne. Auch innerhalb der Küche können Funktionsabläufe verbesserungsfähig sein. Zum Beispiel, wenn Herd, Wasserhahn und Spüle weit voneinander getrennt sind. Ein klassischer Fall, wie nachfolgend unter „seniorenmodern" beschrieben.

* Sicherheit vor Diebstahl und Gewalt

Verbesserungen der Sicherheit vor Diebstahl und Gewalt werden erfahrungsgemäß von den Bewohnern hoch bewertet. Hierzu gehört etwa der nachträgliche Einbau von Sicherheitsschlössern, von Gittern vor Kellerfenstern, von Rollläden vor

Erdgeschossfenstern und von Türöffner- und Gegensprechanlagen, möglichst gleich mit Monitor in jeder Wohnung. Hierzu gehört ferner, wenn ein aus der Türfläche herausragendes Sicherheitsschloss durch ein bündig mit der Türfläche abschließendes Sicherheitsschloss ersetzt wird, das nicht mit Werkzeugen aus der Tür gebrochen oder gedreht werden kann. Auch eine Alarmanlage könnte hierzu gehören.

- Weitere bauliche Maßnahmen

Weitere bauliche Maßnahmen, die die allgemeinen Wohnverhältnisse verbessern, sind insbesondere die Anlage und der Ausbau von nicht öffentlichen Gemeinschaftsanlagen wie:

- Kinderspielplätze
- Grünanlagen
- Stellplätze
- anderen Verkehrsanlagen.

Die allgemeinen Wohnverhältnisse werden nämlich (auch) verbessert, wenn baulichen Maßnahmen der Allgemeinheit der Mieter zugute kommen, wobei es auch in diesem Fall auf die Verbesserung eines einzelnen nicht ankommt, wenn die Maßnahme insgesamt **objektiv** einen verbessernden Charakter hat.

Keine Wertverbesserungen sind bauliche Maßnahmen, die den Gebrauchswert nicht nachhaltig erhöhen oder die allgemeinen Wohnverhältnisse nicht auf Dauer verbessern. Zwischen den Begriffen "nachhaltig" und "auf die Dauer" besteht im Prinzip kein wesentlicher sachlicher Unterschied, denn beides bedeutet letztendlich: auf unbestimmte, nicht nur vorübergehende und voraussichtlich kurze Zeit.

8.3 Mieterhöhung aufgrund von wertverbessernden Maßnahmen

Aufgrund der Modernisierung einer Mietwohnung darf der Vermieter die Miete erhöhen und zwar bei

- preisgebundenen Wohnungen

Für preisgebundene Wohnungen (Sozialwohnungen) bestimmt sich die Zulässigkeit einer Mieterhöhung auf Grund einer Modernisierung bei Beanspruchung von öffentlichen Fördermitteln nach den Förderrichtlinien der jeweiligen Länder in Verbindung mit den Vorschriften des Sozialmieten- und Berechnungsrechts (Wohnungsbindungsgesetz).

Die Investitionskosten für Modernisierungen gehen in die Mietenberechnung entsprechend der II. Berechnungsverordnung ein und führen zu einer entsprechenden Mieterhöhung.
Werden Instandsetzungsmaßnahmen durchgeführt, darf der Vermieter dagegen **nie** (weder im öffentlich

geförderten noch im freifinanzierten Wohnungsbau) die Miete erhöhen, wenn er durch Instandhaltungs- und Instandsetzungsmaßnahmen nur den „bestimmungsgemäßen Zustand" wiederherstellt und den Verfall des Hauses verhindert. Die Instandhaltungskosten sind stets mit der Nettokaltmiete abgegolten;

- freifinanzierten Wohnungen

Im freifinanzierten Wohnungsbau gilt § 559 BGB mit den bekannten 11%. Alle genannten Modernisierungsmaßnahmen sind somit dem Grunde nach umlagefähig. Vorher aber hat die Verwaltung umfangreiche Informations- und Ankündigungsmaßnahmen durchzuführen.

- Informations- und Ankündigungsmaßnahmen

Maßgeblich ist § 555 c BGB (siehe hinten). Die Ankündigung der Maßnahme sollte schriftlich („in Textform") mindestens *drei Monate* vor Beginn der Maßnahme erfolgen, andernfalls verlängert sich die Frist zur Mieterhöhung um 6 Monate!

Die ordnungsgemäße und rechtzeitige Ankündigung der vorgesehenen Maßnahme ist die Fälligkeitsvoraussetzung für den Anspruch des Vermieters an den Mieter, die geplante Maßnahme zu dulden und sich auf eine Mieterhöhung einzustellen.

Merke:

Es empfiehlt sich **grundsätzlich**, vor jeder Maßnahme eine schriftliche Ankündigung an den Mieter herauszugeben, ob sie nun gesetzlich gefordert wird oder nicht. Man denke nur an die Intimität bzw. Störung des Wohnens, an die Vermeidung von Gerüchten und Treppenhausgesprächen und an den partnerschaftlichen Umgang mit dem Mieter, der eine rechtzeitige Information voraussetzt (siehe Lektion 1).

Das Ankündigungsschreiben muss in rechtlicher Hinsicht enthalten:
- Art der Maßnahme (z. B. Einbau von ....)
- Umfang, Ort, Beginn und Dauer der Maßnahme
- zu erwartende Mieterhöhung.

Beispiel:

Ankündigungsschreiben an den Mieter unter Beachtung der rechtlichen und psychologischen Aspekte:

Es kommt nicht auf das einzelne Wort, sondern auf den Inhalt des Ankündigungsschreibens an. Die fett gedruckten Wörter sollten inhaltlich in Ihrem Brief vorkommen:

Betreff: Einbau von isolierverglasten Fenstern und anteilige Mieterhöhung

Sehr geehrte Frau Meier,
sehr geehrter Herr Meier,

wir beabsichtigen, die bisherigen einfach verglasten Fenster Ihrer Wohnung durch neue isolierverglaste Fenster zu ersetzen. Diese neuen Fenster haben eine Schalldämmung von 4 dB und bewirken auch eine Einsparung von Heizenergie, wenngleich sie absichtlich nicht vollkommen dicht sind, um eine gewisse Luftzirkulation zu ermöglichen. Die Fenster entsprechen dem neuesten Standard in der Fensterfertigung. **(= Begründung)**

Im technischen Ablauf werden sämtliche Fenster der Straßenfront, beginnend im Erdgeschoss, ausgetauscht. Die Maßnahme beginnt am 10. April in der Wohnung 1, d. h. Ihre Wohnung ist etwa am 15. 4. an der Reihe. Der Ausbau der alten und der Einbau der neuen Fenster wird in Ihrer Wohnung ca. 2 Tage dauern **(Zeitdauer).** Den genauen zeitlichen Ablauf werden wir im Treppenhaus durch Aushang rechtzeitig bekannt geben.

Der Ausbau der alten Fenster wird etwas Staub verursachen, größere Beschädigungen treten nicht ein. Den Handwerkern ist nur der ungehinderte Zugang zum Fenster zu gestatten.

Der Einbau dieser neuen Fenster wird, nach Abzug der an sich fälligen Reparaturmaßnahmen insgesamt € 100.000.- betragen **(Gesamtkosten)**. Daraus ergibt sich für Ihre Wohnung bei einer gesetzlich möglichen Erhöhung von jährlich 11% der Kosten eine Mieterhöhung von ca. € ... mtl. ab Fertigstellung des Einbaus, also ab ca. 1. Juni 20xx...**(Mieterhöhung)**. Die genaue Berechnung und den konkreten Betrag der Mieterhöhung teilen wir Ihnen rechtzeitig nach Fertigstellung mit.

Wir bitten Sie mitzuwirken, dass diese Maßnahme möglichst rationell und damit Kosten sparend durchgeführt werden kann. Für evtl. nähere Auskünfte steht Ihnen unser/e Mitarbeiter(in) Herr / Frau ... während der üblichen Geschäftszeiten zur Verfügung.

Mit freundlichen Grüßen
Ihre Verwaltung

Ist die Maßnahme nicht oder nicht rechtzeitig angekündigt worden oder tritt eine tatsächliche Mieterhöhung gegenüber der Ankündigung *um mehr als 10%* ein, verlängert sich die Wartefrist für die Mieterhöhung um 6 Monate.

Zur Erinnerung: Der Mieter braucht Maßnahmen nicht zu dulden, die für ihn oder seine Familie eine *Härte* bedeuten würde. Im Streitfalle werden vom Gericht die berechtigten Interessen des Vermieters und die Gründe des Mieters gegeneinander abgewogen. Es handelt sich immer um Einzelfallentscheidungen.
Wurde dem Mieter die Maßnahme angekündigt und die zu erwartende Mieterhöhung mitgeteilt, so tritt

die Mieterhöhung nach Abschluss der Maßnahme durch eine begründete schriftliche Geltendmachung durch den Vermieter mit Beginn des *dritten Monats* nach Zugang des Mieterhöhungsschreibens in Kraft.

- Berechnung der Kosten, Vorab-Abzug der Instandhaltungsanteile und Aufteilung

Nach Ankündigung der Maßnahme kann also die Durchführung – mit entsprechender Vorlauffrist – organisiert werden. Die technischen Leistungen werden abgenommen (analog der schon beschriebenen großen Instandhaltungsmaßnahmen) und spätestens nach der Abnahme gehen die entsprechenden Rechnungen ein.

Nun sind also die endgültigen bzw. verbindlichen Kosten zu berechnen, also die Rechnungen zu addieren und jetzt ist § 559 Absatz 2 zu beachten:

> (2) Kosten, die für Erhaltungsmaßnahmen erforderlich gewesen wären, gehören nicht zu den aufgewendeten Kosten nach Absatz 1; sie sind, soweit erforderlich, durch Schätzung zu ermitteln.
> (3) Werden Modernisierungsmaßnahmen für mehrere Wohnungen durchgeführt, so sind die Kosten angemessen auf die einzelnen Wohnungen aufzuteilen.

Maßnahmen der Instandhaltung, ersparte Aufwendungen für Instandhaltung und Kosten, die keinen wertverbessernden Charakter (für den Mieter!) haben, sind abzuziehen. Wie schon erwähnt, haben sehr viele Instandhaltungs-maßnahmen in sich einen wertverbessernden Charakter, aber nur dann, wenn sie für den Mieter wertverbessernd sind können sie umgelegt werden. Das ist der Grundsatz. Die bei dieser Maßnahme eingesparten regulären Instandhaltungskosten müssen erfasst oder geschätzt und von der Gesamtrechnung abgezogen werden. Im Streitfalle wollen die Gerichte fast immer einen solchen Abzug sehen. Dann ist es zum Beispiel ideal, wenn man ein Kostenangebot für die reine Instandhaltung vorlegen kann - und dieser Betrag zum Abzug kommt. Ist das nicht der Fall, darf geschätzt werden.

Sind von der Maßnahme mehrere unterschiedliche Wohnungen betroffen oder sind Wohnungen und zum Beispiel das Treppenhaus betroffen, müssen die Kosten "angemessen" aufgeteilt werden.

* Umlage 11%
Aufgrund der sich ergebenden Kosten darf die Miete um 11% erhöht werden. § 559 BGB

Beispiel:
Einbau von 40 isolierverglasten Fenstern
Es liegen folgende Rechnungen vor:

- Ausbau der alten und Einbau neuer Fenster, Rechnung Fa. Meier € 40.100,-
- Bauunternehmen Schmidt,
- Einputzarbeiten€ € 4.500,-
- Malermeister Schneider:

Malermäßige Ausbesserungsarbeiten in den Wohnungen	€ 3.000,-
• Reinigungsdienst Huber: Reinigungsarbeiten	€ 1.000,-
• Bauwesenversicherung	€ 500,-
• Architektenhonorar	€ 1.500,-
Gesamtaufwand	€ 50.600,-

Objektdaten:
Baujahr 1959, 500 m² Wfl., 8 Wohneinheiten, 40 neue Fenster wurden eingebaut, davon 32 Wohnungs- und 8 Treppenhausfenster.

Lösung:
Wir gehen schrittweise wie folgt vor:

- Welche Kosten sind umlagefähig?

• Ausbau der alten und Einbau neuer Fenster, Rechnung Fa. Meier	€ 40.100,-
• Bauunternehmen Schmidt:	
• Einputzarbeiten	€ 4.500,-
• Malermeister Schneider	€ -,-
• Reinigungsdienst	€ -,-
• Versicherungs-AG:	
• Bauwesenversicherung	€ 500,-
• Architekt Schulze:	
• Architektenhonorar	€ 1.500,-
Ansatzfähige Kosten	**€ 46.600,-**
- ./. Eingesparte Reparaturkosten	
lt. einem Reparaturangebot Schreinermeister Weber	€ 6.600,- *)

Umlagefähige Kosten **€ 40.000,-**

*) Zahl geschätzt ========

- Kostenverteilung in "angemessener" Weise:

- Anteil je Wohnung

Ausgewechselt wurden 40 Fenster,

3. Schritt

somit kostet ein Fenster € 1.000,-

Wertverbesserungszuschlag **11%** € 110,-

je Fenster im Jahr : 12 Monate = € 9,17

je Fenster mtl.

eine Wohnung hat 4 Fenster*) x 4 **= € 36,68 pro Wohnung**

(32 Fenster : 8 WE)

*) je nach Anzahl, hier für alle gleich

- Gemeinschaftsanteil:

8 Treppenhausfenster je € 1.000,- = € 8.000.-

x 11% = € 880,- jährl.

: 8 WE = € 110,- je WE jährl. : 12

= € 9,17 mtl. Gem.anteil

- Der Anteil je Wohnung beträgt somit:

€ 36,68 + € 9,17 = **€ 45,85 mtl.**

========

Die Aufteilung in *Anteil je Wohnung* und *Gemeinschaftsanteil* ist besonders wichtig bei unterschiedlich großen Wohnungen bzw. unterschiedlichen Einbaukosten (z. B. wenn es unterschiedliche Fenster gibt). Die Kostenverteilung ist lt. zitiertem Gesetz in "angemessener Weise", also entsprechend Treu und Glauben *objektiv* und *fachgemäß* vorzunehmen.

9. Altersmoderner Umbau

Die demografischen Verändungen, nämlich zunehmend "mehr alte Leute, die immer länger leben" sind nicht zu übersehen. Die betroffenen Menschen möchten auch möglichst lange, bis zu Tod, in ihrer Wohnung bleiben und nicht in ein Altersheim (was ohnehin unmöglich wäre), aber die Wohnungen sind für junge Menschen gebaut und bereiten alten Menschen größere Probleme.

Es kommt also zum Trend, Wohnungen umzubauen und zwar so, dass sie von Senioren m/w möglichst lange bewohnt werden können.

Im Zusammenhang mit „alten Menschen" tauchen psychologisch schlimme Wörter auf wie z.B.

* altersgerecht
  zwei negative Wörter in einem Wort oder
* betreutes Wohnen
  die betroffenen „Alten" sagen dazu:
  Ich will nicht *bevormundet* werden" oder
* barrierefrei
  gibt es denn verbarrikatierte Wohnungen?

Diese eingefahrenen Begriffe sind eigentlich Unsinn und führen generell in die Irre. Das kommt u.a. daher, weil man sich als berufstätiger und jüngerer Mensch nicht *in die Zukunft denken* kann. Man kann sich an die Vergangenheit erinnern, aber man kann sich nicht vorstellen, wie man *selbst* im Alter von zum Beispiel 80 Jahren sein wird. Man kann sich also „Alterung" nicht vorstellen.

Aber man kann sich „Bequemlichkeit" vorstellen – und darum geht es! Deshalb sollte eigentlich jede Wohnung Bequemlichkeit und eine moderne, dem heutigen Standard angepasste Ausstattung bieten. Dies möchten im Prinzip alle Mieter und dies ist auch der gemeinsame Nenner für alle Wohnungen.
In Anbetracht der demographischen Entwicklung gilt es also, ältere Wohnungen nach und nach so umzubauen, dass sie die höchstmöglichste *Bequemlichkeit für alle Mieter* – unabhängig vom Alter - bieten.

Beispiele - grundsätzlich

- Möglichst wenige Türen, denn Türen sind im Alter ein unbequemes Hindernis.
- Möglichst eine begehbare Dusche statt einer Badewanne
- Einen möglichst ebenerdigen Boden ohne Schwellen
- Einbau eines Bidets (sollte aus Hygienegründen eigentlich Standard sein).

Stufe 1 Teilumbau

Die dringenste Veränderung ist der Umbau eines Bades, nämlich:

- Entfernen der Badewanne und Einbau einer begehbaren Dusche, möglichst mit Sitz
- Einbau eines in der Höhe verstellbaren Waschbeckens
- Austausch des WC's gegen ein WC mit eingebautem Bidet

Stufe 2 Komplettumbau

- Möglichst wenig Schalter, sondern Schalter über Bewegungsmelder
- Glastüren statt Holztüren für eine höhere Helligkeit in der Wohnung
- Mit der Klingel einen Monitor, auf dem man die Person sehen kann
- Einen Alarmmelder, der elektronisch auf das Wort „Hilfe“ reagiert

Ein kompletter, altersmoderner Umbau der Wohnung ist keine Modernisierung! Wenn also ein Mieter selbst einen größeren Umbau, unter Umständen öffentlich gefördert von der Kfw-Bank durchführen möchte, ist *größte Vorsicht* geboten! Das Gesetz sagt nämlich an vielen Stellen: Alle Maßnahmen zum Nachteil des Mieters (hier Geldzahlung an die Bank) sind unwirksam.

In jedem Fall sollte also ein Umbau-Vertrag mit dem Mieter geschlossen werden.

Sofern also ein altersmoderner Umbau zum Beispiel nach DIN 18040-2 geplant werden soll, sollte dieser Umbau nur in einer *leeren Wohnung* stattfinden. Dann kann der Aufwand über eine Neuberechnung der kostendeckenden Miete in die neue Miete aufgenommen werden.

Wer die Mietwohnungen noch mehr auf die Senioren einstellen will, sollte an einen zusätzlichen *externen Service* denken, wie dies zum Beispiel in den USA schon lange üblich ist. Mit der Anmietung bekommt man dort eine lange Liste an Dienstleistungen, die man regelmäßig oder auf Einzelbestellung erhalten kann wie zum Beispiel:

- Koch- und Küchenhilfe
- Putzdienste in diversen Abwandlungen
- Hund ausführen
- Blumen gießen
- Fahrdienste
- Arztbesuche (Arzt kommt in die Wohnung)
- Einkaufs- und Bringdienst (z.B. Essen, Lebensmittel, Arzneimittel usw.)
- Ausgehservice bzw. Begleitdienst zu Veranstaltungen aller Art

usw.

Die Organisation hierzu ist freigestellt und es gibt genügend Varianten, von der Selbstbedienung (der Mieter ruft den jeweiligen Dienstleister selbst direkt an) bis zur Rundum-Versorgung, die von der Verwaltung gemanagt wird.

9. Instandhaltungsfehler

In der Praxis prasseln auf eine Verwaltung, je nach Größe des Verwaltungsbestandes, unter Umständ täglich viele Probleme ein, die unterschiedliche Maßnahmen erfordern, so dass eine fachlich anspruchsvolle Instandhaltungsplanung schwierig sein dürfte. Viele Verwaltungen handeln deshalb vor allem nach dem Prinzip der *ausfallbedingten Instandhaltung*. Sie bedeutet: Wenn etwas kaputt gegangen ist, wird es erneuert. Die erforderlichen Wartungen werden zwar regelmäßig durchgeführt, aber eine fachkundige Analyse der Wartungsergebnisse erfolgt nicht, so dass oft typische Fehler gemacht gemacht werden.

9.1 Typische Fehler

Die wichtigsten Fehler und Versäumnisse sind:

• Wartung und Inspektion werden nicht *systematisch* betrieben
In der Regel werden die *vorgeschriebenen* Überprüfungen der Behörden und des TÜV u.ä. sorgsam und systematisch durchgeführt. Wenn es aber um Anlagen geht, die nicht behördlichen Auflagen unterliegen, sieht die Vorgehensweise oft völlig anders aus. Die Notwendigkeit der Durchführung von Wartungs- und Inspektionsarbeiten wird von der Verwaltung individuell festgelegt. Eine verbindliche Festlegung

zum gesamten Ablauf und der Wartungs- und Inspektionsintervalle ist nicht vorhanden. Die Organisation der Instandhaltung ist rein „personenbezogen" geregelt!

• Wartung und Inspektion werden entweder nicht oder nur halbherzig betrieben
Der „Nutzen" von Wartungs- und Inspektionsmaßnahmen wird oft aus *Kostengründen* in Frage gestellt. Dadurch werden regelmäßige Wartungen und Inspektionen nur halbherzig durchgeführt.
Die Verwaltung wartet ab, bis es zu einer Störung kommt und reagiert dann. Es wird nicht agiert, sondern nur reagiert!

• Ausreichende aktuelle Wartungs- und Inspektionspläne sind nicht vorhanden.

Folgende Sachverhalte werden in der Verwalterpraxis oft angetroffen.
> Die Wartungs- und Inspektionsunterlagen der Anlagenlieferanten sind nicht ausreichend.
> Die Unterlagen sind zwar vorhanden, sind aber nicht auf dem neuesten Stand.
> Die Unterlagen befinden sich nicht gesammelt an einem Ort.
> Die Verwaltung hat nur teilweisen Zugriff auf die erforderlichen Unterlagen.
> Die angewendeten Wartungs- und Inspektionsmaßnahmen entsprechen evtl. nicht den technischen

Spezifikationen!

• Die *Erfassung* der Wartungs- und Inspektionsdaten ist oft verbesserungsbedürftig:

Die Dokumentation der Ergebnisse der Wartung oder Inspektion erfolgt unsystematisiert. Der Ausführende vermerkt zwar die Durchführung mit Dauer und Datum in irgendwelchen Dateien, aber eine organisierte Erfassung, die Rückschlüsse für Verbesserungsmaßnahmen ermöglicht, erfolgt nicht, vor allem aber: Die Erkenntnisse aus den durchgeführten Wartungen oder Inspektionen werden oftmals nicht regelmäßig ausgewertet!

Die vorstehenden Problempunkte ließe sich aber durch eine von der Verwaltung ordnungsgemäß geplante Instandhaltung lösen. Darunter wird auch der systematische Einsatz von Personal und Mitteln verstanden.

9.2 Fehlervermeidung

Betreiber (Eigentümer) und Instandhalter (Verwalter) müssen sich darüber verständigen, an welchen Anlagen Schäden auftreten können und an welchen Einbauten vorbeugende Wartungen in welchem Umfang notwendig sind. Ergebnis ist eine Grundlage, auf die sich der Leistungsumfang des Verwalters für Planung, Vorbereitung, Durchführung, Abrechnung und Analyse beziehen kann.

Folgende Zielsetzungen stehen dabei im Vordergrund:

- Sicherstellung der Funktionsqualität und der definierten Leistung der installierten Technik
- hohe Verfügbarkeit
- hohe Lebensdauer, Werterhaltung
- geringe Energiekosten
- Wirtschaftlichkeit des gesamten Personal- und Materialeinsatzes
- Dokumentation, Kontrolle und Behebung von Schwachstellen
- Umweltschutz (Einsatz umweltfreundliche Stoffe, geringe Emission, geordnete Entsorgung).

Die vorgenannten Ziele sind allerdings nur zu erreichen, wenn Schäden an den technischen Anlagen minimiert und dadurch der Verlust von Funktionsfähigkeit vermieden wird. Schäden treten zu zufälligen Zeitpunkten auf. Durch die Benutzung entstehen zunächst Abnutzungserscheinungen (Verschleiß, Korrosion, Ermüdung, Alterung) und in der Folge Schäden.

Die **Schadensquote** kann wesentlich durch folgende zwei Maßnahmen *vermindert* werden:

- Systematische Erfassung aller Schäden
- permanente Anpassung der Verfahren und Reglungen der vorbeugenden Instandhaltung

unter Berücksichtigung aufgetretener Schäden.

9.3 Dokumentationen

Schon die Erfassung der einzelnen technischen Anlagen ist wichtig als Grundlage für die Erstellung von Wartungs- und Inspektionsplänen. Es müssen alle Daten erfasst werden, die zur Durchführung der Wartungs- und Inspektionsaufgaben benötigt werden. Hierzu gibt es – zur allgemeinen Information, ohne rechtliche Pflicht - folgende DIN-Normen:

* Die DIN EN 13460
legt allgemeine Leitlinien für technische Dokumentationen zur Instandhaltung fest, die bei Inbetriebnahme eines technischen Objektes an den Nutzer zu übergeben sind. Im Anhang A sind die Dokumente aufgeführt, die während der Betriebsphase zu erstellen sind.

* Die DIN EN 62023
enthält Regeln zur Strukturierung technischer Informationen und Dokumentation. Diese basieren auf der Anwendung eines Hauptdokuments (Leitdokument) zum Zwecke des Zusammenfügens der Informationen für jedes Objekt.

* Die DIN EN 12170
legt die Anforderungen an eine Dokumentation für Betrieb, Wartung und Einsatz von Heizungsanlagen in Gebäuden fest, bei denen qualifiziertes Bedienungspersonal erforderlich ist. Sie ist auch zur

Aktualisierung vorhandener Unterlagen anzuwenden.

* Die DIN EN12171
legt die Anforderungen an eine Dokumentation für Betrieb, Wartung und Einsatz von Heizungsanlagen in Gebäuden fest, bei denen kein qualifiziertes Bedienungspersonal erforderlich ist. Sie ist auch zur Aktualisierung vorhandener Unterlagen anzuwenden.

10. Die professionelle Instandhaltungsplanung

Die Durchführung von Instandhaltungs-maßnahmen kann bzw. sollte nicht isoliert betrachtet werden. Es bestehen enge Berührungspunkte zu anderen Aufgaben der Verwaltung. Vor einer tatsächlichen Durchführung einer Maßnahme sind zwei wesentliche Kriterien zu klären:
a) Handelt es sich tatsächlich "nur" um eine Maßnahme zur Erhaltung des bestehenden bzw. zur Wiederherstellung eines einmal vorhandenen ordnungsgemäßen Zustandes und
b) sind die anfallenden Kosten geplant d.h. im Wirtschafts- bzw. Budgetplan für das entsprechende Wirtschaftsjahr enthalten und somit auch durch eine gültige Genehmigung gedeckt.

10.1 Der Gebäudelebenszyklus

In Ergänzung und Fortführung der Ziffer 7.1 Instandhaltungsphasen sollen diese nochmals von einer anderen Seite beleuchtet werden. Viele Bestandteile eines Gebäudes müssen nach einiger Zeit überarbeitet oder ausgetauscht werden, zum **Beispiel:**

- Außenanstriche an Fassaden, Fenstern und Außentüren
- Dachdeckungen bei Flachdächern
- Holz- und Metallanstriche außen
- Dachrinnen und Fallrohre aus Zinkblech
- Dachanschlüsse aus Zinkblech
- Plattenbekleidungen außen
- Außenverglasungen
- Kunststoffbeläge innen
- Abdichtung von Außenbauteilen mit
- Fugenmassen
- Heizkessel und -thermen
- Stahl-Heizradiatoren
- Elektronische Regeleinrichtungen
- Sonnenschutz
- Elektrogeräte
- Klingel- und Rufanlage
- Feuerlöscher
- Rolläden
- Heizkörper
- Armaturen
- Dacheindeckungen und Dachanschlüsse
- Kaminköpfe über Dach

- ♦ Fenster und Außentüren
- ♦ Außenwandputz und -bekleidung
- ♦ Teile des Wand- und Deckenputzes innen
- ♦ Fliesen- und
- ♦ Plattenbodenbeläge innen
- ♦ Sanitärleitungsnetz für Bäder und Küchen
- ♦ Ausstattung von Bädern und Küchen
- ♦ Elektroinstallationsnetz mit Dosen und Schaltern
- ♦ Heizleitungsrohrnetz wird undicht
- ♦ Elektro-Warmwasserbereiter erneuern

usw.

Die Darstellung der unterschiedlich langen Lebenszeiten von Gebäudeteilen ergibt den erwähnten Gebäude-Lebenszyklus der Ziffer 7.1.

Ob es sich in der graphischen Darstellung um eine Treppe mit Stufen oder um einen ansteigenden Bogen handelt, ist unwichtig. Gemeint ist folgendes:

▶ Wenn ein Gebäude erstellt wird, fallen zunächst keine Instandhaltungskosten an. Anfangs werden vorhandene Mängel auf Gewährleistung beseitigt, aber dann ist das Gebäude in Ordnung und in Betrieb.

▶ Nach etwa 10 Jahren zeigen sich die ersten Verschleißerscheinungen, d.h. die stark strapazierten Gebäudeteile werden defekt, die ersten kleineren Instandhaltungsmaßnahmen der linken Spalte stehen an.

▶ Diese Instandhaltungskosten-Kurve steigt in den

Jahren 15 - 20 nun erheblich an, um in den Jahren 20 - 30 einen ersten Höhepunkt zu erreichen. Es fallen die in der mittleren Spalte aufgeführten Reparaturen und Erneuerungen an, ebenso stehen bereits größere Instandsetzungs-maßnahmen der rechten Spalte an.

► Sind alle Maßnahmen durchgeführt, sind auch entsprechend die Anlagen und Einrichtungen erneuert, d.h. die Kostenkurve fällt nach unten und zwar so lange, bis die erneuerten Geräte ihrerseits wieder das Ende ihrer Lebenszeit erreicht haben und erneut ausgetauscht werden müssen. Dann beginnt alles von vorne, d.h. die Kostenkurve steigt wieder an.

Aber: Was sagt dieser Gebäude-Instandhaltungszyklus noch aus?

Er gibt vor allem Anlass, darüber nachzudenken bzw. zu planen:

* Die Höhe der Instandhaltungskosten pro Jahr
* Die Bildung einer ausreichenden Instandhaltungsrücklage
* Der Verwaltungsaufwand für die Instandhaltungsorganisation
* Die Konsequenzen für Eigentümer, die ihre Immobilie verkaufen möchten („verkaufen, bevor die Kostenlawine anrollt“).

Gebäude ab einem Alter von ca. 15 bis 20 Jahren erfordern also einen ansteigend hohen

Instandhaltungsaufwand und entsprechend hohe Instandhaltungskosten. Aus der Gebäudezyklus-Kurve lassen sich viele kaufmännische Handlungsweisen ableiten.

10.2 Arten der Instandhaltung

Die Instandhaltungsart kennzeichnet Art, Umfang und Zeitfolge von Instandhaltungsmaßnahmen an einer Anlage. Bei der Festlegung der Art der Instandhaltung ist die Folge möglicher Schäden und es sind die technischen Möglichkeiten der Instandhaltungsmaßnahmen zu berücksichtigen. Die Instandhaltungsarten sind auch in der DIN EN13306 in Kapitel 7 beschrieben. Es geht um folgende:

- Die *vorbeugende* Instandhaltung

Die *vorbeugende Instandhaltung* verfolgt das Ziel, einem Ausfall bzw. einem Leistungsabfall durch geeignete Maßnahmen vorzubeugen. Bei Anwendung dieser Strategie werden in Abhängigkeit von Kriterien für Anlagenteile Ausbauzeitpunkte festgelegt, zu denen ein Austausch oder eine Überholung vorgenommen wird. Der tatsächliche Zustand des Teils ist dabei unerheblich. Maßstab ist der Gebäude-Lebenszyklus. Diese Strategie ist (nur) dort sinnvoll, wo der zu erwartende Folgeschaden größer ist als der Restnutzen des ausgebauten Teils.

Beispiel:

Erneuerung des Heizungs-Brenners nach Ablauf der regulären Lebensdauer und nicht erst bei Ausfall (letzteres erfahrungsgemäß zwischen Weihnachten und Neujahr).

Die Vor- und Nachteile einer vorbeugenden Instandhaltung sind:

Vorteile:

- Die Instandhaltungsarbeiten können weitgehend geplant werden.
- Der Ersatzteilbedarf kann aus den Instandhaltungsplänen abgeleitet werden; die Ersatzteile können daher rechtzeitig beschafft werden.
- Durch vorbeugende Maßnahmen kann eine bestimmte Verfügbarkeit bzw. Zuverlässigkeit sichergestellt werden.

Nachteile:

- Notwendige Daten über das Ausfallverhalten liegen oft nicht in einer genügenden Genauigkeit vor bzw. können nur mit hohem Aufwand ermittelt werden.
- Die Lebensdauer vieler Ersatzteile wird nicht voll ausgenutzt.

■ Die *ausfallbedingte* Instandhaltung

Bei dieser Methode werden Anlagenteile immer nur nach ihrem Ausfall ersetzt. Der Ausfall bzw. Leistungsabfall werden abgewartet. Es werden keine vorbeugenden Maßnahmen zur Minimierung von

Schäden durchgeführt. Es tritt ein Maximum an Störungen auf, die in Kauf genommen werden müssen.

Die Vor- und Nachteile einer ausfallbedingten Instandhaltung sind:

Vorteile:

- Die Lebensdauer eines Teils wird voll genutzt, da eine Instandsetzung erst nach Ausfall erfolgt.
- Der Aufwand zur Planung ist geringer als bei der vorbeugenden Instandhaltung.

Nachteile:

- Es können hohe Ausfallkosten entstehen, die bei höherem Planungsaufwand vermeidbar gewesen wären.
- Nicht lagerhaltige Ersatzteile sind häufig nicht kurzfristig beschaffbar und verursachen auf diese Weise Ausfallkosten.

▪ Die *zustandsabhängige* Instandhaltung

Unter zustandsabhängiger Instandhaltung versteht man Inspektionen, Prüfungen und Messungen an Anlagen, die Aufschluss über den Abnutzungsvorrat geben. Dazu müssen Toleranzgrenzen festliegen und Toleranzabweichungen durch Messungen bestimmbar sein. Aufgrund der ermittelten Messwerte können Aussagen über den augenblicklichen Zustand der Anlage im Vergleich mit früheren Messungen gemacht werden. Durch

Dokumentation der Mess- und Prüfergebnisse ist der Abnutzungsvorrat feststellbar, eventuell notwendige Instandhaltungsmaßnahmen können rechtzeitig eingeplant werden. Die in zeitlichen Abständen durchzuführenden Messungen sollten folgende Bedingungen erfüllen:

- gleiche Messstelle
- gleiches Messgerät und gleiches Messverfahren
- gleiche Belastungs- und Arbeitsbedingungen
- gleiche Raum -und Umweltbedingungen.

Die Vor- und Nachteile einer zustandsbedingten bzw. –abhängigen Instandhaltung sind:

Vorteile:

- Die Lebensdauer von Teilen wird besser ausgenutzt als bei dem vorbeugenden Teileaustausch.
- In vielen Fällen ist zwischen der Inspektion und der daraufhin eventuell erforderlichen Instandsetzung genügend Zeit, um die Instandsetzungsarbeiten einzuplanen.

Nachteile:

- Inspektionen verursachen Kosten; diese sind oft höher als die Kosten für vorbeugenden Teileaustausch.
- Für die Inspektion wird Personal benötigt, das über die handwerklichen Fähigkeiten hinaus auch über detaillierte Kenntnisse der technischen Diagnostik verfügt.

Bei den kaum anspruchsvollen technischen Anlagen bei Mehrfamilienhäusern wird es selten zu längeren Ausfallzeiten kommen, da die meisten Ersatz- und Bauteile für die haustechnischen Anlagen leicht beschaffbar sind. Diese geringe Ausfallzeiten werden bewusst in Kauf genommen, da die durch den Ausfall eventuell entstehenden Kosten üblicherweise geringer sind als die Kosten, die die Verwaltung als Zeitaufwand rechnerisch darstellen müsste, um eine fachlich ausgearbeitete Instandhaltungsplanung vorzulegen.

Das Geheimnis einer „guten Instandhaltung" dürfte sicher im richtigen Mix dieser drei möglichen Systeme liegen, nämlich in der „ad hoc"-Instandhaltung bei einfachen technischen Anlagen, für die die Handwerker keine Lieferschwierigkeiten haben (dürften) und solchen Maßnahmen, die aufgrund ihrer Kosten und/oder Komplexität innerhalb des Gebäudelebenszyklusses lang- oder längerfristig zu planen sind. Es geht also um eine Instandhaltungsplanung auf mehreren Ebenen.

10.3 Die Organisation der Instandhaltungsplanung

Es empfiehlt sich folgende Struktur:

■ Verwaltungsübernahme und Dokumente

Die beste Vorbereitung einer Planung und

Organisation von Instandhaltungsmaßnahmen beginnt bereits bei der Übernahme der Verwaltung im Zuge eines ausführlichen und detaillierten Studiums der erhaltenen technischen Unterlagen des Objektes. Hieraus kann sich die Verwaltung bereits ein Bild von der Komplexität der technischen Anlagen machen und in die Planung der weiteren Vorgehensweise eintreten.

■ Objektbegehung(en)
Die erste Begehung sowie die jährliche Objektbegehung sollte vom zuständigen Objektverwalter ausführlich dokumentiert werden. Hierbei ist es sinnvoll, das der Verwalter für seine Bestandsunterlagen auch Fotos des Objektes macht. Dadurch werden die Lage des Objektes und die baulichen Gegebenheiten veranschaulicht. Zudem sollte sich der Verwalter ausreichend Zeit nehmen und sich ausführlich mit den bereits im Objekt tätigen Personen und Firmen (Hausmeister, Wartungsfirmen etc.) über den technischen Zustand des Objektes austauschen. Diese Kommunikation dient beiden Seiten.

Erstens ist der persönliche Kontakt zwischen dem Objektverwalter und den schon im Objekt tätigen Personen und Firmen durch diesen Austausch hergestellt und *zweitens* werden meist bereits in diesen ersten Gesprächen die Schwachstellen der technischen Anlagen deutlich dargestellt.

■ Dokumentation der Begehung

Für die Begehung sollte der Objektverwalter einen Bestandsbogen vorbereiten, in dem alle Gebäudeteile und die technischen Einrichtungen und Anlagen aufgeführt und mit den Grobdaten aus den technischen Unterlagen bezeichnet sind.

Dabei sollte er eine Abteilung mit den Namen der Wartungsfirmen oder den sonstigen Ansprechpartner (Hausmeister, Schornsteinfeger etc.) vorsehen und eine *Kopie des Lageplans* für das Grundstücks mit den Gebäudeteilen beifügen. Hierin könnte der Objektverwalter direkt vor Ort eventuelle Informationen zu den Anlagen oder zum Gebäude eintragen, die er später bei der Erstellung eines ausführlichen Begehungsprotokolls (siehe nachfolgend) und zur Erarbeitung von Checkliste für seine zukünftigen turnusmäßigen Objektkontrollen präsent hat.

Wichtig sind neben der Haustechnik u.a. folgende Punkte:

▶ Konstruktion, Standsicherheit

Fassade, Hauseingangsanlagen, Vordächer, Balkone, Balkongeländer, Dach, Schornsteine, Antenne, Mobilfunkanlagen, Dachrand-bdeckungen, Dachrinnen, Fallrohre, Dachbegrünung und Dachluken

▶ Feuerschutz

Feuerlöschanlagen, Feuerlöscher, Feuer- und

Brandmeldeeinrichtungen, maschinelle zu- und Abluftanlage, maschinelle Lüftungsanlage, Gefahrenwarnanlage, Einbruch- und Überfallmeldeanlage, Sprinkleranlagen, Rauchabzugseinrichtungen, feuer- und rauchhemmende, selbstschließende Türen, motorisch angetriebene Toranlagen, Lagerung brennbarer Gegenstände, Fluchtwege-beschilderung und Sicherheitsbeleuchtung, CO-Warnanlage in Garagen, Fluchtwege und Fluchttüren

► Absturz- und Sturzsicherung
Balkone, Loggien, Balkongeländer, Treppenstufen, Treppengeländer, Zugang zum Dach, Außenbeleuchtung, Treppenhauslicht, Notbeleuchtung, Bodenbeläge in Allgemeinflächen, Sicherung von Abdeckrosten von Lichtschächten gegen unbefugtes Abheben, Schnee- und Eisbeseitigung.

► Maschinen und technische Anlagen
Starkstromanlagen, Notstromanlagen, Aufzüge, Notrufanlagen in Aufzügen, motorisch angetriebene Toranlagen, Fenster und Türen, Schmutzwasserhebeanlage, Drainagenpumpen, Sicherheitsbeleuchtung und Blitzschutzanlage

► Trinkwasser, Grundwasser
Ölabscheider, Benzinabscheider, Sandfänge, Warmwasser-aufbereitungsanlage, Wasserverteilanlagen -Ventile, Rohrbelüfter, Rückspülfilter, sonstige Filter, Dosiergeräte

▶ Druckbehälter
Druckerhöhungsanlagen und Warmwasserspeicher

▶ Heizungsanlagen und Tanks
Heizungs- und Feuerabzugsanlagen, Umlaufpumpe in Heizungsanlagen, Heizöltanks, unterirdische Tankanlagen, Warmwasserspeicher zentraler Heizungsanlagen, Zentralheizung und Fernwärmeübergabestation, Ölverteilanlagen, Heizkessel und Ausdehngefäße

▶ Gasleitungen/ Gasgeräte/ Abgasführung Gas
Gasinnenleitungen, erdverlegte Außenleitungen hinter der Hauptabsperreinrichtung, Gasfeuerungsanlagen, Kleingaskessel, Gebläsebrenner oder atmosphärischer Brenner, Großgaskessel, Mittelanlage, Abgasführung, Klappen, Nebenluftvorrichtung, Abstände zu brennbaren Bauteilen

▶ Freianlagen und öffentliche Verkehrsflächen
Spielplätze, Wasserflächen, Bäume und Sträucher, Stellplätze und Zufahrten, Feuerwehrzufahrt, Beschilderung nach StVO, Müllplätze, Wege, Treppen, Rampen, Handläufe, Geländer, Zäune, Absperrungen, Absturzsicherungen in Außenanlagen, Hauszugänge, Garagen, Außenbeleuchtung, Schachtabdeckungen, Kanaldeckel, Straßeneinläufe, Lichtschachtabdeckungen, Entwässerungsanlagen, Abläufe, Hofabläufe, Kellerabläufe, Grundstücksentwässerung, Leitungen, Schächte, Dach- und Dachrinnen, Oberfläche von

Versickerungsanlagen, Teppichklopfstangen, Bänke, Räumungs- und Streupflicht, Sicherung gegen unbefugtes Spielen, Gefahrenstellen in Freianlagen, Regenrückhaltebecken

▶ Allgemeines
Bäume an öffentlich zugängigen Straßen und Wegen, Räum- und Streupflicht öffentlicher Verkehrsflächen, Verkehrssicherung von Straßen, Einhaltung und Beachtung der Unfallverhütungs-vorschriften

■ Die Objektvergangenheit
Der nächste Schritt ist die Beschäftigung mit der Vergangenheit der technischen Anlagen.
Im Zuge der Durchsicht der Instandhaltungsrechnungen der letzten Jahre wird der Objektverwalter nun auf Maßnahmen stoßen, über die er in den Gesprächen mit dem Hausmeister und den Fachfirmen bereits informiert worden ist. Jetzt werden diese Maßnahmen durch Darstellung der Kosten greifbarer. Man kann nun für die eigene Instandhaltungsplanung die größeren Maßnahmen der letzten Jahre dokumentieren und hat auf dieser Grundlage und in Kenntnis der durchschnittliche Erneuerungszeiten von Bauteilen eine gute Basis für die folgende Instandhaltungsplanung.

Bei der Instandhaltungsplanung selbst wird jeder Gebäudeteil und jede technische Anlage hinsichtlich des altersbedingten Zustandes und des Abnutzungsgrades entsprechend des anfangs erwähnten Gebäudelebenszyklusses eingeschätzt. Hierbei helfen die inzwischen gesammelten Unterlagen und die Zuhilfenahme statistischer Werte.

Beispiel:
Man stellt fest, dass der Aufzug schon 30 Jahre alt ist und vor 10 Jahren das letzte Mal generalüberholt wurde. Hier könnte man z.B. beim TÜV nachfragen, wie dort die Lebensdauer un die Sicherheit eingeschätzt wird.

- Checklisten und Begehungsprotokoll als Arbeitshilfe

In der Anlage ist eine für die Praxis erstellte Begehungs- und Checkliste beigefügt, die aus einer Begehungsdokumentation und gleichzeitig der Dokumentation über die durchzuführenden Maßnahmen besteht. Hierbei wird auch dokumentiert, wer die Maßnahmen durchzuführen hat und wer die Kontrolle bzw. Abnahme der Arbeiten wann durchführt.

Übung:

Nehmen Sie bitte eine echte Objektbegehung (irgend) eines größeren Objektes anhand der beigefügten Checkliste vor. Diese darf selbstverständlich ergänzt und erweitert werden.

Schreiben Sie bitte Ihre Erfahrung zur Objektbegehung dazu (z.B. Stromzähler, der noch nicht beachtet wurde, ein Schaden, der noch nicht bemerkt wurde, Zwischenzähler, welche noch nicht abgelesen wurden usw.) Sinn und Zweck: Mit der Haustechnik vertraut zu werden.

Anlage

Checkliste Technisches Begehungsprotokoll (Muster)

Objekt in:

____

Straße(n):

____

Zuständiger Hausmeister :

____

Begehung am:
letzte Begehung am :

Teilnehmer:

Bemerkungen/ Zusammenfassung Begehungsergebnis:

Dokumentation:

Bildaufnahmen : JA Anzahl: NEIN

Verteiler:

Verwalter

Hausmeister

Fachfirma

Erstellt am Unterschrift/en Verwalter

Objektbeurteilung im Detail:

1. Hauseingang/Etagenflure/Treppenhäuser:

		i.O.	nicht i.O.	Bemerk.:	Maßnahm.:	Durchf./ Kontrolle:
√	**Hauseingang**					
	baulicher Zustand					
	Podest/Zuwegung					
	Haustür					
	Klingelanlage					
	Briefkasten					
	Vordach					
	Beleuchtung					
	Sonstiges					
	Eingangsbereich					
	baulicher Zustand					
	Bodenbelag/Wände					
	Beleuchtung					
	Notbeleuchtung					
	Sauberkeit					

	Treppenhäuser				
	baulicher Zustand				
	Bodenbelag/Wände				
	Beleuchtung				
	Notbeleuchtung				
	Sauberkeit				
	Fluchttüren				
	Etagenflure				
	baulicher Zustand				
	Bodenbelag/Wände				
	Beleuchtung				
	Notbeleuchtung				
	Sauberkeit				
	Fluchtbalkone				
	baulicher Zustand				
	Bodenbelag/Wände				
	Beleuchtung				
	Sauberkeit				
	Aufzugskabinen				
	Belag und Wände				
	Beleuchtung				
	Sauberkeit				
	Anmerkungen:				

2. Fassade, Balkone, Fenster und Dach:

		i.O.	nicht i.O.	Bemerk.	Maßnahm.	Durchf./ Kontrolle
	Fassade					
	baulicher Zustand					
	Wandoberfläche					
	Sockel					
	Fugen/Verbind.					
	Fallrohre					
	Balkone					
	baulicher Zustand					
	Wandoberfläche					
	Fugen/Verbindu ngen					
	Fenster					
	Fenster und Rahmen					
	Fensterbänke					
	Fugen/Verbindu ngen					
	Dach					
	Dachhaut					
	Dachaufbauten					
	Dachrinnen/-einläufe					
	Kamine/Abluft-anlagen					
	Fugen/					

	Verbindungen					
	Dachzugang					
	Sauberkeit					

Bemerkungen:

Ihre Notizen:

Lektion 7

Pflege der Außenanlagen

Lektion 7 Pflege der Außenanlagen

Inhalte: Seite

Einleitung

Die Pflege der Außenanlage und der Grünflächen ist keine gesetzliche Aufgabe oder Pflicht. Sie gehört aber unstreitig zur Instandhaltung und damit zur Organisationspflicht des Verwalters in gleicher Weise wie der Verwaltung von Eigentumswohnungen.

Die Außenanlagen sind in gewisser Weise schon die „Visitenkarte" des Objekts und Fremde sehen es somit meistens schon von Außen, „wer hier wohnt". Sie sollten deshalb nicht vernachlässt werden. Die Verwaltung hat sie natürlich nicht selbst zu pflegen, sondern für die ordnungsgemäße Durchführung der Pflege zu sorgen.

Gibt es einen Hausmeister, so ist dieser für die Durchführung zuständig und zwar nach Anweisung, Anleitung und Aufsicht des Verwalters. Der Verwalter wiederum kann im Rahmen seines Wirtschaftsplanes handelt und muss aber evtl. darüber hinaus gehende Maßnahmen genehmigen lassen.

Diese Lektion soll somit eine Anleitung dazu sein, wie man als Verwaltung den Hausmeister oder die Arbeiter einer Service-Firma anleitet, die Aufsicht führt und die Leistungen kontrolliert.

1. Garten-Bestandsaufnahme

Den größten Pflegeaufwand verursacht sicher, sofern vorhanden, die Gartenanlage mit der Rasenfläche, den Büschen, Bäumen und dem Zaun. Beginnen möchten wir jedoch mit der Bodenqualität.

1.1 Der Boden

Der in der Wohnanlage vorhandene Boden ist die Basis für die mögliche Schönheit einer Gartenanlage. Hauptbestandteile eines Bodens sind:

- Sand
- Ton
- Lehm
- Humus
- Kalk

Der **Sand** im Boden erwärmt sich sehr schnell. Er ist nicht so dicht wie zum Beispiel der Ton und dadurch kann die Luft leicht eindringen. Deshalb geht die Zersetzung im Sand schnell von sich. Sand speichert auch kaum Wasser mit der Folge, dass die Nährstoffe rasch ausgewaschen werden und er schnell austrocknet. Durch diese Eigenschaften ist Sand gut für den Sandkasten geeignet, aber nicht für Bepflanzungen. Man sieht es in der Wüste: Es wächst nichts. Sandböden brauchen deshalb möglichst eine Mischung mit anderen Bodenarten sowie laufende Düngung und Wässerung. Durch reichliche Zufuhr von Humus, Torfmull, Kalk und Kompost können sie deutlich verbessert werden.

Böden mit viel **Ton** sind kalt, undurchlässig und feucht. Die Nährstoffe werden sehr lange festgehalten und die Zersetzung geht nur langsam vor sich. Tonböden sollten deshalb häufig und gründlich durch Umgraben und Mischen mit Sand und Humus gelockert werden.

Lehm besteht überwiegend aus Sand und Ton und je nachdem, welche Bodenart überwiegend, gibt es dementsprechend lehmige Sand- oder sandige Lehmböden. Bei guter Pflege ist der Lehmboden der ideale Gartenboden, denn er hält gut das Wasser, ist gut durchlüftet und erwärmt sich rasch. Lehmböden sind deshalb meist besonders nährstoffreich. Diese guten Voraussetzungen können durch regelmäßige Lockerung und Zugabe von Humus und Dünger weiter verbessert werden.

Humusböden findet man vorwiegend in Moor- und Heidegegenden. Und was wächst dort? Nicht viel, denn sie sind frostempfindlich und sehr sauer. Sie bedürfen einer intensiven Bearbeitung und Ergänzung mit den anderen Bodenarten, insbesondere mit Sand und Lehm.

Kalkböden sind ebenso untauglich für Bepflanzungen, denn sie sind trocken und arm an Nährstoffen. Es gibt sie in Deutschland nur punktuell und wenn es sie gibt, sind sie ebenso intensiv mit den anderen Bodenarten zu mischen, um brauchbares Wachstum zu erreichen.

1.2 Bodenpflege

Als Verwalter findet man also einen der genannten Böden vor und die Beschaffenheit ist in der Regel durch das Wachstum der Bepflanzung zu erkennen. Grundsätzlich kann man also nichts mehr ändern, denn dies hieße, den Boden des gesamten Grünbereiches umzugraben oder ggf. auszutauschen. Aber man kann ggf. punktuell, also an bestimmten und gewünschten Stellen den Boden verbessern und Wachstum von Blumen und Pflanzen erreichen.

Dazu bieten sich folgende Regeln zur richtigen Bodenpflege an:
- Winterfeuchtigkeit durch Umgraben mit dem Spaten im Herbst auffangen oder
- Im Frühjahr den Boden flach aufreißen.
- Das Gießen mit Wasser noch verbessern durch ständiges, flaches Lockern und Lüften des Bodens.
- Feine Krümel aus dem Boden machen, um das Wachstum zu fördern.
- Den Boden fortlaufend von Unkraut frei halten.

1.3 Zaun und Hecke

Viele Grundstücke sind mit einem Zaun oder einer Hecke oder auch mit beidem umgeben. Man sagt den Deutschen und Europäern nach, dass sie sich ohne einen Zaun, der ja den Besitz abgrenzt, nicht wohl fühlen. Der Name „Garten“ ist lt. Gärtner Pötschke abgeleitet von Gerte, was „ein mit Gerten umstecktes Stück Land“ bedeutet. Ohne Umzäunung wäre also ein Grundstück ein freies Land in der Natur, wie ein Feld, während ein Zaun eben dieses Stück Land eingrenzt und psychologisch zur „erweiterten Wohnung“ macht.

Die Art der Einzäunung wurde bereits durch den Bauträger bestimmt. Als Verwaltung findet man also bereits einen bestimmten Zustand vor, der, wenn überhaupt, dann nur langsam verändert und verbessert werden kann. Ein Zaun muss instand gehalten werden und dieser Bereich gehört zur normalen Instandhaltung. Oft besteht am Zaun auch eine Hecke.

Als Verwalter sollte man veranlassen, dass Hecken niedrig gehalten werden. Durch zu hohe Hecken wird die - vor allem in Städten - dringend notwendige Luftbewegung reduziert und es nisten sich gerne tierische Schädlinge ein. Im unmittelbaren Bereich der Hecke wächst nichts anderes, d.h. es bilden sich unschöne Übergänge zum Beispiel vom Rasen zur Hecke.

Um die gewünschte „Wohnlichkeit“ zu erreichen und um den Bodenwind abzuhalten, sind niedrige Hecken richtig und wichtig. Dort halten sich viele nützliche Tiere auf wie z.B. Singvögel, Igel, Käfer usw. auf, der Nachfrost im Winter wird abgemildert und der Tau bleibt länger liegen. Dies alles trägt maßgeblich zur guten Entwicklung der Pflanzen und zur Verbesserung des Mikroklimas bei.

Der Klassiker unter den Hecken ist der **Liguster**. Er ist immer grün, dicht verzweigt und besonders schnittverträglich, d.h. er verzeiht Schnittfehler. Ligusterhecken werden üblicherweise „eckig" geschnitten, also oben (schnur-) gerade und seitlich gerade.

Die stachelige **Blutberberitze** wird in Wohnanlagen auch oft bepflanzt und ist ideal geeignet, um Trampelpfade auf natürliche Weise zu unterbrechen. Das auffallende, mit dichten Dornen versehene Gehölz mit herrlich roter Laubfärbung und guter Schnittverträglichkeit ist nämlich schon von weitem zu sehen.

Eine sehr dicht wachsende Hecke ist die aufrecht wachsende, sommergrüne **Hainbuche**, die sich im Herbst goldgelb färbt. Sie ist ideal für sehr dichte, breite Hecken und damit ein natürlicher Schutz vor Lärm, Staub und Wind. Und sie ist auch sehr schnittverträglich, d.h. man braucht keine besonderen Kenntnisse zum Schneiden.

Eine elegante, nichtstachelige Heckenpflanze ist die **Blaue Säulenscheinzypresse**. Sie besteht aus kleinen, einzelnen Bäumchen, die eng an einander

stehen, so dass sie wie eine Hecke wirken. Sie ist auch gut schnittverträglich und pflegeleicht. Die Säulenscheinzypresse ist auch als Einzelbäumchen eine imposante Erscheinung und z.B. an viel frequentierten Ecken einer Wohnanlage pflegeleicht zu pflanzen.
Alle diese Hecken schneidet man mit einer Buchsbaumschere.

1.4 Bäume und Sträucher

Die Pflanzung der Gartenanlage wurde seinerzeit vom Bauträger veranlasst und die Bepflanzung gilt als Bestandteil der Wohnanlage, d.h. sie darf und wird auch im Grunde nicht mehr (wesentlich) verändert. Geht ein Strauch oder Baum ein, wird ein gleicher oder ähnlicher an Ort und Stelle neu gepflanzt. Da es sich um eine Ersatzpflanzung handelt, bedarf es keines Beschlusses, sofern diese Bepflanzung aus dem laufenden Wirtschaftsplan bestritten werden kann.

1.5 Der Rasen

Die Zierde einer Wohnanlage ist zweifellos ein gepflegter Rasen. Gepflegt heißt, dass der Rasen saftig grün sowie glatt und kurz geschnitten ist. Er muss nicht unbedingt der berühmte „englische Rasen“ sein, aber eine gut aussehende und gesunde Rasenfläche ist sicher der Wunsch der meisten Eigentümer.

Als Verwalter muss man leider hinnehmen, dass die Qualität des Bodens und die Qualität des grundsätzlichen Aufbaus der Rasenfläche und der Einsaat vorgeben ist, d.h. eine unebene Bodenfläche mit unfachmännisch gemixten Bodenarten ist in der Regel aus Kostengründen unveränderbar. Aber man kann natürlich schon durch eine intensive und richtige Pflege die Umstände verbessern.

■ Anforderungen an einen gepflegten Rasen

Ein gepflegter Rasen muss 1 x wöchentlich geschnitten und stets gut mit Wasser und Nährstoffen versorgt werden! 1 x im Monat, also zwischen dem 3. und 5. Schnitt sollte der Rasen am Abend oder kurz vor einem Regen mit einem Rasendünger bestreut werden. Dieser Rasendünger besteht überwiegend aus Stickstoff, es gibt ihn aber auch gemixt mit Unkraut- oder Moosvernichter. Blaukorn (Volldünger) sollte nicht verwendet werden, denn der Rasen wächst dann kurzfristig sehr schnell, aber auch das Unkraut.

Bei älteren oder schlecht angelegten Anlagen hat oft Moos das Gras verdrängt. Hier ist der Boden versauert, d.h. verdichtet und zu nass. Es fehlen Sauerstoff und Nährstoffe. Es gilt also, den Boden durch vertikutieren zu lockern, d.h. der Boden muss mit einem Schneidrechen (siehe unter Werkzeuge) aufgerissen und mit grobkörnigem Sand (z.B. aus dem Sandkasten) und ggf. Moosvernichter gemischt werden. Diese Arbeit sollte im März und April, also vor dem Wachstum getan werden.

Entstehen durch das Vertikutieren größere Lücken im Rasen, sollte natürlich nachgesät werden und zwar ggf. auch öfter, bis sich der Erfolg einstellt. Der erste vorsichtige Schnitt sollte erst erfolgen, wenn das Gras etwa 10 cm hoch gewachsen ist.

Neben dem regelmäßigen Schneiden empfiehlt sich für einen schönen Rasen eine Vorratsdüngung mit Rasen-Spezialdünger immer im Frühjahr und eine weitere Düngung im Spätsommer.

Ob diese Intensiv-Pflege und -düngung für die gesamte Grünanlage oder punktuell erfolgen soll, ist eine reine Kostenfrage, über die die Eigentümer bei einer Eigentümerversammlung beschließen sollten. Beginnend bei dem 1 x wöchentlichen Rasenmähen als oberste Pflegestufe kann ja auf 1 x monatlich bzw. 1 x pro Quartal usw. die Pflege insgesamt reduziert werden, um Kosten zu sparen.

1.6 Blumen

Blumen in der Wohnanlage gehören zur Zierde. Hier gibt es einjährige und mehrjährige Blumen, d.h. die einjährigen müssen, wie das Wort schon sagt, jährlich neu gepflanzt werden und mehrjährige haben eine längere Lebensdauer. Als Verwalter finden Sie in der Regel einen bestimmten Zustand vor und es gilt, diesen zu erhalten, soweit die Eigentümer nicht andere Wünsche haben und diese mit Mehrheit beschließen.

Der Eingangsbereich ist die besondere Visitenkarte der Wohnanlage und deshalb empfiehlt es sich, diesen (punktuell) mit Blumen zu verschönern.

Besonders zu empfehlen sich:
- Tulpen, Krokusse, Hyazinthen, Anemonen, Amaryllen usw. im Frühjahr
- Lilien, Margariten, Mohn, Rottersporn, Lavendel, Farne, Lupinen usw. als pflegeleichte und preiswerte „Eye-Catcher“
- Edlere Blumen sind natürlich Rosen und Ziergehölze

Rosen sind die „Königinnen der Blumen“. Sie gibt es als Kletterrose, welche jedoch nicht klettert (!), als Hochstamm und als Buschrose. Sie liebt einen lehmigen Boden. Pflanzzeiten sind Frühjahr und besser noch im Herbst. Nach dem Kauf braucht die Rose viel Wasser, am besten in einen Wassereimer legen oder dauernd mit Wasser begießen. Beim Kauf den Gärtner fragen, ob die Rosen noch beschnitten werden sollen.
An der Pflanzstelle soll mit dem Spaten ein kleines Loch von 1 ½-Spatenstichen ausgegraben und mit guter Komposterde vermischt werden. Dann die Rosen mit den Wurzeln in das Erdreich stecken und antreten, Erde nachfüllen, nochmals gut antreten,

viel gießen und danach die Erde um die Pflanze anhäufeln.

1.7 Das Unkraut

Das Unkraut war schon vor der Wohnanlage da und lässt sich nur schwer vertreiben. Wind, Vögel und andere Tiere bringen laufend weiteren Samen herein. Dieser keimt und sorgt schnell für Vermehrung, um ihre Art der Pflanze zu erhalten. Eine einzige Hederichpflanze erzeugt nach Gärtnermeinung etwa 10.000, eine Distel 15.000 und Klatschmohn rund 50.000 Samenkörner in einem Jahr. Ganz ausrotten wird man Unkraut wohl kaum, insbesondere der Löwenzahn, die Distel, Zichorie und andere tief wurzelnden Unkrautpflanzen sind äußerst hartnäckig.

Was ist zu tun?
Mit dem Jätemesser und der Ziehhacke (siehe unter Werkzeuge) muss man per Hand das Unkraut heraus ziehen und zwar möglichst schnell, wenn es noch klein ist. Und wenn es geblüht hat, nicht auf den Komposthaufen geben! Den Boden unter Sträuchern sollte man mit Rindenmulch bedecken, aber auch abgemähtes und angetrocknetes Gras und Laub eignet sich sehr gut. Ist diese Bodendeckung dick genug, entfällt das Hacken/Lockern des Bodens. Das besorgen nämlich dann die Kleinlebewesen wie z.B. Mikroben, Bazillen, Bakterien, Pilze, Algen, Larven, Milben, Ameisen,

Regenwurm usw., die sich hier gerne ansiedeln werden. Ebenso hält sich die Feuchtigkeit besser, es braucht nicht so oft und so viel gegossen werden.

Chemische Mittel (Herbizide) sollten in Wohnanlagen aus gesundheitlichen Gründen nicht oder nur äußerst sparsam und vorsichtig eingesetzt werden. In der Regel sind diese Mittel auf bestimmte Pflanzenarten abgestimmt und sollten deshalb auch nur dort gezielt zum Einsatz kommen.

Prüfungsfragen:

1. Nennen Sie bitte die 5 Hauptbestandteile des Bodens.

2. Beschreiben Sie mit eigenen Worten die „Regeln zur richtigen Rasenpflege".

2. Gartenwerkzeuge

Ein gutes Handwerkszeug ist die halbe Arbeit. Folgende Werkzeuge sollten zur Grundausstattung eines Hausmeisters – zumindest bei einer etwas größeren Grünanlage – gehören:

- Der Spaten
Er sollte stabil sein, damit er sich nicht verbiegt und er muss nach jeder Arbeit gereinigt werden, so dass das Metallblatt blank glänzt.

- Die Grabgabel
Die Grabgabel ist, wie das Wort sagt, eine Gabel mit vier Zacken. Sie ist zu Ausgraben von Unkrautwurzeln ideal.

- Die Hacke
Mit der Hacke wird der Boden aufgehackt (gelockert), insbesondere zwischen Blumen, Sträuchern usw.

- Der Gartenschlauch
Sparen Sie nicht am Gartenschlauch! Weder an der Qualität (Dicke des Materials) als auch an der Länge. Die Handwerkermärkte halten ein großes Sortiment bereit. Bei großen Grünanlagen sollte auch gleich eine Wasseruhr dazu gehören, um den Wasserverbrauch zu erfassen.

Gartengeräte:

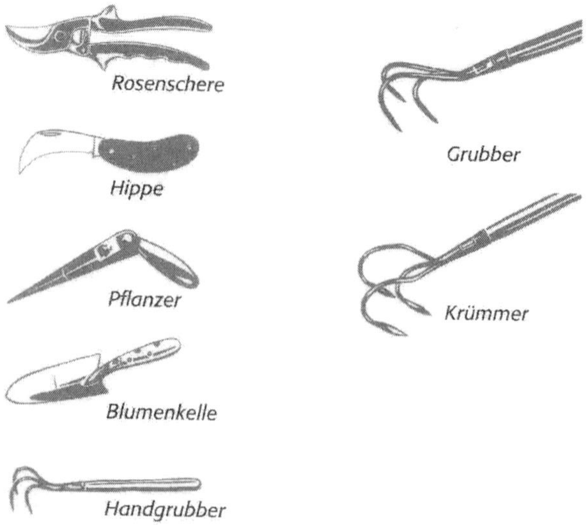

Diese Gartengeräte sind in der Regel in jedem Baumarkt zu finden.

- Die Gießkanne

Sie ist sicher unbedingt nötig, um Flächen, die mit dem Schlauch nicht erreicht werden können, zu bewässern.

- Die Scheren

An Scheren gibt es eine große Auswahl, z.B. Heckenschere, Rosenschere usw. Sie sind für eine fachgemäße Ausführung in jedem Falle notwendig.

3. Pflegeregeln

Die Pflege der Grünanlage ist, vor allem bei großen Flächen, zunächst eine Frage der Kosten bzw. der Ansicht der Eigentümer, wie viel Euros in die jährliche Pflege investiert werden sollen. Als Verwalter werden Sie einen entsprechenden Betrag im Wirtschaftsplan ausweisen. Wird er beschlossen, ist dieser Betrag der finanzielle Rahmen für den Pflegeaufwand.

Beispiel Rasenpflege

Wie schon erwähnt, muss ein Rasen, wenn es ein so genannter „englischer Rasen" sein soll, 1 x in der Woche geschnitten werden. Je nach Größe der Fläche ist dafür eine entsprechende Arbeitszeit aufzuwenden.
Um die Kosten im Griff zu haben, bedarf es deshalb einer Regelung, in welchem Turnus der Rasenschnitt vorzunehmen ist.

3.1 Gießen

Ein Streitpunkt ist oft aufgrund der hohen Wasser- und Abwasserkosten das Gießen der Bepflanzung mit Wasser. Auch wenn z.B. eine Wasseruhr das Gießwasser erfasst und dafür – je nach Gemeinde – oft kein Abwasser zu bezahlen ist, führt ein regelmäßiges Gießen zu erheblichen Wasserkosten. Wird jedoch nicht oder nur sehr wenig gegossen, verdorren Pflanzen und der Rasen wird braun. Da das Wetter von Jahr zu Jahr verschieden ist, kann es auch hier keine feste Regel geben, außer derjenigen, dass mit Wasser sparsam umzugehen ist.

Bei großen Grünanlagen kann sich der Bau eines eigenen Brunnens lohnen. Dieser wird vor allem dann genehmigt, wenn das Wasser nur zum Gießen verwendet, also dem Boden wieder zugeführt wird.

3.2 Unkraut entfernen

Unkraut kann im Grund nur durch „Entfernen mit der Hand" erfolgen, d.h. es ist Arbeitszeit aufzuwenden. Durch Bodenabdeckungen kann, wie schon beschrieben, die Fläche für Unkraut deutlich reduziert werden. Ansonsten bedarf es auch einer Vorgabe, wie viele Stunden für Unkrautentfernung sinnvoll sind. Schätzwert: 1 Minute pro m^2 und Jahr.

3.3 Hecke(n) und Sträucher schneiden

Hecken und Sträucher sollten entweder frühzeitig im Jahr (März, April) oder im Spätherbst fachgemäß geschnitten werden.

Nicht fachgemäß ist der Schnitt, wenn zum Beispiel Hecken mit der Motorsäge oben durchgeschnitten werden. Bei einer schönen Hecke werden zuerst die abgestorbenen Äste mit der Schere entfernt und anschließend wir sie so geschnitten, dass sie unten breiter ist als oben. Sie hat also eine leichte Pyramidenform ohne Spitze. Auch an Sträuchern darf nicht mit der Motorsäge gearbeitet werden, sondern jeder Strauch bedarf je nach seiner Art einer individuellen Beschneidung.

3.4 Kompostierung

Ein ausgezeichnetes Mittel zur Bodenverbesserung ist die Komposterde. Er kann problemlos in jeder größeren Wohnanlage an einer schattigen Stelle durch den Hausmeister erstellt und nach außen hin durch hochwachsende Pflanzen verdeckt werden. Ein idealer Komposthaufen sollte eine Breite von etwa 2 m und letztlich eine Höhe von 1 m haben. Nicht höher, da sonst keine Verrottung mehr entsteht, sondern sich Fäulnis und Gärung - mit entsprechendem Geruch - breit machen.

Der große Vorteil einer Kompostierung sind: Hier kann das gesamte oder restliche Gras des Rasens gelagert werden, aber auch Laub und ggf. Küchenabfälle. Lediglich kranke Pflanzen und Unkräuter dürfen nicht auf den Kompost! Durch wiederholtes Umsetzen im Sommer und im Herbst und (wichtig!) durch Zuführung von reichlich Kalk von etwa 1 kg pro m^3 wird der Zersetzungsvorgang beschleunigt. Nach 2 bis 3 Jahren kann man dann den Kompost zum Düngen verwenden.

Die Frage, ob eine Kompostierung vorgenommen werden darf, hängt von der Größe und der Beschaffenheit der Grünanlage ab. Gibt es irgendwo einen geeigneten, d.h. nicht störenden schattigen

Platz, darf die Kompostierung der Hausmeister - in Absprache mit der Verwaltung - vornehmen. Sie gehört zur normalen gärtnerischen Pflege, eines Beschlusses (Genehmigung) der Eigentümer bedarf es hierzu i.d.R. nicht.

3.5 Gehwege pflegen

Gepflasterte Gehwege von der Straße in die Wohnanlage und Gehwege durch den Garten sollten der besonderen Aufmerksamkeit des Hausmeisters unterliegen und zwar in Punkto Schönheit und Sicherheit. Sicherheit bedeutet, dass sich z.B. durch Regenwasser und Wurzeln keine Unregelmäßigkeiten und damit Stolperstellen ergeben. Besonders bei älteren Personen können diese zu Unfällen führen.

Schönheit bedeutet, dass Wege besonders schön sind, wenn sie von einer Rabatte mit geeigneter Bepflanzung „begleitet" werden. Gute Dauerblüher oder Stauden, wie schon aufgeführt, beleben jeden Weg und geben ihm in Verbindung mit einer regelmäßigen Pflege ein besonderes Aussehen.

Übung:

3. Nennen Sie drei Gartenwerkzeuge und beschreiben Sie mit eigenen Worten, wozu man sie

braucht bzw. verwendet.

4. Nennen Sie die 5 Positionen bzw. Haupttätigkeiten der Pflege (generell).

4. Checkliste für monatliche Gartenarbeiten

Die Pflegesaison beginnt im März, je nach Wetter spätestens im April.

☼ **März/ April**

Zu tun ist:

* Rosen vom Winterschutz befreien und zurück schneiden
* Stauden und Ziergehölze anpflanzen
* Sommerblumen, wenn es keinen Frost mehr gibt, anpflanzen
* Rasen ausharken, vom Moos befreien und Humusdünger aufbringen
* Hecken/Ersatzsträucher pflanzen
* Die beschriebenen „Regeln der Bodenpflege“ durchführen

☼ **Mai**

Die Pflegesaison läuft auf Hochtouren. Zu tun ist zusätzlich:

* Rasen regelmäßig schneiden
* Die empfindlicheren Zierblumen pflanzen und

stark wässern

* Evtl. Obstbäume nach dem Blühen (vorsichtig) gegen Schädlinge spritzen, Biomittel verwenden

☼ **Juni/ Juli/ August**

Sommer und Urlaubszeit.. Pflegemaßnahmen sind:

* Rasen öfter schneiden und gießen
* Stauden, Blumen, Hecken bei Regen düngen
* Verwelkte Blüten entfernen, besonders bei den Rosen
* Hecken schneiden und gießen

☼ **September/ Oktober**

Der Herbst stellt sich ein. Die vorgenannten Arbeiten werden je nach Witterung nach und nach eingestellt.

- Nicht winterharte Blumen-Knollen und Zwiebeln aus dem Boden nehmen und
- in einem frostfreien, kühlen Raum einlagern
- Neue Blumenzwiebeln für das nächste Jahr einpflanzen und mit Tannenreisig oder Laub bedecken
- Alte Stauden werden ausgeschnitten bzw. ausgelichtet, geteilt oder umgesetzt
- Der Rasen bekommt bei trockenem Wetter den letzten Schnitt
- Balkon- und Fensterbänke werdengeräumt
- Rosen werden gepflanzt und mit Erde hoch angehäufelt
- Streusalz – in der erlaubten Form – beschaffen
- Sandkasten mit einer Folie abdecken

☼ **November/ Dezember/ Januar/ Februar**

Der Winter breitet sich aus. Zu tun ist:

* Wasserleitungen und Wasserbecken entleeren
* Stauden, Rosen usw. mit Reisig oder Laub vor Frost schützen
* Die zur Überwinterung eingelagerten Blumen und Pflanzen gießen
* Räum- und Streudienst organisieren
* Vorsorgemaßnahmen gegen Frost treffen
* Räum- und Streudienst durchführen

Ihre Notizen

Lektion 8

Die Finanzen:
Rechnungswesen
Wirtschaftsplan
Kostendeckende Miete

Lektion 8
Die Finanzen:
Rechnungswesen, Wirtschaftsplan, Wirtschaftlichkeit

Inhalte: Seite

Einleitung

Bisher wurde vor allem von „Recht und Geld“, letzteres in der Form von Kosten und Mieten, gesprochen und dazu gehören in einem übergeordneten Sinne auch die Themen dieser Lektion. Sie sind schwierig anzugehen, weil, wie schon eingangs beschrieben, es in der Art des Eigentümers sehr unterschiedliche Strukturen gibt, vom „kleinen“ vermieteten privaten Eigentümer bis zum Konzern mit zigtausend Wohnungen. Entsprechend den steuerlichen und gesellschaftsrechtlichen Vorschriften müssen jeweils konkrete Buchführungs- und Bilanzkriterien beachtet werden. Um diese geht es hier *nicht!*

Analog des Wohnungseigentumsgesetzes gehen wir nachfolgend von der Bewirtschaftung des einzelnen Objekts aus.

Nach den Regeln einer "ordnungsgemäßen Verwaltung" sollte es für jedes einzelne Objekt ein Rechnungswesen für die Erfassung der Bewirtschaftungskosten geben, um daraus eine Wirtschaftlichkeitsberechnung und einen Wirtschaftsplan und erstellen zu können, um zu einer "Rendite" zu kommen.

1. Die Rendite

Das Wort „Rendite“ ist in der Immobilienwirtschaft ein schillernder Begriff. Welche Immobilien wurden nicht schon unter dem Begriff einer „tollen Rendite“ verkauft? Und vielfach wussten die Verkäufer nicht, was Rendite bei Immobilien überhaupt ist.

- **Der betriebswirtschaftliche Renditebegriff**

Rendite ist aus betriebswirtschaftlicher Sicht die Differenz zwischen einem wertmäßigem Ertrag und dem Aufwand. Ist diese Differenz positiv, dann liegt ein Gewinn vor und die Sache ist rentabel.
Ein Immobilien-Vermögen kann durch einen Verkauf in einen Gewinn umgesetzt werden, wenn aufgrund des Kaufpreises ein Vermögenszuwachs eingetreten ist. Dieser Gewinn kann natürlich über die übliche Renditeformel (Gewinn x 100 : Gesamtaufwand) in Prozent ausgedrückt werden.

In der Betriebswirtschaftslehre versteht man unter der Rentabilität somit in der Regel eine Verhältniszahl, durch die der „Erfolg“ zu dem eingesetzten Kapital in Beziehung gesetzt wird. Man spricht auch von relativer Rentabilität. Es werden mehrere Rentabilitätsbegriffe unterschieden, z.B.:

- Rentabilität des Eigenkapitals

Darunter wird die Rentabilität des Investors/Unternehmers in Bezug auf sein eingesetztes Eigenkapital verstanden.

- Rentabilität des Gesamtkapitals
Darunter versteht man die Unternehmens-Rentabilität oder auch die Gesamt-Rentabilität eines Projektes (Fremdkapital plus Eigenkapital).

Die Rendite bei Immobilien ist mit der betriebswirtschaftlichen Berechnung nicht gleichzusetzen (auch wenn dies immerwieder versucht wird). Es gibt auch noch immer, trotz guter Software, keine wirklich anerkannte Renditeberechnung. Sie ist einfach zu komplex und voller Fragezeichen.

Zum **Beispiel:**
Bei Gebäuden tickt ab dem Zeitpunkt der Fertigstellung und der Baumängelbeseitigung die Zeituhr der Instandhaltungs- und Instandsetzungskosten. Nach nicht verifizierten Erfahrungen verursachen diese während des Gebäudezyklusses das 15fache der Baukosten.

Diese immense, kaum richtig kalkulierbare finanzielle Dimension der Instandhaltungskosten und die Endlosbeständigkeit des Grundstücks sind maßgebliche Faktoren, die den Unterschied zu anderen Investitionsgütern darstellen.

Eine Immobilie durchläuft, wie schon beschrieben, im Laufe der Zeit verschiedene Lebensabschnitte und deshalb kommt es in Bezug auf die Rendite sehr auf den Zeitpunkt der Betrachtung bzw. des

Lebensabschnittes der Immobilie an. Im Grunde gibt es somit mehrere Betrachtungszeitpunkte:

- Betrachtungszeitpunkt bei Erstbezug

In dieser Übergangszeit, nämlich von der Bauphase bzw. Liquiditätsphase in die Vermietungs- und Bestandsphase ist im Normalfall mit keiner Rendite zu rechnen. Den hohen Bau- und Finanzierungskosten steht keine adäquate Miete gegenüber, dagegen machen sich zusätzlich die ersten Bewirtschaftungskosten bemerkbar. Nur in Verbindung mit steuerlichen Abschreibungen kann u.U. das Ergebnis „erträglich" gestaltet werden.

- Betrachtungszeitpunkt bei Fristablauf der Erstfinanzierung

Bei kurzfristiger Finanzierung befinden wir uns im fünften Lebensjahr der Immobilie. Kurzfristige Finanzierungen, also Darlehen mit z.B. nur fünfjähriger Laufzeit können ein erhebliches Risiko bedeuten, nämlich ob sich nach 5 Jahren bei Vertragsablauf eine Bank zur Zweitfinanzierung findet und vor allem, welche Zinshöhe zu diesem Zeitpunkt besteht. Vor allem Erstdarlehen mit hohem Disagio, also niedrigerer tatsächlicher Auszahlung erhöhen den Kreditbetrag, weil in dieser kurzen Zeit von fünf Jahren das Darlehen kaum nennenswert getilgt wurde und sollte der Zinssatz höher als bisher sein, erhöhen sich auch die "roten

Zahlen." Von Rendite kann in diesem Fall also in der Regel keine Rede sein.

- Betrachtungszeitpunkt beim Zehnjährigen

Diese „Teenager-Immobilie“ hat ihren optimalen Zeitpunkt in Bezug auf die Rendite:
- Laufende Bewirtschaftungskosten und Miete haben sich eingespielt,
- größere Reparaturen fallen noch nicht an,
- die Immobilie sieht (noch) gut aus,
- in diesen zehn Jahren ist bereits eine gewisse Wertsteigerung eingetreten.

- Betrachtungszeitpunkt beim „Silbernen Jubiläum“

Die Immobilie besteht nun seit rund 25 Jahren und kommt in ihre Krise. Vor allem der Instandhaltungsaufwand macht der Verwaltung schwer zu schaffen. Wie im Abschnitt "Instandhaltungsphasen" ausgeführt, fallen nun laufend teuere Reparaturen an und diese Kosten können über die laufenden Mieteinnahmen nicht finanziert werden.

Aus diesem Grund ist es aus wirtschaftlichen Gründen unbedingt erforderlich, ab Erstbezug eine Instandhaltungsrücklage anzusparen, um die jetzt folgenden ernormen Kosten ganz oder teilweise aus dieser Rücklage finanzieren zu können. Dem Investor bleibt jedoch ein steuerlicher Trost: Diese

Kosten können als „Verluste aus Vermietung und Verpachtung" steuermindernd bei der Einkommensteuer ausgeglichen werden.

- Betrachtungszeitpunkt nach Rückzahlung aller Kredite

Die „Wiedergeburt der Rendite" steht an. Während in der vorangegangenen Phase an eine „Cash-Rendite" nicht zu denken ist, ändert sich dies nun erfreulicherweise entscheidend. Falls alle Instandhaltungs- und ggf. auch wertverbessernden Maßnahmen durchgeführt und zwischenzeitlich alle Kredite zurückgezahlt wurden, ergibt sich eine Rendite, wie sie so schnell nicht wieder erreicht werden wird. Dem aktuellen Verkaufswert steht nur der normale, laufende Bewirtschaftungsaufwand gegenüber. Buchhalter nennen diese Differenz zwischen dem Verkaufswert und dem Buchwert schlicht „stille Reserve".

- Betrachtungszeitpunkt „im reifen Alter"

Mit weiter fortschreitenden Alter erhöht sich wieder die Instandhaltungsaufwand, weil die neu eingebaute Haustechnik zwischenzeitlich wiederum verschlissen ist und erneuert werden muss. Außerdem steht nun die „Modernisierungswelle" an, d.h. an und für sich nicht kaputte Bauteile wie z.B. Fliesen, Türen usw. sind noch gebrauchsfähig, aber nicht mehr modern und bei jeder Neuvermietung stellen sich deshalb Fragen dieser "Mode-Modernisierung." Diese Aufwendungen sind insgesamt meist so hoch, dass sie nicht aus den laufenden Mieteinnahmen bestritten werden können. Aus diesem Grund müssen meist Modernisierungsdarlehen aufgenommen werden, d.h. in Bezug auf die Rendite erhöht sich die Kostenbelastung, die Nettorendite geht wieder nach unten.

Zusammenfassend kann man feststellen, dass es ***die*** Immobilienrendite nicht gibt, sondern dass die genannten fünf Komponenten zu berücksichtigen sind.

Es dürfte deutlich geworden sein, dass es im Grundsatz um die Relation zwischen Ertrag und Kosten geht und es ist die Aufgabe der Immobilienverwaltung, beide in ein angemessenes Verhältnis zu bringen.

2. Der Wirtschaftsplan

Der Wirtschaftsplan hat, richtig eingesetzt, eine mehrfache Funktion. Er ist bei der Verwaltung von Mietobjekten gesetzlich nicht vorgeschrieben, aber betriebswirtschaftlich sinnvoll. Rechtlich vorgeschrieben ist er allerdings bei der Verwaltung von Eigentumswohnungen.

* Der Wirtschaftsplan im Wohnungseigentum

Bei der Verwaltung von Eigentumswohnungen sind folgende Grundsätze rechtlich vorgeschrieben:

- Der Verwalter hat jeweils für ein Kalenderjahr einen Wirtschaftsplan mit den voraussichtlichen Einnahmen und Ausgaben aufzustellen.

- Der Verwalter hat nach Ablauf des Kalenderjahrs eine *Abrechnung* aufzustellen.

* Verpflichtung im BGB

Auch das BGB (Bürgerliche Gesetzbuch) hat unter dem „Titel 1 Verpflichtung zur Leistung" eine wichtige Vorschrift in § 259 BGB, die für dienstleistende Verwalter wichtig ist:

§ 259 Umfang der Rechenschaftspflicht

(1) Wer verpflichtet ist, über eine mit Einnahmen oder Ausgaben verbundene Verwaltung Rechenschaft abzulegen, hat dem Berechtigten eine die geordnete Zusammenstellung der Einnahmen oder der Ausgaben enthaltende Rechnung mitzuteilen und, soweit Belege erteilt zu werden pflegen, Belege vorzulegen.

(2) Besteht Grund zu der Annahme, dass die in der Rechnung enthaltenen Angaben über die Einnahmen nicht mit der erforderlichen Sorgfalt gemacht worden sind, so hat der Verpflichtete auf Verlangen zu Protokoll an Eides statt zu versichern, dass er nach bestem Wissen die Einnahmen so vollständig angegeben habe, als er dazu imstande sei.

(3) In Angelegenheiten von geringer Bedeutung besteht

eine Verpflichtung zur Abgabe der eidesstattlichen Versicherung nicht.

Es handelt sich also um ein Bündel von Regelungen, die zusammen genommen eine Pflicht des Verwalters zur Buchführung ergibt, woraus er die Pflichten: Wirtschaftsplan, Rechnungslegung und Abrechnung in einem Software-Gesamtpaket erfüllen kann.

* Die Objekt-Buchführungspflichten

Jede Objekt-Buchführung läuft somit auf die jährliche Abrechnung hinaus. Deshalb ist ein Verwalter (schon) bei der Buchhaltung verpflichtet,

- alle Geschäftsvorfälle wahr, zeitnah und geordnet zu buchen
- Kassenveränderungen täglich aufzuzeichnen
- wesensgleiche Posten nicht miteinander zu verrechnen, sondern einzeln buchen
- Abkürzungen, Symbole, Ziffern usw. eindeutlich und einheitlich zu verwenden
- Verwendung einer verständlichen Sprache in Deutsch
- ursprüngliche Buchungen nicht unkenntlich zu machen („schwärzen“)
- keinen Bleistift zu verwenden, kein Unkenntlich machen, kein Radieren o.ä.
- auf Datenträger gespeicherte Buchungen jederzeit lesbar zu machen,
- keine Buchungen ohne schriftlichen Beleg vorzunehmen (Fachbegriff: Pagatorik)

- sämtliche Belege eines Jahres müssen gebucht sein (Vollständigkeit)
- sämtliche Kosten müssen immer auf gleiche Weise / gleiche Konten gebucht sein (Stetigkeit).

Dies alles sind die üblichen kaufmännischen Pflichten. Dazu gehört auch, einen (eigenen) **Kontenrahmen** zu definieren, um eine vereinfachte und einheitliche Zuordnung der Zahlungsvorgänge zu den Kostenarten zu ermöglichen.

Hinweis:
Buchführung und Rechnungswesen mit Abrechnungen sind im "Ausbildungsbuch Verwaltung von Wohnungseigentum" ausführlich beschrieben.

3. Rechnungslegung pro Objekt

Die Rechnungslegung erfolgt durch Vorlage einer **geordneten Zusammenstellung der Einnahmen und Ausgaben** nach Kostenarten sowie der dazugehörigen Belege.

Beispiel
Objekt Musterstraße 12, Musterstadt,
Zeitraum vom 01.01. - 31.12.20xx

Konto		Ausgaben in €	Einnahmen in €
	Einnahmen		
20000	Mieteinnahmen 12 x 6.322,-		75.864,00
	Ausgaben		
30001	Grundsteuer	3.500,50	
30002	Wasserversorgung	1.837,20	
30003	Entwässerung/ Kanalgebühren	1.890,00	
30004	Aufzugswartung	10.350,00	

30005	Straßenreinigung	320,00	
30006	Müllabfuhr	3.000,00	
30009	Gartenpflege	1.330,55	
30010	Hausstrom und Beleuchtung	1.107,24	
30012	Versicherungen		
	Gebäudeversicherung	813,00	
	Haftpflichtversicherung	230,00	
	Brandversicherung	875,33	
30014	Antennenwartung	370,00	
30015	Sonderreinigung	2.340,00	
30016	Schneedienst/Winterdienst	1.900,00	
40001	Brennstoffe	9.550,55	
40003	Schornsteinreinigung/ZH	375,00	
50010	Hausverwaltergebühr	6.050,00	
50012	Bankgebühren, Kontoführung	109,20	
50013	Überziehungszinsen	113,60	
60001	Laufende Instandhaltungskosten	15.750,23	
70001	Zuführung Rücklage	20.000,00	
70002	Zuführung Rücklage Vorjahr	2.900,00	
	Summe	84.712,40	75.864,00

Fehlbetrag - 8.848,40

Fazit: Die Verwaltung muss also in diesem Wirtschaftsjahr ein Minus von 8848,40 € vorweisen, das Minus ist bei der Bank mit einem Kredit finanziert, um dies zu vermeiden, hätte die Verwaltung die vorgesehene Zuführung zur Rücklage nicht vornehmen sollen. In jedem Fall eine kritische Situation! Dies zu erkennen ist gewissermaßen schon die „halbe Miete".

Und was ist zu tun?

Die Mieteinnahmen sollten baldmöglichst auf

mindstens 85.000 Euro angehoben werden plus Zins und Tilgung aus der Finanzierung. Das sagt sich so leicht, aber bei genauerer Betrachtung bestehen die Kosten aus umlagefähigen und nicht umlagefähigen Betriebskosten.

4. Die umlagefähigen Betriebskosten

Die Gesamtkosten eines Objekts muss man aufspalten in umlagefähige und nicht umlagefähige Betriebskosten (siehe Lektionen 2 und 3).

Die umlagefähigen Betriebskosten sind am obigen Beispiel (Seite 458) folgende Kosten:

30001	Grundsteuer	3.500,50
30002	Wasserversorgung	1.837,20
30003	Entwässerung/Kanalgebühren	1.890,00
30004	Aufzugswartung	10.350,00
30005	Straßenreinigung	320,00
30006	Müllabfuhr	3.000,00
30009	Gartenpflege	1.330,55
30010	Hausstrom und Beleuchtung	1.107,24
30012	Versicherungen	
	Gebäudeversicherung	813,00
	Haftpflichtversicherung	230,00
	Brandversicherung	875,33
30014	Antennenwartung	370,00
30015	Sonderreinigung	2.340,00
30016	Schneedienst/Winterdienst	1.900,00
40001	Brennstoffe	9.550,55
40003	Schornsteinreinigung/ZH	375,00

Hier wird die Betriebskostenabrechnung hohe Nachzahlungen der Mieter ergeben. Das ist jetzt schon ersichtlich. Deshalb sollte baldmöglichst eine Anhebung der Betriebskostenvorauszahlungen erfolgen.
(Für die Details zur Betriebskostenabrechnung gibt ein eigenes „Ausbildungsbuch Betriebskostenabrechnung")

5. Berechnung der kostendeckenden Miete

In Bezug auf die Deckung der restlichen Bewirtschaftungskosten
- Instandhaltungskosten
- Verwaltungskosten
- Zinsen und Tilgung für vorhandene Darlehen einschließlich
- Angemessene Verzinsung des Eigenkapitals

kann nur die Berechnung der kostendeckenden Miete mit anschließender Mieterhöhung die Lösung sein. Man kann sich hier an der II. Berechnungsverordnung, die für den Sozialen Wohnungsbau gilt, orientieren. Dies ist allerdings ein Gesetz und keine betriebswirtschaftliche Berechnung, aber man kann letzteres gut davon ableiten.

Ein in der Praxis oft verwendetes Berechnungsschema ist dieses, welches schon vorgestellt wurde:

Schema Kostenmieteberechnung **)

a) Kapitalkosten/Zinsen	€ ...
b) Abschreibung *) bzw. Tilgung	€ ...
c) Verwaltungskosten	€ ...
d) Instandhaltungskosten	€ ...
	___
Zwischensumme	€
+ Mietausfallwagnis +)	€ ...
	___
Aufwendungen	€ ...
	===

Berechnung der Miete:
€ Aufwendungen : m² Objekt-Wohnfläche : 12 Monate = Kostenmiete/Nettokalt-Miete zuzüglich Betriebskosten.

** Hinweise:

**) Dieses Schema ist eine vom Gesetzgeber für den Sozialen Wohnungsbau vorgegebene Kalkulation.

*) Es handelt sich um eine (miet-) rechtlich definierte Abschreibung, die nicht identisch ist mit der steuerlichen.

+) Das Mietausfallwagnis ist eigentlich eine Risikoabdeckung und keine Kostenart.

In betriebswirtschaftlicher Abwandlung dieser Schemas ergibt sich für den *freifinanzierten* Wohnungsbau folgendes Berechnungsmodell, das sich gut für die *überschlägige, vereinfachte* Mietenberechnung eignet:

Berechnung der kostendeckenden Miete:

a) Zinsen - echte Kosten	€
b) Tilgung - echte Tilgung	€
c) Verwaltungskosten (Anteil)	€
d) Instandhaltungskosten	€
e) Mietausfallwagnis	€
= Kosten	€

abzüglich Steuervorteile und Zuschüsse sofern gegeben

Berechnung
Kosten : m² Objekt-Wohnfläche : 12 Monate = (kostendeckende) Nettokaltmiete zuzüglich Betriebskosten

6. Die Wirtschaftlichkeit

Die Kostendeckende Miete (als Begriff) ist die Basis jeder Wirtschaftlichkeit von vermieteten Immobilien. Dies verdeutlicht folgendes Beispiel:

Übung und Fallbeispiel:
Ein Eigentümer verkauft seine Eigentumswohnung (50 m²) für 125.000,- € an einen Kapitalanleger. Dieser möchte die Wohnung zu einer kostendeckenden Miete vermieten. Sein investiertes Eigenkapital liegt bei 25.000,- €, seine Eigenkapitalverzinsung soll bei 2% liegen. Die Zinsen für die Grundschuld liegen bei 2% plus 1% Tilgung.

Die Verwaltergebühr beträgt € 240,- /jährlich.

Aufgabe:
Berechnen Sie die (betriebswirtschaftlich) kostendeckende Miete.

Unsere Lösung:
Zunächst müssen vorab Berechnungen angestellt werden:

- Kaufpreis und Kauferwerbskosten

Kaufpreis	€ 125.000,-
+ Grunderwerbssteuer 3,5%	€ 4.375.-
je Land bis zu 6,5% und mehr	
+ Notar- und Grundbuchkosten	€ 2.500.-
(2% geschätzt)	
Gesamtaufwand	€ 131.875,-
gerundet	€ 132.000,-
- Kaufpreisfinanzierung für die Mietenberechnung:	
(Gesamt-) Grundschuld	€ 107.000,-
+ Eigenkapital	€ 25.000,-
Gesamt	€ 132.000,-

Überschlägige

Berechnung der kostendeckenden Miete

nach den Ansätzen für öffentlich geförderte Wohnungen (vereinfachte Darstellung)

1. Zinsen aus der Finanzierung

Kreditart	Nominal	Zins	Zinsen jährl./€
Grundschuld	107.000	2 %	2.140,00
Eigenkapital	25.000,-	2% *)	500,00
Summe	132.000,-		2.640,00 **)

	€
2. Tilgung	
1% aus der Grundschuld	1.070,00
3. Echte Verwaltungskosten	240,00
4. Instandhaltungskosten	
z.B. 13,97 *) abzügl. Kleinrep.	
1,28 € = 12,69 x 50 m²	634,50
Zwischensumme	4.584,50
+ Mietausfallwagnis gem. II.BV	93,50
(2,04% aus der Zwischensumme)	
Summe	**4.678,00**
	======

*) Pauschale aus der II. BVO

4678,00 : 50 m² : 12 Monate = **7,80 € pro m²/mtl.**

Ergebnis: Die kostendeckende Miete (Netto-Kalt) liegt bei diesem Beispiel bei rund 7,80 € pro Quadratmeter/monatlich, ohne steuerliche

Abschreibungen.

Wie geht es nun bezüglich der Miete weiter?
Mit einer Mieterhöhung gemäß Lektion 4.

7. Der Wirtschaftsplan als Steuerungsinstrument

Somit ist zu sehen: Die Budgetplanung bzw. der Wirtschaftsplan ist auch als *Steuerungsinstrument* gut geeignet. Richtig erstellt, gibt er den Kostenrahmen vor und innerhalb dieses Kostenrahmens kann sich die Verwaltung „bewegen". Dabei müssen sich Einnahmen und Ausgaben mindestens die Waage halten, sofern ein Überschuss/Gewinn erzielt werden kann, um so besser.

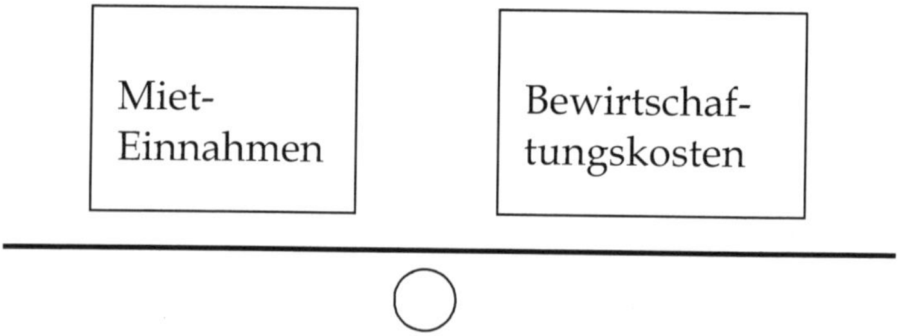

Von der Verwaltung wird verlangt, dass sie mit den zur Verfügung stehen Mitteln (Mieteinnahmen) ordentlich wirtschaftet. Somit braucht man nicht nur *einen* (jährlichen) Wirtschaftsplan, sondern drei, nämlich:

- einen kurzfristigen Wirtschaftsplan (Jahresperiode)
- einen mittelfristigen Wirtschaftsplan (2 - 5 Jahre)
- einen langfristigen Wirtschaftsplan (5 - 10 Jahre).

Diese Pläne müssen aufeinander abgestimmt sein und erfordern besonders im Bereich der Instandhaltung eine konkrete, individuelle Planung.

Skizze: 3 Wirtschaftspläne

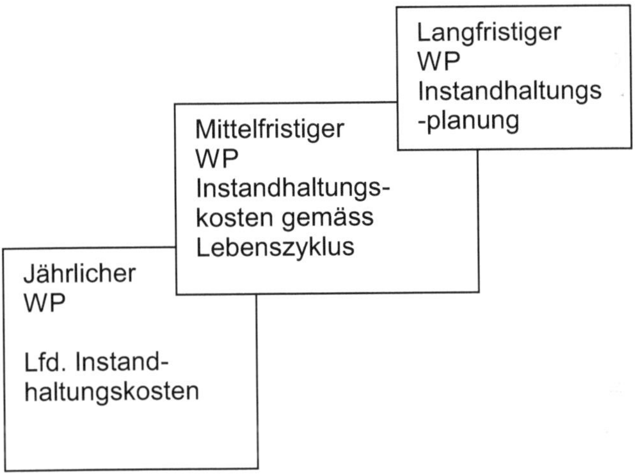

Grundsätzlich gilt, dass - in rein wirtschaftlicher Denkweise - die gesamten Kosten eines Objektes aus den Mieteinnahmen bestritten werden müssen. Oberste Grenze für alle Kosten sind somit die vorhandenen Mieteinnahmen.

Der „Gewinn“ des Investors liegt somit vor allem in der *Verzinsung seines Eigenkapitals* und damit in der Position *Kapitalkosten.* Reichen die Einnahmen z.B. aufgrund fehlender oder gefallener Mieten nicht aus, um die Kosten zu decken, ist der Investor/Eigentümer gehalten, einen Zuschuss zur Bewirtschaftung (aus seinem anderen Vermögen) aufzubringen.

Aus jedem der Objekt-Wirtschaftspläne heraus kann dann auf Veränderungen entsprechend reagiert werden.

- Verändern sich die Mieteinnahmen, oder
- Zins oder Tilgung, oder
- steigen Betriebskosten
- steigen Verwaltungskosten
- fallen höhere Instandhaltungskosten an
- verändert sich die Rücklagenzuführung

dann stimmt die „Waage“ nicht mehr! Die Verwaltung muss reagieren.

Lektion 9

Umgang mit dem
Kunden
und Mahnwesen

Lektion 9
Mahnwesen und Umgang mit dem Kunden

Inhalte: Seite

Fortsetzung →

Einleitung

Hausverwaltung ist eine Dienstleistung, also ein Dienst an einem Kunden. Der Mieter sollte also als ein Kunde angesehen werden. Davon gibt es im Grunde zwei unterschiedliche: den privaten Wohnungsmieter und den gewerblichen Mieter. Ihre Beschwerden sind meist unterschiedlicher Art. Den Wohnungsmieter regt auf, was das Wohnen stört. Der Gewerbemieter wird ärgerlich, wenn sein Geschäftsablauf gestört wird. Ihre Kunden haben also unterschiedliche Motive, sich aufzuregen.

Beschwerden gehören deshalb zum Alltag einer jeden Verwaltung und hier werden Ihnen vor allem praktische Tipps gegeben, WIE man Beschwerden und Reklamationen *berufsmäßig* angehen sollte.

Ein wichtiges Thema ist auch das Mahnwesen. Die meisten Mieter bezahlen die Miete regelmäßig, aber bei so geschätzten 10% der Mieter ist das nicht der Fall. Diese müssen somit gemahnt werden.

Und leider müssen manche Mieter auch "zur Ordnung" aufgerufen, also abgemahnt werden, weil sie sich nicht vertragsgemäß verhalten. Hier kommt es vor allem darauf an, den "richtigen Ton" zu treffen.

Das alles sind schwierige Themen im Umgang mit dem Mieter als Kunden und nachfolgend erhalten

Sie dazu einige Anregungen.

1. Die Kundenorientierung als wichtiger Bestandteil einer Dienstleistung

Heute wird auch in Deutschland die Dienstleistung mehr und mehr nach Marketing-Kriterien ausgerichtet. Unter „Marketing“ versteht man hierbei weniger die Werbung, sondern die Ausrichtung des Unternehmens nach den Bedürfnissen des Kunden. Man sagt: „Die Welt mit den Augen des Kunden sehen“.
Um Marketingkriterien wirklich und umfassend anwenden zu können, bedarf es deshalb einer grundlegenden Änderung der Denkweise in zweierlei Hinsicht:

Die meisten Menschen denken von Natur aus zuerst an sich und dann an den anderen.

Ich ⇒ Du
Marketing anzuwenden bedeutet die umgekehrte Denkweise:

Du ⇒ ich
der Kunde Mieter steht an erster Stelle und "ich" richte mich danach, soweit dies irgend möglich ist.

Kundenorientierung bedeutet also, das Verwaltungsunternehmen und seine

Dienstleistungen nach Bedürfnissen auszurichten, sich ständig in die Situation des Kunden zu versetzen und sich dabei zu fragen: Was konkret erwartet der Kunde jetzt von mir?

Kundenorientierung ist somit eine (ungewohnte) Denkweise. Diese Denkweise erzeugt eine bestimmte Einstellung. Sind diese Denkweise und Einstellung im Unternehmen verinnerlicht, entstehen bestimmte Handlungsweisen, die es sonst nicht geben würde.

Viele Verwaltungsunternehmen nehmen aus der Erfahrung an, die Kundenbedürfnisse zu kennen. Tatsächlich aber betrachten die meisten Ihre Kunden nur aus ihrer Sicht. Darin sollten sich alle in einem Unternehmen selbstkritisch hinterfragen.

1.1 Bedürfnis, Wünsche, Nachfrage

Die Marketinglehre unterscheidet zwischen **Bedürfnis, Wünschen und Nachfrage.** Die menschlichen Bedürfnisse sind der natürliche Ausdruck eines empfundenen Mangels. Wenn es sich um ein „echtes Bedürfnis" handelt, tut der Kunde in der Regel alles, um dieses Bedürfnis zu befriedigen.

Ruhe zu haben ist zum Beispiel so ein Grundbedürfnis. Wird die Ruhe ernsthaft und andauernd gestört, besteht das echte Bedürfnis der Ruhegestörten auf Abstellung der Ursache. Folge: Sie beschweren sich bei der Verwaltung und fordern sie auf, etwas dagegen zu unternehmen. Beschwerden wegen Ruhestörung sind deshalb besonders aufmerksam zu behandeln.

Wünsche sind dagegen etwas anderes und meistens zahlreich vorhanden, aber ob sie zu erfüllen sind? Mieter wünschen sich zum Beispiel in der Regel eine niedrige Miete. Der junge Mensch wünscht sich ein eigenes Auto, eine eigene Wohnung usw.

Ob Wünsche in Erfüllung gehen können, ist allerdings von einigen Umständen abhängig. Einer der wichtigsten Umstände ist das Vorhandensein von Geld, im Marketing spricht man von Kaufkraft. Ist Kaufkraft vorhanden, entsteht Nachfrage, denn (nur) durch sie entsteht die Fähigkeit und Bereitschaft zum Kauf bzw. zur Vergabe eines Auftrages. Als Verwaltung wird man deshalb Wünsche nicht sofort (kategorisch) ablehnen, sondern konkret fragen: „Und wie machen wir das mit der Bezahlung?"

In diesem Zusammenhang ist ein Grundsatz besonders wichtig:

Der Kunde bezahlt nicht (Verwaltungs-) Kosten, sondern Nutzen! Er wägt intuitiv die Kosten gegen den Nutzen ab. Der Nutzen Ihrer Verwaltung muss/sollte dem Kunden höher erscheinen, als die Kosten (Gehalt oder Verwaltergebühr). Ist dies der Fall, bleibt er als Kunde treu.

Bei Dienstleistungen kommt neben der Kundenorientierung noch ein weiterer Aspekt in die Betrachtung und das ist die Qualität, d. h. die Qualität der Verwaltung.

1.2 Qualität einer Dienstleistung

Die Qualität einer Dienstleistung wird u. a. an folgenden Punkten gemessen:

- Der Zugang

Der Kunde muss problemlos Zugang zur Dienstleistung haben und diese muss an einem problemlos erreichbaren Ort, zu günstigen Zeiten und ohne langes Warten abrufbar sein.

* Büro in einer möglichst bekannten Straße
* Problemlose Erreichbarkeit mit öffentlichen Verkehrsmitteln
* Problemlose Erreichbarkeit per Telefon
* Öffnungszeiten so, dass auch Berufstätige Sie antreffen
* Bürozeiten nicht so eng, dass Wartezeiten entstehen.

- Die Kommunikation

Das Leistungsangebot des Verwalters sollte so beschrieben sein, dass es der Kunde versteht. Noch immer gilt: Regelungen müssen „idiotensicher" formuliert sein.

- Die Kompetenz

Alle Mitarbeiter m/w müssen über die erforderlichen Fertigkeiten und Kenntnisse verfügen. Darüber gibt es wohl keine Zweifel.

- Die Höflichkeit

Alle Verwalter sollten freundlich, höflich und aufmerksam sein.
Wir sprechen hier von „beruflicher (professioneller) Höflichkeit“ aus dem Verständnis heraus: Ich werde ja für diese Tätigkeit vom Kunden bezahlt. Unhöflichkeit ist also psychologisch eine „Bestrafung“ des Kunden.

- Die Glaubwürdigkeit

Alle Verwalter müssen vertrauenswürdig sein und für den Kunden das Beste wollen. Dieser Eindruck sollte für den Kunden bestehen: Sie tun für ihn, was Sie tun können.

- Die Zuverlässigkeit

Die Dienstleistung muss tatsächlich und gleich bleibend erbracht werden, das heißt:

○ versprechen Sie nichts, was Sie nicht halten können/wollen

○ alle Mieter/Eigentümer müssen - bei gleichen Voraussetzungen - gleich behandelt werden. Hier sind alle Kunden der Verwaltung besonders empfindlich.

- Die Sensibilität

Alle Verwalter sollten unverzüglich und konstruktiv auf die Anliegen und Probleme der Kundschaft eingehen; das bedeutet:

Selbstverständlichkeit einer Beschwerde und sofortiges Tätigwerden (Absage oder Durchführung) und Verdeutlichmachung gegenüber dem Kunden in psychologische richtiger (sensibler) Form.

- Die Sicherheit

Die Dienstleistung darf nicht mit Risiken und Zweifeln behaftet sein.
Kunden dürfen nicht unsicher zurückgelassen werden, indem sie sich fragen: „Wird das nun gemacht oder nicht?"

- Kennen und Verstehen des Kunden

Die Verwaltung muss sich um Verständnis für die Wünsche des Kunden bemühen und ihn mit persönlichem Respekt behandeln.

2. Umgang mit Beschwerden und Reklamationen

Beschwerden und Reklamationen sind ein ganz normaler Bestandteil des täglichen Berufslebens. Wie oft haben Sie sich nicht schon selbst beschwert?

Das Problem der Beschwerde bzw. Reklamation ist nicht der Umstand als solcher, sondern der **Umgang** damit.

Beispiel:
Sie kaufen ein Gerät und es funktioniert nicht. Sie bringen es zurück (Reklamation). Jetzt kommt es darauf an, *wie* der/die Annehmende auf diese Reklamation reagiert.

1. Er/Sie sagt:

„Das kann nicht sein, dass es nicht funktioniert. Sie haben sicher die Bedienungsanleitung nicht richtig gelesen ... "
oder

2. Er/Sie sagt:

„Das tut mir aber leid. Ich bringe Ihnen sofort ein Ersatzgerät."

Berufsmäßig gesagt: Es kommt nicht darauf an, ob der Kunde „doof" ist oder das Gerät tatsächlich nicht funktioniert (letzteres wird natürlich anschließend intern geprüft). Es kommt entscheidend darauf an, ***wie*** die direkte Kommunikation mit dem Kunden geführt wird.

Merke:
Der Kunde braucht die Erkenntnis, dass er mit seiner Beschwerde „angekommen," d. h. verstanden worden ist.

Der Hintergrund für diesen Satz ist, dass sich Mieter oft über irgendeine Sache beschweren, in Wirklichkeit sind es oft Schwierigkeiten und

Probleme ganz anderer Art, die diese Beschwerde ausgelöst haben.

Zum Beispiel eine Beschwerde über Ruhestörung, aber in Wirklichkeit sind die beiden Parteien zerstritten und suchen nach Möglichkeiten, sich über die jeweils andere zu beschweren.

Um jetzt alles obige zu beachten und um auch selbst möglichst wenig Stress zu haben, empfiehlt sich folgender, dreistufiger Aufbau:

2.1 Annahme der Beschwerde / Reklamation

Erste Stufe: Annahme der Beschwerde
/ Reklamation

- Aktiv zuhören,
- nicht herumstreiten,
- ausreden, auch ausschimpfen lassen,
- Wiederholung, aber als Frage

Beispiel:
Frau Meier beschwert sich, dass das Kind von Hoffmann jeden Sonntagvormittag Klavier spielt (ausreden lassen).

Wiederholung als Frage:

„Habe ich Sie richtig verstanden: Sie sagen, das Kind

von Hoffmann spielt **jeden Sonntag Vormittag** Klavier?" - Pause

Die Wiederholung als Frage mit anschließender Pause hat zwei Vorteile:

- Sie bringen eine Beschwerde (oft in einem längeren Dialog vorgetragen) auf den Punkt und prüfen zugleich, ob Sie selbst den eigentlichen Grund der Beschwerde richtig erfasst bzw. richtig verstanden haben?

(Gesprächs-Pause)

- Der/die Beschwerdeführer/in fühlt sich (aufgrund der Pause) aufgerufen, weitere Begründungen vorzutragen.

Probieren Sie eine solche Situation einmal mit Ihrer / Ihrem Lebensgefährten/-in aus und machen Sie nach der Wiederholung als Frage eine Pause. Wenn jetzt vom Beschwerdeführer keine „handfesten" Gründe folgen, hat sich die Beschwerde bereits erledigt.

Folgen tatsächlich stichhaltige Gründe wie z. B.:
„Ja, ja, jeden Sonntag ab 10 Uhr geht es los, Beethoven rauf und runter, das halte ich nicht länger aus!"

Dann kommt es zur zweiten Stufe:

2.2 Die Beweisfrage

Zweite Stufe: Die „Beweis-Frage"
Im zweiten Schritt geht es jetzt darum, „Beweise" zu liefern. Eine Ruhestörung ist mit Lärm verbunden, d. h. das müssen auch andere hören. Deshalb Sie fragen jetzt beispielsweise (Auswahl je nach Gegebenheit):

- Hat es sonst noch jemand gehört / gesehen / vernommen?
- Gibt es dafür Beweise?
- Kann es nicht ein Irrtum sein?
- Sind Sie sicher?
- Und was stört Sie daran?
- Wie oft ist das schon gewesen?
- Haben Sie schon einmal mit Herrn / Frau (Verursacher) darüber gesprochen?

Achtung:
Nur eine bis zwei Fragen sind, je nach Situation angemessen, sonst tritt eine gegenteilige Reaktion ein. Und: Fragen Sie ganz normal, in Ihrem Dialekt, so wie Sie sonst auch sprechen, nicht gekünstelt.

Die Antwort zeigt Ihnen, wie ernst die Sache ist.

Dritte Stufe: Ihr Abgang

2.3 Ihr Abgang

Der häufigste Fehler bei Verwaltern ist, dass sie, um den Beschwerdeführer los zu werden, Zusagen machen, die nicht gehalten werden (können).

- Deutlich sagen: „Ich habe Ihre Beschwerde / Reklamation zur Kenntnis genommen."
- Deutlich sagen: „Ich werde folgende unternehmen …" - und unbedingt halten. Oder:
- Deutlich sagen: „Ich bedauere sehr, aber ich kann nichts unternehmen, weil ... " (hier bedarf es einer stichhaltigen, sachlichen Begründung)

In der Verwaltung ist es durchaus alltäglich, dass sich Mieter / Eigentümer über Dinge beschweren, wo Sie tatsächlich nichts unternehmen können. Dann sollten Sie auch nichts anderes sagen. Sie sind auch nicht das „Kindermädchen" für private Streitigkeiten.

Übung:

ideal mit Ihrem/Ihrer Kollegen oder Lebenspartner/

Er / Sie beschwert sich über:

- Bohren und Hämmern in der Nachbarwohnung
- Disco-Lärm in der Wohnung über Ihnen
- Kinderwagen im Treppenhaus
- Kinderlärm vor dem Balkon

Gehen Sie bitte wie es Ihre persönliche Art ist, aber in den genannten drei Stufen vor:

1. Stufe: Anhören, Wiederholung als Frage
2. Stufe: Eine weitere Frage „nachschieben"
3. Stufe: Abgang mit/ohne Versprechen der Erledigung

3. Kunden am Telefon

Das Telefon ist in einer Verwaltung sicher das wichtigste Kommunikationsmittel mit dem Kunden. Wichtig sind folgende **Grundsätze:**

1. Jede/r, der / die anruft, ist von der Wichtigkeit seines / ihres Anrufes überzeugt.

Jede/r sieht seine Beschwerde/Reklamation als das Wichtigste an, das es heute zu erledigen gibt. Im Sinne von Marketing verhalten Sie sich also so, dass sich diese Wichtigkeit (augenscheinlich) für den Kunden bestätigt; deshalb:

2. Nicht „abwimmeln."

Wenn Sie ihn abwimmeln, d. h. seine Beschwerde/ Reklamation nicht annehmen, wird er „andere Mittel und Wege" suchen und vielleicht auch finden, um Sie zu „zwingen," sich seiner Sache anzunehmen. Vermeiden Sie diesen Stress!

Verwenden Sie deshalb **niemals** am Telefon folgende Formulierungen:
Psychologisch sagen Sie:

„Herr / Frau …

- ist in einer wichtigen Besprechung …“

Die Sache ist wichtiger als Sie!

- möchte nicht gestört werden …“

Was wollen Sie überhaupt?

- ist nicht da …“

Er / Sie will nicht mit Ihnen sprechen.

- hat gerade wichtigen Besuch …“

Der Besuch ist wichtiger als Sie.

Verwenden Sie deshalb - wenn dieser Fall tatsächlich zutrifft - **wertfreie Formulierungen** wie:

„Herr / Frau ...

- spricht am anderen Apparat und kann Sie deshalb nicht sprechen. …“
- ist außer Haus / im Außendienst etc. und kann Sie deshalb nicht sprechen.“
- ist im Hause unterwegs und kann Sie deshalb nicht sprechen. …“

und weiter: „Um was geht es denn, kann ich Ihnen helfen?"

In der weiteren Bearbeitung gilt bei Beschwerden dann wieder die schon behandelte Folge:

1. Stufe: Anhören, ggf. Wiederholung als Frag
2. Stufe: Eine weitere Frage „nachschieben"
3. Stufe: Abgang mit/ohne Versprechen der Erledigung

Bei der 3. Stufe wird oftmals folgendes versprochen:

„Ja, ich gebe Ihre Beschwerde an den/die Zuständige/n weiter."

Dieser Satz weckt nun eine **neue Erwartungshaltung** oder das Gegenteil davon. Nun müsste sich in der Tat der/die Zuständige beim Beschwerdeführer (telefonisch) melden (ansonsten bestärkt es ihn in seiner Negativmeinung „die tun ja doch nichts.")

Tun Sie es wirklich! Rufen Sie ihn zurück. Sie werden von der (positiven) Reaktion überrascht sein.

4. Briefe oder Mails an den Kunden

Die Korrespondenz mit den Kunden gehört ebenfalls zum Alltag einer Verwaltung und oftmals sind wenig angenehme Brief oder eMails zu schreiben, weil sie z. B. auf einer Beschwerde beruhen oder Kosten bedeuten, z. B. Mieterhöhungen, Umlagen usw. Auch hier gibt es einige Empfehlungen für die Praxis:

4.1 Die Standpunktformel

Wenn Sie an einen Mieter wegen des Verstoßes gegen ein Gesetz zu schreiben haben, können Sie die so genannte **„Standpunktformel"** verwenden. **Sie gliedert sich wie folgt:**

- Feststellung
- Folge
- Zu tun ist.

Beispiel:

Sehr geehrter ...

am vergangenen Freitag wurden Sie beobachtet, wie Sie im angetrunkenen Zustand das Glas der

Haustüre eingeschlagen haben (Feststellung).

Als Verursacher dieses Schadens haben Sie die Kosten zu tragen (Folge).

Überweisen Sie deshalb die entstandenen Glaserkosten über ...... bis zum .... auf das Konto ..... (zu tun ist)

Hier wird also klipp und klar gesagt, was getan wurde und was zu tun ist. Oft aber ist das nicht so eindeutig fassbar. Hier empfiehlt sich die nächste Methode:

4.2 Die 3-Satz-Methode

Die am meisten verwandte Methode ist die **3-Satz-Methode**, weil sie an die Einsicht appelliert.

Sie gliedert sich wie folgt:

1. Feststellung

Sätze, auf die der Kunde innerlich mit „ja, das stimmt" antwortet..

2. Stellungnahme

Sätze, bei denen sich der Kunde denkt: Es wird

schon richtig sein.

3. Folgerung

Aussage, was man vom Kunden will.

Beispiel:

Sehr geehrte ....

Sie wohnen nun seit ... in der Wohnung und wir hatten bisher noch keinen Anlass, Ihnen einen Beschwerdebrief zu schreiben. (Mieter denkt: „ja, stimmt")

Bei Einzug in die Wohnung haben wir Ihnen eine Hausordnung als Bestandteil des Mietvertrages übergeben und nach dieser Regelung sind Sie verpflichtet, turnusmäßig die Treppe zu reinigen ... (Ausführungen)

In letzter Zeit sind Beschwerden eingegangen, dass Sie die Hausordnung nicht oder nicht gründlich genug durchführen sollen.*)
(Mieter denkt: „Ja, das kann schon stimmen")

Wir möchten Sie deshalb bitten, ab sofort und zukünftig Ihren Reinigungspflichten regelmäßig nachzukommen, damit es keine Beschwerden mehr gibt. (Folgerung)

*) Schreiben Sie bei Beschwerden, die nicht eindeutig

bewiesen sind oder beweisbar sind, stets die abschwächende Form der Konjunktive: soll, sollen usw. (statt ist). Damit hat der / die Betroffene immer eine Gelegenheit, seine Gründe vorzubringen und Sie haben sich nicht schon vorab festgelegt.

Übung:

Üben Sie bitte diese sehr effektive 3-Satz-Formel an folgenden Fällen:

- (keinen) Müll neben den Mülltonnen lagern
- Abstellen von Fahrrädern / Kinderwagen im Treppenhaus
- Grillen auf dem Balkon

5. Verhandlungen im Büro

Neben den Routinegesprächen geht es für Verwaltungen oft um das Aushandeln von Verträgen. Neben dem Recht kommt es bei Verhandlungen oft auch auf eine gewisse *Verhandlungstaktik* an.

Wenn es um große Gewerberaumvermietungen geht, werden Sie feststellen, dass professionelle Mieter (Ladenketten, Konzerne usw.) zur Vertragsverhandlung oft zu zweit kommen. Nicht aus Misstrauen, sondern es werden intuitive oder abgesprochene Verhandlungstaktiken angewandt:

Eine/r verfolgt die „harte Linie,“ der / die andere die „weiche Linie,“ indem er/sie vor Abbruch des Gesprächs immer wieder Kompromisse anbietet. Auf diese Weise sollen Sie „mürbe gemacht“ werden, damit Sie deren Bedingungen zustimmen.
Kommt der Vertragspartner zu zweit, sollten Sie möglichst auch zu zweit sein und sich ebenfalls in der Verhandlungstaktik über das Maximal- und Minimalziel abstimmen.

- Die Beweisführungsformel

Bei streitigen Gesprächen bietet sich die *„Beweisführungsformel“* an. Sie ist vor allem dann empfehlenswert, wenn aus einem Durcheinander heraus nun die klaren Fronten festgestellt werden sollen.

Der Aufbau gliedert sich wie folgt:

- „Es hat sich …“ (Feststellung der Sache)
- „Sie sagen ...“ (Standpunkt des Gesprächspartners)
- „Ich sage ...“ (Eigener Standpunkt)
- „Und was tun wir jetzt?“
- „Also kommen wir leider nicht zusammen, (Schlussfolgerung) es sei denn ...“ (versöhnliches Angebot).

Anmerkung:
Wenn Sie viele Verhandlungen führen, empfiehlt es sich, ein spezielles Seminar zur Verhandlungsführung und Rhetorik zu belegen. Solche Seminare werden von vielen Management-Akademien angeboten, googeln Sie einfach.

6. Das Mahnwesen

Fast jedes Buchhaltungsprogramm bietet auch eine „automatische Mahnung" an. Es handelt sich hierbei um vorgegebene Mustertexte, die übernommen oder auch abgewandelt werden können.

Der übliche Regelfall sind **drei Mahnstufen**, wobei der Mieter mit jeder Mahnung nachdrücklicher zur Zahlung aufgefordert wird.

Die erste Mahnung kann als „Erinnerung" durchaus automatisch per Software-Standardtext erfolgen. Dazu folgender wichtiger psychologischer Hinweis:

Merke:
Schreiben Sie *nicht* 1. / 2. / 3. Mahnung!

Wenn Sie „1. Mahnung" schreiben, denkt der Empfänger sofort: „Die Bezahlung hat noch Zeit, es folgen ja noch weitere Mahnungen."

6.1 Die 3-Satz-Methode

Hat die erste standardisierte Mahnung keine Wirkung gezeigt, wird aus der Erfahrung heraus empfohlen, die zweite Mahnung als wirklichen **Brief** oder als eMail zu schreiben, welche beide auch standardisiert werden können.

Beim Schreiben von Briefen haben viele vielleicht noch die Art im Kopf, wie Aufsätze in der Schule geschrieben werden, nämlich mit Einleitung, Hauptteil und Schlusssatz. Kommunikationsprofis haben daraus die schon vorgestellte „3-Satz-Methode" entwickelt, die beim Mahnwesen besonders erfolgreich ist.

Ein Mahnbrief bzw. der Mailtext gliedert sich bei dieser Methode in

drei Teile:

1. Satz: Die Feststellung:
= Sätze, auf die der Kunde geistig mit "ja" antwortet

Beispiele:
- Wie Sie wissen, ist die Miete stets am Monatsanfang zu überweisen.
- Sie beträgt für Ihre Wohnung xxxx Euro.

2. Satz: Die Stellungnahme:
= Der Mieter denkt: Es wird schon richtig sein
Man nennt die Bedingungen und Voraussetzungen.

Beispiele:
- Zur Zahlung der Miete sind Sie gesetzlich verpflichtet.
- Ihre Miete ist auch erforderlich, um die laufenden Kosten der Bewirtschaftung (Wasser, Strom, Müll, Heizung usw.) bezahlen zu können.

3. Satz: Die Folgerung:

= Aussage, was man vom Mieter will/erwartet

So simpel es klingt: Man muss nun konkret schreiben, was der Mieter nun tun soll, nämlich die sofortige Zahlung vornehmen.

Beispiel:
Überweisen Sie nun bitte sofort / oder innerhalb einer Woche / innerhalb von .... Tagen ....

Nun einen solchen Mahnbrief als Muster im Gesamtzusammenhang:

* Muster 1

= Freundliche Erinnerung bzw. Mahnung

Betreff: Rückständige Miete über ……. Euro

Sehr geehrter Herr Mustermann,
wie Ihnen als langjähriger Mieter bekannt ist, ist von Ihnen und allen anderen Mietern stets am Monatsanfang die Miete zu überweisen. Leider haben wir bis heute noch keinen Zahlungseingang

für das Monat ...... verzeichnen können.

(Grund beschreiben, "ja das stimmt"-Eindruck wecken)

Wie Sie wissen, sind Sie gesetzlich verpflichtet, die Miete unaufgefordert monatlich zu überweisen. Ihre Zahlung ist zur Aufrechterhaltung der Liquidität für das Anwesen dringend erforderlich.

(Mieter denkt: Das wird schon richtig sein)

Überweisen Sie deshalb bitte die Miete von € xxxxx für Monat xxxxx innerhalb von 8 Tagen und danach jeweils wieder fortlaufend bis zum 3. Werktag eines Monats.

(Tätigkeit, die man vom Eigentümer erwartet)

Ein bereits ausgefülltes Überweisungsformular fügen wir [nochmals] bei. (Hilfestellung bei Bedarf)
Sollten Sie allerdings die Miete in den letzten Tagen bereits überwiesen haben, so betrachten Sie bitte dieses Schreiben als gegenstandslos.
(Vorsorgliche Entschuldigung)

Mit freundlichen Grüßen

Wenn nach ein paar Tagen keine Zahlung eingegangen ist, ist es sinnvoll, sofort eine weitere Mahnung in schärfer Form zu schreiben. Der Mieter sollte bewusst erkennen: Jetzt hat mich die

Verwaltung ins Visier genommen.

Ein solcher weiterer Mahnbrief könnte wie folgt formuliert sein.

* Muster 2

Betreff: Mietrückstand für Monat ....

Sehr geehrter Mustermann,

Trotz unserer Mahnung haben Sie die Miete noch immer nicht bezahlt! Das Gesetz schreibt vor, dass die Miete bis zum 3. Werktag eines Monats zu zahlen ist. (Evtl. ging eine Lastschrift zurück?)

(= "ja das stimmt"-Eindruck vertiefen)

Wir müssen Sie nunmehr mit aller Bestimmtheit auffordern, den längst fälligen Betrag über Euro .... unverzüglich, das heißt bis spätestens ...... (Datum) zu überweisen. Nachdem Sie sich in Verzug befinden, sind wir berechtigt, Mahnkosten, Verzugszinsen und ggf. weitere Kosten zu berechnen.

(= Gutwilliger Mieter denkt in Bezug auf den Verzug: Nichtzahlung wird teuer)
Überweisen Sie deshalb bitte *sofort,* d.h. innerhalb von *3 Tagen* den obigen Betrag, damit Ihnen keine weiteren Kosten entstehen. Falls Sie Probleme haben, bitten wir Sie, noch *heute* bei uns anzurufen.

(= Tätigkeit, die wir vom Mieter erwarten)

Mit freundlichen Grüßen

Muster 3:

Betreff: Rückständige Miete über € xxxxxx und Kündigungsgefahr

Sehr geehrter Herr Mustermann,

obwohl ich *) Sie nun schon zweimal gemahnt habe, haben Sie die Miete bis heute nicht bezahlt. Zwischenzeitlich sind auch Mahnkosten und Verzugszinsen aufgelaufen. Die Forderung lautet nun:

Miete für Monat(e)	Euro
Verzugszinsen (...% p.a.)	Euro
Mahnkosten 2 x Euro 5,00 =	Euro
Summe:	Euro
	....

Ich *) setze Ihnen hiermit eine allerletzte Frist bis zum .... Sollte bis dahin die oben genannte Summe nicht bei uns eingegangen sein, werde ich die Sache unserem Rechtsanwalt zur Einleitung gerichtlicher Maßnahmen oder einem Inkassobüro zur Einziehung übergeben.

Aufgrund Ihrer Nichtzahlung setzen Sie Ihre

Wohnung aufs Spiel, denn Sie befinden sich bereits in einer so ernsthaften Situation, dass ich *) außerdem das Mietverhältnis kündigen kann, sofern Sie keine Zahlung leisten.

Ich bedauere, dann nichts mehr für Sie tun zu können. Falls Sie überbrückbare Zahlungsschwierigkeiten haben sollten, bitte ich Sie, bei mir anzurufen. **)

Mit freundlichen Grüßen

*) „Ich" personalisiert Ihre Mahnung, d.h. sie sagt (psychologisch) Ihrem Kunden: „Jetzt rücke ich dir persönlich zu Leibe".
**) Ein Gesprächsangebot, um Probleme zu besprechen.

6.2 Der erfolgreiche Mahnbrief

Im letzten Brief wurde bewusst der „ich-Stil" gewählt. Ob Sie „ich" oder „wir" schreiben, bleibt Ihnen überlassen, wichtig sind jedoch folgende Punkte:

→ Persönlicher Schreibstil
→ dem konkreten Einzelfall angepasst, taktisch, strategisch
→ korrekt und eindeutig
→ zunächst eher freundlich (höflich) und

→ in späteren Mahnphasen: energisch und bestimmend
→ Verwenden Sie die 3-Satz-Methode (natürlich angepasst an die Situation)
→ Umfang der Mahnung: 1 Seite

Übung:
Wenden Sie bitte, bezogen auf Ihr Unternehmen, den Aufbau der 3-Satz-Methode an:

1. Feststellung:
Schreiben Sie bitte Sätze, auf die der Kunde mit "ja" antwortet:

2. Feststellung:
Schreiben Sie Sätze, bei denen der Kunde denkt: „Es wird schon richtig sein."

3. Folgerung:
Machen Sie eine Aussage, was der Eigentümer tun soll:

6.3 Die telefonische Mahnung

Neben oder nach einer schriftlichen Mahnung könnte es auch eine telefonische bzw. persönliche Mahnung geben. Aus der beruflichen Praxis ist bekannt, dass eine telefonische Mahnung, wenn sie nach einem bewährtem System erfolgt, die wirkungsvollste Mahnung überhaupt ist!

Dieses Gespräch kann oder wird der Mieter allerdings vielleicht auch dazu nutzen, um seinerseits evtl. Einwände/ Reklamationen vorzubringen. Dieses Mahngespräch ist deshalb auch ein ideale Basis, um „in einem Zug", also mit diesem (Verhandlungs-) Gespräch auch gleich evtl. kleinere Unzulänglichkeiten des Mieters zu klären. Doch zunächst zur Mahnung.

Die Hauptproblematik der *schriftlichen Mahnung* liegt darin, dass diese ohne weiteres vom Schuldner ignoriert werden kann. Dementsprechend liegt der Vorteil der telefonischen Mahnung in der **direkten, persönlichen Ansprache** des Schuldners, der gezwungen wird, sich unmittelbar zur Sache zu äußern (= unmittelbares Feedback).

Es liegt auf der Hand, dass ein persönliches Gespräch am Telefon auch eine gezieltere Ansprache des Mieters ermöglicht, weil ausgehend von seinen geäußerten Reaktionen direkt auf ihn eingegangen werden kann. Viele Mieter können sich auch besser mündlich als schriftlich äußern, so dass es ihnen unter Umständen leichter fällt, die Hintergründe ihres negativen Zahlungsverhaltens in einem Telefongespräch zu erklären.

Ein wirkungsvolles Telefon-Mahngespräch besteht allerdings aus dem bewussten Einsatz von

Artikulationselementen wie Betonungen, Tonlage, Tempo, Pausen etc., um eine gewünschte Reaktion hervorzurufen. Zum Beispiel die gezielt eingelegte **Schweigepause** - nach einer eigenen Aussage oder Frage - kann eine hochwirksame Strategie sein, da diese unangenehme Situation den Gesprächspartner zum Sprechen zwingt, was durchaus zu spontanen Zusagen bzw. Zugeständnissen führen kann. Da es hierbei um „Reden" geht, wird der schon empfohlene Rhetorik- und Verhandlungskurs auch hier nochmals empfohlen, weil das Sprichtwort: „Der Ton macht die Musik" bei solchen Gesprächen von größter Bedeutung ist (und schriftlich in einem Buch nicht abgebildet werden kann).

Grundsätzlich gut geeignet sind die "**6 W**", das sind Fragen, die mit:

wer, was, wo, wann, warum oder wie

beginnen, da diese nicht mit einem einfachen Ja oder Nein beantwortet werden können und daher zu Antworten mit einem höheren Informationsgehalt führen.

Beispiele:
- Warum konnten Sie die Miete noch nicht überweisen?
- Wie kommt es, dass Sie die Miete noch nicht begleichen konnten?
- Wann haben Sie die Miete überwiesen?

Der günstigste Zeitpunkt für die telefonische Mahnung liegt im Regelfall wohl nach der zweiten, unter Umständen aber auch schon nach der ersten Mahnung.

Man setzt also die „Frage-Strategie“ ein!
Eine Frage-Strategie hat im wesentlichen folgende Vorteile:
1. Fragen können, zumindest wenn sie ruhig und sachlich und nicht aggressiv gestellt werden, kaum als Angriff aufgefasst werden.
2. Jede Frage stellt eine Streicheleinheit dar, sie zeigt Anerkennung und Respekt für den anderen im Sinne der eingangs genannten Kundenorientierung. Sie zeigt ihm, dass uns seine Information, seine Meinung, seine Situation interessiert und sie baut daher die Brücke zum Anderen und verhindert das Aneinandervorbei bzw. das Gegeneinander.

3. Fragen helfen die Beziehungsebene positiv zu erhalten bzw. wieder zu verbessern. (kundenerhaltend, Sympathiegewinn!)

4. Man kann neue Informationen erhalten, diese ggf. überprüfen und man kann feststellen, ob evtl. Missverständnisse vorliegen.

5. Durch geschickte Fragen kann man ein solches Gespräch gut führen.

Solche Gespräche sind in der Regel nicht

unangenehm, wenn man es nicht als „privat“ sondern als Job, also beruflich ansieht und wenn man bei diesem Gespräch „direkt und ehrlich“ bleibt.

Beispiel: Die Wiederholung und danach eine Pause
Der Mieter-Kunde erzählt Ihnen, dass er sehr krank war und deshalb nicht zur Bank gehen konnte, um zu bezahlen.

Sie wiederholen:
* Sie sagen, dass Sie die Miete noch nicht bezahlen konnten, weil Sie sehr krank waren ? (als Fragesatz) – *Pause*!!

Oder:
* Verstehe ich Sie richtig: Die Miete konnte noch nicht bezahlt werden, weil Sie krank waren ? – *Pause*!
Probieren Sie es aus! Die Pause „zwingt/nötigt“ (psychologisch) den anderen, Beweise bzw. eine Bestätigung „nachzuschieben“ und deshalb beginnt er dann meist mit „ja, natürlich ......“ und Sie prüfen, ob das, was er sagt, glaubwürdig ist.

An unserem obigen Beispiel würde er z.B. sagen: „Ja, ich war sehr krank, ich kann Ihnen ein Attest vom Arzt / von der Klinik vorlegen“.

Damit sind Sie nun „drin“ im Gespräch und nachdem nun der Mieter seine Ausreden dargelegt hat, sollten Sie zum **Abschluss** kommen. Am besten durch weitere Fragen wie z.B.:

* Und was schlagen Sie jetzt vor?
* Wann glauben Sie, kann ich mit einem Zahlungseingang rechnen?
* Wenn ich Ihnen eine Frist von ..... Tagen bis zum ...... einräume: Können Sie dann zuverlässig den Rückstand bezahlen?

Oder zum Beispiel bei angedeuteten Problemen:

* Welche Zahlungsbedingungen würden Sie akzeptieren?
* Was wäre für Sie eine gute Lösung?
* Welche Lösung schlagen Sie vor, um die Sache aus der Welt zu schaffen?

Nun geht es darum, ein konkretes Zahlungsversprechen zu erhalten, z.B.:

„ Können wir so verbleiben: Sie bezahlen den Betrag x € bis zum ....“

Und Sie schieben noch nach: *„Kann ich mich darauf verlassen?“*

Die auf diese Weise festgelegte weitere Vorgehensweise sollten Sie selbstverständlich sofort per Brief oder Mail bestätigen.
Haben Sie Zweifel an der Seriösität der getroffenen Vereinbarung, sollten Sie evtl. auf einer

Rückbestätigung bestehen.

Insbesondere müssen/sollten immer die (Grund)-Bedürfnisse des Menschen berücksichtigt werden. Dabei sind in unserem Zusammenhang von besonderer Bedeutung die Bedürfnisse nach Anerkennung, Status, Macht und Geltung (Stichwort: Selbstwertgefühl des Schuldners). Es geht nicht darum, den Mieter und Schuldner am Telefon „fertig" zu machen. Ausnahmen können ja diese Regel bestätigen, aber im Normalfall soll Ihre Mahnung/ Ihr Anruf den Mieter als Kunden erhalten. Sie haben als Verwalter weiterhin mit ihm - direkt oder indirekt - zu tun.
Wenn Sie ihm schon bei ersten Zahlungsschwierigkeiten „die Ehre" nehmen, indem Sie ihn „abkanzeln", dann schaffen Sie sich unter Umständen einen Feind, der Ihnen bei nächster Gelegenheit Schwierigkeiten machen kann. Ein beleidigter Kunde ist verloren!

6.4 Die Gesprächsdokumentation

Das ganz große Problem bei der telefonischen Mahnung ist die schwere Beweisbarkeit. Es empfiehlt sich, wie schon erwähnt, die sofortige Absendung eines Bestätigungsschreibens.

Oder: Anfertigung eines schriftlichen Protokolls, das zusätzlich von einer Person, die das Gespräch mitgehört hat (was dem Gesprächspartner bekannt sein muss) unterschrieben wird.

Sollte es zu einer Zahlungsklage kommen, können Sie bzw. der Anwalt diese Bestätigungen vorlegen und so beweisen, dass Sie alles getan haben, was man als Verwalter tun kann.

6.5 Die persönliche Mahnung

Eine weitere Steigerung der Mahnansprache stellt der persönliche Besuch beim Mieter dar. Im Zuge einer Objektbesichtigung könnten Sie zum Beispiel bei ihm läuten.

Im Vergleich zum Telefon kommt hierbei der Vorteil des direkten Kontaktes zum Schuldner noch stärker zum Tragen, der psychologische Druck auf den Schuldner ist hierbei weitaus am stärksten (face to face Situation!).

Die persönliche Mahnung kommt insbesondere dann in Betracht, wenn die genannten Maßnahmen nicht erfolgreich waren, wenn der Schuldner schon mehrmals die Zahlung versprochen, aber dieses Versprechen nicht eingehalten hat.
Der persönliche Schuldnerbesuch hat gegenüber den anderen Methoden auch den Vorteil, dass man sich häufig ein besseres Bild von der Persönlichkeit sowie von der finanziellen Situation und dem sozialen

Umfeld des Mieters machen kann, zumindest aber können Missverständnisse ausgeräumt und Ratenzahlungsvereinbarungen (einschließlich Schuldanerkenntnis zur Verjährungsunterbrechung!) getroffen werden.

Außerdem kann, wenn man auf einen hartnäckigen oder böswilligen Schuldner trifft, zumindest die Erfolgsaussicht einer späteren Zwangsvollstreckung eruiert werden.

Die persönliche Mahnung, mit dem notwendigen Takt- und Fingerspitzengefühl angebracht, gehört jedenfalls zu den erfolgreichsten Mahnmethoden überhaupt.

7. Das gerichtliche Mahnverfahren

Gerichtliches Mahnverfahren bedeutet, einen Mahnbescheid auszustellen. Dies ist die kostengünstigste Möglichkeit, auf relativ einfache und schnelle Art einen Vollstreckungstitel zu erhalten (nur in ca. 20% der Fälle wird Widerspruch gegen den Mahnbescheid eingelegt).

Das gerichtliche Mahnverfahren sollte allerdings nur dann gewählt werden, wenn nicht mit Einwänden gegen den erhobenen Geldanspruch zu rechnen ist, die Forderung also unbestritten ist wie z.B. die Miete. Hier kann der Anwalt u.U. einen "schnellen

Urkundenprozess" führen.

Zu beachten ist, dass das gerichtliche Mahnverfahren nur dann zulässig ist, wenn
→ der Zahlungsanspruch nicht von einer noch nicht erbrachten Gegenleistung des Gläubigers abhängig und
→ der Aufenthaltsort des Ex-Mieters bekannt ist.

Es gibt zwei grundsätzliche Möglichkeiten:
- Das *manuelle* gerichtlichen Mahnverfahren
- Das Online-Mahnverfahren

Das gerichtliche manuelle Mahnverfahren wird eingeleitet durch einen Antrag beim **örtlich** zuständigen **Amtsgericht**, d.h. dasjenige Amtsgericht, in dessen Bezirk **der Gläubiger** (der Mieter) seinen „Verwaltungssitz“ – hier Standort – hat (Die Formalitäten sind regional unterschiedlich. Es wird dringend empfohlen, die Sache einem Anwalt zu übertragen.)

Der Ablauf ist folgendermaßen:
Das Formular des Mahnbescheids wird, gegen Gebührenzahlung, bei Gericht eingereicht und zwar entweder durch persönliches Erscheinen und Bezahlung der Gerichtsgebühr an der Kasse oder durch Kauf von Gerichtskostenmarken und Aufkleben dieser Marken auf dem Formular.

Es müssen also bei jedem Mahnbescheid die

Gerichtsgebühren vorab vom Antragsteller (Gläubiger) bezahlt werden! Um diese verauslagten Kosten erhöht sich zwar die Forderung, die Frage ist aber stets, ob diese Kosten später tatsächlich vom Kunden gepfändet werden können.

Der Mahnbescheid wird beim Amtsgericht vom Rechtspfleger (nur) auf formelle Ordnungsmäßigkeit geprüft, also insbesondere auf die Ausfüll-Formalien und auf die grundsätzliche **Forderungsbasis**. Als Forderungsgrund sollte deshalb eine konkrete Angabe erfolgen, zum Beispiel: Miete für den/die Monat(e) ....

Bei ordnungsgemäßem Antrag und Einzahlung der erforderlichen Gerichtsgebühr wird beim manuell ausgestelltem Antrag aus dem Durchschreibsatz die Ausfertigung für den Schuldner (Antragsgegner genannt) herausgetrennt und ihm zugestellt.

Der Gläubiger (Antragsteller genannt) wird dann vom Gericht unterrichtet, wann der Mahnbescheid dem Antragsgegner zugestellt wurde. Dies erfolgt durch Übersendung des gelben Blattes aus dem Durchschreibsatz. Geht kein Geld ein, sollte die Vollstreckung und das weitere Verfahren in jedem Fall über einen Anwalt betrieben werden.

- Das Online-Mahnverfahren

Schon seit einiger Zeit besteht die Möglichkeit,

Mahnanträge im Internet anhand einer dialoggeführten Ausfüllhilfe auszufüllen. Der Antrag kann dann auf Normalpapier ausgedruckt werden und das Programm druckt einen maschinenlesbaren Barcode dazu.
Der ausgedruckte Antrag muss wie bisher vom Antragsteller unterschrieben und auf dem Postweg an das Zentrale Mahngericht z.B. in Coburg gesandt werden. Es empfiehlt sich, einen DIN A4 Umschlag zu benutzen und den Antrag nicht zu falten, um den Barcode nicht zu beeinträchtigen. Dies beschleunigt die Bearbeitung nämlich erheblich.
Der Gebühren- und Auslagenvorschuss an das Gericht ist erst nach Erhalt der Kostenrechnung zu bezahlen.

Der Online-Antrag kann über die Homepage des jeweiligen Justizministeriums (Bayern z.B.: www.justiz.bayern.de/buergerservice/onlinedienste/..) abgerufen werden und auch Anwälte haben sich auf Online-Mahnbescheide spezialisiert. Geben Sie am besten in die Internet-Suchmaschine „Mahnbescheid“ oder „Mahnbescheid, Antrag“ ein.

8. Insolvenzantrag gegen den Mieter

Zahlt ein Mieter trotz aller Mahnungen und Versprechungen nicht, kann gegen ihn beim örtlichen Insolvenzgericht ein Insolvenzantrag gestellt werden.

Bereits die Androhung, dies zu tun, dürfte das Zahlungsverhalten des Eigentümers wesentlich beschleunigen, denn ist der Insolvenzantrag gestellt, ist der Ruf und das Image vor allem des gewerblichen Mieters, aber auch des Wohnungsmieters dahin und alles weitere läuft nach der Insolvenzordnung ab (im Netz unter: www-gesetze-im-internet.de).

Nützt auch die Androhung nichts, sollten Verwalter einen solchen Insolvenzantrag stellen, um alles getan zu haben, um wenigstens einen Teil der Mietrückstände einbringen zu können. Ob dies gelingt, hängt von der insgesamten Verschuldung des Mieters ab.

Der Insolvenzantrag, das gerichtliche Mahnverfahren und die Kündigung des Mietverhältnisses können einzeln und unabhängig von einander parallel durchgeführt werden.

- Der Insolvenz-Antrag
Der Insolvenzantrag gegen den Mieter ist beim örtlichen Amtsgericht – Insolvenzgericht – zu stellen. Dazu muss ein Eröffnungsgrund bestehen wie z.B.:

• Zahlungsunfähigkeit
Der Schuldner ist nicht mehr in der Lage, die fälligen Zahlungsverpflichtungen zu erfüllen.
• Drohende Zahlungsunfähigkeit

Wenn der Schuldner nicht in der Lage sein wird, die bestehenden Zahlungspflichten im Zeitpunkt der Fälligkeit zu erfüllen. Der Anspruch braucht noch nicht fällig zu sein.

Es kann also in den Insolvenzantrag auch bereits die *zukünftige Miete* aufgenommen werden.

Das Insolvenzverfahren (früher Konkursverfahren) dient dazu, sämtliche Gläubiger eines Schuldners gemeinschaftlich zu befriedigen, indem das Vermögen des Schuldner verwertet wird. Diese Verwertung kann auf drei Wege erfolgen:

> Liquidation des Vermögens und Verteilung des Erlöses
> Sanierung des Unternehmens und Erwirtschaftung von Gewinnen, die an die Gläubiger verteilt werden (sofern der Mieter ein Unternehmer ist).
> Übertragende Sanierung, bei der das Unternehmen an Dritte übertragen und der Kaufpreis verteilt wird (ebenso nur bei Unternehmen).

Wird also der Antrag gestellt, kann natürlich der Mieter die offene Miete bezahlen und dann kann man den Antrag als „erledigt" zurück nehmen. Zahlt der Mieter nicht, kommt es somit zur Eröffnung des Insolvenzverfahrens und somit irgendwann zur Verwertung seines Vermögens, sofern er ein solches hat.
Nach dem Eröffnungsbeschluss über das

Insolvenzverfahren können die weiter auflaufenden Mieten nach den Vorschriften über das Insolvenzverfahren mit geeigneten Beweisen schriftlich beim Insolvenzverwalter angemeldet werden.

Lektion 10

Berufszulassung
nach
§ 34c GewO

Lektion 10
Berufszulassung nach § 34c GewO

Einleitung

Wie schon eingangs genannt, ändert sich der Status einer Mietverwaltung zur gewerblichen Tätigkeit als „Wohnimmobilienverwalter". Er umfasst die Verwaltung von Mietwohnungen und von Eigentumswohnungen und bedarf ab/seit August 2018 einer gewerblichen Zulassung nach § 34c der Gewerbeordnung. Diese Lektion behandelt die Einzelheiten.

1. Die Änderung der Gewerbeordnung

Die Tätigkeit als „Wohnimmobilienverwalter" (neue Bezeichnung für Verwalter von Miet- und Eigentumswohnungen) war bisher erlaubnisfrei, denn sie galt als eine private Vermögens-verwaltung. Mit Wirkung ab/seit 1. August 2018 ist das nun anders. Alle selbstständigen Verwalter von Mietwohnungen und Eigentumswohnungen werden ab diesem Datum zum „Gewerbetreibenden" und die Tätigkeit ist erlaubnispflichtig nach § 34c Gewerbeordnung. Verwalter, die schon bisher Wohnungen verwaltet haben, haben eine Übergangsfrist bis zum 1. März 2019.

Selbstständige Verwalter und die Geschäftsführer von Verwaltergesellschaften müssen deshalb bei der örtlichen Kommune einen Zulassungsantrag stellen

(siehe nachfolgend) und dabei zwei Dinge vorlegen nämlich einen Nachweis, dass
* eine Berufshaftpflichtversicherung besteht und
* dass eine Weiterbildung absolviert wurde.

* Berufshaftpflichtversicherung

Künftig muss jeder Wohnimmobilienverwalter der Behörde das Bestehen einer Berufshaftpflicht vorlegen. Die Details (Höhe und Bedingungen) stehen zum Zeitpunkt der Drucklegung (1/2018) noch nicht fest.

* Pflicht zur Weiterbildung

Wohnimmobilienverwalter (und auch Makler) müssen nun jeweils nachweisen, dass sie innerhalb von 3 Jahren mindestens 20 Stunden an Weiterbildungen teilgenommen haben. Die Vorschrift lautet:

d) Nach Absatz 2 wird folgender Absatz 2a eingefügt:
„(2a) Gewerbetreibende nach Absatz 1 Satz 1 Nummer 1 und 4 sind verpflichtet, sich in einem Umfang *von 20 Stunden innerhalb eines Zeitraums von drei Jahren* weiterzubilden; das gleiche gilt entsprechend für unmittelbar bei der erlaubnispflichtigen Tätigkeit mitwirkende beschäftigte Personen. Für den Gewerbetreibenden ist es ausreichend, wenn der Weiterbildungsnachweis durch eine im Hinblick auf eine ordnungsgemäße Wahrnehmung der

erlaubnispflichtigen Tätigkeit *angemessene Zahl* von beim Gewerbetreibenden *beschäftigten* natürlichen Personen erbracht wird, denen die *Aufsicht* über die direkt bei der Vermittlung nach Absatz 1 Satz 1 Nummer 1 oder der Verwaltung nach Absatz 1 Satz 1 Nummer 4 mitwirkenden Personen übertragen ist und die den Gewerbetreibenden vertreten dürfen."

Wie die „Delegierung" und die Befreiung sowie auch die Weiterbildung als solche vorgenommen werden sollen, steht noch nicht fest. Details sollen in einer Ergänzung der Makler- und Bauträgerverordnung aufgenom-men werden. Bitte achten Sie auf Mitteilungen in den Medien.

2. Die Gewerbeanmeldung

Die Verwaltererlaubnis ist bei der Kreisverwaltungsbehörde (Landratsamt oder kreisfreie Stadt) am Sitz des Betriebes zu beantragen. Diese Erlaubnis wird in der Regel erteilt, sofern keine Versagung nach Ziffer 1.2 vorliegt.

Die Zuständigkeit für die Erlaubniserteilung ist in den einzelnen Bundesländern unterschiedlich geregelt. Auskunft hierüber erteilt das örtliche Gewerbeamt bei der Kommune.

Der Antrag ist auf einem Antragsformular einzureichen, das bei der zuständigen Behörde erhältlich ist (siehe nachfolgende Ziffer 3.).

2. 1 Zulassungsvoraussetzungen

An Unterlagen sind vom Antragsteller einzureichen:

a) ein polizeiliches Führungszeugnis *)
b) ein Gewerbezentralregisterauszug *)
c) der Personalausweis
d) eine Unbedenklichkeitsbescheinigung des Finanzamts
sowie zukünftig:
e) Police der Berufshaftpflichtversicherung
f) Nachweis (Formular) der Weiterbildung

*) Die Beantragung dieser Unterlagen erfolgt gleichzeitig mit dem Antrag auf Gewerbeerlaubnis in der Behörde.

Für die Erlaubniserteilung fallen Gebühren an, die sich je nach Bundesland in der Größenordnung zwischen einigen hundert bis ca. 2000 € bewegen.

Grundsätzlich hat jede/-r Volljährige einen Rechtsanspruch auf die Erteilung der Erlaubnis. Voraussetzung ist jedoch die so genannte „Zuverlässigkeit" des Antragstellers. Ist diese nicht gegeben, wird die Erlaubnis versagt. Versagungsgründe siehe nachfolgend.

*) Zur Überprüfung der persönlichen Zuverlässig-

keit hat die Kommune bzw. Kreisverwaltungsbehörde von Amts wegen ein *Führungszeugnis* sowie eine Auskunft aus dem Gewerbezentralregister zu beschaffen.

2. 2 Erlaubnisversagung

Ein Versagungsgrund ist gemäß § 34c) Abs. 2 der Gewerbeordnung gegeben, wenn:

a) über das Vermögen des Antragstellers ein Vergleichs- oder **Insolvenzverfahren** eröffnet oder diese Eröffnung mangels Masse abgewiesen worden ist

b) der Antragsteller die in § 807 ZPO erwähnte **eidesstattliche Versicherung** abgegeben hat oder gegen ihn Haft zur Erzwingung der Abgabe dieser eidesstattlichen Versicherung angeordnet worden ist

c) der Antragsteller in den letzten 5 Jahren wegen Diebstahls, Unterschlagung, Erpressung, Betrug, Untreue, Urkundenfälschung, Hehlerei, Wucher oder einer Insolvenzstraftat rechtskräftig verurteilt worden ist.

Neu hinzu kommen künftig (noch nicht Gesetz), wenn keine Haftpflichtversicherung besteht oder keine Weiterbildung erfolgt ist.

Die Erlaubnis wird auf Lebenszeit erteilt, allerdings mit Widerrufsmöglichkeit, wenn nach der Erlaubnis die obigen Gründe der Versagung eintreten sollten.

3. Firma und Gesellschaftsformen

Die jetzt erforderliche Gewerbeanmeldung könnte der Anlass sein, zu überlegen, ob man, sofern noch nicht gegeben, die Verwaltung als Unternehmen, alleine oder gemeinsam mit Anderen betreiben möchte.

Als *Einzelperson* kommen als Rechtsformen in Betracht:

- Das Einzelunternehmen
- Die Ein-Mann-GmbH
- Die Unternehmergesellschaft (UG, haftungsbeschränkt)

Wenn Sie die Verwaltertätigkeit zusammen mit einer anderen Person oder überhaupt mehreren Personen betreiben möchten, kommen als Gesellschaftsform in Betracht:

- Gesellschaft des bürgerlichen Rechts (BGB-Gesellschaft)
- offene Handelsgesellschaft (OHG)
- Kommanditgesellschaft (KG)
- Gesellschaft mit beschränkter Haftung

(GmbH)
- Unternehmergesellschaft (UG, haftungsbeschränkt)

Wer eine dieser Gesellschaften gründen will oder schon hat, muss bereits zur Gewerbeanmeldung die notarielle Gründungsurkunde bzw. einen Auszug aus dem Handelsregister vorlegen.

4. Anmeldung beim Finanzamt

Gewerbetreibende, die ihr Gewerbe bei der zuständigen Gemeinde anzeigen, genügen damit auch gleichzeitig der steuerlichen Anzeigepflicht gemäß § 138 Abs. 1 der Abgabenordnung. Sollten Sie jedoch längere Zeit nach Ihrer Gewerbeanmeldung (etwa 3 Monate) keine Nachricht vom Finanzamt erhalten haben, dann sollten Sie, zur Vermeidung von evtl. späterem Ärger, dort unmittelbar den Beginn Ihrer gewerblichen Tätigkeit mitteilen.

Sobald das Finanzamt Kenntnis erstmals von dem Beginn der gewerblichen Tätigkeit erlangt, sendet es Ihnen Fragebögen zu, die beantwortet und zurück gesandt werden müssen. Hieraus ergeben sich in der Zukunft die jeweils zutreffenden steuerlichen Verpflichtungen wie Zahlung der Umsatzsteuer, Gewerbesteuer, Lohnsteuer (bei Mitarbeitern), Einkommensteuer usw.

* Die Steuernummer
Der Fragebogen ist innerhalb der vorgegebenen Frist ausgefüllt an das Finanzamt zurückzusenden. Ergibt sich aus dem Fragebogen, dass Sie das Gewerbe bereits begonnen haben oder Sie unmittelbar vor dem Beginn stehen, dann teilt Ihnen das Finanzamt eine *Steuernummer* mit, die Sie auf Ihren Briefbögen und formalen Schreiben wie z.B. auf der Rechnung angeben *müssen*. Unter dieser Steuernummer werden Sie zur Steuerzahlung „veranlagt" (Fachbegriff).

5. Angaben auf Geschäftsbriefen

Mit den Angaben auf Geschäftsbriefbögen werden viele Fehler gemacht, was zu kostenpflichtigen **Abmahnungen** oder Beanstandungen durch die IHK oder Abmahnvereine führen kann.
Generell muss auf *allen Geschäftsbriefen*, wie beschrieben, Ihre *Steuernummer* für die Mehrwertsteuer aufgeführt sein.

Es ist zu unterscheiden, ob Sie im Handelsregister eingetragen sind oder nicht.
Wenn Sie nicht im Handelsregister_eingetragen sind, muss auf allen Geschäftsbriefen Ihr Familienname mit (mindestens) einem ausgeschriebenen Vornamen angeben sein, wie oben ausgeführt.

Unter Geschäftsbriefen versteht man jede an einen bestimmten Empfänger gerichtete geschäftliche

Mitteilung, wie insbesondere Vertragsangebote, Vertragsannahmen, Auftragsbestätigungen, Lieferscheine, Rechnungen, Quittungen und Bestellscheine. Nicht dazu gehören allgemeine Werbeschriften, Postwurfsendungen oder Anzeigen.

Wer im Handelsregister eingetragen ist,
muss im Rechts- und Geschäftsverkehr bezüglich der Bezeichnung exakt mit der im Handelsregister eingetragenen Firma auftreten und die Handelsregister-Nr. angeben. Als Einzelfirma mit dem Zusatz e.K. oder e.Kfm. (eingetragener Kaufmann).

Für die Angaben auf Geschäftsbriefen einer **GmbH** gelten besondere Vorschriften, z.B. muss dort der/ die Geschäftsführer und die Handelsregister-Nummer angegeben sein.

Tipp:
Siehe dazu die IHK-Broschüre "*Ich gründe eine GmbH*".

Übrigens:
Die gleichen strengen Vorschriften gelten auch für Ihre Homepage im Internet! Hier ist ein „Impressum“ mit diesen genannten Angaben unbedingt erforderlich, wenn Sie kostenpflichtige Abmahnungen vermeiden möchten.

Ihre Notizen:

Lösungen

Lektion 1

1. Grundsatz: Die Lage ist entscheidend, weil es sie nur ein einziges Mal auf der Welt gibt. Sie ist unverrückbar, unkopierbar, kurz gesagt: Ein Unikat.

2. Grundsatz: Immobilien sind langlebig, das bedeutet, dass man selbst auch langfristig denken sollte.

3. Grundsatz: Immobilien sind beständig, wenn sie instand gehalten und gepflegt werden.

4. Grundsatz: Immobilien sind in Deutschland sicher, weil jedes Grundstück und damit jede Immobilie in einem amtlichen Register (Fachbegriff: Grundbuch) eingetragen ist.

5. Grundsatz: Immobilien haben einen hohen Preis und einen hohen Wert, weil das Bauen in Deutschland kostenintensiv (und nicht so einfach möglich) ist.

6. Grundsatz: Immobilien erfordern ein eigenes Management, denn sie sind kein »Selbstläufer«. Immobilien bedürfen einer Verwaltung.

Lektion 2

1. Was versteht man unter:

- Auflassung

Sie ist die juristische Einigung zwischen Verkäufer

und Käufer auf den Eigentumsübergang

- Auflassungsvormerkung

Sie wird als solche in das Grundbuch eingetragen und ist eine Sicherheit für den Käufer, dass er bei Erfüllung aller Kaufbedingungen auch wirklich Käufer wird, also die Auflassung vollzogen wird.

- Dienstbarkeiten

Es handelt sich um Rechte Dritter, die im Grundbuch in Abteilung II eingetragen sind (oder werden).

- Beschränkungen

Wird oder ist eine Beschränkung eingetragen, kann der Eigentümer nicht mehr über dieses Grundstück verfügen (nicht verkaufen, nichts vermieten).

- Hypothek

Eine Hypothek ist eine Kreditsicherung einer Bank für einen Kredit, den sie für dieses Grundstück vergeben hat.

- Grundschuld

Die Grundschuld ist eine allgemeine Kreditsicherung für einen Kredit einer Bank.

2. Nennen Sie die vier Kriterien einer Wirtschaftseinheit

Die vier Kriterien einer Wirtschaftseinheit sind:
1 Grundstück (oder mehrere zusammen gelegte = arrondierte)
1 Eigentümer (rechtlich)
1 Gebäude oder auch mehrere auf gleichem Grundstück
1 gemeinsame Finanzierung

3. Wann handelt es sich mietrechtlich um öffentlich geförderte Wohnungen?
Wenn beim Bau öffentliche Mittel (Darlehen und/oder Zuschüsse) verwendet wurden.

4. Nennen Sie die wichtigsten **mietrechtlichen Unterschiede** zwischen

- dem öffentlich geförderten und
- dem freifinanzierten Wohnungsbau

Die mietrechtlichen Unterschiede bestehen in unterschiedlichen Gesetzen in Bezug auf die Miete, Mietenberechnung und Mieterhöhung, Mieterkreis und Wohnungsvergabe u.a. Details.

5. Welche drei Formen der Miete gibt es?
Nettokaltmiete, Teilinklusivmiete, Bruttomiete

6. Muss ein Mietvertrag schriftlich abgeschlossen werden?
Er muss schriftlich abgeschlossen werden, wenn die Laufzeit länger als ein Jahr ist. Es empfiehlt sich, aus Beweisgründen immer einen Mietvertrag schriftlich abzuschließen.

7. Wie ist die Rechtslage, wenn kein schriftlicher Mietvertrag abgeschlossen wurde und der Mieter zahlt plötzlich keine Miete mehr?
Dann wird der Vermieter Schwierigkeiten haben, rechtlich zu beweisen, dass es eine Mietzahlungspflicht gibt.

8. Was versteht man unter „Nebenkosten"?
Nebenkosten ist ein allgemeiner Begriff für weitere Kosten zur Miete. Der Begriff sollte – unter Fachleuten – vermieden werden oder die Kosten sind im Detail genau aufzulisten, damit klar ist,

welche Kosten darunter verstanden werden.

9. Was ist der Unterschied zwischen Nebenkosten und Bewirtschaftungskosten?
Bewirtschaftkosten ist der Oberbegriff für ALLE Kosten eines Objekts und nicht nur von Nebenkosten.

10. Welche Kosten sind bei technischen Anlagen umlagefähig?
Bei technischen Anlagen sind nur umlagefähig: Wartungskosten, Strom, Bedienung, Pflege, Reinigung und Einstellung durch einen Fachmann.

11. Wo ist geregelt, welche Betriebskosten auf den Wohnraum-Mieter umgelegt werden dürfen?
Die rechtliche Vorschrift ist die Betriebskostenverordnung.

12. Was bedeutet "Vorauszahlung"?
Vorauszahlung ist eine Abschlagszahlung auf eine (jährliche) Abrechnung.

13. Was bedeutet "Pauschale"?
Eine Pauschale = pauschal, also eine Zahlung ohne Abrechnung.

14. Bei der Heizkostenabrechnung kann der Vermieter/Verwalter bei Neueinrichtung verschiedene Kosten-Aufteilungsschlüssel anwenden.

Fortsetzung: Bitte kreuzen Sie an: Welche sind richtig oder falsch?

Verbrauch:	Quadratmeter	richtig	falsch
50%	: 50%	O	
40%	: 60%		O
30%	: 70%		O
55%	: 45%	O	
60%	: 40%	O	
70%	: 30%	O	
80%	: 20%		O
90%	: 10%		O
1 100%	: 0%	O *)	O

*) jedoch nur möglich, wenn ein **geeichtes** Messgerät eingebaut ist. In Wohnungen meist nicht vorhanden und nicht üblich, jedoch in der Regel üblich bei Gewerbeobjekten.

Lektion 3

1. Wieviele Monate beträgt die gesetzliche Kündigungszeit? Nennen Sie bitte ein Beispiel.

Die gesetzliche Kündigungsfrist beträgt drei Monate bei vollen Monaten. Beispiel: Kündigung, eingehend am 3. März. Der März zählt dann nicht mehr sondern April, Mai, Juni. Die Kündigungsfrist läuft also bis zum 30. Juni.

2. Welchen Zweck hat die "Mietpreisbremse"?

Mit der „Mietpreisbremse“ (eingefügt in das BGB) sollen die Wohnungsmärkte reguliert und die Mietpreiserhöhungen auf 10% „gebremst“ werden.

3. Warum funktioniert die Mietpreisbremse nicht oder kaum?

Doch, sie funktioniert, aber nur allgemein und rechtstheoretisch. In der Praxis sind die Anforderungen an die Kommune, welche statt bei den Verwaltungsgesetzen im BGB stehen (welches nicht zum üblichen Rechtsspektrum eines Beamten gehört) kaum zu erledigen. Und somit ist das Gesetz wie ein Auto ohne Motor.

4. Angenommen, die ortsübliche Miete beträgt 10,00 €/m².

—

Wie hoch darf die höchstmöglichste Miete sein bei

a) Geltung der Mietpreisbremse (angenommen)? + 10%
b) Geltung der Landesverordnung + 15%
c) keiner Mietpreisregelung + 20%

5. Was versteht man unter dem Begriff „Zielgruppe"? Und nennen Sie bitte drei (bisher noch nicht genannte) Beispiele.

Eine Zielgruppe sind Menschen mit gleichen oder ähnlichen Einstellungen und Anschauungen. Beispiele: Sportart (Fußball, Handball, Eishockey usw.), Mode und Kleidung, Politik, Lebensstil

6. Was unterscheidet die Zielgruppe „Junge Familie" von der Zielgruppe „50 plus"? Nennen Sie bitte 3 - 5 wichtige Kriterien.

Die junge Familie bedeutet: Mann, Frau, 1-2 Kinder. Sie hat deshalb einen großen Bedarf an Lebensmitteln, Getränken, Kleidung usw. beim Wohnen braucht sie 3 bis 4 Zimmer, möglichst groß mit moderner Ausstattung, Einkaufsmöglichkeiten, Spielplatz, Kindergarten, Schulen in der Nähe

Die Zielgruppe 50+ braucht das Meiste nicht mehr oder nicht mehr in diesem Ausmaß, die Wohnungsaus-stattung kann - im Verhältnis zur jungen Familie - und wird eher traditionell sein entsprechend der früheren Zeit, Einkaufsmöglichkeiten in der Nähe ist gewünscht aber die Masse an Lebensmitteln und Kleidung nimmt wohl eher ab (hat man meistens noch von früher).

Lektion 4

1. Das Mietrecht kennt vier Möglichkeiten, die Mieterhöhung zu begründen. Um welche handelt es sich?

Mietspiegel, Mietdatenbank, Gutachten, vergleichbare Wohnungen

2. Das formale Mieterhöhungsverfahren setzt Fristen in Gang. Um welche handelt es sich?

Überlegungsfrist des Mieters: 2 Monate; Überlegungsfrist des Vermieters auf Klage 3 Monate

3. Bei einer Mieterhöhung sollte in 5 Schritten vorgegangen werden. Um welche Schritte handelt es sich?

Berechnung der Kappungsgrenze
Vergleich zur Ortsüblichen Miete
Begründung der Mieterhöhung
Die Erhöhung nach einer der drei Varianten
Das Erhöhungsverlangen

4. Kann man bei einer Teilinklusiv-Miete eine pauschale Mieterhöhung von 10%/15%/20% vornehmen oder MUSS man die Betriebskostenanteile heraus rechnen?

Ja, man kann. Die Herausrechnung der Betriebskostenanteile kann man vornehmen, weil die Betriebskosten keiner Kappung unterliegen und oft weit höher gestiegen sind.

5. Kann man die erhöhte Miete aus einer Staffelmiete auch rückwirkend zum Eintritt der Staffelung verlangen.

Ja, die Staffelmieterhöhung tritt automatisch zum vereinbarten Zeitpunkt in und wenn dies vergessen wurde, kann man die Erhöhung später rückwirkend verlangen.

6. Kann man die erhöhte Miete aus einer Indexmiete rückwirkend zum Zeitpunkt des Eintritts der Erhöhung verlangen.

Nein, bei der Indexmiete kann die Erhöhung nur im Voraus zum übernächsten Monat verlangt werden.

7. Wer ist beweispflichtig dafür, dass ein erheblicher Mangel vorliegt?

Die Beweislast trifft den Vermieter.

8. Kommt es für die Minderung darauf an, ob der Vermieter den Mangel verschuldet hat?

Nein, das Minderungsrecht ist ein subjektives Recht zugunsten des Mieters.

9. Wann entfällt die Pflicht zur Mängelanzeige?

Keine Pflicht des Mieters zur Mängelanzeige besteht, wenn der Vermieter den Mangel schon kennt (z.B. bei der Wohnungsübergabe, nach baulichen Maßnahmen usw.).

10. Berechtigen Mietminderungen den Vermieter im Regelfall zur Kündigung?

Nein, die Mietminderung ist kein Kündigungsgrund.

11. Nennen Sie einen Extremfall, in dem Mängel den Mieter zur fristlosen Kündigung berechtigen können.
Extremfälle sind, wenn dem Mieter das weitere Wohnen sehr erschwert oder unmöglich gemacht ist wie z.B. keine Heizung im Winter, Wasser läuft durch die Wohnung, fehlendes Fenster in der Wohnung usw.

12. Nach welchem Maßstab wird die Mietminderungsquote angesetzt?

Anteilig nach m^2 Wohnfläche für die Dauer der Störung.

13. Die Minderung kann auch nach dem Wohnwert erfolgen. Welche Tabelle ist hierbei üblich?

Die Hamburger Tabelle

Lektion 5

1. Mit welcher Kündigungsfrist kann ein Mieter kündigen?

Gesetzliche Frist: Drei Monate, also zum Monatsende des übernächsten Monats, sofern im Mietvertrag für ihn keine kürzere Frist vorgesehen ist. Es gilt für ihn die kürzeste Frist, also bei früheren 3, 6, 9 Monaten die 3-monatige Frist.

2. Wie bzw. in welcher Form muss der Mieter kündigen?

Der Mieter muss schriftlich kündigen, d.h. alle im Mietvertrag als Mieter genannten Personen müssen die Kündigung unterschreiben.

3. Sofern der Mieter die vorgeschriebene Form nicht einhält: Was kann oder sollte der Vermieter /Verwaltung tun?

Als Verwaltung kann man wie folgt reagieren:
- Rückgabe der Kündigung und auf die zweite Unterschrift bestehen,
- Annahme der Kündigung unter dem Vorbehalt der Nachholung der zweiten Unterschrift so bald als möglich,
- Annahme der Kündigung mit einer Kündigungsbestätigung an *alle* Mietvertragsparteien.

3. Welche außerordentliche fristlose Kündigungsrechte hat der Mieter?

Der Mieter kann fristlos kündigen
- nach einer regulären Mieterhöhung
- bei einer Mieterhöhung im Zusammenhang mit baulichen Änderungen bzw. Modernisierung
- bei einer Gefährdung seiner Gesundheit
- bei Tod des Mieters durch die Erben

4. Bei einer Kündigung durch den Vermieter: Welche Grundvoraussetzungen müssen vorab gegeben sein?

- Kündigen kann grundsätzlich nur der im Grundbuch eingetragene Eigentümer.
- Der Vermieter muss ein "berechtigtes Interesse" an der Beendigung des Mietverhältnisses haben.

5. Welche Voraussetzungen müssen bei einer Kündigung wegen Eigenbedarf gegeben sein?

- Stand der Eigenbedarf bereits vor der Vermietung fest, MUSS er im Mietvertrag angegeben sein.
- Ein Grund für einen Eigenbedarf bezieht sich nur auf die Familie des Vermieters.
- Der Grund für die Kündigung muss in der Kündigung genannt sein.

6. Welche Voraussetzungen müssen bei einer Kündigung wegen wirtschaftlicher Verwertung gegeben sein?

Es muss sich während des Mietverhältnisses für den Vermieter eine Situation für einen "erhöhten Finanzbedarf" ergeben, der mit der regulären Miete nicht gedeckt werden kann, so dass der Vermieter gezwungen ist, die Wohnung "wirtschaftlich zu verwerten", also in einem leeren Zustand zu verkaufen, um den erforderlichen höheren Kaufpreis zu erzielen als im vermieteten Zustand.

7. Unter welchen Voraussetzungen kann der Mieter der Kündigung widersprechen?

Der Widerspruch muss spätestens zwei Monate vor Beendigung des Mietverhältnisses erfolgen (und der

Vermieter soll den Mieter auf dieses Widerspruchsrecht hinweisen)

8. Welcher Widerspruchsgrund hat die größten Erfolgsvoraussetzungen?

Wenn sich der Mieter auf eine "Härte" für ihn und seine Familie beruft, bedingt durch hohes Alter, Gebrechlichkeit, Schwangerschaft usw.

9. Was versteht man unter dem Begriff „Schönheitsreparaturen"?

Kurz gesagt: Es geht weniger um Reparaturen, als um die malermäßige Ausführung von "Schönheit", also von Streichen und/oder Tapezieren nach einem regelmäßigem Turnus.

10. Was versteht man unter „fachgerechte Ausführung?“

Fachgerecht ist gleichbedeutend wie fachmännisch, also wie sie ein Fachmann bzw. eine Fachfrau ausführen würde.

11. Wie sind die allgemein anerkannten Fristen bei Schönheitsreparaturen?

Die üblichen, allgemein anerkannten Fristen sind:
- in Küchen, Bädern und Duschen die Renovierung alle 3 Jahre,
- in Wohn- und Schlafräumen, Fluren und Toiletten alle 5 Jahre,
- in anderen Nebenräumen alle 7 Jahre.

12. Was bedeutet „besenrein?“

Besenrein ist traditionell das Reinemachen mit dem Besen, also die Wohnung kehren und wischen.

13. Nennen Sie drei Ausnahmen, bei denen der Mieter Baulichkeiten und Einrichtungen nicht entfernen muss.

14. Was kann der Vermieter von dem Mieter wegen nicht bzw. nicht rechtzeitiger Rückgabe der Mieträume verlangen?

Diese löst einen Schadenersatzanspruch aus.

15. Welche sonstigen Ansprüche wegen verspäteter Räumung und Herausgabe kommen in Betracht?

Verspätete Räumung löst aus, dass "die Miete weiter läuft", also vom Mieter weiter zu bezahlen ist. Nun aber ändert sich die Bezeichnung "Miete" in "Nutzungsentgelt", denn die Mietzeit ist ja bereits abgelaufen.

16. Was ist unter einer "Einrichtung" zu verstehen?

Es handelt sich um bewegliche Sachen wie z.B. Möbel, Teppichboden auch Einbauschränke usw.

17. Wie kann der Vermieter die Ausübung des Wegnahmerechts abwenden?

Durch Zahlung einer angemessenen Entschädigung.

18. Wonach bestimmt sich die Bemessung der angemessenen Frist nach der der Anspruch des

Mieters auf Rückzahlung der Kaution fällig wird?

Unverzüglich (= ohne schuldhafte Verzögerung) nach den Umständen des Einzelfalles.

19. Worauf richtet sich der Anspruch des Mieters auf Ersatz der notwendigen Aufwendungen?

Ob der Vermieter durch den Verbleib "bereichert" wird.

20. In welchen Fällen ist ein Verwendungsersatzanspruch nicht gegeben?

Wenn die Sache zu persönlich ist, z.B. Geschmacksache ist.

Lektion 6

1. Woraus ergibt sich die Hauptpflicht des Vermieters zur Instandhaltung?

Die Hauptpflicht ergibt sich aus dem BGB, nämlich dem Mieter den Gebrauch der vermieteten Sache während der Mietzeit zu gewähren.

2. a) Unter welchen Voraussetzungen muss der Mieter Instandhaltungsmaßnahmen nicht dulden?

Der Mieter muss Maßnahmen nicht dulden, wenn sie für ihn oder seine Familie eine Härte bedeuten würden.

2.b) Nennen Sie hierzu ein Beispiel.

Starke Staubentwicklung bei lungenkranken Menschen

3. Welche Rechte hat der Mieter, wenn ihm eine Ankündigung über anstehende größere Maßnahmen (Instandhaltung, Modernisierung) zugeht?

Er kann kündigen, in schweren Fällen fristlos.

4. Welche Pflichten hat der Mieter in Bezug auf die Instandhaltung?

Der Mieter hat eine Anzeigepflicht, wenn ihm Schäden bekannt werden.

5. Was versteht man unter einem Walmdach?

Das Dach ist relativ flach und die Giebelseite des Daches ist eingedeckt.

6. Es gibt zwei grundsätzliche Bauarten eines Flachdaches. Bitte erklären Sie diese.

Es gibt das nicht durchlüfte Dach (Warmdach), das direkt auf der letzten Geschossdecke des Hauses aufliegt und das durchlüftete Dach, bei der die Dachabdichtung auf einer eigenen Konstruktion aufgebracht ist.

7. Woran kann es liegen, wenn aufgrund schlechter Zirkulation einzelne Wohnungen nicht ausreichend warm beheizt werden (können)?

Gründe können sein:

- Das Thermostat funktioniert nicht
- Eine geknickte oder falsch angeschlossene

Leitung

- Das Strömungssystem ist nicht richtig eingestellt
- Es sind zu kleine Heizkörper eingebaut

8. Gebäude durchlaufen mit der Zeit unterschiedliche Instandhaltungsphasen. Bitte erläutern Sie diese.

Nach etwa 5 Jahren ab Erstbezug beginnen die ersten Reparaturen.
Ab etwa 10. Jahr bis zum 15. Jahr fallen bereits höhere Instandhaltungskosten an.
Vom 15. - 25. Jahr steigen sie sehr stark an.

Ist die verschlissene Haustechnik erneuert, fallen die Instandhaltungskosten.
Nach etwa 20 Jahren ist die erneuerte Haustechnik verbraucht und muss wieder erneuert werden. Außerdem sind ggf. bauliche Veränderungen wieder erneuert werden. Außerdem sind ggf. bauliche Veränderungen an.

Nach weiteren 20 - 30 Jahren ist das Gebäude schon stark beansprucht. Wenn es nicht abgerissen werden soll, kommt es jetzt in die Denkmalsphase.

Nach weiteren x -Jahren ist der Abriss unvermeidlich.

9. Nach der Ausführung von (größeren) Reparaturen sollte eine Abnahme erfolgen. Was ist dabei festzustellen bzw. festzuhalten?

Es ist festzustellen, ob die Arbeiten mangelfrei und nach den anerkannten Regeln der Technik ausgeführt wurden, die ausgeschriebenen Stoffe und Materialien verarbeitet wurden,

die reparierten Teile wieder voll funktionsfähig sind,

die Nebenarbeiten erledigt sind (Schutträumung, Beiputz, Reinigung u. a.),

durch die Reparaturarbeiten evtl. andere Schäden an anderen Bauteilen entstanden sind.

Ab Lektion 7 keine Prüfungsfragen, sondern Übungen

Stichwörter

Anlage: Mietrecht im BGB

Titel
Mietvertrag, Pachtvertrag

Untertitel
Allgemeine Vorschriften für Mietverhältnisse

§ 535 Inhalt und Hauptpflichten des Mietvertrags

(1) Durch den Mietvertrag wird der Vermieter verpflichtet, dem Mieter den Gebrauch der Mietsache während der Mietzeit zu gewähren. Der Vermieter hat die Mietsache dem Mieter in einem zum vertragsgemäßen Gebrauch geeigneten Zustand zu überlassen und sie während der Mietzeit in diesem Zustand zu erhalten. Er hat die auf der Mietsache ruhenden Lasten zu tragen.

(2) Der Mieter ist verpflichtet, dem Vermieter die vereinbarte Miete zu entrichten.

§ 536 Mietminderung bei Sach- und Rechtsmängeln

(1) Hat die Mietsache zur Zeit der Überlassung an den Mieter einen Mangel, der ihre Tauglichkeit zum vertragsgemäßen Gebrauch aufhebt, oder entsteht während der Mietzeit ein solcher Mangel, so ist der Mieter für die Zeit, in der die Tauglichkeit aufgehoben ist, von der Entrichtung der Miete befreit. Für die Zeit, während der die Tauglichkeit gemindert ist, hat er nur eine angemessen herabgesetzte Miete zu entrichten. Eine unerhebliche Minderung der Tauglichkeit bleibt außer Betracht.

(1a) Für die Dauer von drei Monaten bleibt eine Minderung der Tauglichkeit außer Betracht, soweit diese auf Grund einer Maßnahme eintritt, die einer energetischen Modernisierung nach § 555b Nummer 1 dient.

(2) Absatz 1 Satz 1 und 2 gilt auch, wenn eine zugesicherte Eigenschaft fehlt oder später wegfällt.

(3) Wird dem Mieter der vertragsgemäße Gebrauch der Mietsache durch das Recht eines Dritten ganz oder zum Teil entzogen, so gelten die Absätze 1 und 2 entsprechend.

(4) Bei einem Mietverhältnis über Wohnraum ist eine zum Nachteil des Mieters abweichende Vereinbarung unwirksam.

§ 536a Schadens- und Aufwendungsersatzanspruch des Mieters wegen eines Mangels

(1) Ist ein Mangel im Sinne des § 536 bei Vertragsschluss vorhanden oder entsteht ein solcher Mangel später wegen eines Umstands, den der Vermieter zu vertreten hat, oder kommt der Vermieter mit der Beseitigung eines Mangels in Verzug, so kann der Mieter unbeschadet der Rechte aus § 536 Schadensersatz verlangen.

(2) Der Mieter kann den Mangel selbst beseitigen und Ersatz der erforderlichen Aufwendungen verlangen, wenn

1.
der Vermieter mit der Beseitigung des Mangels in Verzug ist oder

2.
die umgehende Beseitigung des Mangels zur Erhaltung oder Wiederherstellung des Bestands der Mietsache notwendig ist.

§ 536b Kenntnis des Mieters vom Mangel bei Vertragsschluss oder Annahme

Kennt der Mieter bei Vertragsschluss den Mangel der Mietsache, so stehen ihm die Rechte aus den §§ 536 und 536a nicht zu. Ist ihm der Mangel infolge grober Fahrlässigkeit unbekannt geblieben, so stehen ihm diese Rechte nur zu, wenn der Vermieter den Mangel arglistig verschwiegen hat. Nimmt der Mieter eine mangelhafte Sache an, obwohl er den Mangel kennt, so kann er die Rechte aus den §§ 536 und 536a nur geltend machen, wenn er sich seine Rechte bei der Annahme vorbehält.

§ 536c Während der Mietzeit auftretende Mängel; Mängelanzeige durch den Mieter

(1) Zeigt sich im Laufe der Mietzeit ein Mangel der Mietsache oder wird eine Maßnahme zum Schutz der Mietsache gegen eine nicht vorhergesehene Gefahr erforderlich, so hat der Mieter dies dem Vermieter

unverzüglich anzuzeigen. Das Gleiche gilt, wenn ein Dritter sich ein Recht an der Sache anmaßt.
(2) Unterlässt der Mieter die Anzeige, so ist er dem Vermieter zum Ersatz des daraus entstehenden Schadens verpflichtet. Soweit der Vermieter infolge der Unterlassung der Anzeige nicht Abhilfe schaffen konnte, ist der Mieter nicht berechtigt,
1.
die in § 536 bestimmten Rechte geltend zu machen,
2.
nach § 536a Abs. 1 Schadensersatz zu verlangen oder
3.
ohne Bestimmung einer angemessenen Frist zur Abhilfe nach § 543 Abs. 3 Satz 1 zu kündigen.

§ 536d Vertraglicher Ausschluss von Rechten des Mieters wegen eines Mangels
Auf eine Vereinbarung, durch die die Rechte des Mieters wegen eines Mangels der Mietsache ausgeschlossen oder beschränkt werden, kann sich der Vermieter nicht berufen, wenn er den Mangel arglistig verschwiegen hat.

§ 537 Entrichtung der Miete bei persönlicher Verhinderung des Mieters
(1) Der Mieter wird von der Entrichtung der Miete nicht dadurch befreit, dass er durch einen in seiner Person liegenden Grund an der Ausübung seines Gebrauchsrechts gehindert wird. Der Vermieter muss sich jedoch den Wert der ersparten Aufwendungen sowie derjenigen Vorteile anrechnen lassen, die er aus einer anderweitigen Verwertung des Gebrauchs erlangt.
(2) Solange der Vermieter infolge der Überlassung des Gebrauchs an einen Dritten außerstande ist, dem Mieter den Gebrauch zu gewähren, ist der Mieter zur Entrichtung der Miete nicht verpflichtet.

§ 538 Abnutzung der Mietsache durch vertragsgemäßen Gebrauch
Veränderungen oder Verschlechterungen der Mietsache, die durch den vertragsgemäßen Gebrauch herbeigeführt

werden, hat der Mieter nicht zu vertreten.

§ 539 Ersatz sonstiger Aufwendungen und Wegnahmerecht des Mieters

(1) Der Mieter kann vom Vermieter Aufwendungen auf die Mietsache, die der Vermieter ihm nicht nach § 536a Abs. 2 zu ersetzen hat, nach den Vorschriften über die Geschäftsführung ohne Auftrag ersetzt verlangen.

(2) Der Mieter ist berechtigt, eine Einrichtung wegzunehmen, mit der er die Mietsache versehen hat.

§ 540 Gebrauchsüberlassung an Dritte

(1) Der Mieter ist ohne die Erlaubnis des Vermieters nicht berechtigt, den Gebrauch der Mietsache einem Dritten zu überlassen, insbesondere sie weiter zu vermieten. Verweigert der Vermieter die Erlaubnis, so kann der Mieter das Mietverhältnis außerordentlich mit der gesetzlichen Frist kündigen, sofern nicht in der Person des Dritten ein wichtiger Grund vorliegt.

(2) Überlässt der Mieter den Gebrauch einem Dritten, so hat er ein dem Dritten bei dem Gebrauch zur Last fallendes Verschulden zu vertreten, auch wenn der Vermieter die Erlaubnis zur Überlassung erteilt hat.

§ 541 Unterlassungsklage bei vertragswidrigem Gebrauch

Setzt der Mieter einen vertragswidrigen Gebrauch der Mietsache trotz einer Abmahnung des Vermieters fort, so kann dieser auf Unterlassung klagen.

§ 542 Ende des Mietverhältnisses

(1) Ist die Mietzeit nicht bestimmt, so kann jede Vertragspartei das Mietverhältnis nach den gesetzlichen Vorschriften kündigen.

(2) Ein Mietverhältnis, das auf bestimmte Zeit eingegangen ist, endet mit dem Ablauf dieser Zeit, sofern es nicht

1.

in den gesetzlich zugelassenen Fällen außerordentlich gekündigt oder

2.
verlängert wird.

§ 543 Außerordentliche fristlose Kündigung aus wichtigem Grund

(1) Jede Vertragspartei kann das Mietverhältnis aus wichtigem Grund außerordentlich fristlos kündigen. Ein wichtiger Grund liegt vor, wenn dem Kündigenden unter Berücksichtigung aller Umstände des Einzelfalls, insbesondere eines Verschuldens der Vertragsparteien, und unter Abwägung der beiderseitigen Interessen die Fortsetzung des Mietverhältnisses bis zum Ablauf der Kündigungsfrist oder bis zur sonstigen Beendigung des Mietverhältnisses nicht zugemutet werden kann.

(2) Ein wichtiger Grund liegt insbesondere vor, wenn

1.
dem Mieter der vertragsgemäße Gebrauch der Mietsache ganz oder zum Teil nicht rechtzeitig gewährt oder wieder entzogen wird,

2.
der Mieter die Rechte des Vermieters dadurch in erheblichem Maße verletzt, dass er die Mietsache durch Vernachlässigung der ihm obliegenden Sorgfalt erheblich gefährdet oder sie unbefugt einem Dritten überlässt oder

3.
der Mieter

a)
für zwei aufeinander folgende Termine mit der Entrichtung der Miete oder eines nicht unerheblichen Teils der Miete in Verzug ist oder

b)
in einem Zeitraum, der sich über mehr als zwei Termine erstreckt, mit der Entrichtung der Miete in Höhe eines Betrages in Verzug ist, der die Miete für zwei Monate erreicht.

Im Falle des Satzes 1 Nr. 3 ist die Kündigung ausgeschlossen, wenn der Vermieter vorher befriedigt wird. Sie wird unwirksam, wenn sich der Mieter von seiner Schuld durch Aufrechnung befreien konnte und unverzüglich nach der Kündigung die Aufrechnung

erklärt.
(3) Besteht der wichtige Grund in der Verletzung einer Pflicht aus dem Mietvertrag, so ist die Kündigung erst nach erfolglosem Ablauf einer zur Abhilfe bestimmten angemessenen Frist oder nach erfolgloser Abmahnung zulässig. Dies gilt nicht, wenn

1.
eine Frist oder Abmahnung offensichtlich keinen Erfolg verspricht,
2.
die sofortige Kündigung aus besonderen Gründen unter Abwägung der beiderseitigen Interessen gerechtfertigt ist oder
3.
der Mieter mit der Entrichtung der Miete im Sinne des Absatzes 2 Nr. 3 in Verzug ist.
(4) Auf das dem Mieter nach Absatz 2 Nr. 1 zustehende Kündigungsrecht sind die §§ 536b und 536d entsprechend anzuwenden. Ist streitig, ob der Vermieter den Gebrauch der Mietsache rechtzeitig gewährt oder die Abhilfe vor Ablauf der hierzu bestimmten Frist bewirkt hat, so trifft ihn die Beweislast.

§ 544 Vertrag über mehr als 30 Jahre
Wird ein Mietvertrag für eine längere Zeit als 30 Jahre geschlossen, so kann jede Vertragspartei nach Ablauf von 30 Jahren nach Überlassung der Mietsache das Mietverhältnis außerordentlich mit der gesetzlichen Frist kündigen. Die Kündigung ist unzulässig, wenn der Vertrag für die Lebenszeit des Vermieters oder des Mieters geschlossen worden ist.

§ 545 Stillschweigende Verlängerung des Mietverhältnisses
Setzt der Mieter nach Ablauf der Mietzeit den Gebrauch der Mietsache fort, so verlängert sich das Mietverhältnis auf unbestimmte Zeit, sofern nicht eine Vertragspartei ihren entgegenstehenden Willen innerhalb von zwei Wochen dem anderen Teil erklärt. Die Frist beginnt

1.
für den Mieter mit der Fortsetzung des Gebrauchs,
2.
für den Vermieter mit dem Zeitpunkt, in dem er von der Fortsetzung Kenntnis erhält.

§ 546 Rückgabepflicht des Mieters

(1) Der Mieter ist verpflichtet, die Mietsache nach Beendigung des Mietverhältnisses zurückzugeben.

(2) Hat der Mieter den Gebrauch der Mietsache einem Dritten überlassen, so kann der Vermieter die Sache nach Beendigung des Mietverhältnisses auch von dem Dritten zurückfordern.

§ 546a Entschädigung des Vermieters bei verspäteter Rückgabe

(1) Gibt der Mieter die Mietsache nach Beendigung des Mietverhältnisses nicht zurück, so kann der Vermieter für die Dauer der Vorenthaltung als Entschädigung die vereinbarte Miete oder die Miete verlangen, die für vergleichbare Sachen ortsüblich ist.

(2) Die Geltendmachung eines weiteren Schadens ist nicht ausgeschlossen.

§ 547 Erstattung von im Voraus entrichteter Miete

(1) Ist die Miete für die Zeit nach Beendigung des Mietverhältnisses im Voraus entrichtet worden, so hat der Vermieter sie zurückzuerstatten und ab Empfang zu verzinsen. Hat der Vermieter die Beendigung des Mietverhältnisses nicht zu vertreten, so hat er das Erlangte nach den Vorschriften über die Herausgabe einer ungerechtfertigten Bereicherung zurückzuerstatten.

(2) Bei einem Mietverhältnis über Wohnraum ist eine zum Nachteil des Mieters abweichende Vereinbarung unwirksam.

§ 548 Verjährung der Ersatzansprüche und des Wegnahmerechts

(1) Die Ersatzansprüche des Vermieters wegen

Veränderungen oder Verschlechterungen der Mietsache verjähren in sechs Monaten. Die Verjährung beginnt mit dem Zeitpunkt, in dem er die Mietsache zurückerhält. Mit der Verjährung des Anspruchs des Vermieters auf Rückgabe der Mietsache verjähren auch seine Ersatzansprüche.
(2) Ansprüche des Mieters auf Ersatz von Aufwendungen oder auf Gestattung der Wegnahme einer Einrichtung verjähren in sechs Monaten nach der Beendigung des Mietverhältnisses.
(3) (aufgehoben)

Untertitel
Mietverhältnisse über Wohnraum

Kapitel
Allgemeine Vorschriften

§ 549 Auf Wohnraummietverhältnisse anwendbare Vorschriften
(1) Für Mietverhältnisse über Wohnraum gelten die §§ 535 bis 548, soweit sich nicht aus den §§ 549 bis 577a etwas anderes ergibt.
(2) Die Vorschriften über die Miethöhe bei Mietbeginn in Gebieten mit angespannten Wohnungsmärkten (§§ 556d bis 556g), über die Mieterhöhung (§§ 557 bis 561) und über den Mieterschutz bei Beendigung des Mietverhältnisses sowie bei der Begründung von Wohnungseigentum (§ 568 Abs. 2, §§ 573, 573a, 573d Abs. 1, §§ 574 bis 575, 575a Abs. 1 und §§ 577, 577a) gelten nicht für Mietverhältnisse über
1.
Wohnraum, der nur zum vorübergehenden Gebrauch vermietet ist,
2.
Wohnraum, der Teil der vom Vermieter selbst bewohnten Wohnung ist und den der Vermieter überwiegend mit Einrichtungsgegenständen auszustatten hat, sofern der Wohnraum dem Mieter nicht zum dauernden Gebrauch mit seiner Familie oder mit Personen überlassen ist, mit denen er einen auf Dauer angelegten gemeinsamen

Haushalt führt,
3.
Wohnraum, den eine juristische Person des öffentlichen Rechts oder ein anerkannter privater Träger der Wohlfahrtspflege angemietet hat, um ihn Personen mit dringendem Wohnungsbedarf zu überlassen, wenn sie den Mieter bei Vertragsschluss auf die Zweckbestimmung des Wohnraums und die Ausnahme von den genannten Vorschriften hingewiesen hat.
(3) Für Wohnraum in einem Studenten- oder Jugendwohnheim gelten die §§ 556d bis 561 sowie die §§ 573, 573a, 573d Abs. 1 und §§ 575, 575a Abs. 1, §§ 577, 577a nicht.

§ 550 Form des Mietvertrags
Wird der Mietvertrag für längere Zeit als ein Jahr nicht in schriftlicher Form geschlossen, so gilt er für unbestimmte Zeit. Die Kündigung ist jedoch frühestens zum Ablauf eines Jahres nach Überlassung des Wohnraums zulässig.

§ 551Begrenzung und Anlage von Mietsicherheiten
(1) Hat der Mieter dem Vermieter für die Erfüllung seiner Pflichten Sicherheit zu leisten, so darf diese vorbehaltlich des Absatzes 3 Satz 4 höchstens das Dreifache der auf einen Monat entfallenden Miete ohne die als Pauschale oder als Vorauszahlung ausgewiesenen Betriebskosten betragen.
(2) Ist als Sicherheit eine Geldsumme bereitzustellen, so ist der Mieter zu drei gleichen monatlichen Teilzahlungen berechtigt. Die erste Teilzahlung ist zu Beginn des Mietverhältnisses fällig. Die weiteren Teilzahlungen werden zusammen mit den unmittelbar folgenden Mietzahlungen fällig.
(3) Der Vermieter hat eine ihm als Sicherheit überlassene Geldsumme bei einem Kreditinstitut zu dem für Spareinlagen mit dreimonatiger Kündigungsfrist üblichen Zinssatz anzulegen. Die Vertragsparteien können eine andere Anlageform vereinbaren. In beiden Fällen muss die Anlage vom Vermögen des Vermieters getrennt erfolgen und stehen die Erträge dem Mieter zu. Sie

erhöhen die Sicherheit. Bei Wohnraum in einem Studenten- oder Jugendwohnheim besteht für den Vermieter keine Pflicht, die Sicherheitsleistung zu verzinsen.
(4) Eine zum Nachteil des Mieters abweichende Vereinbarung ist unwirksam.

§ 552 Abwendung des Wegnahmerechts des Mieters
(1) Der Vermieter kann die Ausübung des Wegnahmerechts (§ 539 Abs. 2) durch Zahlung einer angemessenen Entschädigung abwenden, wenn nicht der Mieter ein berechtigtes Interesse an der Wegnahme hat.
(2) Eine Vereinbarung, durch die das Wegnahmerecht ausgeschlossen wird, ist nur wirksam, wenn ein angemessener Ausgleich vorgesehen ist.

§ 553 Gestattung der Gebrauchsüberlassung an Dritte
(1) Entsteht für den Mieter nach Abschluss des Mietvertrags ein berechtigtes Interesse, einen Teil des Wohnraums einem Dritten zum Gebrauch zu überlassen, so kann er von dem Vermieter die Erlaubnis hierzu verlangen. Dies gilt nicht, wenn in der Person des Dritten ein wichtiger Grund vorliegt, der Wohnraum übermäßig belegt würde oder dem Vermieter die Überlassung aus sonstigen Gründen nicht zugemutet werden kann.
(2) Ist dem Vermieter die Überlassung nur bei einer angemessenen Erhöhung der Miete zuzumuten, so kann er die Erlaubnis davon abhängig machen, dass der Mieter sich mit einer solchen Erhöhung einverstanden erklärt.
(3) Eine zum Nachteil des Mieters abweichende Vereinbarung ist unwirksam.

§ 554 (weggefallen)

§ 554a Barrierefreiheit
(1) Der Mieter kann vom Vermieter die Zustimmung zu baulichen Veränderungen oder sonstigen Einrichtungen verlangen, die für eine behindertengerechte Nutzung der Mietsache oder den Zugang zu ihr erforderlich sind, wenn er ein berechtigtes Interesse daran hat. Der Vermieter

kann seine Zustimmung verweigern, wenn sein Interesse an der unveränderten Erhaltung der Mietsache oder des Gebäudes das Interesse des Mieters an einer behindertengerechten Nutzung der Mietsache überwiegt. Dabei sind auch die berechtigten Interessen anderer Mieter in dem Gebäude zu berücksichtigen.
(2) Der Vermieter kann seine Zustimmung von der Leistung einer angemessenen zusätzlichen Sicherheit für die Wiederherstellung des ursprünglichen Zustandes abhängig machen. § 551 Abs. 3 und 4 gilt entsprechend.
(3) Eine zum Nachteil des Mieters von Absatz 1 abweichende Vereinbarung ist unwirksam.

§ 555 Unwirksamkeit einer Vertragsstrafe

Eine Vereinbarung, durch die sich der Vermieter eine Vertragsstrafe vom Mieter versprechen lässt, ist unwirksam.

Kapitel
Erhaltungs- und Modernisierungsmaßnahmen

§ 555a Erhaltungsmaßnahmen

(1) Der Mieter hat Maßnahmen zu dulden, die zur Instandhaltung oder Instandsetzung der Mietsache erforderlich sind (Erhaltungsmaßnahmen).
(2) Erhaltungsmaßnahmen sind dem Mieter rechtzeitig anzukündigen, es sei denn, sie sind nur mit einer unerheblichen Einwirkung auf die Mietsache verbunden oder ihre sofortige Durchführung ist zwingend erforderlich.
(3) Aufwendungen, die der Mieter infolge einer Erhaltungsmaßnahme machen muss, hat der Vermieter in angemessenem Umfang zu ersetzen. Auf Verlangen hat er Vorschuss zu leisten.
(4) Eine zum Nachteil des Mieters von Absatz 2 oder 3 abweichende Vereinbarung ist unwirksam.

§ 555b Modernisierungsmaßnahmen

Modernisierungsmaßnahmen sind bauliche Veränderungen,
1.

durch die in Bezug auf die Mietsache Endenergie nachhaltig eingespart wird (energetische Modernisierung),

2.

durch die nicht erneuerbare Primärenergie nachhaltig eingespart oder das Klima nachhaltig geschützt wird, sofern nicht bereits eine energetische Modernisierung nach Nummer 1 vorliegt,

3.

durch die der Wasserverbrauch nachhaltig reduziert wird,

4.

durch die der Gebrauchswert der Mietsache nachhaltig erhöht wird,

5.

durch die die allgemeinen Wohnverhältnisse auf Dauer verbessert werden,

6.

die auf Grund von Umständen durchgeführt werden, die der Vermieter nicht zu vertreten hat, und die keine Erhaltungsmaßnahmen nach § 555a sind, oder

7.

durch die neuer Wohnraum geschaffen wird.

§ 555c Ankündigung von Modernisierungsmaßnahmen

(1) Der Vermieter hat dem Mieter eine Modernisierungsmaßnahme spätestens drei Monate vor ihrem Beginn in Textform anzukündigen (Modernisierungsankündigung). Die Modernisierungsankündigung muss Angaben enthalten über:

1.

die Art und den voraussichtlichen Umfang der Modernisierungsmaßnahme in wesentlichen Zügen,

2.

den voraussichtlichen Beginn und die voraussichtliche Dauer der Modernisierungsmaßnahme,

3.

den Betrag der zu erwartenden Mieterhöhung, sofern eine Erhöhung nach § 559 verlangt werden soll, sowie die voraussichtlichen künftigen Betriebskosten.

(2) Der Vermieter soll den Mieter in der Modernisierungsankündigung auf die Form und die Frist des Härteeinwands nach § 555d Absatz 3 Satz 1 hinweisen.
(3) In der Modernisierungsankündigung für eine Modernisierungsmaßnahme nach § 555b Nummer 1 und 2 kann der Vermieter insbesondere hinsichtlich der energetischen Qualität von Bauteilen auf allgemein anerkannte Pauschalwerte Bezug nehmen.
(4) Die Absätze 1 bis 3 gelten nicht für Modernisierungsmaßnahmen, die nur mit einer unerheblichen Einwirkung auf die Mietsache verbunden sind und nur zu einer unerheblichen Mieterhöhung führen.
(5) Eine zum Nachteil des Mieters abweichende Vereinbarung ist unwirksam.

§ 555d Duldung von Modernisierungsmaßnahmen, Ausschlussfrist

(1) Der Mieter hat eine Modernisierungsmaßnahme zu dulden.
(2) Eine Duldungspflicht nach Absatz 1 besteht nicht, wenn die Modernisierungsmaßnahme für den Mieter, seine Familie oder einen Angehörigen seines Haushalts eine Härte bedeuten würde, die auch unter Würdigung der berechtigten Interessen sowohl des Vermieters als auch anderer Mieter in dem Gebäude sowie von Belangen der Energieeinsparung und des Klimaschutzes nicht zu rechtfertigen ist. Die zu erwartende Mieterhöhung sowie die voraussichtlichen künftigen Betriebskosten bleiben bei der Abwägung im Rahmen der Duldungspflicht außer Betracht; sie sind nur nach § 559 Absatz 4 und 5 bei einer Mieterhöhung zu berücksichtigen.
(3) Der Mieter hat dem Vermieter Umstände, die eine Härte im Hinblick auf die Duldung oder die Mieterhöhung begründen, bis zum Ablauf des Monats, der auf den Zugang der Modernisierungsankündigung folgt, in Textform mitzuteilen. Der Lauf der Frist beginnt nur, wenn die Modernisierungsankündigung den

Vorschriften des § 555c entspricht.
(4) Nach Ablauf der Frist sind Umstände, die eine Härte im Hinblick auf die Duldung oder die Mieterhöhung begründen, noch zu berücksichtigen, wenn der Mieter ohne Verschulden an der Einhaltung der Frist gehindert war und er dem Vermieter die Umstände sowie die Gründe der Verzögerung unverzüglich in Textform mitteilt. Umstände, die eine Härte im Hinblick auf die Mieterhöhung begründen, sind nur zu berücksichtigen, wenn sie spätestens bis zum Beginn der Modernisierungsmaßnahme mitgeteilt werden.
(5) Hat der Vermieter in der Modernisierungsankündigung nicht auf die Form und die Frist des Härteeinwands hingewiesen (§ 555c Absatz 2), so bedarf die Mitteilung des Mieters nach Absatz 3 Satz 1 nicht der dort bestimmten Form und Frist. Absatz 4 Satz 2 gilt entsprechend.
(6) § 555a Absatz 3 gilt entsprechend.
(7) Eine zum Nachteil des Mieters abweichende Vereinbarung ist unwirksam.

§ 555e Sonderkündigungsrecht des Mieters bei Modernisierungsmaßnahmen

(1) Nach Zugang der Modernisierungsankündigung kann der Mieter das Mietverhältnis außerordentlich zum Ablauf des übernächsten Monats kündigen. Die Kündigung muss bis zum Ablauf des Monats erfolgen, der auf den Zugang der Modernisierungsankündigung folgt.
(2) § 555c Absatz 4 gilt entsprechend.
(3) Eine zum Nachteil des Mieters abweichende Vereinbarung ist unwirksam.

§ 555f Vereinbarungen über Erhaltungs- oder Modernisierungsmaßnahmen

Die Vertragsparteien können nach Abschluss des Mietvertrags aus Anlass von Erhaltungs- oder Modernisierungsmaßnahmen Vereinbarungen treffen, insbesondere über die

1.

zeitliche und technische Durchführung der Maßnahmen,

2.
Gewährleistungsrechte und Aufwendungsersatzansprüche des Mieters,
3.
künftige Höhe der Miete.

Kapitel
Die Miete

Unterkapitel
Vereinbarungen über die Miete

§ 556 Vereinbarungen über Betriebskosten

(1) Die Vertragsparteien können vereinbaren, dass der Mieter Betriebskosten trägt. Betriebskosten sind die Kosten, die dem Eigentümer oder Erbbauberechtigten durch das Eigentum oder das Erbbaurecht am Grundstück oder durch den bestimmungsmäßigen Gebrauch des Gebäudes, der Nebengebäude, Anlagen, Einrichtungen und des Grundstücks laufend entstehen. Für die Aufstellung der Betriebskosten gilt die Betriebskostenverordnung vom 25. November 2003 (BGBl. I S. 2346, 2347) fort. Die Bundesregierung wird ermächtigt, durch Rechtsverordnung ohne Zustimmung des Bundesrates Vorschriften über die Aufstellung der Betriebskosten zu erlassen.

(2) Die Vertragsparteien können vorbehaltlich anderweitiger Vorschriften vereinbaren, dass Betriebskosten als Pauschale oder als Vorauszahlung ausgewiesen werden. Vorauszahlungen für Betriebskosten dürfen nur in angemessener Höhe vereinbart werden.

(3) Über die Vorauszahlungen für Betriebskosten ist jährlich abzurechnen; dabei ist der Grundsatz der Wirtschaftlichkeit zu beachten. Die Abrechnung ist dem Mieter spätestens bis zum Ablauf des zwölften Monats nach Ende des Abrechnungszeitraums mitzuteilen. Nach Ablauf dieser Frist ist die Geltendmachung einer Nachforderung durch den Vermieter ausgeschlossen, es sei denn, der Vermieter hat die verspätete

Geltendmachung nicht zu vertreten. Der Vermieter ist zu Teilabrechnungen nicht verpflichtet. Einwendungen gegen die Abrechnung hat der Mieter dem Vermieter spätestens bis zum Ablauf des zwölften Monats nach Zugang der Abrechnung mitzuteilen. Nach Ablauf dieser Frist kann der Mieter Einwendungen nicht mehr geltend machen, es sei denn, der Mieter hat die verspätete Geltendmachung nicht zu vertreten.
(4) Eine zum Nachteil des Mieters von Absatz 1, Absatz 2 Satz 2 oder Absatz 3 abweichende Vereinbarung ist unwirksam.

§ 556a Abrechnungsmaßstab für Betriebskosten
(1) Haben die Vertragsparteien nichts anderes vereinbart, sind die Betriebskosten vorbehaltlich anderweitiger Vorschriften nach dem Anteil der Wohnfläche umzulegen. Betriebskosten, die von einem erfassten Verbrauch oder einer erfassten Verursachung durch die Mieter abhängen, sind nach einem Maßstab umzulegen, der dem unterschiedlichen Verbrauch oder der unterschiedlichen Verursachung Rechnung trägt.
(2) Haben die Vertragsparteien etwas anderes vereinbart, kann der Vermieter durch Erklärung in Textform bestimmen, dass die Betriebskosten zukünftig abweichend von der getroffenen Vereinbarung ganz oder teilweise nach einem Maßstab umgelegt werden dürfen, der dem erfassten unterschiedlichen Verbrauch oder der erfassten unterschiedlichen Verursachung Rechnung trägt. Die Erklärung ist nur vor Beginn eines Abrechnungszeitraums zulässig. Sind die Kosten bislang in der Miete enthalten, so ist diese entsprechend herabzusetzen.
(3) Eine zum Nachteil des Mieters von Absatz 2 abweichende Vereinbarung ist unwirksam.

§ 556b Fälligkeit der Miete, Aufrechnungs- und Zurückbehaltungsrecht
(1) Die Miete ist zu Beginn, spätestens bis zum dritten Werktag der einzelnen Zeitabschnitte zu entrichten, nach denen sie bemessen ist.
(2) Der Mieter kann entgegen einer vertraglichen

Bestimmung gegen eine Mietforderung mit einer Forderung auf Grund der §§ 536a, 539 oder aus ungerechtfertigter Bereicherung wegen zu viel gezahlter Miete aufrechnen oder wegen einer solchen Forderung ein Zurückbehaltungsrecht ausüben, wenn er seine Absicht dem Vermieter mindestens einen Monat vor der Fälligkeit der Miete in Textform angezeigt hat. Eine zum Nachteil des Mieters abweichende Vereinbarung ist unwirksam.

§ 556c Kosten der Wärmelieferung als Betriebskosten, Verordnungsermächtigung

(1) Hat der Mieter die Betriebskosten für Wärme oder Warmwasser zu tragen und stellt der Vermieter die Versorgung von der Eigenversorgung auf die eigenständig gewerbliche Lieferung durch einen Wärmelieferanten (Wärmelieferung) um, so hat der Mieter die Kosten der Wärmelieferung als Betriebskosten zu tragen, wenn

1.

die Wärme mit verbesserter Effizienz entweder aus einer vom Wärmelieferanten errichteten neuen Anlage oder aus einem Wärmenetz geliefert wird und

2.

die Kosten der Wärmelieferung die Betriebskosten für die bisherige Eigenversorgung mit Wärme oder Warmwasser nicht übersteigen.

Beträgt der Jahresnutzungsgrad der bestehenden Anlage vor der Umstellung mindestens 80 Prozent, kann sich der Wärmelieferant anstelle der Maßnahmen nach Nummer 1 auf die Verbesserung der Betriebsführung der Anlage beschränken.

(2) Der Vermieter hat die Umstellung spätestens drei Monate zuvor in Textform anzukündigen (Umstellungsankündigung).

(3) Die Bundesregierung wird ermächtigt, durch Rechtsverordnung ohne Zustimmung des Bundesrates Vorschriften für Wärmelieferverträge, die bei einer Umstellung nach Absatz 1 geschlossen werden, sowie für die Anforderungen nach den Absätzen 1 und 2 zu erlassen. Hierbei sind die Belange von Vermietern,

Mietern und Wärmelieferanten angemessen zu berücksichtigen.
(4) Eine zum Nachteil des Mieters abweichende Vereinbarung ist unwirksam.

Unterkapitel
Vereinbarungen über die Miethöhe bei Mietbeginn in Gebieten mit angespannten Wohnungsmärkten

§ 556d Zulässige Miethöhe bei Mietbeginn; Verordnungsermächtigung
(1) Wird ein Mietvertrag über Wohnraum abgeschlossen, der in einem durch Rechtsverordnung nach Absatz 2 bestimmten Gebiet mit einem angespannten Wohnungsmarkt liegt, so darf die Miete zu Beginn des Mietverhältnisses die ortsübliche Vergleichsmiete (§ 558 Absatz 2) höchstens um 10 Prozent übersteigen.
(2) Die Landesregierungen werden ermächtigt, **Gebiete mit angespannten Wohnungsmärkten** durch Rechtsverordnung für die Dauer von höchstens fünf Jahren zu bestimmen. Gebiete mit angespannten Wohnungsmärkten liegen vor, wenn die ausreichende Versorgung der Bevölkerung mit Mietwohnungen in einer Gemeinde oder einem Teil der Gemeinde zu angemessenen Bedingungen besonders gefährdet ist. Dies kann insbesondere dann der Fall sein, wenn
1.
die Mieten deutlich stärker steigen als im bundesweiten Durchschnitt,
2.
die durchschnittliche Mietbelastung der Haushalte den bundesweiten Durchschnitt deutlich übersteigt,
3.
die Wohnbevölkerung wächst, ohne dass durch Neubautätigkeit insoweit erforderlicher Wohnraum geschaffen wird, oder
4.
geringer Leerstand bei großer Nachfrage besteht.
Eine Rechtsverordnung nach Satz 1 muss spätestens am

31. Dezember 2020 in Kraft treten. Sie muss begründet werden. Aus der Begründung muss sich ergeben, auf Grund welcher Tatsachen ein Gebiet mit einem angespannten Wohnungsmarkt im Einzelfall vorliegt. Ferner muss sich aus der Begründung ergeben, welche Maßnahmen die Landesregierung in dem nach Satz 1 durch die Rechtsverordnung jeweils bestimmten Gebiet und Zeitraum ergreifen wird, um Abhilfe zu schaffen.

Fußnote
(+++ § 556d: Zur Nichtanwendung vgl. § 556f +++)
(+++ § 556d: Zur Anwendung vgl. §§ 557a, 557b +++)
(+++ § 556d: Zur Nichtanwendung vgl. § 35 BGBEG +++)

§ 556e Berücksichtigung der Vormiete oder einer durchgeführten Modernisierung

(1) Ist die Miete, die der vorherige Mieter zuletzt schuldete (Vormiete), höher als die nach § 556d Absatz 1 zulässige Miete, so darf eine Miete bis zur Höhe der Vormiete vereinbart werden. Bei der Ermittlung der Vormiete unberücksichtigt bleiben Mietminderungen sowie solche Mieterhöhungen, die mit dem vorherigen Mieter innerhalb des letzten Jahres vor Beendigung des Mietverhältnisses vereinbart worden sind.

(2) Hat der Vermieter in den letzten drei Jahren vor Beginn des Mietverhältnisses Modernisierungsmaßnahmen im Sinne des § 555b durchgeführt, so darf die nach § 556d Absatz 1 zulässige Miete um den Betrag überschritten werden, der sich bei einer Mieterhöhung nach § 559 Absatz 1 bis 3 und § 559a Absatz 1 bis 4 ergäbe. Bei der Berechnung nach Satz 1 ist von der ortsüblichen Vergleichsmiete (§ 558 Absatz 2) auszugehen, die bei Beginn des Mietverhältnisses ohne Berücksichtigung der Modernisierung anzusetzen wäre.

Fußnote
(+++ § 556e: Zur Nichtanwendung vgl. § 556f +++)
(+++ § 556e: Zur Anwendung vgl. §§ 557a, 557b +++)
(+++ § 556e: Zur Nichtanwendung vgl. § 35 BGBEG +++)

§ 556f Ausnahmen
§ 556d ist nicht anzuwenden auf eine Wohnung, die nach dem 1. Oktober 2014 erstmals genutzt und vermietet wird. Die §§ 556d und 556e sind nicht anzuwenden auf die erste Vermietung nach umfassender Modernisierung.

Fußnote
(+++ § 556f: Zur Anwendung vgl. §§ 557a, 557b +++)
(+++ § 556f: Zur Nichtanwendung vgl. § 35 BGBEG +++)

§ 556g Rechtsfolgen; Auskunft über die Miete
(1) Eine zum Nachteil des Mieters von den Vorschriften dieses Unterkapitels abweichende Vereinbarung ist unwirksam. Für Vereinbarungen über die Miethöhe bei Mietbeginn gilt dies nur, soweit die zulässige Miete überschritten wird. Der Vermieter hat dem Mieter zu viel gezahlte Miete nach den Vorschriften über die Herausgabe einer ungerechtfertigten Bereicherung herauszugeben. Die §§ 814 und 817 Satz 2 sind nicht anzuwenden.
(2) Der Mieter kann von dem Vermieter eine nach den §§ 556d und 556e nicht geschuldete Miete nur zurückverlangen, wenn er einen Verstoß gegen die Vorschriften dieses Unterkapitels gerügt hat und die zurückverlangte Miete nach Zugang der Rüge fällig geworden ist. Die Rüge muss die Tatsachen enthalten, auf denen die Beanstandung der vereinbarten Miete beruht.
(3) Der Vermieter ist auf Verlangen des Mieters verpflichtet, Auskunft über diejenigen Tatsachen zu erteilen, die für die Zulässigkeit der vereinbarten Miete nach den Vorschriften dieses Unterkapitels maßgeblich sind, soweit diese Tatsachen nicht allgemein zugänglich sind und der Vermieter hierüber unschwer Auskunft geben kann. Für die Auskunft über Modernisierungsmaßnahmen (§ 556e Absatz 2) gilt § 559b Absatz 1 Satz 2 und 3 entsprechend.
(4) Sämtliche Erklärungen nach den Absätzen 2 und 3 bedürfen der Textform.

Fußnote

(+++ § 556g: Zur Anwendung vgl. §§ 557a, 557b +++)
(+++ § 556g: Zur Nichtanwendung vgl. § 35 BGBEG +++)

Unterkapitel
Regelungen über die Miethöhe

§ 557 Mieterhöhungen nach Vereinbarung oder Gesetz
(1) Während des Mietverhältnisses können die Parteien eine Erhöhung der Miete vereinbaren.
(2) Künftige Änderungen der Miethöhe können die Vertragsparteien als Staffelmiete nach § 557a oder als Indexmiete nach § 557b vereinbaren.
(3) Im Übrigen kann der Vermieter Mieterhöhungen nur nach Maßgabe der §§ 558 bis 560 verlangen, soweit nicht eine Erhöhung durch Vereinbarung ausgeschlossen ist oder sich der Ausschluss aus den Umständen ergibt.
(4) Eine zum Nachteil des Mieters abweichende Vereinbarung ist unwirksam.

§ 557a Staffelmiete
(1) Die Miete kann für bestimmte Zeiträume in unterschiedlicher Höhe schriftlich vereinbart werden; in der Vereinbarung ist die jeweilige Miete oder die jeweilige Erhöhung in einem Geldbetrag auszuweisen (Staffelmiete).
(2) Die Miete muss jeweils mindestens ein Jahr unverändert bleiben. Während der Laufzeit einer Staffelmiete ist eine Erhöhung nach den §§ 558 bis 559b ausgeschlossen.
(3) Das Kündigungsrecht des Mieters kann für höchstens vier Jahre seit Abschluss der Staffelmietvereinbarung ausgeschlossen werden. Die Kündigung ist frühestens zum Ablauf dieses Zeitraums zulässig.
(4) Die §§ 556d bis 556g sind auf jede Mietstaffel anzuwenden. Maßgeblich für die Berechnung der nach § 556d Absatz 1 zulässigen Höhe der zweiten und aller weiteren Mietstaffeln ist statt des Beginns des Mietverhältnisses der Zeitpunkt, zu dem die erste Miete der jeweiligen Mietstaffel fällig wird. Die in einer

vorangegangenen Mietstaffel wirksam begründete Miethöhe bleibt erhalten.
(5) Eine zum Nachteil des Mieters abweichende Vereinbarung ist unwirksam.

Fußnote
(+++ § 557a Abs. 4: Zur Nichtanwendung vgl. § 35 BGBEG +++)

§ 557b Indexmiete

(1) Die Vertragsparteien können schriftlich vereinbaren, dass die Miete durch den vom Statistischen Bundesamt ermittelten Preisindex für die Lebenshaltung aller privaten Haushalte in Deutschland bestimmt wird (Indexmiete).
(2) Während der Geltung einer Indexmiete muss die Miete, von Erhöhungen nach den §§ 559 bis 560 abgesehen, jeweils mindestens ein Jahr unverändert bleiben. Eine Erhöhung nach § 559 kann nur verlangt werden, soweit der Vermieter bauliche Maßnahmen auf Grund von Umständen durchgeführt hat, die er nicht zu vertreten hat. Eine Erhöhung nach § 558 ist ausgeschlossen.
(3) Eine Änderung der Miete nach Absatz 1 muss durch Erklärung in Textform geltend gemacht werden. Dabei sind die eingetretene Änderung des Preisindexes sowie die jeweilige Miete oder die Erhöhung in einem Geldbetrag anzugeben. Die geänderte Miete ist mit Beginn des übernächsten Monats nach dem Zugang der Erklärung zu entrichten.
(4) Die §§ 556d bis 556g sind nur auf die Ausgangsmiete einer Indexmietvereinbarung anzuwenden.
(5) Eine zum Nachteil des Mieters abweichende Vereinbarung ist unwirksam.
Fußnote
(+++ § 557b Abs. 4: Zur Nichtanwendung vgl. § 35 BGBEG +++)

§ 558 Mieterhöhung bis zur ortsüblichen Vergleichsmiete

(1) Der Vermieter kann die Zustimmung zu einer Erhöhung der Miete bis zur ortsüblichen Vergleichsmiete

verlangen, wenn die Miete in dem Zeitpunkt, zu dem die Erhöhung eintreten soll, seit 15 Monaten unverändert ist. Das Mieterhöhungsverlangen kann frühestens ein Jahr nach der letzten Mieterhöhung geltend gemacht werden. Erhöhungen nach den §§ 559 bis 560 werden nicht berücksichtigt.

(2) Die ortsübliche Vergleichsmiete wird gebildet aus den üblichen Entgelten, die in der Gemeinde oder einer vergleichbaren Gemeinde für Wohnraum vergleichbarer Art, Größe, Ausstattung, Beschaffenheit und Lage einschließlich der energetischen Ausstattung und Beschaffenheit in den letzten vier Jahren vereinbart oder, von Erhöhungen nach § 560 abgesehen, geändert worden sind. Ausgenommen ist Wohnraum, bei dem die Miethöhe durch Gesetz oder im Zusammenhang mit einer Förderzusage festgelegt worden ist.

(3) Bei Erhöhungen nach Absatz 1 darf sich die Miete innerhalb von drei Jahren, von Erhöhungen nach den §§ 559 bis 560 abgesehen, nicht um mehr als 20 vom Hundert erhöhen (Kappungsgrenze). Der Prozentsatz nach Satz 1 beträgt 15 vom Hundert, wenn die ausreichende Versorgung der Bevölkerung mit Mietwohnungen zu angemessenen Bedingungen in einer Gemeinde oder einem Teil einer Gemeinde besonders gefährdet ist und diese Gebiete nach Satz 3 bestimmt sind. Die Landesregierungen werden ermächtigt, diese Gebiete durch Rechtsverordnung für die Dauer von jeweils höchstens fünf Jahren zu bestimmen.

(4) Die Kappungsgrenze gilt nicht,

1.

wenn eine Verpflichtung des Mieters zur Ausgleichszahlung nach den Vorschriften über den Abbau der Fehlsubventionierung im Wohnungswesen wegen des Wegfalls der öffentlichen Bindung erloschen ist und

2.

soweit die Erhöhung den Betrag der zuletzt zu entrichtenden Ausgleichszahlung nicht übersteigt.

Der Vermieter kann vom Mieter frühestens vier Monate vor dem Wegfall der öffentlichen Bindung verlangen, ihm innerhalb eines Monats über die Verpflichtung zur

Ausgleichszahlung und über deren Höhe Auskunft zu erteilen. Satz 1 gilt entsprechend, wenn die Verpflichtung des Mieters zur Leistung einer Ausgleichszahlung nach den §§ 34 bis 37 des Wohnraumförderungsgesetzes und den hierzu ergangenen landesrechtlichen Vorschriften wegen Wegfalls der Mietbindung erloschen ist.
(5) Von dem Jahresbetrag, der sich bei einer Erhöhung auf die ortsübliche Vergleichsmiete ergäbe, sind Drittmittel im Sinne des § 559a abzuziehen, im Falle des § 559a Abs. 1 mit 11 vom Hundert des Zuschusses.
(6) Eine zum Nachteil des Mieters abweichende Vereinbarung ist unwirksam.

§ 558a Form und Begründung der Mieterhöhung
(1) Das Mieterhöhungsverlangen nach § 558 ist dem Mieter in Textform zu erklären und zu begründen.
(2) Zur Begründung kann insbesondere Bezug genommen werden auf
1.
einen Mietspiegel (§§ 558c, 558d),
2.
eine Auskunft aus einer Mietdatenbank (§ 558e),
3.
ein mit Gründen versehenes Gutachten eines öffentlich bestellten und vereidigten Sachverständigen,
4.
entsprechende Entgelte für einzelne vergleichbare Wohnungen; hierbei genügt die Benennung von drei Wohnungen.
(3) Enthält ein qualifizierter Mietspiegel (§ 558d Abs. 1), bei dem die Vorschrift des § 558d Abs. 2 eingehalten ist, Angaben für die Wohnung, so hat der Vermieter in seinem Mieterhöhungsverlangen diese Angaben auch dann mitzuteilen, wenn er die Mieterhöhung auf ein anderes Begründungsmittel nach Absatz 2 stützt.
(4) Bei der Bezugnahme auf einen Mietspiegel, der Spannen enthält, reicht es aus, wenn die verlangte Miete innerhalb der Spanne liegt. Ist in dem Zeitpunkt, in dem der Vermieter seine Erklärung abgibt, kein Mietspiegel vorhanden, bei dem § 558c Abs. 3 oder § 558d Abs. 2

eingehalten ist, so kann auch ein anderer, insbesondere ein veralteter Mietspiegel oder ein Mietspiegel einer vergleichbaren Gemeinde verwendet werden.
(5) Eine zum Nachteil des Mieters abweichende Vereinbarung ist unwirksam.

§ 558b Zustimmung zur Mieterhöhung
(1) Soweit der Mieter der Mieterhöhung zustimmt, schuldet er die erhöhte Miete mit Beginn des dritten Kalendermonats nach dem Zugang des Erhöhungsverlangens.
(2) Soweit der Mieter der Mieterhöhung nicht bis zum Ablauf des zweiten Kalendermonats nach dem Zugang des Verlangens zustimmt, kann der Vermieter auf Erteilung der Zustimmung klagen. Die Klage muss innerhalb von drei weiteren Monaten erhoben werden.
(3) Ist der Klage ein Erhöhungsverlangen vorausgegangen, das den Anforderungen des § 558a nicht entspricht, so kann es der Vermieter im Rechtsstreit nachholen oder die Mängel des Erhöhungsverlangens beheben. Dem Mieter steht auch in diesem Fall die Zustimmungsfrist nach Absatz 2 Satz 1 zu.
(4) Eine zum Nachteil des Mieters abweichende Vereinbarung ist unwirksam.

§ 558c Mietspiegel
(1) Ein Mietspiegel ist eine Übersicht über die ortsübliche Vergleichsmiete, soweit die Übersicht von der Gemeinde oder von Interessenvertretern der Vermieter und der Mieter gemeinsam erstellt oder anerkannt worden ist.
(2) Mietspiegel können für das Gebiet einer Gemeinde oder mehrerer Gemeinden oder für Teile von Gemeinden erstellt werden.
(3) Mietspiegel sollen im Abstand von zwei Jahren der Marktentwicklung angepasst werden.
(4) Gemeinden sollen Mietspiegel erstellen, wenn hierfür ein Bedürfnis besteht und dies mit einem vertretbaren Aufwand möglich ist. Die Mietspiegel und ihre Änderungen sollen veröffentlicht werden.
(5) Die Bundesregierung wird ermächtigt, durch

Rechtsverordnung mit Zustimmung des Bundesrates Vorschriften über den näheren Inhalt und das Verfahren zur Aufstellung und Anpassung von Mietspiegeln zu erlassen.

§ 558d Qualifizierter Mietspiegel

(1) Ein qualifizierter Mietspiegel ist ein Mietspiegel, der nach anerkannten wissenschaftlichen Grundsätzen erstellt und von der Gemeinde oder von Interessenvertretern der Vermieter und der Mieter anerkannt worden ist.

(2) Der qualifizierte Mietspiegel ist im Abstand von zwei Jahren der Marktentwicklung anzupassen. Dabei kann eine Stichprobe oder die Entwicklung des vom Statistischen Bundesamt ermittelten Preisindexes für die Lebenshaltung aller privaten Haushalte in Deutschland zugrunde gelegt werden. Nach vier Jahren ist der qualifizierte Mietspiegel neu zu erstellen.

(3) Ist die Vorschrift des Absatzes 2 eingehalten, so wird vermutet, dass die im qualifizierten Mietspiegel bezeichneten Entgelte die ortsübliche Vergleichsmiete wiedergeben.

§ 558e Mietdatenbank

Eine Mietdatenbank ist eine zur Ermittlung der ortsüblichen Vergleichsmiete fortlaufend geführte Sammlung von Mieten, die von der Gemeinde oder von Interessenvertretern der Vermieter und der Mieter gemeinsam geführt oder anerkannt wird und aus der Auskünfte gegeben werden, die für einzelne Wohnungen einen Schluss auf die ortsübliche Vergleichsmiete zulassen.

§ 559 Mieterhöhung nach Modernisierungsmaßnahmen

(1) Hat der Vermieter Modernisierungsmaßnahmen im Sinne des § 555b Nummer 1, 3, 4, 5 oder 6 durchgeführt, so kann er die jährliche Miete um 11 Prozent der für die Wohnung aufgewendeten Kosten erhöhen.

(2) Kosten, die für Erhaltungsmaßnahmen erforderlich gewesen wären, gehören nicht zu den aufgewendeten Kosten nach Absatz 1; sie sind, soweit erforderlich, durch

Schätzung zu ermitteln.
(3) Werden Modernisierungsmaßnahmen für mehrere Wohnungen durchgeführt, so sind die Kosten angemessen auf die einzelnen Wohnungen aufzuteilen.
(4) Die Mieterhöhung ist ausgeschlossen, soweit sie auch unter Berücksichtigung der voraussichtlichen künftigen Betriebskosten für den Mieter eine Härte bedeuten würde, die auch unter Würdigung der berechtigten Interessen des Vermieters nicht zu rechtfertigen ist. Eine Abwägung nach Satz 1 findet nicht statt, wenn
1.
die Mietsache lediglich in einen Zustand versetzt wurde, der allgemein üblich ist, oder
2.
die Modernisierungsmaßnahme auf Grund von Umständen durchgeführt wurde, die der Vermieter nicht zu vertreten hatte.
(5) Umstände, die eine Härte nach Absatz 4 Satz 1 begründen, sind nur zu berücksichtigen, wenn sie nach § 555d Absatz 3 bis 5 rechtzeitig mitgeteilt worden sind. Die Bestimmungen über die Ausschlussfrist nach Satz 1 sind nicht anzuwenden, wenn die tatsächliche Mieterhöhung die angekündigte um mehr als 10 Prozent übersteigt.
(6) Eine zum Nachteil des Mieters abweichende Vereinbarung ist unwirksam.

§ 559a Anrechnung von Drittmitteln
(1) Kosten, die vom Mieter oder für diesen von einem Dritten übernommen oder die mit Zuschüssen aus öffentlichen Haushalten gedeckt werden, gehören nicht zu den aufgewendeten Kosten im Sinne des § 559.
(2) Werden die Kosten für die Modernisierungsmaßnahmen ganz oder teilweise durch zinsverbilligte oder zinslose Darlehen aus öffentlichen Haushalten gedeckt, so verringert sich der Erhöhungsbetrag nach § 559 um den Jahresbetrag der Zinsermäßigung. Dieser wird errechnet aus dem Unterschied zwischen dem ermäßigten Zinssatz und dem marktüblichen Zinssatz für den Ursprungsbetrag des Darlehens. Maßgebend ist der marktübliche Zinssatz für

erstrangige Hypotheken zum Zeitpunkt der Beendigung der Modernisierungsmaßnahmen. Werden Zuschüsse oder Darlehen zur Deckung von laufenden Aufwendungen gewährt, so verringert sich der Erhöhungsbetrag um den Jahresbetrag des Zuschusses oder Darlehens.
(3) Ein Mieterdarlehen, eine Mietvorauszahlung oder eine von einem Dritten für den Mieter erbrachte Leistung für die Modernisierungsmaßnahmen stehen einem Darlehen aus öffentlichen Haushalten gleich. Mittel der Finanzierungsinstitute des Bundes oder eines Landes gelten als Mittel aus öffentlichen Haushalten.
(4) Kann nicht festgestellt werden, in welcher Höhe Zuschüsse oder Darlehen für die einzelnen Wohnungen gewährt worden sind, so sind sie nach dem Verhältnis der für die einzelnen Wohnungen aufgewendeten Kosten aufzuteilen.
(5) Eine zum Nachteil des Mieters abweichende Vereinbarung ist unwirksam.

§ 559b Geltendmachung der Erhöhung, Wirkung der Erhöhungserklärung

(1) Die Mieterhöhung nach § 559 ist dem Mieter in Textform zu erklären. Die Erklärung ist nur wirksam, wenn in ihr die Erhöhung auf Grund der entstandenen Kosten berechnet und entsprechend den Voraussetzungen der §§ 559 und 559a erläutert wird. § 555c Absatz 3 gilt entsprechend.
(2) Der Mieter schuldet die erhöhte Miete mit Beginn des dritten Monats nach dem Zugang der Erklärung. Die Frist verlängert sich um sechs Monate, wenn

1.
der Vermieter dem Mieter die Modernisierungsmaßnahme nicht nach den Vorschriften des § 555c Absatz 1 und 3 bis 5 angekündigt hat oder

2.
die tatsächliche Mieterhöhung die angekündigte um mehr als 10 Prozent übersteigt.

(3) Eine zum Nachteil des Mieters abweichende Vereinbarung ist unwirksam.

§ 560 Veränderungen von Betriebskosten

(1) Bei einer Betriebskostenpauschale ist der Vermieter berechtigt, Erhöhungen der Betriebskosten durch Erklärung in Textform anteilig auf den Mieter umzulegen, soweit dies im Mietvertrag vereinbart ist. Die Erklärung ist nur wirksam, wenn in ihr der Grund für die Umlage bezeichnet und erläutert wird.

(2) Der Mieter schuldet den auf ihn entfallenden Teil der Umlage mit Beginn des auf die Erklärung folgenden übernächsten Monats. Soweit die Erklärung darauf beruht, dass sich die Betriebskosten rückwirkend erhöht haben, wirkt sie auf den Zeitpunkt der Erhöhung der Betriebskosten, höchstens jedoch auf den Beginn des der Erklärung vorausgehenden Kalenderjahres zurück, sofern der Vermieter die Erklärung innerhalb von drei Monaten nach Kenntnis von der Erhöhung abgibt.

(3) Ermäßigen sich die Betriebskosten, so ist eine Betriebskostenpauschale vom Zeitpunkt der Ermäßigung an entsprechend herabzusetzen. Die Ermäßigung ist dem Mieter unverzüglich mitzuteilen.

(4) Sind Betriebskostenvorauszahlungen vereinbart worden, so kann jede Vertragspartei nach einer Abrechnung durch Erklärung in Textform eine Anpassung auf eine angemessene Höhe vornehmen.

(5) Bei Veränderungen von Betriebskosten ist der Grundsatz der Wirtschaftlichkeit zu beachten.

(6) Eine zum Nachteil des Mieters abweichende Vereinbarung ist unwirksam.

§ 561 Sonderkündigungsrecht des Mieters nach Mieterhöhung

(1) Macht der Vermieter eine Mieterhöhung nach § 558 oder § 559 geltend, so kann der Mieter bis zum Ablauf des zweiten Monats nach dem Zugang der Erklärung des Vermieters das Mietverhältnis außerordentlich zum Ablauf des übernächsten Monats kündigen. Kündigt der Mieter, so tritt die Mieterhöhung nicht ein.

(2) Eine zum Nachteil des Mieters abweichende Vereinbarung ist unwirksam.

Kapitel
Pfandrecht des Vermieters

§ 562 Umfang des Vermieterpfandrechts
(1) Der Vermieter hat für seine Forderungen aus dem Mietverhältnis ein Pfandrecht an den eingebrachten Sachen des Mieters. Es erstreckt sich nicht auf die Sachen, die der Pfändung nicht unterliegen.
(2) Für künftige Entschädigungsforderungen und für die Miete für eine spätere Zeit als das laufende und das folgende Mietjahr kann das Pfandrecht nicht geltend gemacht werden.

§ 562a Erlöschen des Vermieterpfandrechts
Das Pfandrecht des Vermieters erlischt mit der Entfernung der Sachen von dem Grundstück, außer wenn diese ohne Wissen oder unter Widerspruch des Vermieters erfolgt. Der Vermieter kann nicht widersprechen, wenn sie den gewöhnlichen Lebensverhältnissen entspricht oder wenn die zurückbleibenden Sachen zur Sicherung des Vermieters offenbar ausreichen.

§ 562b Selbsthilferecht, Herausgabeanspruch
(1) Der Vermieter darf die Entfernung der Sachen, die seinem Pfandrecht unterliegen, auch ohne Anrufen des Gerichts verhindern, soweit er berechtigt ist, der Entfernung zu widersprechen. Wenn der Mieter auszieht, darf der Vermieter diese Sachen in seinen Besitz nehmen.
(2) Sind die Sachen ohne Wissen oder unter Widerspruch des Vermieters entfernt worden, so kann er die Herausgabe zum Zwecke der Zurückschaffung auf das Grundstück und, wenn der Mieter ausgezogen ist, die Überlassung des Besitzes verlangen. Das Pfandrecht erlischt mit dem Ablauf eines Monats, nachdem der Vermieter von der Entfernung der Sachen Kenntnis erlangt hat, wenn er diesen Anspruch nicht vorher gerichtlich geltend gemacht hat.

§ 562c Abwendung des Pfandrechts durch Sicherheitsleistung

Der Mieter kann die Geltendmachung des Pfandrechts des Vermieters durch Sicherheitsleistung abwenden. Er kann jede einzelne Sache dadurch von dem Pfandrecht befreien, dass er in Höhe ihres Wertes Sicherheit leistet.

§ 562d Pfändung durch Dritte

Wird eine Sache, die dem Pfandrecht des Vermieters unterliegt, für einen anderen Gläubiger gepfändet, so kann diesem gegenüber das Pfandrecht nicht wegen der Miete für eine frühere Zeit als das letzte Jahr vor der Pfändung geltend gemacht werden.

Kapitel
Wechsel der Vertragsparteien

§ 563 Eintrittsrecht bei Tod des Mieters

(1) Der Ehegatte oder Lebenspartner, der mit dem Mieter einen gemeinsamen Haushalt führt, tritt mit dem Tod des Mieters in das Mietverhältnis ein.

(2) Leben in dem gemeinsamen Haushalt Kinder des Mieters, treten diese mit dem Tod des Mieters in das Mietverhältnis ein, wenn nicht der Ehegatte oder Lebenspartner eintritt. Andere Familienangehörige, die mit dem Mieter einen gemeinsamen Haushalt führen, treten mit dem Tod des Mieters in das Mietverhältnis ein, wenn nicht der Ehegatte oder der Lebenspartner eintritt. Dasselbe gilt für Personen, die mit dem Mieter einen auf Dauer angelegten gemeinsamen Haushalt führen.

(3) Erklären eingetretene Personen im Sinne des Absatzes 1 oder 2 innerhalb eines Monats, nachdem sie vom Tod des Mieters Kenntnis erlangt haben, dem Vermieter, dass sie das Mietverhältnis nicht fortsetzen wollen, gilt der Eintritt als nicht erfolgt. Für geschäftsunfähige oder in der Geschäftsfähigkeit beschränkte Personen gilt § 210 entsprechend. Sind mehrere Personen in das Mietverhältnis eingetreten, so kann jeder die Erklärung für sich abgeben.

(4) Der Vermieter kann das Mietverhältnis innerhalb eines Monats, nachdem er von dem endgültigen Eintritt in das Mietverhältnis Kenntnis erlangt hat, außerordentlich mit der gesetzlichen Frist kündigen, wenn in der Person des Eingetretenen ein wichtiger Grund vorliegt.
(5) Eine abweichende Vereinbarung zum Nachteil des Mieters oder solcher Personen, die nach Absatz 1 oder 2 eintrittsberechtigt sind, ist unwirksam.

§ 563a Fortsetzung mit überlebenden Mietern
(1) Sind mehrere Personen im Sinne des § 563 gemeinsam Mieter, so wird das Mietverhältnis beim Tod eines Mieters mit den überlebenden Mietern fortgesetzt.
(2) Die überlebenden Mieter können das Mietverhältnis innerhalb eines Monats, nachdem sie vom Tod des Mieters Kenntnis erlangt haben, außerordentlich mit der gesetzlichen Frist kündigen.
(3) Eine abweichende Vereinbarung zum Nachteil der Mieter ist unwirksam.

§ 563b Haftung bei Eintritt oder Fortsetzung
(1) Die Personen, die nach § 563 in das Mietverhältnis eingetreten sind oder mit denen es nach § 563a fortgesetzt wird, haften neben dem Erben für die bis zum Tod des Mieters entstandenen Verbindlichkeiten als Gesamtschuldner. Im Verhältnis zu diesen Personen haftet der Erbe allein, soweit nichts anderes bestimmt ist.
(2) Hat der Mieter die Miete für einen nach seinem Tod liegenden Zeitraum im Voraus entrichtet, sind die Personen, die nach § 563 in das Mietverhältnis eingetreten sind oder mit denen es nach § 563a fortgesetzt wird, verpflichtet, dem Erben dasjenige herauszugeben, was sie infolge der Vorausentrichtung der Miete ersparen oder erlangen.
(3) Der Vermieter kann, falls der verstorbene Mieter keine Sicherheit geleistet hat, von den Personen, die nach § 563 in das Mietverhältnis eingetreten sind oder mit denen es nach § 563a fortgesetzt wird, nach Maßgabe des § 551 eine Sicherheitsleistung verlangen.

§ 564 Fortsetzung des Mietverhältnisses mit dem Erben, außerordentliche Kündigung

Treten beim Tod des Mieters keine Personen im Sinne des § 563 in das Mietverhältnis ein oder wird es nicht mit ihnen nach § 563a fortgesetzt, so wird es mit dem Erben fortgesetzt. In diesem Fall ist sowohl der Erbe als auch der Vermieter berechtigt, das Mietverhältnis innerhalb eines Monats außerordentlich mit der gesetzlichen Frist zu kündigen, nachdem sie vom Tod des Mieters und davon Kenntnis erlangt haben, dass ein Eintritt in das Mietverhältnis oder dessen Fortsetzung nicht erfolgt sind.

§ 565 Gewerbliche Weitervermietung

(1) Soll der Mieter nach dem Mietvertrag den gemieteten Wohnraum gewerblich einem Dritten zu Wohnzwecken weitervermieten, so tritt der Vermieter bei der Beendigung des Mietverhältnisses in die Rechte und Pflichten aus dem Mietverhältnis zwischen dem Mieter und dem Dritten ein. Schließt der Vermieter erneut einen Mietvertrag zur gewerblichen Weitervermietung ab, so tritt der Mieter anstelle der bisherigen Vertragspartei in die Rechte und Pflichten aus dem Mietverhältnis mit dem Dritten ein.

(2) Die §§ 566a bis 566e gelten entsprechend.

(3) Eine zum Nachteil des Dritten abweichende Vereinbarung ist unwirksam.

§ 566 Kauf bricht nicht Miete

(1) Wird der vermietete Wohnraum nach der Überlassung an den Mieter von dem Vermieter an einen Dritten veräußert, so tritt der Erwerber anstelle des Vermieters in die sich während der Dauer seines Eigentums aus dem Mietverhältnis ergebenden Rechte und Pflichten ein.

(2) Erfüllt der Erwerber die Pflichten nicht, so haftet der Vermieter für den von dem Erwerber zu ersetzenden Schaden wie ein Bürge, der auf die Einrede der Vorausklage verzichtet hat. Erlangt der Mieter von dem Übergang des Eigentums durch Mitteilung des Vermieters Kenntnis, so wird der Vermieter von der Haftung befreit, wenn nicht der Mieter das Mietverhältnis zum ersten

Termin kündigt, zu dem die Kündigung zulässig ist.

§ 566a Mietsicherheit

Hat der Mieter des veräußerten Wohnraums dem Vermieter für die Erfüllung seiner Pflichten Sicherheit geleistet, so tritt der Erwerber in die dadurch begründeten Rechte und Pflichten ein. Kann bei Beendigung des Mietverhältnisses der Mieter die Sicherheit von dem Erwerber nicht erlangen, so ist der Vermieter weiterhin zur Rückgewähr verpflichtet.

§ 566b Vorausverfügung über die Miete

(1) Hat der Vermieter vor dem Übergang des Eigentums über die Miete verfügt, die auf die Zeit der Berechtigung des Erwerbers entfällt, so ist die Verfügung wirksam, soweit sie sich auf die Miete für den zur Zeit des Eigentumsübergangs laufenden Kalendermonat bezieht. Geht das Eigentum nach dem 15. Tag des Monats über, so ist die Verfügung auch wirksam, soweit sie sich auf die Miete für den folgenden Kalendermonat bezieht.

(2) Eine Verfügung über die Miete für eine spätere Zeit muss der Erwerber gegen sich gelten lassen, wenn er sie zur Zeit des Übergangs des Eigentums kennt.

§ 566c Vereinbarung zwischen Mieter und Vermieter über die Miete

Ein Rechtsgeschäft, das zwischen dem Mieter und dem Vermieter über die Mietforderung vorgenommen wird, insbesondere die Entrichtung der Miete, ist dem Erwerber gegenüber wirksam, soweit es sich nicht auf die Miete für eine spätere Zeit als den Kalendermonat bezieht, in welchem der Mieter von dem Übergang des Eigentums Kenntnis erlangt. Erlangt der Mieter die Kenntnis nach dem 15. Tag des Monats, so ist das Rechtsgeschäft auch wirksam, soweit es sich auf die Miete für den folgenden Kalendermonat bezieht. Ein Rechtsgeschäft, das nach dem Übergang des Eigentums vorgenommen wird, ist jedoch unwirksam, wenn der Mieter bei der Vornahme des Rechtsgeschäfts von dem Übergang des Eigentums Kenntnis hat.

§ 566d Aufrechnung durch den Mieter

Soweit die Entrichtung der Miete an den Vermieter nach § 566c dem Erwerber gegenüber wirksam ist, kann der Mieter gegen die Mietforderung des Erwerbers eine ihm gegen den Vermieter zustehende Forderung aufrechnen. Die Aufrechnung ist ausgeschlossen, wenn der Mieter die Gegenforderung erworben hat, nachdem er von dem Übergang des Eigentums Kenntnis erlangt hat, oder wenn die Gegenforderung erst nach der Erlangung der Kenntnis und später als die Miete fällig geworden ist.

§ 566e Mitteilung des Eigentumsübergangs durch den Vermieter

(1) Teilt der Vermieter dem Mieter mit, dass er das Eigentum an dem vermieteten Wohnraum auf einen Dritten übertragen hat, so muss er in Ansehung der Mietforderung dem Mieter gegenüber die mitgeteilte Übertragung gegen sich gelten lassen, auch wenn sie nicht erfolgt oder nicht wirksam ist.

(2) Die Mitteilung kann nur mit Zustimmung desjenigen zurückgenommen werden, der als der neue Eigentümer bezeichnet worden ist.

§ 567 Belastung des Wohnraums durch den Vermieter

Wird der vermietete Wohnraum nach der Überlassung an den Mieter von dem Vermieter mit dem Recht eines Dritten belastet, so sind die §§ 566 bis 566e entsprechend anzuwenden, wenn durch die Ausübung des Rechts dem Mieter der vertragsgemäße Gebrauch entzogen wird. Wird der Mieter durch die Ausübung des Rechts in dem vertragsgemäßen Gebrauch beschränkt, so ist der Dritte dem Mieter gegenüber verpflichtet, die Ausübung zu unterlassen, soweit sie den vertragsgemäßen Gebrauch beeinträchtigen würde.

§ 567a Veräußerung oder Belastung vor der Überlassung des Wohnraums

Hat vor der Überlassung des vermieteten Wohnraums an den Mieter der Vermieter den Wohnraum an einen Dritten veräußert oder mit einem Recht belastet, durch dessen

Ausübung der vertragsgemäße Gebrauch dem Mieter entzogen oder beschränkt wird, so gilt das Gleiche wie in den Fällen des § 566 Abs. 1 und des § 567, wenn der Erwerber dem Vermieter gegenüber die Erfüllung der sich aus dem Mietverhältnis ergebenden Pflichten übernommen hat.

§ 567b Weiterveräußerung oder Belastung durch Erwerber

Wird der vermietete Wohnraum von dem Erwerber weiterveräußert oder belastet, so sind § 566 Abs. 1 und die §§ 566a bis 567a entsprechend anzuwenden. Erfüllt der neue Erwerber die sich aus dem Mietverhältnis ergebenden Pflichten nicht, so haftet der Vermieter dem Mieter nach § 566 Abs. 2.

Kapitel
Beendigung des Mietverhältnisses

Unterkapitel
Allgemeine Vorschriften

§ 568 Form und Inhalt der Kündigung

(1) Die Kündigung des Mietverhältnisses bedarf der schriftlichen Form.

(2) Der Vermieter soll den Mieter auf die Möglichkeit, die Form und die Frist des Widerspruchs nach den §§ 574 bis 574b rechtzeitig hinweisen.

§ 569 Außerordentliche fristlose Kündigung aus wichtigem Grund

(1) Ein wichtiger Grund im Sinne des § 543 Abs. 1 liegt für den Mieter auch vor, wenn der gemietete Wohnraum so beschaffen ist, dass seine Benutzung mit einer erheblichen Gefährdung der Gesundheit verbunden ist. Dies gilt auch, wenn der Mieter die Gefahr bringende Beschaffenheit bei Vertragsschluss gekannt oder darauf verzichtet hat, die ihm wegen dieser Beschaffenheit zustehenden Rechte

geltend zu machen.

(2) Ein wichtiger Grund im Sinne des § 543 Abs. 1 liegt ferner vor, wenn eine Vertragspartei den Hausfrieden nachhaltig stört, so dass dem Kündigenden unter Berücksichtigung aller Umstände des Einzelfalls, insbesondere eines Verschuldens der Vertragsparteien, und unter Abwägung der beiderseitigen Interessen die Fortsetzung des Mietverhältnisses bis zum Ablauf der Kündigungsfrist oder bis zur sonstigen Beendigung des Mietverhältnisses nicht zugemutet werden kann.

(2a) Ein wichtiger Grund im Sinne des § 543 Absatz 1 liegt ferner vor, wenn der Mieter mit einer Sicherheitsleistung nach § 551 in Höhe eines Betrages im Verzug ist, der der zweifachen Monatsmiete entspricht. Die als Pauschale oder als Vorauszahlung ausgewiesenen Betriebskosten sind bei der Berechnung der Monatsmiete nach Satz 1 nicht zu berücksichtigen. Einer Abhilfefrist oder einer Abmahnung nach § 543 Absatz 3 Satz 1 bedarf es nicht. Absatz 3 Nummer 2 Satz 1 sowie § 543 Absatz 2 Satz 2 sind entsprechend anzuwenden.

(3) Ergänzend zu § 543 Abs. 2 Satz 1 Nr. 3 gilt:

1.

Im Falle des § 543 Abs. 2 Satz 1 Nr. 3 Buchstabe a ist der rückständige Teil der Miete nur dann als nicht unerheblich anzusehen, wenn er die Miete für einen Monat übersteigt. Dies gilt nicht, wenn der Wohnraum nur zum vorübergehenden Gebrauch vermietet ist.

2.

Die Kündigung wird auch dann unwirksam, wenn der Vermieter spätestens bis zum Ablauf von zwei Monaten nach Eintritt der Rechtshängigkeit des Räumungsanspruchs hinsichtlich der fälligen Miete und der fälligen Entschädigung nach § 546a Abs. 1 befriedigt wird oder sich eine öffentliche Stelle zur Befriedigung verpflichtet. Dies gilt nicht, wenn der Kündigung vor nicht länger als zwei Jahren bereits eine nach Satz 1 unwirksam gewordene Kündigung vorausgegangen ist.

3.

Ist der Mieter rechtskräftig zur Zahlung einer erhöhten Miete nach den §§ 558 bis 560 verurteilt worden, so kann

der Vermieter das Mietverhältnis wegen Zahlungsverzugs des Mieters nicht vor Ablauf von zwei Monaten nach rechtskräftiger Verurteilung kündigen, wenn nicht die Voraussetzungen der außerordentlichen fristlosen Kündigung schon wegen der bisher geschuldeten Miete erfüllt sind.
(4) Der zur Kündigung führende wichtige Grund ist in dem Kündigungsschreiben anzugeben.
(5) Eine Vereinbarung, die zum Nachteil des Mieters von den Absätzen 1 bis 3 dieser Vorschrift oder von § 543 abweicht, ist unwirksam. Ferner ist eine Vereinbarung unwirksam, nach der der Vermieter berechtigt sein soll, aus anderen als den im Gesetz zugelassenen Gründen außerordentlich fristlos zu kündigen.

§ 570 Ausschluss des Zurückbehaltungsrechts
Dem Mieter steht kein Zurückbehaltungsrecht gegen den Rückgabeanspruch des Vermieters zu.

§ 571 Weiterer Schadensersatz bei verspäteter Rückgabe von Wohnraum
(1) Gibt der Mieter den gemieteten Wohnraum nach Beendigung des Mietverhältnisses nicht zurück, so kann der Vermieter einen weiteren Schaden im Sinne des § 546a Abs. 2 nur geltend machen, wenn die Rückgabe infolge von Umständen unterblieben ist, die der Mieter zu vertreten hat. Der Schaden ist nur insoweit zu ersetzen, als die Billigkeit eine Schadloshaltung erfordert. Dies gilt nicht, wenn der Mieter gekündigt hat.
(2) Wird dem Mieter nach § 721 oder § 794a der Zivilprozessordnung eine Räumungsfrist gewährt, so ist er für die Zeit von der Beendigung des Mietverhältnisses bis zum Ablauf der Räumungsfrist zum Ersatz eines weiteren Schadens nicht verpflichtet.
(3) Eine zum Nachteil des Mieters abweichende Vereinbarung ist unwirksam.

§ 572 Vereinbartes Rücktrittsrecht; Mietverhältnis unter auflösender Bedingung
(1) Auf eine Vereinbarung, nach der der Vermieter

berechtigt sein soll, nach Überlassung des Wohnraums an den Mieter vom Vertrag zurückzutreten, kann der Vermieter sich nicht berufen.
(2) Ferner kann der Vermieter sich nicht auf eine Vereinbarung berufen, nach der das Mietverhältnis zum Nachteil des Mieters auflösend bedingt ist.

Unterkapitel
Mietverhältnisse auf unbestimmte Zeit

§ 573 Ordentliche Kündigung des Vermieters
(1) Der Vermieter kann nur kündigen, wenn er ein berechtigtes Interesse an der Beendigung des Mietverhältnisses hat. Die Kündigung zum Zwecke der Mieterhöhung ist ausgeschlossen.
(2) Ein berechtigtes Interesse des Vermieters an der Beendigung des Mietverhältnisses liegt insbesondere vor, wenn
1.
der Mieter seine vertraglichen Pflichten schuldhaft nicht unerheblich verletzt hat,
2.
der Vermieter die Räume als Wohnung für sich, seine Familienangehörigen oder Angehörige seines Haushalts benötigt oder
3.
der Vermieter durch die Fortsetzung des Mietverhältnisses an einer angemessenen wirtschaftlichen Verwertung des Grundstücks gehindert und dadurch erhebliche Nachteile erleiden würde; die Möglichkeit, durch eine anderweitige Vermietung als Wohnraum eine höhere Miete zu erzielen, bleibt außer Betracht; der Vermieter kann sich auch nicht darauf berufen, dass er die Mieträume im Zusammenhang mit einer beabsichtigten oder nach Überlassung an den Mieter erfolgten Begründung von Wohnungseigentum veräußern will.
(3) Die Gründe für ein berechtigtes Interesse des Vermieters sind in dem Kündigungsschreiben anzugeben. Andere Gründe werden nur berücksichtigt, soweit sie nachträglich entstanden sind.

(4) Eine zum Nachteil des Mieters abweichende Vereinbarung ist unwirksam.

§ 573a Erleichterte Kündigung des Vermieters

(1) Ein Mietverhältnis über eine Wohnung in einem vom Vermieter selbst bewohnten Gebäude mit nicht mehr als zwei Wohnungen kann der Vermieter auch kündigen, ohne dass es eines berechtigten Interesses im Sinne des § 573 bedarf. Die Kündigungsfrist verlängert sich in diesem Fall um drei Monate.

(2) Absatz 1 gilt entsprechend für Wohnraum innerhalb der vom Vermieter selbst bewohnten Wohnung, sofern der Wohnraum nicht nach § 549 Abs. 2 Nr. 2 vom Mieterschutz ausgenommen ist.

(3) In dem Kündigungsschreiben ist anzugeben, dass die Kündigung auf die Voraussetzungen des Absatzes 1 oder 2 gestützt wird.

(4) Eine zum Nachteil des Mieters abweichende Vereinbarung ist unwirksam.

§ 573b Teilkündigung des Vermieters

(1) Der Vermieter kann nicht zum Wohnen bestimmte Nebenräume oder Teile eines Grundstücks ohne ein berechtigtes Interesse im Sinne des § 573 kündigen, wenn er die Kündigung auf diese Räume oder Grundstücksteile beschränkt und sie dazu verwenden will,

1.

Wohnraum zum Zwecke der Vermietung zu schaffen oder

2.

den neu zu schaffenden und den vorhandenen Wohnraum mit Nebenräumen oder Grundstücksteilen auszustatten.

(2) Die Kündigung ist spätestens am dritten Werktag eines Kalendermonats zum Ablauf des übernächsten Monats zulässig.

(3) Verzögert sich der Beginn der Bauarbeiten, so kann der Mieter eine Verlängerung des Mietverhältnisses um einen entsprechenden Zeitraum verlangen.

(4) Der Mieter kann eine angemessene Senkung der Miete verlangen.

(5) Eine zum Nachteil des Mieters abweichende

Vereinbarung ist unwirksam.

§ 573c Fristen der ordentlichen Kündigung

(1) Die Kündigung ist spätestens am dritten Werktag eines Kalendermonats zum Ablauf des übernächsten Monats zulässig. Die Kündigungsfrist für den Vermieter verlängert sich nach fünf und acht Jahren seit der Überlassung des Wohnraums um jeweils drei Monate.

(2) Bei Wohnraum, der nur zum vorübergehenden Gebrauch vermietet worden ist, kann eine kürzere Kündigungsfrist vereinbart werden.

(3) Bei Wohnraum nach § 549 Abs. 2 Nr. 2 ist die Kündigung spätestens am 15. eines Monats zum Ablauf dieses Monats zulässig.

(4) Eine zum Nachteil des Mieters von Absatz 1 oder 3 abweichende Vereinbarung ist unwirksam.

§ 573d Außerordentliche Kündigung mit gesetzlicher Frist

(1) Kann ein Mietverhältnis außerordentlich mit der gesetzlichen Frist gekündigt werden, so gelten mit Ausnahme der Kündigung gegenüber Erben des Mieters nach § 564 die §§ 573 und 573a entsprechend.

(2) Die Kündigung ist spätestens am dritten Werktag eines Kalendermonats zum Ablauf des übernächsten Monats zulässig, bei Wohnraum nach § 549 Abs. 2 Nr. 2 spätestens am 15. eines Monats zum Ablauf dieses Monats (gesetzliche Frist). § 573a Abs. 1 Satz 2 findet keine Anwendung.

(3) Eine zum Nachteil des Mieters abweichende Vereinbarung ist unwirksam.

§ 574 Widerspruch des Mieters gegen die Kündigung

(1) Der Mieter kann der Kündigung des Vermieters widersprechen und von ihm die Fortsetzung des Mietverhältnisses verlangen, wenn die Beendigung des Mietverhältnisses für den Mieter, seine Familie oder einen anderen Angehörigen seines Haushalts eine Härte bedeuten würde, die auch unter Würdigung der berechtigten Interessen des Vermieters nicht zu

rechtfertigen ist. Dies gilt nicht, wenn ein Grund vorliegt, der den Vermieter zur außerordentlichen fristlosen Kündigung berechtigt.
(2) Eine Härte liegt auch vor, wenn angemessener Ersatzwohnraum zu zumutbaren Bedingungen nicht beschafft werden kann.
(3) Bei der Würdigung der berechtigten Interessen des Vermieters werden nur die in dem Kündigungsschreiben nach § 573 Abs. 3 angegebenen Gründe berücksichtigt, außer wenn die Gründe nachträglich entstanden sind.
(4) Eine zum Nachteil des Mieters abweichende Vereinbarung ist unwirksam.

§ 574a Fortsetzung des Mietverhältnisses nach Widerspruch

(1) Im Falle des § 574 kann der Mieter verlangen, dass das Mietverhältnis so lange fortgesetzt wird, wie dies unter Berücksichtigung aller Umstände angemessen ist. Ist dem Vermieter nicht zuzumuten, das Mietverhältnis zu den bisherigen Vertragsbedingungen fortzusetzen, so kann der Mieter nur verlangen, dass es unter einer angemessenen Änderung der Bedingungen fortgesetzt wird.
(2) Kommt keine Einigung zustande, so werden die Fortsetzung des Mietverhältnisses, deren Dauer sowie die Bedingungen, zu denen es fortgesetzt wird, durch Urteil bestimmt. Ist ungewiss, wann voraussichtlich die Umstände wegfallen, auf Grund derer die Beendigung des Mietverhältnisses eine Härte bedeutet, so kann bestimmt werden, dass das Mietverhältnis auf unbestimmte Zeit fortgesetzt wird.
(3) Eine zum Nachteil des Mieters abweichende Vereinbarung ist unwirksam.

§ 574b Form und Frist des Widerspruchs

(1) Der Widerspruch des Mieters gegen die Kündigung ist schriftlich zu erklären. Auf Verlangen des Vermieters soll der Mieter über die Gründe des Widerspruchs unverzüglich Auskunft erteilen.
(2) Der Vermieter kann die Fortsetzung des Mietverhältnisses ablehnen, wenn der Mieter ihm den

Widerspruch nicht spätestens zwei Monate vor der Beendigung des Mietverhältnisses erklärt hat. Hat der Vermieter nicht rechtzeitig vor Ablauf der Widerspruchsfrist auf die Möglichkeit des Widerspruchs sowie auf dessen Form und Frist hingewiesen, so kann der Mieter den Widerspruch noch im ersten Termin des Räumungsrechtsstreits erklären.
(3) Eine zum Nachteil des Mieters abweichende Vereinbarung ist unwirksam.

§ 574c Weitere Fortsetzung des Mietverhältnisses bei unvorhergesehenen Umständen
(1) Ist auf Grund der §§ 574 bis 574b durch Einigung oder Urteil bestimmt worden, dass das Mietverhältnis auf bestimmte Zeit fortgesetzt wird, so kann der Mieter dessen weitere Fortsetzung nur verlangen, wenn dies durch eine wesentliche Änderung der Umstände gerechtfertigt ist oder wenn Umstände nicht eingetreten sind, deren vorgesehener Eintritt für die Zeitdauer der Fortsetzung bestimmend gewesen war.
(2) Kündigt der Vermieter ein Mietverhältnis, dessen Fortsetzung auf unbestimmte Zeit durch Urteil bestimmt worden ist, so kann der Mieter der Kündigung widersprechen und vom Vermieter verlangen, das Mietverhältnis auf unbestimmte Zeit fortzusetzen. Haben sich die Umstände verändert, die für die Fortsetzung bestimmend gewesen waren, so kann der Mieter eine Fortsetzung des Mietverhältnisses nur nach § 574 verlangen; unerhebliche Veränderungen bleiben außer Betracht.
(3) Eine zum Nachteil des Mieters abweichende Vereinbarung ist unwirksam.

Unterkapitel
Mietverhältnisse auf bestimmte Zeit

§ 575 Zeitmietvertrag
(1) Ein Mietverhältnis kann auf bestimmte Zeit

eingegangen werden, wenn der Vermieter nach Ablauf der Mietzeit

1.
die Räume als Wohnung für sich, seine Familienangehörigen oder Angehörige seines Haushalts nutzen will,

2.
in zulässiger Weise die Räume beseitigen oder so wesentlich verändern oder instand setzen will, dass die Maßnahmen durch eine Fortsetzung des Mietverhältnisses erheblich erschwert würden, oder

3.
die Räume an einen zur Dienstleistung Verpflichteten vermieten will

und er dem Mieter den Grund der Befristung bei Vertragsschluss schriftlich mitteilt. Anderenfalls gilt das Mietverhältnis als auf unbestimmte Zeit abgeschlossen.

(2) Der Mieter kann vom Vermieter frühestens vier Monate vor Ablauf der Befristung verlangen, dass dieser ihm binnen eines Monats mitteilt, ob der Befristungsgrund noch besteht. Erfolgt die Mitteilung später, so kann der Mieter eine Verlängerung des Mietverhältnisses um den Zeitraum der Verspätung verlangen.

(3) Tritt der Grund der Befristung erst später ein, so kann der Mieter eine Verlängerung des Mietverhältnisses um einen entsprechenden Zeitraum verlangen. Entfällt der Grund, so kann der Mieter eine Verlängerung auf unbestimmte Zeit verlangen. Die Beweislast für den Eintritt des Befristungsgrundes und die Dauer der Verzögerung trifft den Vermieter.

(4) Eine zum Nachteil des Mieters abweichende Vereinbarung ist unwirksam.

§ 575a Außerordentliche Kündigung mit gesetzlicher Frist

(1) Kann ein Mietverhältnis, das auf bestimmte Zeit eingegangen ist, außerordentlich mit der gesetzlichen Frist gekündigt werden, so gelten mit Ausnahme der Kündigung gegenüber Erben des Mieters nach § 564 die §§ 573 und 573a entsprechend.

(2) Die §§ 574 bis 574c gelten entsprechend mit der Maßgabe, dass die Fortsetzung des Mietverhältnisses höchstens bis zum vertraglich bestimmten Zeitpunkt der Beendigung verlangt werden kann.
(3) Die Kündigung ist spätestens am dritten Werktag eines Kalendermonats zum Ablauf des übernächsten Monats zulässig, bei Wohnraum nach § 549 Abs. 2 Nr. 2 spätestens am 15. eines Monats zum Ablauf dieses Monats (gesetzliche Frist). § 573a Abs. 1 Satz 2 findet keine Anwendung.
(4) Eine zum Nachteil des Mieters abweichende Vereinbarung ist unwirksam.

Unterkapitel
Werkwohnungen

§ 576 Fristen der ordentlichen Kündigung bei Werkmietwohnungen
(1) Ist Wohnraum mit Rücksicht auf das Bestehen eines Dienstverhältnisses vermietet, so kann der Vermieter nach Beendigung des Dienstverhältnisses abweichend von § 573c Abs. 1 Satz 2 mit folgenden Fristen kündigen:
1.
bei Wohnraum, der dem Mieter weniger als zehn Jahre überlassen war, spätestens am dritten Werktag eines Kalendermonats zum Ablauf des übernächsten Monats, wenn der Wohnraum für einen anderen zur Dienstleistung Verpflichteten benötigt wird;
2.
spätestens am dritten Werktag eines Kalendermonats zum Ablauf dieses Monats, wenn das Dienstverhältnis seiner Art nach die Überlassung von Wohnraum erfordert hat, der in unmittelbarer Beziehung oder Nähe zur Arbeitsstätte steht, und der Wohnraum aus dem gleichen Grund für einen anderen zur Dienstleistung Verpflichteten benötigt wird.
(2) Eine zum Nachteil des Mieters abweichende Vereinbarung ist unwirksam.

§ 576a Besonderheiten des Widerspruchsrechts bei Werkmietwohnungen

(1) Bei der Anwendung der §§ 574 bis 574c auf Werkmietwohnungen sind auch die Belange des Dienstberechtigten zu berücksichtigen.

(2) Die §§ 574 bis 574c gelten nicht, wenn

1.

der Vermieter nach § 576 Abs. 1 Nr. 2 gekündigt hat;

2.

der Mieter das Dienstverhältnis gelöst hat, ohne dass ihm von dem Dienstberechtigten gesetzlich begründeter Anlass dazu gegeben war, oder der Mieter durch sein Verhalten dem Dienstberechtigten gesetzlich begründeten Anlass zur Auflösung des Dienstverhältnisses gegeben hat.

(3) Eine zum Nachteil des Mieters abweichende Vereinbarung ist unwirksam.

§ 576b Entsprechende Geltung des Mietrechts bei Werkdienstwohnungen

(1) Ist Wohnraum im Rahmen eines Dienstverhältnisses überlassen, so gelten für die Beendigung des Rechtsverhältnisses hinsichtlich des Wohnraums die Vorschriften über Mietverhältnisse entsprechend, wenn der zur Dienstleistung Verpflichtete den Wohnraum überwiegend mit Einrichtungsgegenständen ausgestattet hat oder in dem Wohnraum mit seiner Familie oder Personen lebt, mit denen er einen auf Dauer angelegten gemeinsamen Haushalt führt.

(2) Eine zum Nachteil des Mieters abweichende Vereinbarung ist unwirksam.

Kapitel
Besonderheiten bei der Bildung von Wohnungseigentum an vermieteten Wohnungen

§ 577 Vorkaufsrecht des Mieters

(1) Werden vermietete Wohnräume, an denen nach der Überlassung an den Mieter Wohnungseigentum

begründet worden ist oder begründet werden soll, an einen Dritten verkauft, so ist der Mieter zum Vorkauf berechtigt. Dies gilt nicht, wenn der Vermieter die Wohnräume an einen Familienangehörigen oder an einen Angehörigen seines Haushalts verkauft. Soweit sich nicht aus den nachfolgenden Absätzen etwas anderes ergibt, finden auf das Vorkaufsrecht die Vorschriften über den Vorkauf Anwendung.
(2) Die Mitteilung des Verkäufers oder des Dritten über den Inhalt des Kaufvertrags ist mit einer Unterrichtung des Mieters über sein Vorkaufsrecht zu verbinden.
(3) Die Ausübung des Vorkaufsrechts erfolgt durch schriftliche Erklärung des Mieters gegenüber dem Verkäufer.
(4) Stirbt der Mieter, so geht das Vorkaufsrecht auf diejenigen über, die in das Mietverhältnis nach § 563 Abs. 1 oder 2 eintreten.
(5) Eine zum Nachteil des Mieters abweichende Vereinbarung ist unwirksam.

§ 577a Kündigungsbeschränkung bei Wohnungsumwandlung

(1) Ist an vermieteten Wohnräumen nach der Überlassung an den Mieter Wohnungseigentum begründet und das Wohnungseigentum veräußert worden, so kann sich ein Erwerber auf berechtigte Interessen im Sinne des § 573 Abs. 2 Nr. 2 oder 3 erst nach Ablauf von drei Jahren seit der Veräußerung berufen.
(1a) Die Kündigungsbeschränkung nach Absatz 1 gilt entsprechend, wenn vermieteter Wohnraum nach der Überlassung an den Mieter

1.
an eine Personengesellschaft oder an mehrere Erwerber veräußert worden ist oder

2.
zu Gunsten einer Personengesellschaft oder mehrerer Erwerber mit einem Recht belastet worden ist, durch dessen Ausübung dem Mieter der vertragsgemäße Gebrauch entzogen wird.

Satz 1 ist nicht anzuwenden, wenn die Gesellschafter oder

Erwerber derselben Familie oder demselben Haushalt angehören oder vor Überlassung des Wohnraums an den Mieter Wohnungseigentum begründet worden ist.
(2) Die Frist nach Absatz 1 oder nach Absatz 1a beträgt bis zu zehn Jahre, wenn die ausreichende Versorgung der Bevölkerung mit Mietwohnungen zu angemessenen Bedingungen in einer Gemeinde oder einem Teil einer Gemeinde besonders gefährdet ist und diese Gebiete nach Satz 2 bestimmt sind. Die Landesregierungen werden ermächtigt, diese Gebiete und die Frist nach Satz 1 durch Rechtsverordnung für die Dauer von jeweils höchstens zehn Jahren zu bestimmen.
(2a) Wird nach einer Veräußerung oder Belastung im Sinne des Absatzes 1a Wohnungseigentum begründet, so beginnt die Frist, innerhalb der eine Kündigung nach § 573 Absatz 2 Nummer 2 oder 3 ausgeschlossen ist, bereits mit der Veräußerung oder Belastung nach Absatz 1a.
(3) Eine zum Nachteil des Mieters abweichende Vereinbarung ist unwirksam.

Untertitel
Mietverhältnisse über andere Sachen

§ 578 Mietverhältnisse über Grundstücke und Räume

(1) Auf Mietverhältnisse über Grundstücke sind die Vorschriften der §§ 550, 562 bis 562d, 566 bis 567b sowie 570 entsprechend anzuwenden.
(2) Auf Mietverhältnisse über Räume, die keine Wohnräume sind, sind die in Absatz 1 genannten Vorschriften sowie § 552 Abs. 1, § 555a Absatz 1 bis 3, §§ 555b, 555c Absatz 1 bis 4, § 555d Absatz 1 bis 6, § 555e Absatz 1 und 2, § 555f und § 569 Abs. 2 entsprechend anzuwenden. § 556c Absatz 1 und 2 sowie die auf Grund des § 556c Absatz 3 erlassene Rechtsverordnung sind entsprechend anzuwenden, abweichende Vereinbarungen sind zulässig. Sind die Räume zum Aufenthalt von Menschen bestimmt, so gilt außerdem § 569 Abs. 1 entsprechend.

§ 578a Mietverhältnisse über eingetragene Schiffe

(1) Die Vorschriften der §§ 566, 566a, 566e bis 567b gelten im Falle der Veräußerung oder Belastung eines im Schiffsregister eingetragenen Schiffs entsprechend.
(2) Eine Verfügung, die der Vermieter vor dem Übergang des Eigentums über die Miete getroffen hat, die auf die Zeit der Berechtigung des Erwerbers entfällt, ist dem Erwerber gegenüber wirksam. Das Gleiche gilt für ein Rechtsgeschäft, das zwischen dem Mieter und dem Vermieter über die Mietforderung vorgenommen wird, insbesondere die Entrichtung der Miete; ein Rechtsgeschäft, das nach dem Übergang des Eigentums vorgenommen wird, ist jedoch unwirksam, wenn der Mieter bei der Vornahme des Rechtsgeschäfts von dem Übergang des Eigentums Kenntnis hat. § 566d gilt entsprechend.

§ 579 Fälligkeit der Miete
(1) Die Miete für ein Grundstück und für bewegliche Sachen ist am Ende der Mietzeit zu entrichten. Ist die Miete nach Zeitabschnitten bemessen, so ist sie nach Ablauf der einzelnen Zeitabschnitte zu entrichten. Die Miete für ein Grundstück ist, sofern sie nicht nach kürzeren Zeitabschnitten bemessen ist, jeweils nach Ablauf eines Kalendervierteljahrs am ersten Werktag des folgenden Monats zu entrichten.
(2) Für Mietverhältnisse über Räume gilt § 556b Abs. 1 entsprechend.

§ 580 Außerordentliche Kündigung bei Tod des Mieters
Stirbt der Mieter, so ist sowohl der Erbe als auch der Vermieter berechtigt, das Mietverhältnis innerhalb eines Monats, nachdem sie vom Tod des Mieters Kenntnis erlangt haben, außerordentlich mit der gesetzlichen Frist zu kündigen.

§ 580a Kündigungsfristen
(1) Bei einem Mietverhältnis über Grundstücke, über Räume, die keine Geschäftsräume sind, ist die ordentliche Kündigung zulässig,
1.

wenn die Miete nach Tagen bemessen ist, an jedem Tag zum Ablauf des folgenden Tages;
2.
wenn die Miete nach Wochen bemessen ist, spätestens am ersten Werktag einer Woche zum Ablauf des folgenden Sonnabends;
3.
wenn die Miete nach Monaten oder längeren Zeitabschnitten bemessen ist, spätestens am dritten Werktag eines Kalendermonats zum Ablauf des übernächsten Monats, bei einem Mietverhältnis über gewerblich genutzte unbebaute Grundstücke jedoch nur zum Ablauf eines Kalendervierteljahrs.
(2) Bei einem Mietverhältnis über Geschäftsräume ist die ordentliche Kündigung spätestens am dritten Werktag eines Kalendervierteljahres zum Ablauf des nächsten Kalendervierteljahrs zulässig.
(3) Bei einem Mietverhältnis über bewegliche Sachen ist die ordentliche Kündigung zulässig,
1.
wenn die Miete nach Tagen bemessen ist, an jedem Tag zum Ablauf des folgenden Tages;
2.
wenn die Miete nach längeren Zeitabschnitten bemessen ist, spätestens am dritten Tag vor dem Tag, mit dessen Ablauf das Mietverhältnis enden soll.
(4) Absatz 1 Nr. 3, Absatz 2 und 3 Nr. 2 sind auch anzuwenden, wenn ein Mietverhältnis außerordentlich mit der gesetzlichen Frist gekündigt werden kann.

Untertitel
Pachtvertrag

§ 581 Vertragstypische Pflichten beim Pachtvertrag

(1) Durch den Pachtvertrag wird der Verpächter verpflichtet, dem Pächter den Gebrauch des verpachteten Gegenstands und den Genuss der Früchte, soweit sie nach den Regeln einer ordnungsmäßigen Wirtschaft als Ertrag anzusehen sind, während der Pachtzeit zu gewähren. Der Pächter ist verpflichtet, dem Verpächter die vereinbarte

Pacht zu entrichten.
(2) Auf den Pachtvertrag mit Ausnahme des Landpachtvertrags sind, soweit sich nicht aus den §§ 582 bis 584b etwas anderes ergibt, die Vorschriften über den Mietvertrag entsprechend anzuwenden.

§ 582 Erhaltung des Inventars

(1) Wird ein Grundstück mit Inventar verpachtet, so obliegt dem Pächter die Erhaltung der einzelnen Inventarstücke.
(2) Der Verpächter ist verpflichtet, Inventarstücke zu ersetzen, die infolge eines vom Pächter nicht zu vertretenden Umstands in Abgang kommen. Der Pächter hat jedoch den gewöhnlichen Abgang der zum Inventar gehörenden Tiere insoweit zu ersetzen, als dies einer ordnungsmäßigen Wirtschaft entspricht.

§ 582a Inventarübernahme zum Schätzwert

(1) Übernimmt der Pächter eines Grundstücks das Inventar zum Schätzwert mit der Verpflichtung, es bei Beendigung des Pachtverhältnisses zum Schätzwert zurückzugewähren, so trägt er die Gefahr des zufälligen Untergangs und der zufälligen Verschlechterung des Inventars. Innerhalb der Grenzen einer ordnungsmäßigen Wirtschaft kann er über die einzelnen Inventarstücke verfügen.
(2) Der Pächter hat das Inventar in dem Zustand zu erhalten und in dem Umfang laufend zu ersetzen, der den Regeln einer ordnungsmäßigen Wirtschaft entspricht. Die von ihm angeschafften Stücke werden mit der Einverleibung in das Inventar Eigentum des Verpächters.
(3) Bei Beendigung des Pachtverhältnisses hat der Pächter das vorhandene Inventar dem Verpächter zurückzugewähren. Der Verpächter kann die Übernahme derjenigen von dem Pächter angeschafften Inventarstücke ablehnen, welche nach den Regeln einer ordnungsmäßigen Wirtschaft für das Grundstück überflüssig oder zu wertvoll sind; mit der Ablehnung geht das Eigentum an den abgelehnten Stücken auf den Pächter über. Besteht zwischen dem Gesamtschätzwert des

übernommenen und dem des zurückzugewährenden Inventars ein Unterschied, so ist dieser in Geld auszugleichen. Den Schätzwerten sind die Preise im Zeitpunkt der Beendigung des Pachtverhältnisses zugrunde zu legen.

§ 583 Pächterpfandrecht am Inventar

(1) Dem Pächter eines Grundstücks steht für die Forderungen gegen den Verpächter, die sich auf das mitgepachtete Inventar beziehen, ein Pfandrecht an den in seinen Besitz gelangten Inventarstücken zu.

(2) Der Verpächter kann die Geltendmachung des Pfandrechts des Pächters durch Sicherheitsleistung abwenden. Er kann jedes einzelne Inventarstück dadurch von dem Pfandrecht befreien, dass er in Höhe des Wertes Sicherheit leistet.

§ 583a Verfügungsbeschränkungen bei Inventar

Vertragsbestimmungen, die den Pächter eines Betriebs verpflichten, nicht oder nicht ohne Einwilligung des Verpächters über Inventarstücke zu verfügen oder Inventar an den Verpächter zu veräußern, sind nur wirksam, wenn sich der Verpächter verpflichtet, das Inventar bei der Beendigung des Pachtverhältnisses zum Schätzwert zu erwerben.

§ 584 Kündigungsfrist

(1) Ist bei dem Pachtverhältnis über ein Grundstück oder ein Recht die Pachtzeit nicht bestimmt, so ist die Kündigung nur für den Schluss eines Pachtjahrs zulässig; sie hat spätestens am dritten Werktag des halben Jahres zu erfolgen, mit dessen Ablauf die Pacht enden soll.

(2) Dies gilt auch, wenn das Pachtverhältnis außerordentlich mit der gesetzlichen Frist gekündigt werden kann.

§ 584a Ausschluss bestimmter mietrechtlicher Kündigungsrechte

(1) Dem Pächter steht das in § 540 Abs. 1 bestimmte Kündigungsrecht nicht zu.

(2) Der Verpächter ist nicht berechtigt, das Pachtverhältnis nach § 580 zu kündigen.

§ 584b Verspätete Rückgabe
Gibt der Pächter den gepachteten Gegenstand nach der Beendigung des Pachtverhältnisses nicht zurück, so kann der Verpächter für die Dauer der Vorenthaltung als Entschädigung die vereinbarte Pacht nach dem Verhältnis verlangen, in dem die Nutzungen, die der Pächter während dieser Zeit gezogen hat oder hätte ziehen können, zu den Nutzungen des ganzen Pachtjahrs stehen. Die Geltendmachung eines weiteren Schadens ist nicht ausgeschlossen.

Untertitel
Landpachtvertrag

§ 585 Begriff des Landpachtvertrags
(1) Durch den Landpachtvertrag wird ein Grundstück mit den seiner Bewirtschaftung dienenden Wohn- oder Wirtschaftsgebäuden (Betrieb) oder ein Grundstück ohne solche Gebäude überwiegend zur Landwirtschaft verpachtet. Landwirtschaft sind die Bodenbewirtschaftung und die mit der Bodennutzung verbundene Tierhaltung, um pflanzliche oder tierische Erzeugnisse zu gewinnen, sowie die gartenbauliche Erzeugung.
(2) Für Landpachtverträge gelten § 581 Abs. 1 und die §§ 582 bis 583a sowie die nachfolgenden besonderen Vorschriften.
(3) Die Vorschriften über Landpachtverträge gelten auch für Pachtverhältnisse über forstwirtschaftliche Grundstücke, wenn die Grundstücke zur Nutzung in einem überwiegend landwirtschaftlichen Betrieb verpachtet werden.

§ 585a Form des Landpachtvertrags
Wird der Landpachtvertrag für längere Zeit als zwei Jahre nicht in schriftlicher Form geschlossen, so gilt er für

unbestimmte Zeit.

§ 585b Beschreibung der Pachtsache

(1) Der Verpächter und der Pächter sollen bei Beginn des Pachtverhältnisses gemeinsam eine Beschreibung der Pachtsache anfertigen, in der ihr Umfang sowie der Zustand, in dem sie sich bei der Überlassung befindet, festgestellt werden. Dies gilt für die Beendigung des Pachtverhältnisses entsprechend. Die Beschreibung soll mit der Angabe des Tages der Anfertigung versehen werden und ist von beiden Teilen zu unterschreiben.

(2) Weigert sich ein Vertragsteil, bei der Anfertigung einer Beschreibung mitzuwirken, oder ergeben sich bei der Anfertigung Meinungsverschiedenheiten tatsächlicher Art, so kann jeder Vertragsteil verlangen, dass eine Beschreibung durch einen Sachverständigen angefertigt wird, es sei denn, dass seit der Überlassung der Pachtsache mehr als neun Monate oder seit der Beendigung des Pachtverhältnisses mehr als drei Monate verstrichen sind; der Sachverständige wird auf Antrag durch das Landwirtschaftsgericht ernannt. Die insoweit entstehenden Kosten trägt jeder Vertragsteil zur Hälfte.

(3) Ist eine Beschreibung der genannten Art angefertigt, so wird im Verhältnis der Vertragsteile zueinander vermutet, dass sie richtig ist.

§ 586 Vertragstypische Pflichten beim Landpachtvertrag

(1) Der Verpächter hat die Pachtsache dem Pächter in einem zu der vertragsmäßigen Nutzung geeigneten Zustand zu überlassen und sie während der Pachtzeit in diesem Zustand zu erhalten. Der Pächter hat jedoch die gewöhnlichen Ausbesserungen der Pachtsache, insbesondere die der Wohn- und Wirtschaftsgebäude, der Wege, Gräben, Dränungen und Einfriedigungen, auf seine Kosten durchzuführen. Er ist zur ordnungsmäßigen Bewirtschaftung der Pachtsache verpflichtet.

(2) Für die Haftung des Verpächters für Sach- und Rechtsmängel der Pachtsache sowie für die Rechte und Pflichten des Pächters wegen solcher Mängel gelten die Vorschriften des § 536 Abs. 1 bis 3 und der §§ 536a bis

536d entsprechend.

§ 586a Lasten der Pachtsache
Der Verpächter hat die auf der Pachtsache ruhenden Lasten zu tragen.

§ 587 Fälligkeit der Pacht; Entrichtung der Pacht bei persönlicher Verhinderung des Pächters
(1) Die Pacht ist am Ende der Pachtzeit zu entrichten. Ist die Pacht nach Zeitabschnitten bemessen, so ist sie am ersten Werktag nach dem Ablauf der einzelnen Zeitabschnitte zu entrichten.
(2) Der Pächter wird von der Entrichtung der Pacht nicht dadurch befreit, dass er durch einen in seiner Person liegenden Grund an der Ausübung des ihm zustehenden Nutzungsrechts verhindert ist. § 537 Abs. 1 Satz 2 und Abs. 2 gilt entsprechend.

§ 588 Maßnahmen zur Erhaltung oder Verbesserung
(1) Der Pächter hat Einwirkungen auf die Pachtsache zu dulden, die zu ihrer Erhaltung erforderlich sind.
(2) Maßnahmen zur Verbesserung der Pachtsache hat der Pächter zu dulden, es sei denn, dass die Maßnahme für ihn eine Härte bedeuten würde, die auch unter Würdigung der berechtigten Interessen des Verpächters nicht zu rechtfertigen ist. Der Verpächter hat die dem Pächter durch die Maßnahme entstandenen Aufwendungen und entgangenen Erträge in einem den Umständen nach angemessenen Umfang zu ersetzen. Auf Verlangen hat der Verpächter Vorschuss zu leisten.
(3) Soweit der Pächter infolge von Maßnahmen nach Absatz 2 Satz 1 höhere Erträge erzielt oder bei ordnungsmäßiger Bewirtschaftung erzielen könnte, kann der Verpächter verlangen, dass der Pächter in eine angemessene Erhöhung der Pacht einwilligt, es sei denn, dass dem Pächter eine Erhöhung der Pacht nach den Verhältnissen des Betriebs nicht zugemutet werden kann.
(4) Über Streitigkeiten nach den Absätzen 1 und 2 entscheidet auf Antrag das Landwirtschaftsgericht. Verweigert der Pächter in den Fällen des Absatzes 3 seine

Einwilligung, so kann sie das Landwirtschaftsgericht auf Antrag des Verpächters ersetzen.

§ 589 Nutzungsüberlassung an Dritte

(1) Der Pächter ist ohne Erlaubnis des Verpächters nicht berechtigt,

1.

die Nutzung der Pachtsache einem Dritten zu überlassen, insbesondere die Sache weiter zu verpachten,

2.

die Pachtsache ganz oder teilweise einem landwirtschaftlichen Zusammenschluss zum Zwecke der gemeinsamen Nutzung zu überlassen.

(2) Überlässt der Pächter die Nutzung der Pachtsache einem Dritten, so hat er ein Verschulden, das dem Dritten bei der Nutzung zur Last fällt, zu vertreten, auch wenn der Verpächter die Erlaubnis zur Überlassung erteilt hat.

§ 590 Änderung der landwirtschaftlichen Bestimmung oder der bisherigen Nutzung

(1) Der Pächter darf die landwirtschaftliche Bestimmung der Pachtsache nur mit vorheriger Erlaubnis des Verpächters ändern.

(2) Zur Änderung der bisherigen Nutzung der Pachtsache ist die vorherige Erlaubnis des Verpächters nur dann erforderlich, wenn durch die Änderung die Art der Nutzung über die Pachtzeit hinaus beeinflusst wird. Der Pächter darf Gebäude nur mit vorheriger Erlaubnis des Verpächters errichten. Verweigert der Verpächter die Erlaubnis, so kann sie auf Antrag des Pächters durch das Landwirtschaftsgericht ersetzt werden, soweit die Änderung zur Erhaltung oder nachhaltigen Verbesserung der Rentabilität des Betriebs geeignet erscheint und dem Verpächter bei Berücksichtigung seiner berechtigten Interessen zugemutet werden kann. Dies gilt nicht, wenn der Pachtvertrag gekündigt ist oder das Pachtverhältnis in weniger als drei Jahren endet. Das Landwirtschaftsgericht kann die Erlaubnis unter Bedingungen und Auflagen ersetzen, insbesondere eine Sicherheitsleistung anordnen sowie Art und Umfang der Sicherheit bestimmen. Ist die

Veranlassung für die Sicherheitsleistung weggefallen, so entscheidet auf Antrag das Landwirtschaftsgericht über die Rückgabe der Sicherheit; § 109 der Zivilprozessordnung gilt entsprechend.
(3) Hat der Pächter das nach § 582a zum Schätzwert übernommene Inventar im Zusammenhang mit einer Änderung der Nutzung der Pachtsache wesentlich vermindert, so kann der Verpächter schon während der Pachtzeit einen Geldausgleich in entsprechender Anwendung des § 582a Abs. 3 verlangen, es sei denn, dass der Erlös der veräußerten Inventarstücke zu einer zur Höhe des Erlöses in angemessenem Verhältnis stehenden Verbesserung der Pachtsache nach § 591 verwendet worden ist.

§ 590a Vertragswidriger Gebrauch
Macht der Pächter von der Pachtsache einen vertragswidrigen Gebrauch und setzt er den Gebrauch ungeachtet einer Abmahnung des Verpächters fort, so kann der Verpächter auf Unterlassung klagen.

§ 590b Notwendige Verwendungen
Der Verpächter ist verpflichtet, dem Pächter die notwendigen Verwendungen auf die Pachtsache zu ersetzen.

§ 591 Wertverbessernde Verwendungen
(1) Andere als notwendige Verwendungen, denen der Verpächter zugestimmt hat, hat er dem Pächter bei Beendigung des Pachtverhältnisses zu ersetzen, soweit die Verwendungen den Wert der Pachtsache über die Pachtzeit hinaus erhöhen (Mehrwert).
(2) Weigert sich der Verpächter, den Verwendungen zuzustimmen, so kann die Zustimmung auf Antrag des Pächters durch das Landwirtschaftsgericht ersetzt werden, soweit die Verwendungen zur Erhaltung oder nachhaltigen Verbesserung der Rentabilität des Betriebs geeignet sind und dem Verpächter bei Berücksichtigung seiner berechtigten Interessen zugemutet werden können. Dies gilt nicht, wenn der Pachtvertrag gekündigt ist oder

das Pachtverhältnis in weniger als drei Jahren endet. Das Landwirtschaftsgericht kann die Zustimmung unter Bedingungen und Auflagen ersetzen.
(3) Das Landwirtschaftsgericht kann auf Antrag auch über den Mehrwert Bestimmungen treffen und ihn festsetzen. Es kann bestimmen, dass der Verpächter den Mehrwert nur in Teilbeträgen zu ersetzen hat, und kann Bedingungen für die Bewilligung solcher Teilzahlungen festsetzen. Ist dem Verpächter ein Ersatz des Mehrwerts bei Beendigung des Pachtverhältnisses auch in Teilbeträgen nicht zuzumuten, so kann der Pächter nur verlangen, dass das Pachtverhältnis zu den bisherigen Bedingungen so lange fortgesetzt wird, bis der Mehrwert der Pachtsache abgegolten ist. Kommt keine Einigung zustande, so entscheidet auf Antrag das Landwirtschaftsgericht über eine Fortsetzung des Pachtverhältnisses.

§ 591a Wegnahme von Einrichtungen
Der Pächter ist berechtigt, eine Einrichtung, mit der er die Sache versehen hat, wegzunehmen. Der Verpächter kann die Ausübung des Wegnahmerechts durch Zahlung einer angemessenen Entschädigung abwenden, es sei denn, dass der Pächter ein berechtigtes Interesse an der Wegnahme hat. Eine Vereinbarung, durch die das Wegnahmerecht des Pächters ausgeschlossen wird, ist nur wirksam, wenn ein angemessener Ausgleich vorgesehen ist.

§ 591b Verjährung von Ersatzansprüchen
(1) Die Ersatzansprüche des Verpächters wegen Veränderung oder Verschlechterung der verpachteten Sache sowie die Ansprüche des Pächters auf Ersatz von Verwendungen oder auf Gestattung der Wegnahme einer Einrichtung verjähren in sechs Monaten.
(2) Die Verjährung der Ersatzansprüche des Verpächters beginnt mit dem Zeitpunkt, in welchem er die Sache zurückerhält. Die Verjährung der Ansprüche des Pächters beginnt mit der Beendigung des Pachtverhältnisses.
(3) Mit der Verjährung des Anspruchs des Verpächters auf

Rückgabe der Sache verjähren auch die Ersatzansprüche des Verpächters.

§ 592 Verpächterpfandrecht

Der Verpächter hat für seine Forderungen aus dem Pachtverhältnis ein Pfandrecht an den eingebrachten Sachen des Pächters sowie an den Früchten der Pachtsache. Für künftige Entschädigungsforderungen kann das Pfandrecht nicht geltend gemacht werden. Mit Ausnahme der in § 811 Abs. 1 Nr. 4 der Zivilprozessordnung genannten Sachen erstreckt sich das Pfandrecht nicht auf Sachen, die der Pfändung nicht unterworfen sind. Die Vorschriften der §§ 562a bis 562c gelten entsprechend.

§ 593 Änderung von Landpachtverträgen

(1) Haben sich nach Abschluss des Pachtvertrags die Verhältnisse, die für die Festsetzung der Vertragsleistungen maßgebend waren, nachhaltig so geändert, dass die gegenseitigen Verpflichtungen in ein grobes Missverhältnis zueinander geraten sind, so kann jeder Vertragsteil eine Änderung des Vertrags mit Ausnahme der Pachtdauer verlangen. Verbessert oder verschlechtert sich infolge der Bewirtschaftung der Pachtsache durch den Pächter deren Ertrag, so kann, soweit nichts anderes vereinbart ist, eine Änderung der Pacht nicht verlangt werden.

(2) Eine Änderung kann frühestens zwei Jahre nach Beginn des Pachtverhältnisses oder nach dem Wirksamwerden der letzten Änderung der Vertragsleistungen verlangt werden. Dies gilt nicht, wenn verwüstende Naturereignisse, gegen die ein Versicherungsschutz nicht üblich ist, das Verhältnis der Vertragsleistungen grundlegend und nachhaltig verändert haben.

(3) Die Änderung kann nicht für eine frühere Zeit als für das Pachtjahr verlangt werden, in dem das Änderungsverlangen erklärt wird.

(4) Weigert sich ein Vertragsteil, in eine Änderung des Vertrags einzuwilligen, so kann der andere Teil die

Entscheidung des Landwirtschaftsgerichts beantragen.
(5) Auf das Recht, eine Änderung des Vertrags nach den Absätzen 1 bis 4 zu verlangen, kann nicht verzichtet werden. Eine Vereinbarung, dass einem Vertragsteil besondere Nachteile oder Vorteile erwachsen sollen, wenn er die Rechte nach den Absätzen 1 bis 4 ausübt oder nicht ausübt, ist unwirksam.

§ 593a Betriebsübergabe
Wird bei der Übergabe eines Betriebs im Wege der vorweggenommenen Erbfolge ein zugepachtetes Grundstück, das der Landwirtschaft dient, mit übergeben, so tritt der Übernehmer anstelle des Pächters in den Pachtvertrag ein. Der Verpächter ist von der Betriebsübergabe jedoch unverzüglich zu benachrichtigen. Ist die ordnungsmäßige Bewirtschaftung der Pachtsache durch den Übernehmer nicht gewährleistet, so ist der Verpächter berechtigt, das Pachtverhältnis außerordentlich mit der gesetzlichen Frist zu kündigen.

§ 593b Veräußerung oder Belastung des verpachteten Grundstücks
Wird das verpachtete Grundstück veräußert oder mit dem Recht eines Dritten belastet, so gelten die §§ 566 bis 567b entsprechend.

§ 594 Ende und Verlängerung des Pachtverhältnisses
Das Pachtverhältnis endet mit dem Ablauf der Zeit, für die es eingegangen ist. Es verlängert sich bei Pachtverträgen, die auf mindestens drei Jahre geschlossen worden sind, auf unbestimmte Zeit, wenn auf die Anfrage eines Vertragsteils, ob der andere Teil zur Fortsetzung des Pachtverhältnisses bereit ist, dieser nicht binnen einer Frist von drei Monaten die Fortsetzung ablehnt. Die Anfrage und die Ablehnung bedürfen der schriftlichen Form. Die Anfrage ist ohne Wirkung, wenn in ihr nicht auf die Folge der Nichtbeachtung ausdrücklich hingewiesen wird und wenn sie nicht innerhalb des drittletzten Pachtjahrs gestellt wird.

§ 594a Kündigungsfristen

(1) Ist die Pachtzeit nicht bestimmt, so kann jeder Vertragsteil das Pachtverhältnis spätestens am dritten Werktag eines Pachtjahrs für den Schluss des nächsten Pachtjahrs kündigen. Im Zweifel gilt das Kalenderjahr als Pachtjahr. Die Vereinbarung einer kürzeren Frist bedarf der Schriftform.

(2) Für die Fälle, in denen das Pachtverhältnis außerordentlich mit der gesetzlichen Frist vorzeitig gekündigt werden kann, ist die Kündigung nur für den Schluss eines Pachtjahrs zulässig; sie hat spätestens am dritten Werktag des halben Jahres zu erfolgen, mit dessen Ablauf die Pacht enden soll.

§ 594b Vertrag über mehr als 30 Jahre

Wird ein Pachtvertrag für eine längere Zeit als 30 Jahre geschlossen, so kann nach 30 Jahren jeder Vertragsteil das Pachtverhältnis spätestens am dritten Werktag eines Pachtjahrs für den Schluss des nächsten Pachtjahrs kündigen. Die Kündigung ist nicht zulässig, wenn der Vertrag für die Lebenszeit des Verpächters oder des Pächters geschlossen ist.

§ 594c Kündigung bei Berufsunfähigkeit des Pächters

Ist der Pächter berufsunfähig im Sinne der Vorschriften der gesetzlichen Rentenversicherung geworden, so kann er das Pachtverhältnis außerordentlich mit der gesetzlichen Frist kündigen, wenn der Verpächter der Überlassung der Pachtsache zur Nutzung an einen Dritten, der eine ordnungsmäßige Bewirtschaftung gewährleistet, widerspricht. Eine abweichende Vereinbarung ist unwirksam.

§ 594d Tod des Pächters

(1) Stirbt der Pächter, so sind sowohl seine Erben als auch der Verpächter innerhalb eines Monats, nachdem sie vom Tod des Pächters Kenntnis erlangt haben, berechtigt, das Pachtverhältnis mit einer Frist von sechs Monaten zum Ende eines Kalendervierteljahrs zu kündigen.

(2) Die Erben können der Kündigung des Verpächters

widersprechen und die Fortsetzung des Pachtverhältnisses verlangen, wenn die ordnungsmäßige Bewirtschaftung der Pachtsache durch sie oder durch einen von ihnen beauftragten Miterben oder Dritten gewährleistet erscheint. Der Verpächter kann die Fortsetzung des Pachtverhältnisses ablehnen, wenn die Erben den Widerspruch nicht spätestens drei Monate vor Ablauf des Pachtverhältnisses erklärt und die Umstände mitgeteilt haben, nach denen die weitere ordnungsmäßige Bewirtschaftung der Pachtsache gewährleistet erscheint. Die Widerspruchserklärung und die Mitteilung bedürfen der schriftlichen Form. Kommt keine Einigung zustande, so entscheidet auf Antrag das Landwirtschaftsgericht.
(3) Gegenüber einer Kündigung des Verpächters nach Absatz 1 ist ein Fortsetzungsverlangen des Erben nach § 595 ausgeschlossen.

§ 594e Außerordentliche fristlose Kündigung aus wichtigem Grund
(1) Die außerordentliche fristlose Kündigung des Pachtverhältnisses ist in entsprechender Anwendung der §§ 543, 569 Abs. 1 und 2 zulässig.
(2) Abweichend von § 543 Abs. 2 Nr. 3 Buchstabe a und b liegt ein wichtiger Grund insbesondere vor, wenn der Pächter mit der Entrichtung der Pacht oder eines nicht unerheblichen Teils der Pacht länger als drei Monate in Verzug ist. Ist die Pacht nach Zeitabschnitten von weniger als einem Jahr bemessen, so ist die Kündigung erst zulässig, wenn der Pächter für zwei aufeinander folgende Termine mit der Entrichtung der Pacht oder eines nicht unerheblichen Teils der Pacht in Verzug ist.

§ 594f Schriftform der Kündigung
Die Kündigung bedarf der schriftlichen Form.

§ 595 Fortsetzung des Pachtverhältnisses
(1) Der Pächter kann vom Verpächter die Fortsetzung des Pachtverhältnisses verlangen, wenn
1.
bei einem Betriebspachtverhältnis der Betrieb seine

wirtschaftliche Lebensgrundlage bildet,

2.

bei dem Pachtverhältnis über ein Grundstück der Pächter auf dieses Grundstück zur Aufrechterhaltung seines Betriebs, der seine wirtschaftliche Lebensgrundlage bildet, angewiesen ist

und die vertragsmäßige Beendigung des Pachtverhältnisses für den Pächter oder seine Familie eine Härte bedeuten würde, die auch unter Würdigung der berechtigten Interessen des Verpächters nicht zu rechtfertigen ist. Die Fortsetzung kann unter diesen Voraussetzungen wiederholt verlangt werden.

(2) Im Falle des Absatzes 1 kann der Pächter verlangen, dass das Pachtverhältnis so lange fortgesetzt wird, wie dies unter Berücksichtigung aller Umstände angemessen ist. Ist dem Verpächter nicht zuzumuten, das Pachtverhältnis nach den bisher geltenden Vertragsbedingungen fortzusetzen, so kann der Pächter nur verlangen, dass es unter einer angemessenen Änderung der Bedingungen fortgesetzt wird.

(3) Der Pächter kann die Fortsetzung des Pachtverhältnisses nicht verlangen, wenn

1.

er das Pachtverhältnis gekündigt hat,

2.

der Verpächter zur außerordentlichen fristlosen Kündigung oder im Falle des § 593a zur außerordentlichen Kündigung mit der gesetzlichen Frist berechtigt ist,

3.

die Laufzeit des Vertrags bei einem Pachtverhältnis über einen Betrieb, der Zupachtung von Grundstücken, durch die ein Betrieb entsteht, oder bei einem Pachtverhältnis über Moor- und Ödland, das vom Pächter kultiviert worden ist, auf mindestens 18 Jahre, bei der Pacht anderer Grundstücke auf mindestens zwölf Jahre vereinbart ist,

4.

der Verpächter die nur vorübergehend verpachtete Sache in eigene Nutzung nehmen oder zur Erfüllung gesetzlicher oder sonstiger öffentlicher Aufgaben verwenden will.

(4) Die Erklärung des Pächters, mit der er die Fortsetzung des Pachtverhältnisses verlangt, bedarf der schriftlichen Form. Auf Verlangen des Verpächters soll der Pächter über die Gründe des Fortsetzungsverlangens unverzüglich Auskunft erteilen.

(5) Der Verpächter kann die Fortsetzung des Pachtverhältnisses ablehnen, wenn der Pächter die Fortsetzung nicht mindestens ein Jahr vor Beendigung des Pachtverhältnisses vom Verpächter verlangt oder auf eine Anfrage des Verpächters nach § 594 die Fortsetzung abgelehnt hat. Ist eine zwölfmonatige oder kürzere Kündigungsfrist vereinbart, so genügt es, wenn das Verlangen innerhalb eines Monats nach Zugang der Kündigung erklärt wird.

(6) Kommt keine Einigung zustande, so entscheidet auf Antrag das Landwirtschaftsgericht über eine Fortsetzung und über die Dauer des Pachtverhältnisses sowie über die Bedingungen, zu denen es fortgesetzt wird. Das Gericht kann die Fortsetzung des Pachtverhältnisses jedoch nur bis zu einem Zeitpunkt anordnen, der die in Absatz 3 Nr. 3 genannten Fristen, ausgehend vom Beginn des laufenden Pachtverhältnisses, nicht übersteigt. Die Fortsetzung kann auch auf einen Teil der Pachtsache beschränkt werden.

(7) Der Pächter hat den Antrag auf gerichtliche Entscheidung spätestens neun Monate vor Beendigung des Pachtverhältnisses und im Falle einer zwölfmonatigen oder kürzeren Kündigungsfrist zwei Monate nach Zugang der Kündigung bei dem Landwirtschaftsgericht zu stellen. Das Gericht kann den Antrag nachträglich zulassen, wenn es zur Vermeidung einer unbilligen Härte geboten erscheint und der Pachtvertrag noch nicht abgelaufen ist.

(8) Auf das Recht, die Verlängerung eines Pachtverhältnisses nach den Absätzen 1 bis 7 zu verlangen, kann nur verzichtet werden, wenn der Verzicht zur Beilegung eines Pachtstreits vor Gericht oder vor einer berufsständischen Pachtschlichtungsstelle erklärt wird. Eine Vereinbarung, dass einem Vertragsteil besondere Nachteile oder besondere Vorteile erwachsen sollen, wenn

er die Rechte nach den Absätzen 1 bis 7 ausübt oder nicht ausübt, ist unwirksam.

§ 595a Vorzeitige Kündigung von Landpachtverträgen

(1) Soweit die Vertragsteile zur außerordentlichen Kündigung eines Landpachtverhältnisses mit der gesetzlichen Frist berechtigt sind, steht ihnen dieses Recht auch nach Verlängerung des Landpachtverhältnisses oder Änderung des Landpachtvertrags zu.

(2) Auf Antrag eines Vertragsteils kann das Landwirtschaftsgericht Anordnungen über die Abwicklung eines vorzeitig beendeten oder eines teilweise beendeten Landpachtvertrags treffen. Wird die Verlängerung eines Landpachtvertrags auf einen Teil der Pachtsache beschränkt, kann das Landwirtschaftsgericht die Pacht für diesen Teil festsetzen.

(3) Der Inhalt von Anordnungen des Landwirtschaftsgerichts gilt unter den Vertragsteilen als Vertragsinhalt. Über Streitigkeiten, die diesen Vertragsinhalt betreffen, entscheidet auf Antrag das Landwirtschaftsgericht.

§ 596 Rückgabe der Pachtsache

(1) Der Pächter ist verpflichtet, die Pachtsache nach Beendigung des Pachtverhältnisses in dem Zustand zurückzugeben, der einer bis zur Rückgabe fortgesetzten ordnungsmäßigen Bewirtschaftung entspricht.

(2) Dem Pächter steht wegen seiner Ansprüche gegen den Verpächter ein Zurückbehaltungsrecht am Grundstück nicht zu.

(3) Hat der Pächter die Nutzung der Pachtsache einem Dritten überlassen, so kann der Verpächter die Sache nach Beendigung des Pachtverhältnisses auch von dem Dritten zurückfordern.

§ 596a Ersatzpflicht bei vorzeitigem Pachtende

(1) Endet das Pachtverhältnis im Laufe eines Pachtjahrs, so hat der Verpächter dem Pächter den Wert der noch nicht getrennten, jedoch nach den Regeln einer ordnungsmäßigen Bewirtschaftung vor dem Ende des

Pachtjahrs zu trennenden Früchte zu ersetzen. Dabei ist das Ernterisiko angemessen zu berücksichtigen.
(2) Lässt sich der in Absatz 1 bezeichnete Wert aus jahreszeitlich bedingten Gründen nicht feststellen, so hat der Verpächter dem Pächter die Aufwendungen auf diese Früchte insoweit zu ersetzen, als sie einer ordnungsmäßigen Bewirtschaftung entsprechen.
(3) Absatz 1 gilt auch für das zum Einschlag vorgesehene, aber noch nicht eingeschlagene Holz. Hat der Pächter mehr Holz eingeschlagen, als bei ordnungsmäßiger Nutzung zulässig war, so hat er dem Verpächter den Wert der die normale Nutzung übersteigenden Holzmenge zu ersetzen. Die Geltendmachung eines weiteren Schadens ist nicht ausgeschlossen.

§ 596b Rücklassungspflicht
(1) Der Pächter eines Betriebs hat von den bei Beendigung des Pachtverhältnisses vorhandenen landwirtschaftlichen Erzeugnissen so viel zurückzulassen, wie zur Fortführung der Wirtschaft bis zur nächsten Ernte nötig ist, auch wenn er bei Beginn des Pachtverhältnisses solche Erzeugnisse nicht übernommen hat.
(2) Soweit der Pächter nach Absatz 1 Erzeugnisse in größerer Menge oder besserer Beschaffenheit zurückzulassen verpflichtet ist, als er bei Beginn des Pachtverhältnisses übernommen hat, kann er vom Verpächter Ersatz des Wertes verlangen.

§ 597 Verspätete Rückgabe
Gibt der Pächter die Pachtsache nach Beendigung des Pachtverhältnisses nicht zurück, so kann der Verpächter für die Dauer der Vorenthaltung als Entschädigung die vereinbarte Pacht verlangen. Die Geltendmachung eines weiteren Schadens ist nicht ausgeschlossen.

Quelle: www.gesetze-im-internet.de

Die Mietpreisbremse
Das Mietrechtsnovellierungsgesetz - MietNovG
(die wichtigsten Änderungen sind in *kursiver* Schrift)

§ 549 BGB Auf Wohnraummietverhältnisse anwendbare Vorschriften

(1) Für Mietverhältnisse über Wohnraum gelten die §§ 535 bis 548, soweit sich nicht aus den §§ 549 bis 577a etwas anderes ergibt.

(2) Die Vorschriften *über die Miethöhe bei Mietbeginn in Gebieten mit angespannten Wohnungsmärkten* (§§ 556d bis 556g), über die Mieterhöhung (§§ 557 bis 561) und über den Mieterschutz bei Beendigung des Mietverhältnisses sowie bei der Begründung von Wohnungseigentum (§ 568 Abs. 2, §§ 573, 573a, 573d Abs. 1, §§ 574 bis 575, 575a Abs. 1 und §§ 577, 577a) gelten nicht für Mietverhältnisse über

1. Wohnraum, der nur zum vorübergehenden Gebrauch vermietet ist,
2. Wohnraum, der Teil der vom Vermieter selbst bewohnten Wohnung ist und den der Vermieter überwiegend mit Einrichtungsgegenständen auszustatten hat, sofern der Wohnraum dem Mieter nicht zum dauernden Gebrauch mit seiner Familie oder mit Personen überlassen ist, mit denen er einen auf Dauer angelegten gemeinsamen Haushalt führt,
3. Wohnraum, den eine juristische Person des öffentlichen Rechts oder ein anerkannter privater Träger der Wohlfahrtspflege angemietet hat, um ihn Personen mit dringendem Wohnungsbedarf zu überlassen, wenn sie den Mieter bei Vertragsschluss auf die Zweckbestimmung des Wohnraums und die Ausnahme von den genannten Vorschriften hingewiesen hat.

(3) Für Wohnraum in einem Studenten- oder Jugendwohnheim gelten die §§ 556d bis 561 sowie die §§ 573, 573a, 573d Abs. 1 und §§ 575, 575a Abs. 1, §§ 577, 577a nicht.

§ 556d Zulässige Miethöhe bei Mietbeginn; Verordnungsermächtigung

(1) Wird ein Mietvertrag über Wohnraum abgeschlossen, der in

einem durch Rechtsverordnung nach Absatz 2 bestimmten Gebiet mit einem angespannten Wohnungsmarkt liegt, so darf die Miete zu Beginn des Mietverhältnisses die ortsübliche Vergleichsmiete (§ 558 Absatz 2) höchstens um 10 Prozent übersteigen.

(2) Die Landesregierungen werden ermächtigt, Gebiete mit angespannten Wohnungsmärkten durch Rechtsverordnung für die Dauer von höchstens fünf Jahren zu bestimmen. Gebiete mit angespannten Wohnungsmärkten liegen vor, wenn die ausreichende Versorgung der Bevölkerung mit Mietwohnungen in einer Gemeinde oder einem Teil der Gemeinde zu angemessenen Bedingungen besonders gefährdet ist. Dies kann insbesondere dann der Fall sein, wenn

1. die Mieten deutlich stärker steigen als im bundesweiten Durchschnitt,

2. die durchschnittliche Mietbelastung der Haushalte den bundesweiten Durchschnitt deutlich übersteigt,

3. die Wohnbevölkerung wächst, ohne dass durch Neubautätigkeit insoweit erforderlicher Wohnraum geschaffen wird, oder

4. geringer Leerstand bei großer Nachfrage besteht.

Eine Rechtsverordnung nach Satz 1 muss spätestens am 31. Dezember 2020 in Kraft treten. Sie muss begründet werden. Aus der Begründung muss sich ergeben, auf Grund welcher Tatsachen ein Gebiet mit einem angespannten Wohnungsmarkt im Einzelfall vorliegt. Ferner muss sich aus der Begründung ergeben, welche Maßnahmen die Landesregierung in dem nach Satz 1 durch die Rechtsverordnung jeweils bestimmten Gebiet und Zeitraum ergreifen wird, um Abhilfe zu schaffen.

§ 556e Berücksichtigung der Vormiete oder einer durchgeführten Modernisierung

(1) Ist die Miete, die der vorherige Mieter zuletzt schuldete (Vormiete), höher als die nach § 556d Absatz 1 zulässige Miete, so darf eine Miete bis zur Höhe der Vormiete vereinbart werden. Bei der Ermittlung der Vormiete unberücksichtigt bleiben Mietminderungen sowie solche Mieterhöhungen, die mit dem vorherigen Mieter innerhalb des letzten Jahres vor Beendigung des Mietverhältnisses vereinbart worden sind.

(2) Hat der Vermieter in den letzten drei Jahren vor

Beginn des Mietverhältnisses Modernisierungsmaßnahmen im Sinne des § 555b durchgeführt, so darf die nach § 556d Absatz 1 zulässige Miete um den Betrag überschritten werden, der sich bei einer Mieterhöhung nach § 559 Absatz 1 bis 3 und § 559a Absatz 1 bis 4 ergäbe. Bei der Berechnung nach Satz 1 ist von der ortsüblichen Vergleichsmiete (§ 558 Absatz 2) auszugehen, die bei Beginn des Mietverhältnisses ohne Berücksichtigung der Modernisierung anzusetzen wäre.

§ 556f Ausnahmen

§ 556d ist nicht anzuwenden auf eine Wohnung, die nach dem 1. Oktober 2014 erstmals genutzt und vermietet wird. Die §§ 556d und 556e sind nicht anzuwenden auf die erste Vermietung nach umfassender Modernisierung.

§ 556g Rechtsfolgen; Auskunft über die Miete

(1) Eine zum Nachteil des Mieters von den Vorschriften dieses Unterkapitels abweichende Vereinbarung ist unwirksam.

Für Vereinbarungen über die Miethöhe bei Mietbeginn gilt dies nur, soweit die zulässige Miete überschritten wird. Der Vermieter hat dem Mieter zu viel gezahlte Miete nach den Vorschriften über die Herausgabe einer ungerechtfertigten Bereicherung herauszugeben. Die §§ 814 und 817 Satz 2 sind nicht anzuwenden.

(2) Der Mieter kann von dem Vermieter eine nach den §§ 556d und 556e nicht geschuldete Miete nur zurückverlangen, wenn er einen Verstoß gegen die Vorschriften dieses Unterkapitels gerügt hat und die zurückverlangte Miete nach Zugang der Rüge fällig geworden ist. Die Rüge muss die Tatsachen enthalten, auf denen die Beanstandung der vereinbarten Miete beruht.

(3) Der Vermieter ist auf Verlangen des Mieters verpflichtet, Auskunft über diejenigen Tatsachen zu erteilen, die für die Zulässigkeit der vereinbarten Miete nach den Vorschriften dieses Unterkapitels maßgeblich sind, soweit diese Tatsachen nicht allgemein zugänglich sind und der Vermieter hierüber unschwer Auskunft geben kann. Für die Auskunft über

Modernisierungsmaßnahmen (§ 556e Absatz 2) gilt § 559b Absatz 1 Satz 2 und 3 entsprechend.
(4) Sämtliche Erklärungen nach den Absätzen 2 und 3 bedürfen der Textform.

§ 557a Staffelmiete
(1) Die Miete kann für bestimmte Zeiträume in unterschiedlicher Höhe schriftlich vereinbart werden; in der Vereinbarung ist die jeweilige Miete oder die jeweilige Erhöhung in einem Geldbetrag auszuweisen (Staffelmiete).
(2) Die Miete muss jeweils mindestens ein Jahr unverändert bleiben. Während der Laufzeit einer Staffelmiete ist eine Erhöhung nach den §§ 558 bis 559b ausgeschlossen.
(3) Das Kündigungsrecht des Mieters kann für höchstens vier Jahre seit Abschluss der Staffelmietvereinbarung ausgeschlossen werden. Die Kündigung ist frühestens zum Ablauf dieses Zeitraums zulässig.
(4) Die §§ 556d bis 556g sind auf jede Mietstaffel anzuwenden. Maßgeblich für die Berechnung der nach § 556d Absatz 1 zulässigen Höhe der zweiten und aller weiteren Mietstaffeln ist statt des Beginns des Mietverhältnisses der Zeitpunkt, zu dem die erste Miete der jeweiligen Mietstaffel fällig wird. Die in einer vorangegangenen Mietstaffel wirksam begründete Miethöhe bleibt erhalten.
(5) Eine zum Nachteil des Mieters abweichende Vereinbarung ist unwirksam.

§ 557b Indexmiete
(1) Die Vertragsparteien können schriftlich vereinbaren, dass die Miete durch den vom Statistischen Bundesamt ermittelten Preisindex für die Lebenshaltung aller privaten Haushalte in Deutschland bestimmt wird (Indexmiete).
(2) Während der Geltung einer Indexmiete muss die Miete, von Erhöhungen nach den §§ 559 bis 560 abgesehen, jeweils mindestens ein Jahr unverändert

bleiben. Eine Erhöhung nach § 559 kann nur verlangt werden, soweit der Vermieter bauliche Maßnahmen auf Grund von Umständen durchgeführt hat, die er nicht zu vertreten hat. Eine Erhöhung nach § 558 ist ausgeschlossen.
(3) Eine Änderung der Miete nach Absatz 1 muss durch Erklärung in Textform geltend gemacht werden. Dabei sind die eingetretene Änderung des Preisindexes sowie die jeweilige Miete oder die Erhöhung in einem Geldbetrag anzugeben. Die geänderte Miete ist mit Beginn des übernächsten Monats nach dem Zugang der Erklärung zu entrichten.
(4) Die §§ 556d bis 556g sind nur auf die Ausgangsmiete einer Indexmietvereinbarung anzuwenden.
(5) Eine zum Nachteil des Mieters abweichende Vereinbarung ist unwirksam.

Einführungsgesetz zum Bürgerlichen Gesetzbuche (EGBGB)
Art. 229 § 35 Übergangsvorschriften zum Mietrechtsnovellierungsgesetz vom 21. April 2015
(1) Die §§ 556d bis 556g, 557a Absatz 4 und § 557b Absatz 4 des Bürgerlichen Gesetzbuchs sind nicht anzuwenden auf Mietverträge und Staffelmietvereinbarungen über Wohnraum, die abgeschlossen worden sind, bevor die vertragsgegenständliche Mietwohnung in den Anwendungsbereich einer Rechtsverordnung nach § 556d Absatz 2 des Bürgerlichen Gesetzbuchs fällt.
(2) § 557a Absatz 4 des Bürgerlichen Gesetzbuchs ist nicht mehr anzuwenden auf Mietstaffeln, deren erste Miete zu einem Zeitpunkt fällig wird, in dem die vertragsgegenständliche Mietwohnung nicht mehr in den Anwendungsbereich einer Rechtsverordnung nach § 556d Absatz 2 des Bürgerlichen Gesetzbuchs fällt.

Printed in Poland
by Amazon Fulfillment
Poland Sp. z o.o., Wrocław

54377578R10347